新乡贤与中国农村社会治理法治化创新研究

张兆成 著

人民出版社

目　　录

序 一

江 必 新

　　近些年来党和国家的农村政策,越来越重视农业农村农民问题,"三农"问题已经全面提高到了国家的战略层面。农业农村农民问题说到底关系到我国社会主义事业的根本性、长远性发展。中国特色社会主义现代化的进程能否顺利展开,在很大程度上依赖于"三农"问题是否能够实现现代化。"三农"问题如不能很好解决,就不能从根本上解决我国的现代化问题。

　　现代化的内容是全面的,它不仅包括工业的现代化,还包括农业的现代化;不仅包括城市建设的现代化,还包括乡村建设的现代化;不仅包括城里人的现代化,还包括乡村民众的现代化。人的现代化是所有现代化的核心,农民的现代化自然也就成为中国人走向现代化的重要构成。在现代化内容中,工业、农业、国防、科技、信息产业、人工智能等各个业类要实现发展和现代化,这是物质技术现代化在硬件方面的基本要义。然而,现代化建设更重要的是人的生存方式、生产方式、生活方式的现代化,以及思维方式、行为方式的现代化,这是中国式现代化需要解决的核心问题。正是在这个意义上,党和国家及时提出了政治现代化、经济现代化、法治现代化、文化现代化、精神文明现代化、生态文明现代化、治理体系和治理能力现代化等诸多符合时代发展的重要命题,并形成了一整套理论体系。

　　以这些理论思想为先导,党和国家提出了国家治理体系和治理能力现代化的重要思想和制度化构想,并在党和国家的政策、法律文件中予以具体化、体系化。所有这些都值得我们在研究思考农业问题、农村问题、农民问题时予以深入挖掘提炼,找出其中的历史逻辑、理论逻辑、实践逻辑,从而成为学术研究的重要出发点与指南。党和国家的政策、法律文件特别关注"三农"问题,而"三农"问题也确实已经成为当前以及今后相当长一段时间中国战略发展的重要方面。要实现国家整体振兴,就必须实现乡村振兴,没有乡村振兴国家就无法实现全面兴旺与发展。

乡村振兴的一个重要方面是要实现乡村的组织振兴,只有通过组织的有效带动,才能实现乡村经济社会发展的规模化效应、整体性效应。任由乡村自然发展,将之置于国家战略发展之外是不合理的。正因如此,研究如何实现社会主义新农村建设过程中的组织振兴、人才振兴、产业振兴、文化振兴、生态环境振兴等各方面的全面振兴,已经成为极为迫切的政治性、经济性、社会性、文化性等方面的战略性课题。乡村的振兴发展最有效的道路就是在组织振兴、人才振兴的基础上实现产业振兴、文化振兴以及其他各方面的振兴。而推进组织振兴,就必须在国家治理体系和治理能力现代化的框架之内研究如何实现中国的乡村治理体系和治理能力的现代化与法治化问题。

这就要充分研究中国共产党的基层党委政府以及乡村各类社会组织、经济组织、文化组织、社会治理组织、各类型乡村专业化合作组织以及广大乡村民众作为乡村振兴的主体,应该如何实现最优化的组织结构体系振兴以及组织能力、发展能力的有效提升。此外,乡村振兴不可能毕其功于一役,不宜采用"大干快上""运动式"发展模式,更不可能一拥而上混乱式野蛮发展、无序发展,而是要在法治的轨道上理性地、有条不紊地展开乡村现代化的当代历史进程。正因如此,通过理性的逐步构建一个适应新时代新时期的乡村治理体系,显然是推进乡村现代进程的基本保障措施。在这个过程中,通过法治化、规范化、制度化、程序化地促进各个乡村组织在乡村振兴发展中的有机衔接机制、协同机制,不断增强发展的能力体系建设,显然是极为必要的。

新乡贤及其制度性出场是中国乡村社会的特有政治法律景象,是中华优秀传统文化的继承性创新与创造性发展。从历史与现实的维度观察,新乡贤治理实践对于乡村经济社会发展具有积极价值与意义,对于当前社会主义新农村建设,对于有效的实现乡村振兴,推进乡村社会的法律治理实践,弘扬乡村法治文明,促进乡村社会的有效转型,助推城乡的融合性发展,对于推动乡村社会的现代化进程,均有较大的助益。特别是构建以基层党组织为引领核心的、新乡贤等多元乡村治理主体协同的、乡村民众广泛参与的、以民主自治为根基、以法治与德治为支撑、以现代科技为助推的乡村治理体系与运作机制是实现乡村振兴的制度化举措。这一制度举措来自党的基层组织与乡村民众的共同创造,是自上而下与自下而上的党和人民智慧的又一次融合创新的典范,是新时期推进乡村现代化进程的协力之举。

新乡贤参与乡村治理实践,从长远来说必须走法治化、制度化、规范化的道路,从而保障能够最大限度地发掘乡村的人力资源、治理资源、经济资源、社会资源等各类资源,以贡献于乡村建设与发展,实现乡村治理的长效机制。新乡贤参与乡村治理实践应该注意因时、因地、因事而制宜,注意适应本地的乡情与村情,不可千篇一律,才能确保新乡贤治理法治化而不僵化、不教条,走出适应本地本乡本村的、符合当地乡民利益与愿望的特色法治化治理道路,充分尊重乡村民众的首创精神。

兆成是我2009年招收的博士,具有宪法与行政法学基础理论方面的扎实功底,先后著有《行政事实行为研究》《行政法律行为论纲》《环境法治若干问题研究》等著作。近些年来侧重于关注社会治理与法治,特别是基层治理与法治问题,将法学基础理论与政府治理、社会治理实践相结合,撰写了《新乡贤与中国农村社会治理法治化创新研究》,发表了与此相关的系列论文,成果颇丰。希望兆成在学术上有更大的进步!

是为序!

江必新

二〇二三年元月十二日

序 二

龚 廷 泰[*]

党的十八大以来,中国特色社会主义进入新时代。在以习近平同志为核心的党中央领导下,坚持中国特色社会主义法治道路,贯彻中国特色社会主义法治理论,中国特色社会主义法治体系不断健全,法治中国建设迈出坚实步伐。伴随着新时代全面依法治国建设的前进步伐,中国的法治社会建设取得了重要进展。这些重要进展既有国家层面顶层设计的逐步展开,也有地方层面扎实推进的丰富实践,还有理论界对当代中国法治社会建设的理论、制度和实践的审慎研探,这些鲜活的法治研究理论成果、制度文献和实践样本,共同勾画了一幅中国法治社会建设场域的理想图景。这是一个多要素、多层次、全景式的系统工程,它需要整体推进、协同发力,也需要夯实基础、扭住重心,这个基础和重心就是基层社会治理法治化。

(一)

紧紧扭住法治社会建设重点,扎实推进基层社会治理法治化,对于推动新时代中国法治社会建设,全面推进依法治国进程,实现国家治理体系和治理能力现代化具有重要意义。

基层社会治理法治化在全面推进依法治国战略中具有基石性功能。在整体国家治理现代化建设中,我们绝对不能忽视基层社会治理这个微观空间,它是以"细胞"的形式而存在的构成国家治理宏观体系中的一个最

---

* 南京师范大学法学院教授、博士生导师,中国法学会法理学研究会顾问。

基本的治理单元。这个"细胞",看起来微不足道,但是其治理法治化的建设水平则直接影响着、制约着地方区域乃至国家整个社会有机体的生存状态、功能发挥和整体活力。因之,建设法治中国,实现国家治理体系和治理能力现代化,就必须高度重视社会有机体中的"细胞"本身的发育成长的状况。因为基层治理是国家治理的基石,统筹推进乡镇(街道)和城乡社区,是实现国家治理体系和治理能力现代化的基础工程。正是这个重要的原理,党中央才明确地昭示:"全面推进依法治国,基础在基层,工作重心在基层",这也是党的十八届四中全会提高社会治理法治化水平的核心要义之所在。

基层社会治理法治化是打通国家治理、区域治理/地方治理现代化的"最后一里路"。在社会治理的空间结构中,城乡基层社会治理体系是国家治理体系宏观结构中的基本单元,是国家治理现代化新征程中的"最后一里路",也是全面依法治国战略布局的重点内容和工作重心。国家治理现代化、省域治理现代化、市域治理现代化目标的实现,如果忽视了基层治理法治化,必然导致中国式国家治理现代化道路"出口"出现严重"堵塞",而这种"堵塞"现象如果长期得不到解决,就可能导致整个"高速公路"处于瘫痪状态。因此,中央才提出基层是全面依法治国推进、国家治理现代化实现的基础和工作重心。因此,基层社会治理法治化在国家治理中的战略地位的重要性绝对不能低估。

基层社会治理法治化体系是与满足人民群众对美好生活需要直接对接的法治保障体系。习近平总书记在党的十九大报告中指出:"中国特色社会主义进入新时代,我国社会主要矛盾已经转化为人民日益增长的美好生活需要和不平衡不充分的发展之间的矛盾。我国稳定地解决了十几亿人的温饱问题,总体上实现小康,不久将全面建成小康社会,人民美好生活需要日益广泛,不仅对物质文化生活提出了更高要求,而且在民主、法治、公平、正义、安全、环境等等方面的要求日益增长。"从法学理论的视角来看,人民日益增长的、更加广泛的、层次更高的对美好生活的需要,即是人民各项权利要求体系的内容结构日益增长扩容。我们注意到,在人民权利要求体系结构中,其增量部分的绝大多数都与权利的法律确认和法治保障紧密相连,诸如民主、法治、自由、公平、正义、安全、环境等权利要求及其实现,乃是法治的题中应有之义。因此,基层治理法治化体系的建构和完善,是与满足最广大人民群众对美好生活需要直接对接的法治供给和保障体系。

(二)

推进社会治理法治化,不仅对各级党委、政府、政法机关及其工作人员,而且对参与基层社会治理的各类主体都是极为严峻的"大考"。在中央坚强有力的领导下,中国法治建设和法治发展取得的成就有目共睹。但不容忽视的问题是,我国在基层社会治理法治化领域还存在亟待补齐的短板弱项。

第一,基层依法治理能力不足。具体表现为:其一,一些领导干部法治能力不足。党政领导干部是社会治理的"关键少数",各级党委书记是履行依法治理的"第一责任人"。由于法治意识、法治能力或专业能力不足,一些领导干部遇到突发事件时,就显得手足无措,应对失当,管理失据。一些人在相关应急管理或突发舆情相关新闻发布会上,或不了解基层实际情况,或专业能力不足,惧怕担责问责,他们在面对媒体记者提出超出他们预先准备的问题时,往往疲于应付。其二,基层群众依法参与能力不足。作为社会治理法治化建设的主体的基层群众,对社会治理中公民个人身份角色认知模糊、法治意识淡薄,参与权利虚化、参与能力不强、参与意愿不足、参与动力缺失、参与渠道不畅和参与效能低下的现象普遍存在。出现这些问题的原因是多方面的,有计划经济时代形成的过分依赖政府"等、靠、要"惰性思维的影响,也与长期以来政府管得过多、统得过死的管理体制有关。其三,自治组织功能发挥欠缺。从基层群众性自治组织的自治功能发挥来看,由于我国工业化、城镇化步伐持续加快,在一些农村"空心村"、城乡结合部、城中村、工矿企业所在地、拆迁安置住宅区、流动人口聚居区,由于人员复杂,矛盾多,人口管理服务难度大,社会治安防控风险高,加之基层群众性自治组织的依法治理能力建设相对滞后,"自治、法治、德治相结合"的城乡治理体系建设较为乏力,一些政府部门又疏于指导监督,导致基层社会治理和公共服务功能难以有效落实,导致老年群体、妇幼儿童、残障人群乃至普通群众的合法权益得不到有效维护。

第二,基层治理的"四化"建设存在瓶颈。党的十九大报告指出:"加强社会治理制度建设,完善党委领导、政府负责、社会协同、公众参与、法治保障的社会治理体制,提高社会治理社会化、法治化、智能化、专业化水平。"即通过提高社会治理"四化"建设,来达致社会治理的现代化。现在存在的问题是:其一,基层社会治理社会化的基础还相当薄弱。基层自治组织"行政化"的倾向加剧;社会组织培育程度低,承接公共服务项目的能力不足;引入社会力量协同治理不到位,行政行为的"社会化合作"机制尚未有效形成;行政职能向村(社区)扩张转移问题突出,自治组织和村(社区)干部的事务性工作压力过大。其二,网格化治理机制发展不平衡。社会治理专业化队伍建设和财政支持存在地域上的不平衡,网格化社会治理缺乏制度性的人财物保障,基层专职化程度低、薪酬待遇低、人员流动性大,导致治理力量和资源越到基层越薄弱的窘况,大大制约了社会治理法治化的科技支撑功能的有效发挥。

第三,社会治理共同体建设缺乏纽带张力。党的十九届四中全会《决定》指出了"建设人人有责、人人尽责、人人享有的社会治理共同体"的建设目标。社会治理共同体既是权利义务共同体,也是实践行动共同体,更是利益攸关共同体。然而,一个值得我们高度重视的问题是,社会治理共同体建设缺乏纽带张力,作为不同治理主体的责任、行为和利益相统一的社会治理共同体的理想目标虽然已经明确,但是,从实然状态来看,真正完成从理想向现实的跨越,还需要从思想、制度、价值和实践层面扎实推进。现在亟待解决的问题是:社会治理的共同体意识在各个治理主体中并没有形成,各社会治理主体之间的理论认同、制度认同、行为认同和价值认同等方面还没有形成共识。一些地方的干群关系、上下级关系紧张,政府部门之间各行其是、相互推诿、多头管理、层层加码,使基层干部疲于应付,致使政府公信力下降,等等。这些问题阻碍了社会治理共同体的构建。

(三)

破解新时代基层社会治理法治化这一重要且复杂课题,必须既要从国家宏观层面的大局出发,以党中央重要部署、重要决策、重要举措和习近平法治思想为根本遵循,又要以社会治理法治化的内在逻辑和外在条件为根据,认真总结党在新时代基层社会治理法治化领域的原创性理论、变革性实践、标志性成果和突破性进展,通过理论引领、制度完善和实践深化这三大面向,紧紧扭住基层社会治理中心不放,着力解决基层社会治理的重点任务,共推新时代基层社会治理法治化的发展进程。因此,推进基层治理法治化建设事关法治社会建设乃至法治中国建设全局,意义重大,必须按照中央部署要求,抓住重点,扭住重心,花大力气,下真功夫,持续不断地凝聚各方力量,稳扎稳打不断推进。这既需要基层社会治理主体各方切实承担其各自应当承担的职责,也需要广大理论工作者准确把握新时代脉动,以高度的责任感和使命感,关注新时代基层社会治理法治化的现实状况,研究基层社会治理法治化的重点领域,破解社会治理法治化存在的现实难题,为推进我国社会治理法治化进程提供智力支持。

近年来,我国法学界广大理论工作者在基层社会治理法治化的理论与实践方面进行了艰辛深入的研究,出版和发表了众多有理论创新性和实践指导性的可喜成果。在这些研究者中,有法学界德高望重的资深学者,也不乏有一批年轻有为的法学新秀。江苏师范大学法学院张兆成教授,就是众多学有所成的青年学者之一。他的新作《新乡贤与中国农村社会治理法治化创新研究》,是其主持的国家社科基金项目的最终成果,这是我国法学界系统研究新乡贤与社会治理法治化领域的重要理论成果,该成果的问世,对于推进我国基层社会治理法治化的高质量发展,无疑具有重要的理论价值和实践意义。

第一,该成果选题视角独特。自 2011 年《经济观察报》发表《新乡贤治村》一文以来,关于以新乡贤与治理为主题的研究一时间成为理论界和实务界关注的热点,《光明日报》(2014)、《21 世纪经济报道》(2014)、《人民日报》(2015)、《人民政协报》(2015)以及全国各地主流媒体相继报道,学界的理论跟踪研究成果也不断涌现,这很快引起党中央的高度重视,并在 2015 年至 2018 年连续 4 年写进了中央一号文件,明确要求各地在社会治理过程中,要弘扬新乡贤文化,充分发挥新乡贤在乡村治理中的重要作用。随着我国社会治理的不断深化与发展,新乡贤的治理作用进一步提升到党和国家的宏观发展战略层面上。然而,新乡贤参与社会治理的领域和内容广泛,它几乎涵盖基层治理的方方面面,从我所了解掌握党的有限资料(包括公开发表的论文和博士硕士学位论文)来看,从新乡贤与社会治理法治化相结合的视角开展系统研究的成果却凤毛麟角。作为一个法学研究人员,作者独辟蹊径,把新乡贤治理与基层社会治理法治化问题紧密结合起来开展研究,这样的新视角,把当下中国社会治理特别是基层社会治理法治化的高质量发展问题,与充分发挥新乡贤在基层依法治理、源头治理、系统治理、综合治理中的独特作用结合起来进行研究,凸显了党委、政府、社会和公众共同的社会治理法治需求导向。这也是作者的选题能够获准国家社科基金立项的重要原因。

第二,该成果内容丰富充实。全书除绪论、余论外,主体内容七章。包括中国农村新乡贤参与社会治理法治化建设的基础理论阐释以及一些相关基本范畴的内涵界定与关系厘清、新乡贤参与农村社会治理及法治化提升的核心价值、总体目标、体制机制、实现路径和制度创新;中国农村传统社会乡绅参与下的乡村治理与乡村法治、资源凭据和功能价值;新时代中国农村社会治理现状、农村基层治理新主体——新乡贤出场的时代背景和内在必然性分析,新乡贤参与乡村社会治理法治化的实证研究和典型样本分析,探析新乡贤参与社会治理的体制构建与运作机制状况;揭示新乡贤在现有乡村治理体系中的主体法律地位作用、存在问题以及不同治理主体的关系厘清,新乡贤在多元主体共治的功能定位,基层社会治理法治化高质量发展格局的形塑;等等。对这些问题的研究与解决,乃是构建中国社会治理共同体的关键所在。我们可以在张兆成教授的这项研究成果中欣喜地看到,他在研究中是花了大气力、下了大功夫的。他既详尽地收集了目前可以收集的文献资料,为自己的研究打下了厚实的学术资源和文本依据,又从宏观和微观两个维度对相关省域、市域、县域乃至镇村的新乡贤参与基层社会治理法治化的总体脉络有了较为清晰的把握。难能可贵的是,张兆成教授和他的研究团队能够深入农村进行田野调查,长期对徐州地区相关村/社区的社会治理法治化现状进行沉浸式的跟踪研究,获得了大量的第一手资料,为这项成果的真实性提供了可靠的第一手材料,这也大大增强了该研究成果的可信度。这种研究态度是值得提倡和令人赞赏的。

第三,该成果创新指出颇具价值。创新这个概念,可以从不同的视角进行审视,包括研究视角新、学术观点新、内容体系新、研究资料新、研究方法新等。我认为,一项成果在这些领域能在某些方面有所发现、有所思考、有所研究、有所贡献,都属于理论创新或实践创新的成果,这样的成果,对于法学理论研究或者法治实践的发展,就是有价值、有贡献的。张兆成教授的研究成果就是属于这一类的成果。新乡贤是当代中国在基层社会治理过程中涌现出来的新生事物,社会治理法治化也是党的十八大以来中国社会治理高质量发展过程中党中央作出的新的重要战略部署,把这两者结合起来研究,就在政府和公众都关心的热点领域中,找到了破解乡村治理法治化难题一个新的突破口,从而也就使这项研究具有了一定创新性。再比如,界定新乡贤概念,厘清它与传统乡绅(亦可称为"旧乡贤")的区别与联系,非常重要。在张兆成教授看来,新乡贤与旧乡贤的关系有着本质的不同,其存在的制度环境、结构组成、价值观念、思维方式和社会功能各异;但是它们又有着内在的历史联系,新乡贤对传统乡贤的扬弃,它们都是植根于中国特有的经济、政治、社会、文化和传统的社会生活条件之中,都对乡村治理发挥着同政府、官吏治理不同的作用,都起着重要的补位辅助作用。新乡贤之所以"新",从人员构成上来看,一般是指乡村中"五老一能"人员,即老党员、退休返乡老干部、乡村老干部、老教师、退伍老军人,他们是乡村尊法守正、品德贤良的能手，在村民中具有较高的声望、得到广大乡民普遍认可的"能人"。张兆成教授还认为，要充分发挥新乡贤在乡村基层治理法治化进程中的重要作用，必须厘清新乡贤组织与政府的法律关系，否则，就会发生角色越位、功能不明的状况。他指出，新乡贤组织与政府都是法人独立组织，二者之间的地位是平等的治理主体的合作共治关系。新乡贤组织与村委会的关系是平等并行关系，即合作协同、互助互补、监督制约关系。在乡村治理法治化体系中，新乡贤虽然不是体制内人员，也不宜担任村镇公职，他们以社会组织或公民个人的角色参与社会治理法治化进程。因此，他建议，要构建党委领导、新乡贤组织协同治理、村民广泛参与的依法治理新体制、新机制、新格局。上述观点都具有创新价值和实践借鉴意义，我予以认同。当然，我在这里只是一些简单列举，该成果的创新之处颇多，我只能挂一漏万了。

　　在张兆成教授研究新乡贤与乡村治理法治化建设的力作即将在人民出版社付梓之际，作为他的忘年好友，我谨向他致以衷心的学术祝贺，并热切期待着他能够在此基础上，在乡村治理法治化领域继续深耕细作，不断取得新的学术硕果！

　　此为序。

龚廷泰
2023 年 9 月 8 日于南京

绪　　论

一、问题提出

党的十八大报告指出，要"健全社会主义协商民主制度。……推进协商民主广泛、多层、制度化发展"①。第一次提出要"积极开展基层民主协商"。这应该可以理解为我国民主政治领域中的本土化创造，协商民主是中国特色社会主义民主的重要形式，主要运用在国家政治层面，将之推广到社会层面和基层民主建设层面是一种重要的明确表述，也是在党的报告中第一次提及，本质上是一种对多年来我国社会民主现实的一种全面总结。在有关推进基层民主方面，报告指出要"完善基层民主制度"。党的十八届三中全会指出，要"发展更加广泛、更加充分、更加健全的人民民主"②。在推进基层民主方面提出，要"发展基层民主。开展形式多样的基层民主协商，推进基层协商制度化……"③党的十八届四中全会提出"依法治国……是实现国家治理体系和治理能力现代化的必然要求"④。第一次将法治放在整个国家治理体系和治理能力现代化的高度予以认识，第一次在党的报告中提到要构建国家治理体系和治理能力现代化的政治命题。可以认为，这一命题为我国民主法治进入新阶段做了创新性思想引领，为我国事关国家治理、社会治理事业发展指明了基

---

① 中共中央文献研究室编：《十八大以来重要文献选编》（上），中央文献出版社2014年版，第21页。

② 中共中央文献研究室编：《十八大以来重要文献选编》（上），中央文献出版社2014年版，第20页。

③ 中共中央文献研究室编：《十八大以来重要文献选编》（上），中央文献出版社2014年版，第528页。

④ 中共中央文献研究室编：《十八大以来重要文献选编》（上），中央文献出版社2016年版，第155页。

本方向,尤其是将法治作为一种治国方略在整个治理体系与治理能力建设中提高到极为重要的位置。在一定意义上,可以认为,这一重要思想也是推进社会主义的新农村治理与法治建设的理论指南。党的十九大报告提出乡村振兴战略,提出乡村治理要实现"治理有效",要"加强农村基层基础工作,健全自治、法治、德治相结合的乡村治理体系。培养造就一支懂农业、爱农村、爱农民的'三农'工作队伍"①。

《中华人民共和国国民经济和社会发展第十三个五年规划纲要》在第三十六章推动城乡协调发展第二节加快建设美丽宜居乡村部分,专门强调了要加强和改善农村社会治理……加强农村文化建设,深入开展"星级文明户"、"五好文明家庭"等创建活动,培育文明乡风、优良家风、新乡贤文化。在此,第一次提出要弘扬新乡贤文化。在第七十章提出要完善党委领导、政府主导、社会协同、公众参与、法治保障的社会治理体制,实现政府治理和社会调节、居民自治良性互动。在第三节发挥社会组织作用部分,提出要健全社会组织管理制度,形成政社分开、权责明确、依法自治的现代社会组织体制。推动登记制度改革,实行分类登记制度。……社区服务类社会组织发展。《中华人民共和国国民经济和社会发展第十四个五年规划和2035年远景目标纲要》在第五十一章构建基层社会治理新格局部分,提出要健全党组织领导的自治、法治、德治相结合的城乡基层社会治理体系,完善基层民主协商制度,建设人人有责、人人尽责、人人享有的社会治理共同体。在第一节夯实基层社会治理基础部分,提出要"健全党组织领导……健全村(居)民参与社会治理的组织形式和制度化渠道"②。在第三节积极引导社会力量参与基层治理部分,提出要"发挥群团组织和社会组织在社会治理中的作用……公益慈善组织、城乡社区社会组织,加强财政补助、购买服务、税收优惠、人才保障等政策支持和事中事后监管"③。

---

① 《习近平著作选读》第二卷,人民出版社2023年版,第27页。
② 《中华人民共和国国民经济和社会发展第十四个五年规划和2035年远景目标纲要》,见 http://www.gov.cn/xinwen/2021-03/13/content_5592681.htm,2021年5月3日访问。
③ 《中华人民共和国国民经济和社会发展第十四个五年规划和2035年远景目标纲要》,见 http://www.gov.cn/xinwen/2021-03/13/content_5592681.htm,2021年5月3日访问。

　　自党的十八大以来,中央更加重视"三农"工作,每年都制定事关农民、农村建设、农业发展的中央一号文件。2012 年中央一号文件《中共中央国务院印发关于加快推进农业科技创新持续增强农产品供给保障能力的若干意见》专门就农业科技问题进行了专题研究。① 2013 年中央一号文件《中共中央国务院关于加快发展现代农业进一步增强农村发展活力的若干意见》在第七部分提出了"完善乡村治理机制"。② 2014 年中央一号文件在其第八部分,第一次专门提出了改善乡村治理机制的任务。2015 年中央一号文件《中共中央国务院关于加大改革创新力度加快农业现代化建设的若干意见》在第四部分提出"要创新和完善乡村治理机制"。③ 提出要创新乡贤文化,弘扬善行义举,以乡情乡愁为纽带吸引和凝聚各方人士支持家乡建设,传承乡村文明。2016 年中央一号文件《中共中央国务院关于落实发展新理念加快农业现代化实现全面小康目标的若干意见》在第二十九项措施上,提出"要创新和完善乡村治理机制"。④ 与此同时,要突出深化农村精神文明建设,发展新乡贤文化。2017年中央一号文件《中共中央国务院关于深入推进农业供给侧结构性改革　加快培育农业农村发展新动能的若干意见》中未就乡村治理进行论述⑤,但是提出了要"培育与社会主义核心价值观相契合、与社会主义新农村建设相适应的优良家风、文明乡风和新乡贤文化"的重要论断。2018 年中央一号文件《中

---

　　① 《中共中央国务院印发关于加快推进农业科技创新持续增强农产品供给保障能力的若干意见》,见 http://www.moa.gov.cn/ztzl/jj2021zyyhwj/yhwjhg_26483/201302/t20130201_3213495.htm,2021 年 4 月 26 日访问。

　　② 《中共中央国务院关于加快发展现代农业进一步增强农村发展活力的若干意见》,见 http://www.moa.gov.cn/ztzl/jj2021zyyhwj/yhwjhg_26483/201401/t20140120_3742607.htm,2021 年 4 月 26 日访问。

　　③ 《中共中央国务院关于加大改革创新力度加快农业现代化建设的若干意见》,见 http://www.moa.gov.cn/ztzl/jj2021zyyhwj/yhwjhg_26483/201603/t20160304_5039590.htm,2021 年 4 月 26 日访问。

　　④ 《中共中央国务院关于落实发展新理念加快农业现代化实现全面小康目标的若干意见》,见 http://www.moa.gov.cn/ztzl/jj2021zyyhwj/yhwjhg_26483/201701/t20170124_5465022.htm,2021 年 4 月 26 日访问。

　　⑤ 《中共中央国务院关于深入推进农业供给侧结构性改革　加快培育农业农村发展新动能的若干意见》,见 http://www.moa.gov.cn/ztzl/jj2021zyyhwj/yhwjhg_26483/201802/t20180205_6136437.htm,2021 年 4 月 26 日访问。

共中央国务院关于实施乡村振兴战略的意见》提出农村基层党建存在薄弱环节,乡村治理体系和治理能力亟待强化。第一次提出要"加强农村基层基础工作,构建乡村治理新体系"。① 在人力资源保障机制上,第一次提出"鼓励社会各界投身乡村建设。建立有效激励机制,以乡情乡愁为纽带,吸引支持企业家、党政干部、专家学者、医生教师、规划师、建筑师、律师、技能人才等,通过下乡担任志愿者、投资兴业、包村包项目、行医办学、捐资捐物、法律服务等方式服务乡村振兴事业"②。提出要"积极发挥新乡贤作用"。应该说 2018 年中央一号文件体现了几个方面的新特色:第一次在中央文件中提出要发挥新乡贤的乡村治理作用;第一次将法治乡村与德治乡村建设并举,并提出了一系列举措措施。2019 年中央一号文件《中共中央国务院关于坚持农业农村优先发展做好"三农"工作的若干意见》在第六部分提出要"完善乡村治理机制,保持农村社会和谐稳定,其中进一步强调了要增强乡村治理能力。建立健全党组织领导的自治、法治、德治相结合的领导体制和工作机制,发挥群众参与治理主体作用"③。在第七部分提出"要强化党对基层治理特别是乡村治理的领导作用。……提出要发挥村级各类组织作用。理清村级各类组织功能定位……"④ 2020 年中央一号文件《中共中央国务院关于抓好"三农"领域重点工作确保如期实现全面小康的意见》在第四部分提出要"加强农村基层治理"。谈到"要充分发挥党组织领导作用,要健全乡村治理工作体系",⑤"调处化解乡村矛盾纠纷。坚持和发展新时代'枫桥经验',进一步加强人民调解

---

① 《中共中央国务院关于实施乡村振兴战略的意见》(2018 年 1 月 2 日),见 https://www.sohu.com/a/220927267_798994,2021 年 4 月 28 日访问。

② http://www.moa.gov.cn/ztzl/jj2021zyyhwj/yhwjhg_26483/201902/t20190220_6172168.htm,2021 年 4 月 26 日访问。

③ 《中共中央国务院关于坚持农业农村优先发展做好"三农"工作的若干意见》(2019 年 1 月 3 日),见 https://baijiahao.baidu.com/s? id=1625902536484630675&wfr=spider&for=pc,2021 年 5 月 1 日访问。

④ http://www.moa.gov.cn/ztzl/jj2021zyyhwj/yhwjhg_26483/201902/t20190220_6359487.htm,2021 年 4 月 28 日访问。

⑤ 《中共中央国务院关于抓好"三农"领域重点工作确保如期实现全面小康的意见》,见 http://www.moa.gov.cn/ztzl/jj2021zyyhwj/yhwjhg_26483/202002/t20200205_6359496.htm,2021 年 5 月 3 日访问。

工作,做到小事不出村、大事不出乡、矛盾不上交"。① 2021年中央一号文件《中共中央国务院关于全面推进乡村振兴加快农业农村现代化的意见》提出要加强党的农村基层组织建设和乡村治理。"要持续推进农村移风易俗······推动就地化解矛盾纠纷。"②

　　简要总结近些年来中央和国家的农村政策特别是最近几年的中央一号文件,我们发现,党和国家越来越重视农业农村农民问题,"三农"问题已经全面提高到了国家的战略规划层面,事关"三农"的各方面建设事业取得了长足进展。农业农村农民问题说到底是制约我国经济与社会发展的基础性问题,中国特色社会主义现代化的进程能否顺利展开,在很大程度上依赖于"三农"问题是否能够得到顺利解决。"三农"问题不能很好的解决,就不能从根本上解决我国的现代化问题。现代化所包含的内容是较为全面的,它不仅包括工业的现代化而且包括农业的现代化;不仅包括城市建设的现代化,还包括乡村建设的现代化;不仅包括城里人的现代化,更包括乡村民众的现代化。人的现代化是所有现代化的核心,农民的现代化自然也就成为中国人走向现代化的重要方面。在现代化内含中,工业、农业、国防、科技、信息产业、人工智能等各个业类要实现发展、要实现现代化,这是物质技术现代化的基本要义。然而,在现代化含义中,更重要的是人的生存方式、生活方式的现代化以及思维方式、行为方式的现代化,这些才是处于核心性地位的要素。正因如此,党和国家及时提出了经济现代化、政治现代化、法治现代化、治理体系和治理能力现代化等诸多符合时代发展的重要命题,并形成了一整套理论体系。以这些理论思想为先导,提出了国家治理体系和治理能力现代化的重要思想和制度化构想,并在党和国家的政策文件中予以具体化、体系化。所有这些都值得我们在研究思考农业问题、农村问题、农民问题时予以深入挖掘思考提炼,找出其中的

---

① 《中共中央国务院关于抓好"三农"领域重点工作确保如期实现全面小康的意见》,见 http://www.moa.gov.cn/ztzl/jj2021zyyhwj/yhwjhg_26483/202002/t20200205_6359496.htm,2021 年 4 月 28 日访问。

② 《中共中央国务院关于全面推进乡村振兴加快农业农村现代化的意见》,见 http://www.moa.gov.cn/ztzl/jj2021zyyhwj/2021nzyyhwj/202102/t20210221_6361867.htm,2021 年 4 月 28 日访问。

历史逻辑、理论逻辑、实践逻辑,从而成为学术研究的重要依据与指南。

在党和国家的政策文件中,特别关注"三农"问题,而"三农"问题也确实已经成为当前以及今后相当长一段时间中国战略发展的重要方面。要实现国家整体振兴,就必须实现乡村振兴,没有乡村振兴国家就很难实现全面兴旺与发展。乡村振兴的一个重要方面是要实现乡村的组织振兴,只有通过组织的有效带动,才能实现乡村经济社会发展的规模化效应、整体性效应。任由乡村自然发展,将之置于国家战略发展之外是不合理的。正是在这样的背景下,研究如何实现社会主义新农村建设过程中的组织振兴、人才振兴、产业振兴、文化振兴、生态环境振兴等各方面的全面振兴已经成为迫切的政治性、经济性、文化性、社会性等方面的战略性问题。乡村的振兴发展最有效的道路就是在组织振兴、人才振兴的基础上实现产业振兴、文化振兴以及其他各方面的振兴。而推进组织振兴,实现乡村治理现代化,就需要在国家治理体系和治理能力现代化的框架之内,研究如何实现中国的乡村治理体系与治理能力的现代化。这就要充分研究党的基层组织、政府以及乡村各类社会组织、经济组织、文化组织、社会治理组织、各类型乡村专业化合作组织以及广大乡村群众作为乡村振兴的主体,如何实现最优化的组织结构体系振兴以及组织能力、发展能力的有效提升。此外,乡村振兴不可能毕其功于一役,不可能是"大干快上"或"运动式"发展模式,更不可能是一拥而上的无序发展,而是要在法治的轨道上理性地、有条不紊地推进乡村现代化建设。正因如此,逐步构建一个适应新时代的乡村治理体系,显然是推进乡村现代化进程的基本保障措施。在这个过程中,通过法治化、规范化、制度化、程序化地促进各个乡村组织在乡村振兴发展中的有机衔接机制、协同机制,不断完善乡村治理与建设发展的能力体系,显然是当前与今后相当长时间内的重要的国家战略任务。

在乡村建设的主体格局中,人的因素是最为根本的因素。如何有效地激发生在农村长在农村的人民群众的创造力,使得他们更好地投身于家乡治理、建设、改革和发展,实现乡村振兴,成为乡村发展的重大课题。同时,乡村振兴从来不是单纯乡村人的事,而是党和人民的共同事业,如何有效调动全国人民的力量与各方面资源投入农村、发展农村,这是时代课题,也是今后相当长一段时间内我们发展面临的战略性任务。当前,最为紧要的是如何就近调动乡村与城镇的各类资源,激发乡村群众创造更好生活的热情与激情,这就需要充分发挥基层党组织、政府与乡村群众的智慧与能力。这些年来,乡村组织出现了一些问题,这在党的文件中进行了深刻剖析,提出了解决这些问题的极为有效的战略性对策,那就是构建和完善乡村发展的全新治理主体体系,不断提升乡村各类主体特别是以党组织为核心主体的战斗力、领导力、组织力、协调力、号召力、引领力、社会影响力,实现各方面能力的有效锻造与提升。在新时代的乡村社会治理实践中,新乡贤作为乡村社会新的社会主体,其实践事迹得到了党中央和国家层面的高度重视,从鼓励支持新乡贤文化到鼓励支持发展新乡贤治理实践,已经成为中央与地方以及乡村治理与社会发展的普遍共识与行动。2015年中央一号文件提出"创新乡贤文化,弘扬善行义举,以乡情乡愁为纽带吸引和凝聚各方人士支持家乡建设,传承乡村文明"。第一次在中央文件中明确肯定新乡贤文化的重要价值与意义,即新乡贤文化对于传承优秀传统文化、传承乡村文明具有重要意义,通过乡情乡愁以吸引新乡贤回乡创业投资发展,投身于家乡社会治理、乡村公共事业等。2016年中央一号文件突出深化农村精神文明建设,发展新乡贤文化。在文件中进一步肯定了发展新乡贤文化的价值,以及新乡贤文化对于乡村精神文明的重要性。弘扬新乡贤文化,促进乡村的精神文明建设与发展,已经成为促进乡村治理与发展的一条重要路径。2017年中央一号文件也明确指出,"培育与社会主义核心价值观相契合、与社会主义新农村建设相适应的优良家风、文明乡风和新乡贤文化"。这再一次肯定了新乡贤文化的重要性,并将之与优良家风、文明乡风相联系,提出要创造与社会主义核心价值观相契合,有利于促进社会主义新农村建设的新乡贤文化。可见,党中央对新乡贤文化及其实践的认知在不断深化与拓展,并在乡村政策上进行了持续性完善。《"十三五"规划纲要》中,在"加快建设美丽宜居乡村"一节里,有这样的表述,"培育文明乡风、优良家风、新乡贤文化"。2018年中央一号文件也提出要"积极发挥新乡贤作用"。从先前的新乡贤文化到积极发挥新乡贤的作用,实现了认知上的重大突破。新乡贤现象已经从原先的个别化治理实践成为全社会乡村社会治理与发展中的普遍性实践模式,在乡村治理与乡村振兴中占有重要位置。新乡贤主体作为乡村社会的治理实践主体在乡村政治民主化进程、经济社会发展、文化进步传承、社会文明推进、生态环境保护、乡村社会秩序维护等各个方面表现出了特殊的社会作用功效,得到了各地党委政府与乡村群众的普遍重视。简言之,这些年来在政策制度背景上,乡村的振兴发展已经成为党和国家在当前以及今后相当长时间内需要攻克的重要难题。当前,《乡村振兴促进法》已经颁布实施,它对如何推进乡村振兴作了初步的、全方位的法治化构建,是国家推进乡村振兴发展的又一重要举措。以上这些是就制度政策所进行的简要梳理与分析判断,也是本课题展开深度研究分析的基本逻辑起点。

近年来,一些农村地区面临"乡政治理"的式微与"村民自治"的困境。在此背景下,"新乡贤"崛起,2015年中央一号文件提出"创新乡贤文化,弘扬善行义举,以乡情乡愁为纽带吸引和凝聚各方人士支持家乡建设,传承乡村文明"。2016年全国两会发布的《"十三五"规划纲要(草案)》,也明确提出要"培育文明乡风、优良家风、新乡贤文化"。2017年和2018年中央一号文件均直接提到新乡贤相关政策。从目前材料梳理来看,各种报道较多,学术研究成果相对较少。主要涉及:一是新乡贤的概念或特征。认为新乡贤是指"有资财、有知识、有道德、有情怀,能影响农村政治经济社会生态并愿意为之做出贡献的贤能人士"。二是新乡贤文化。提出在广大乡村培育乡贤文化,发展乡村文明。三是新乡贤经济。提出发挥新乡贤带动家乡经济发展的能力与资源,促进乡村经济发展。四是新乡贤社会治理。提出新乡贤是农村社会治理的乡土力量与地方资源。五是新乡贤法治实践。提出充分发挥新乡贤对国家法治的认同及对乡村社会法治的熟知,化解乡村矛盾,实现乡村稳定和谐。从目前成果来看,有关农村社会治理与法治研究已经初具规模,涌现了一些高质量的成果,但是以"新乡贤"为主题的农村治理与法治建设研究尚未引起足够的重视,有关新乡贤与乡村法律治理的系统化研究仍然处于刚刚起步阶段。应该说,已有成果为本课题提供了较为重要的研究基础。同时也说明本课题有广阔的研究空间。

二、研究的基本价值
(一)学术价值
1.本课题研究有利于丰富和发展基层民主法治建设领域内"治理、法治、善治"的理论成果。以往研究侧重单向度研究、宏观研究,或者主要是从某一学科的视角进行研究或者是某一种方法论工具角度进行研究,而本课题研究更加侧重于交叉研究、微观研究。通过新乡贤治理与法治创新的实证研究,使新乡贤治理与法治在基层法治建设实践的研究中得以融合,从而丰富了基层社会法治建设理论的内涵。

2.本课题将在法社会学视角下,扩充农村社会法治建设的研究内容,拓展农村社会法治创新与法治发展的研究进路。

(二)应用价值

1.本课题立足于中国农村新乡贤社会法治与治理实践,通过对农村新乡贤这一法治主体、价值、过程、制度、机制等方面的研究,提出解决农村新乡贤社会治理与法治化的科学道路。

2.新乡贤治理与法治实践得到了中央一号文件及《人民日报》《光明日报》等主流媒体的广泛重视。新乡贤治理法治化创新与制度构建研究成果,对于农村法治秩序的建构有着重要的借鉴价值。

三、研究的基本内容

(一)研究对象与目标

本课题以新乡贤与中国当代农村社会治理法治化创新为研究对象,旨在通过对中国农村新乡贤社会治理实践进行较为充分的实证调查,提出新乡贤社会治理实践应与法律制度的创新实现动态融合,开展以新乡贤为法治主体创新的新农村法治建设实践。在此基础上,指出应积极推进和培育新乡贤参与下的农村社会法治建设。

1.明确我国农村新乡贤参与乡村社会治理各方面的实际状况,结合新乡贤参与乡村治理的法治化创新型实践,深入阐述新乡贤参与乡村治理与法治的动机、目的及其内在的价值诉求。通过考察新乡贤参与乡村社会治理的多样化模式,从中寻求新乡贤法治化治理的普遍性规律,挖掘其所蕴含的实践逻辑,阐释其运行的理论逻辑。

2.以农村社会关系为视角,厘清新时期农村新乡贤参与下的社会治理的基本规律,探寻其实现法治化、规范化运行的主要条件及其具体的规范指向。

剖析中国农村社会特殊的乡村治理实践与具体模式,以此为基础,通过实证调查指出,如何实现新乡贤社会治理法治化及与此相匹配的法治创新路径。在此基础上,探求构建一个怎样的法治化乡村社会治理体系,以便适应新的历史时期乡村振兴提出的新挑战。

3.以主体性框架为基本出发点,以实证调查数据为依托,分别从价值维度,法治、德治与自治维度,治理与善治维度,构建我国农村新乡贤社会治理的法治化创新的具体制度、机制。从立体化法律关系视角研究乡村社会的主体法律关系构成,进而探求在不同的乡村社会主体之间组建一个怎样的最优化的法制体制与法制机制。

4.明确提出新乡贤参与下的农村治理与法治实践是中国传统乡村法律治理秩序在新时代的辩证扬弃。指出新乡贤治理的法治实践应在中国宪政背景、乡村自治、法治制度变迁与创新的框架内取得健康发展。

(二)总体基本框架

1.法治、德治、自治、治理、善治理念与中国农村新乡贤社会治理法治化创新的相关性阐释。①充分考察中国农村社会法治的历史传统,借鉴法治、德治、自治、治理、善治理论的合理因素,探求中国国情背景下本土农村新乡贤治理法治化建设的现实道路。②分析论证新乡贤在农村社会治理、法治生成与构建中对于基层民主法治建设、对于农村社会稳定和谐发展的内在价值,新乡贤治理法治化提升与创新对于整个国家治理体系的完善、国家治理能力现代化的基础性作用。③在理顺法治、德治、自治、治理与善治关系的基础上,深入分析论证中国国情背景下农村新乡贤乡村法治建设的价值目标、制度机制、规范指向、实现路径与具体的操作方案。

2.中国农村新乡贤的概念、内涵、属性与时代特征研究。①全面梳理传统中国乡村社会乡贤的有关文献,在对全国各地新乡贤实践活动进行调查的基础上,结合学界对新乡贤的相关观点,概括提炼出本课题中新乡贤的基本范畴。②新乡贤的性质、属性与内涵阐释。在改革开放以来特别是城乡二元结构体制有所松动的新背景下,探讨中国农村新乡贤具有哪些具体的内在特殊性质与属性特征,这些属性特征包括:他们对新时代中国社会主义核心价值观的拥护与秉持,他们对中华优秀传统乡村文化道德观的传承与创新实践,以及他们对新时代国家推行的法治战略与法治建设的普遍认同,对党和国家政策的熟稔。此外,他们对自身地域长久以来的乡规民约、农村公德与家族伦理、乡村伦理的谙熟。通过这些问题的探讨,从而深刻挖掘新乡贤所具有的实质内涵、内在属性与自身性质。③深入江苏、河南、甘肃、广东、广西等地乡村踩点进行全面实证调研,了解全国范围内农村新乡贤实践的基本状况。在此前提下,科学整合与提炼中国农村社会新乡贤所具有的外在属性与时代特征。

3. 中国农村新乡贤产生的内在机理及其对乡村社会法治建设的价值、功能与效用研究。①阐述新乡贤产生的时代背景,经济因素、政治因素、社会因素以及历史文化因素等外在条件因素,探索新乡贤产生的内在实践机理。新乡贤作为一个新兴的农村法治与治理主体,有其自身产生发展的内在逻辑,通过对新乡贤产生的"土壤"进行探讨,从而揭示新乡贤所具有的中国农村本土特色,回答新乡贤产生的前世今生及未来走向。②新乡贤对于中国农村社会法治建设的价值、功能与效用研究。新乡贤作为根植于广大乡村的贤德人士,国家与社会层面重视并有效组织起来,对农村法治建设必然能够产生积极作用,这已经被实践所证明。内容主要涉及:一是新乡贤对于乡村普法的价值研究;二是新乡贤对于乡村社会矛盾的协调化解研究;三是新乡贤对于国家法治向社会法治的渗透与转化价值效用研究;四是新乡贤法律治理对于推进农村社会和谐稳定发展的价值研究;五是新乡贤法治实践对于农村地区法治生成与法律文化传承、创新价值研究。

4. 中国农村新乡贤治理的法治体制与法治运作机制研究。①探索研究普遍适合中国农村新乡贤治理的法治体制。新乡贤治理在农村要实现长期稳定发展,对农村法治建设产生可持续效用,必须走法治化道路。这主要包括:一是新乡贤法治组织架构探索研究。新乡贤要发挥乡村法治建设与治理能力的积极效用,就必须探索其有效的法治表达形式,法治化组织体制的研究是重要内容之一。这主要涉及新乡贤的组织形式、新乡贤的组织机构设置、新乡贤的主要职责、新乡贤组织的功能定位等方面。二是新乡贤的法治组织原则研究。新乡贤法治组织的建构必须遵循一定的法治组织原则,体现社会主义法治的核心价值理念。三是新乡贤的人员结构组成研究。这主要包括新乡贤产生的标准、条件以及人员配置构成、规模、单位人数、相应工作岗位的设置探索。

②积极探索新乡贤治理活动的法治运作机制。这主要涉及:一是新乡贤组织的产生方式探索;二是新乡贤人员的产生机制研究;三是新乡贤人员的工作制度与工作方式、方法探索研究;四是新乡贤的法治保障机制研究。

5.法社会学视域下中国农村新乡贤治理法治化创新实践的内容研究。①阐述法社会学的方法论价值及其对于中国农村新乡贤社会治理与法治创新研究的意义。单一视角研究难免偏颇,本课题力求从交叉视角与方法论维度对我国农村新乡贤社会法治与治理实践进行精准把脉、辨证施治,对症下药。②在实证调研基础上,概括总结农村治理与社会法治建设的特点与规律。③新乡贤推进农村法治事业的具体路径机制研究。④新乡贤促进农村和谐稳定发展的法治、政策与道德、伦理资源研究。

6.中国新乡贤治理法治化创新与乡镇政府法治、乡村现有自治法治的兼容性发展研究。①研究阐释新乡贤制度性出场及其法律地位。新乡贤制度性出场在实现自身法治化创新发展的同时,需要解决其社会法律地位问题。主要涉及:首先是阐释新乡贤组织的法律地位;其次是阐释新乡贤个体的法律地位。②阐述新乡贤法治实践与乡镇政府法治的关系。③阐述新乡贤法治实践与现有乡村自治法治的关系。指出新乡贤法治实践机制与村民自治法治机制并行不悖,是村民自治的有效实现形式。指出应在中国法治背景与乡村自治制度变迁与创新的框架内取得兼容性健康发展,走出自身可持续发展道路。

(三)重点难点

1.何谓新乡贤以及新乡贤产生的内在机理、内在属性是本课题研究的重点所在。

2.在对全国范围内农村新乡贤社会法治与治理实践进行调研、分析的基础上,探讨我国农村社会法治与治理的基本特点和规律。指出新乡贤参与下的乡村法治应该走怎样的道路,如何构建可持续的新乡贤法治发展体制与相应的运作机制。探讨新乡贤如何运用国家与社会法治资源在广大农村地区构建和谐稳定的社会秩序,这是本课题研究的另一重点难点。

3.新乡贤法治实践与乡镇政府法治、村民自治法治的关系探讨是本课题需要攻克的另一难题。

四、基本思路与研究方法

（一）基本思路

本课题以法社会学视角为依托,以实证研究为基本主线,运用交叉学科的方法论工具,展开对当代中国农村新乡贤社会治理法治化创新的系统研究。首先,通过对法治与德治、治理、自治与善治等核心价值理念进行整合提炼,在此基础上结合我国农村社会法治的实践状况与特点,提出中国农村社会法治与治理的基本规律与路径。其次,在对全国多地农村进行实证调研的基础上,对我国农村新兴主体"新乡贤"概念、内涵、属性、价值、过程、体制、机制、乡村法治资源等问题进行法理阐释与制度构建。最后,通过对新乡贤参与乡村法治与治理的多样化实践模式的实证考察与分析,提出新乡贤治理与法治实践是中国农村社会法治与治理的有效实现形式,并探求农村新乡贤法治实践与乡镇政府法治、村民自治法治实践的整合,探讨开创兼容性农村法治创新发展道路。

（二）研究方法

1. 历史唯物主义的基本原理与方法论。历史唯物主义的基本原理是研究一切社会问题、经济问题、政治问题、文化问题等人类问题的基本原理与指南。在新乡贤与中国农村社会治理法治创新的研究整个过程必须贯彻这一基本原理与方法论,只有如此,才能使得我们的研究扎扎实实地建立在实事求是、一切从实际出发的客观基础之上,而不是研究者一厢情愿、主观臆造出研究成果。这就要注意在研究农村社会治理,研究新乡贤在农村社会治理法治创新主题过程中,始终坚持从社会存在与社会意识的辩证关系中把握和思考问题,始终注意把握与考察农村不同时期的生产力发展水平与生产关系的变化和现实关系,从这里出发去思考问题。始终坚持经济基础与上层建筑的辩证关系原理,特别是新时代农村地区的经济发展水平与结构、层次、利益关系状况等基础事实以及这些基础事实对农村政治形势的影响,对农村应该采取怎样的社会治理措施、治理结构、治理方法的研究。特别注重,在这些原理与方法论的基础上,我们应该建构怎样的新乡贤参与下的农村治理新格局,并使之在现实背景下实现法治化,促进制度性创新。一句话,马克思主义的历史唯物主义的基本原理与方法论是研究本课题的总的方法论基础。

2. 理论分析法。本课题需要对新乡贤涉及的农村社会治理的一些基础理论与概念进行必要的阐述,如对治理、法治、自治、德治、协同治理、合作治理、多中心治理、新乡贤、农村政治竞争氛围、法治体制、法治机制、法团主义、法社会学、多元治理等一些重要概念与原理进行自己的理解与阐释,并在此基础上实现对所构建的理论自洽,更重要的是提出的理论观点与制度创新对策要能够对新农村社会治理产生切实指导作用,或者能够为农村治理者提供某种意义上的理论或制度参考。因而,理论分析是提高课题研究的基本底色。

3. 交叉学科研究法。运用历史学、政治学、经济学、法学、社会学等交叉学科方法审视农村新乡贤社会法治与治理实践,是对社会问题、政治问题研究的基本思路。特别是本课题研究,本课题本身就不是纯粹的政治学课题,也不是纯粹的管理学、行政学课题,而是具有交叉性质的研究课题,里面涉及诸多政治学、社会学、行政学的背景知识与现实基础,也涉及大量的历史问题与经济问题的考量,在此基础上考察农村的社会治理,特别是农村在新乡贤参与下的法律治理建设问题,因而,整个研究不单纯的是运用法学的方法论,实际上是通过多学科的交叉研究、交叉视角,才能得出较为可观的研究成果。

4. 访谈、问卷调查法。访谈或者问卷调查本质上是一种实证分析的方法。这种方法在有关农村社会治理的研究中不可避免,学界有关农村社会治理的研究绝大多数秉持田野调查、社会调查的基本方法,以期通过观察分析相关样本,实现对农村社会治理与法治建设的客观审视。这一点,在诸多有关农村社会治理的文献中体现得较为充分。本课题的研究自然也不可避免要通过适当的田野调查、社会调查获得相关直接或者间接的实证资料,以期充实对课题的论证。对江苏、河南、甘肃、广东、广西等地农村地区新乡贤社会法治与治理状况进行调查,初步掌握全国范围内农村新乡贤社会法治与治理的现实状况,是本课题研究的一个重要基础。

5. 个案分析法。个案分析法是微观分析的一种基本工具手段。在农村社会治理研究中,通过对具体调查对象的微观透视,选取典型的样本与个案,观察其现实的运作过程,论证新乡贤在农村社会法治构建与秩序生成中的重要价值及对于农村社会法治创新实践的重要意义。特别是要注意观察新乡贤治理的运作情景、内在机理与外在机制,在此基础上实现新乡贤治理的法治化、制度化、规范化,这是课题研究的重要价值所在。从个案研究中寻找普遍性规律性的东西,以便为新乡贤参与乡村社会治理法治化创新提供基本样板,便于推广,促进乡村治理的多样化自治主体之间的良性竞争。

6.规范分析法。规范分析法是法学研究的基本方法,在本课题研究中,我们研究新乡贤的治理,其最终还是要指向新乡贤参与下的乡村治理新格局的建构,这种建构的载体是需要制度与规范作为基础支撑而形成的长效机制。易言之,需要通过对新乡贤参与乡村治理的全过程进行制度化定格,这样才能使得新乡贤参与下的乡村治理具有常态化、长久性,而不是使之仅停留在外在表象或者仅是暂时的稍纵即逝的事物。为此,通过个案分析,在价值层面、规范层面我们需要回答我们究竟需要一个何种形态的新乡贤农村治理法律制度,这种法律制度如何最大限度地促进农村治理的和谐,实现农民最大限度的公共利益实现。正是基于此,对我国农村新乡贤社会治理法治化创新的规范指向进行阐释,寻求在法治框架内的解决方案才是本课题研究的归宿。

五、对学界已有研究的综合性简评

有关农村社会治理的核心期刊论文。以"农村社会治理"为主题在中国知网上检索发现,各类期刊论文共732篇,这其中2010年至2020年,有关农村社会治理类论文显著趋热,2016年达到峰值113篇,2018年55篇,出现回落,2020年93篇,截至2021年4月共8篇面世。从1992年至2021年4月止,核心期刊与中文引文论文有92篇,集中研究农村社会治理的论文80余篇。有关农村社会治理的硕士博士学位论文共297篇。总的来说,2010年以后,有关农村社会治理的研究热度明显有所增强。

有关农村社会治理的会议性论文或综述。从2010年至2020年,共计有11次国内相关会议,如李峰、马群、方贺、左传文《高科技让党建变虚为实并引领农村社会治理创新——黑龙江五大连池市委组织部利用科技企业创新工作模式调查》,2020年中宣部城乡统筹发展研究中心(2019)城乡发展要情汇编;杨华晶《转型时期中国农村基层社会的治理》,2019《上海法学研究》集刊(2019年第10卷总第10卷)——上海市法学会社会治理研究会文集;窦竹君《农村社会治理的"软法之治"》,第五届河北法治论坛;杨艳《农村仪式性人情往来中女性角色地位研究与村社治理——以云南省某农村家庭的订婚仪式为例》,2014 年中国社会学年会"社会性别视角下的社会治理现代化"论坛;林兴初《乡镇治理创新的路径及其绩效分析——浙江温岭"泽国试验"的解读》,2011 年浙江省社会学学会年会;肖金明《建构和完善农村社会民主治理体系与制度——兼议〈中华人民共和国村民委员会组织法〉的修改》,中国法学会行政法学研究会 2010 年会;等等。

有关农村社会治理的报纸类文章。从 2013 年至 2021 年在各类报纸上报道有关农村社会治理的文章共 47 篇,其中 2013 年 1 篇,2014 年 5 篇,2015 年 12 篇,2016 年 5 篇,2017 年 6 篇,2018 年 5 篇,2019 年 6 篇,2020 年 6 篇,截至 2021 年 1 篇,它们涉及《人民政协报》《中国社会报》《中国社会科学报》《贵州日报》《湖北日报》《学习时报》《经济日报》《人民法院报》《中国县域经济报》《光明日报》等国内有影响力的报纸。

有关农村社会治理的著作。据不完全统计,至 2021 年 4 月止,有关农村社会治理的著作近 150 部左右,其中 2021 年出版的著作共 1 部;2020 年出版的著作共 23 部左右;2019 年出版的著作共 31 部;2018 年出版的著作共 16 部左右;2017 年出版的著作共 12 部;2016 年出版的著作共 17 部;2015 年出版的著作共 13 部;2014 年出版的著作共 14 部;2013 年出版的著作共 7 部;2012 年出版的著作共 3 部;2011 年出版的著作共 2 部;2010 年出版的著作共 1 部;2009 年出版的著作共 0 部,2008 年出版的著作共 1 部;2007 年出版的著作共 3 部;2006 年出版的著作共 1 部;2005 年出版的著作共 0 部;2004 年出版的著作共 3 部;2003 年出版的著作共 2 部;2002 年出版的著作共 1 部;2001 年出版的著作共 0 部;2000 年出版的著作共 0 部。

由于对现有的有关乡村治理资料的梳理不可能完全囊括所有著述、论文及其他研究成果,主要是针对最近十年左右的有关乡村治理的主题,涉及乡村治理的体系、乡村治理的结构以及乡村治理的模式等方面进行粗略的梳理,这些研究各有特色,为本课题的研究奠定了基础。马克思认为,"以一定的方式进行生产活动的一定的个人,发生一定的社会关系和政治关系。经验的观察在任何情况下都应当根据经验来揭示社会结构与政治结构同生产的联系,而不应当带有神秘和思辨的色彩。社会结构和国家总是从一定的个人的生活过程中产生"①。乡村社会的政治、经济、文化、社会以及历史传统的延续发展的状况决定着乡村的主体结构及其权力状况,而乡村权力结构状况则决定着每一个地区地域的乡村治理模式的差异性,进而影响乡村治理模式的实际运行,从长远来说影响着乡村治理的发展趋势。因而,正是在这个基础上,我们对乡村政治、经济及社会历史状况的研究构成了其他一切研究的基本出发点。了解了农村的权力结构和社会状况的基本情况以后,我们才能搞清楚当下的乡村社会治理应该走什么样的道路,才能更好地提出当前及今后相当长一段时间农村治理发展的高质量理论成果。

在有关治理的体系与主体结构、治理模式与发展形式等方面,我们既要从历史的维度动态分析不同时期乡村的治理主体的变化及其赖以存在发展的经济基础,也要从社会政治情势、法律制度变迁的视角以及乡村内生性发展的现实状况等多维度进行审视。在这个基础上,进行具体的视角研究会得出一些不同的、有益的启示。如从主体角度的个体阶层划分视角进行分析,代表性观点如陆学艺(2002)将二元社会体制下因职业和空间变动所带来的农民分化分为八个阶层,②分析八个阶层的经济地位、政治诉求以及在乡村治理的内在治理动机与愿望等,进而为乡村治理单个主体的有效整合提供方法论上的制度构建基础。从村治的结构要素角度进行划分的研究,如徐勇(2003)认为,村治参与一般包含三个要素,即主体、客体和环境。③ 宁凌和张静(2020)以"乡村治理模式的研究态势""乡村治理模式"为主题在中国知网搜索,借助文献计量可视化分析工具 Cite Space,以 2005—2018 年中国知网(CNKI)数据库中的 456 篇关于乡村治理模式文献(中文核心)和 CSSCI 期刊文献为原始数据,对乡村治理模式研究领域进行知识图谱分析。分析指出,乡村治理模式的

---

① 《马克思恩格斯选集》第 1 卷,人民出版社 1995 年版,第 71 页。
② 参见陆学艺主编:《当代中国社会阶层研究报告》,社会科学文献出版社 2002 年版,第 170—184 页。
③ 村治参与的主体是指村民,客体是指村庄公共权力组织及公共权力运作;村治参与的环境则是指村治参与活动在其中发生的各种社会条件和总称,既包括村庄经济发展状况、村庄经济类型、村庄分化等村庄内部的因素,也包括国家在乡村的制度安排等外部因素。村治参与的状况就是由这三者共同决定的。参见徐勇、徐增阳:《流动中的乡村治理——对农民流动的政治社会学分析》,中国社会科学出版社 2003 年版,第 81 页。

研究态势可以分为萌芽期、发展期与飞跃期三个阶段。不同科研机构、专业人员之间的研究合作网络较为稀疏;乡村治理模式的研究热点主要围绕乡村治理、村民自治形成两个主要研究路径,其研究的综合性在不断增强。展望未来,乡村治理模式研究需要强化理论创新、加强学者和机构之间的合作网络建设以及提高理论成果的实践应用程度。① 这些视角研究村庄的治理主体、结构等问题都是有益的参考。不同的研究视角、不同的方法论可以为我们研究乡村主体体系、乡村治理的结构以及乡村治理模式等问题提供多维度、多视角、多层次的认知,从而避免单一视角与研究方法的偏颇可能造成认知上的偏狭,至少是不全面,不利于在制度创制上提出具有建设性的治理方案。

差异化治理理论与观点应该是中国这样大国治理的基本理论,何谓差异化治理理论或者观点? 差异化治理理论是指治理目标的实现应该与治理对象所在地的治理情境、治理条件相契合,充分考虑治理地方的具体的经济状况、历史状况、地理环境、气候状况、交通条件、市场发育程度、文化传统、宗教构成、民族成分、人口状况、职业构成、生产生活观念等诸多主客观条件,在此基础上选择适当的治理路径与方法,实现相应的治理目标。易言之,治理效果的实现必须与治理对象的状况与情境相适应,做到与实际相一致、相联系才能采取相对应的治理方法与路径、模式,收到预期的治理效果。不同的治理情境可能产生具有不同特点的乡村治理体系、治理结构以及治理模式,立足于乡村的具体实际进行探索适合于当时当地的具体治理形式、治理制度、治理方式与机制,并继而形成法治化、制度化的常态性治理创新机制,是乡村治理的基本路径。差异化治理,其主要核心思想就是对在中国这样的一个不同民族、宗教以及有跨度较大的国土范围的农业大国,向现代化迈进的过程中,应采取差异化的、因事因地制宜的策略化思维与路径进行乡村的治理体系、治理结构与治理模式的具体抉择。这是理论认知与实践创新的基础出发点。

从长远来看,国家治理与社会治理要走向善治,推进以社会主义核心价值观为基础的现代乡村治理体系及其运行机制是乡村治理发展的基本方向。在

---

① 参见宁凌、张静:《中国乡村治理模式研究知识图谱——基于 CNKI(2005—2018 年)的文献计量》,《学习论坛》2020 年第 3 期。

国内学界,俞可平是比较早地引进善治理论的学者,俞可平(2008)总结了善治模式。[①] 笔者持赞同态度,中国社会的乡村治理基本方向也是应以民主、自由、自治、法治、德治、公正、责任、透明、廉洁、和谐等基本的现代制度价值观与文化价值观为指导,推进新时代社会主义乡村振兴与发展。在新时代推进社会主义乡村社会治理,需要以国家治理体系和治理能力现代化为基本框架指导,推进乡村的治理体系与治理能力现代化,特别是强调在法治的轨道上推进乡村的现代化治理事业,充分地尊重乡村群众的首创精神与意愿,在遵循乡村经济与社会发展的基本规律的基础之上进行因势利导的制度建设。

---

① 参见俞可平:《中国治理变迁30年(1978—2008)》,《吉林大学社会科学学报》2008年第3期。

第一章 新乡贤参与农村治理法治化创新的相关性理论阐释

第一节 治理与德治、法治、自治、共治、善治等诸概念的关系阐释

一、治理与德治、法治、自治的关系阐释

关于德治、法治、自治的一般解释是本课题需要阐述的基本概念,但是,这里面不是要对之进行什么创新性解释,而是要就其主流的理解进行简要的说明。首先是德治问题,何谓德治? 在《汉书·董仲舒传》中有这样的记载,一是"为人君者,正心以正朝廷,正朝廷以正百官,正百官以正万民,正万民以正四方"。这里强调的是个人德性,是指君主自身的德性修养、道德修为是影响政治秩序的基本出发点与政治秩序的治理逻辑。二是"圣人法天而立道,亦溥爱而亡私,布德施仁以厚之,设谊立礼以导之"。这是强调德政,是指君主应实行有德性的国家治理,将道德在治国理政上予以规范化,实施德治仁政,通过德化礼教以实现对天下官吏、百姓的教导。三是"大上之化下,下之从上,犹泥之在钧,唯甄者之所为;犹金之在熔,唯冶者之所铸"。这本质上是强调德教,就是把道德教化作为引导民众的主要手段以实现国家的治理,社会的和谐稳定。又如"扶世导民,莫善于德"(《汉书·武帝纪》)。均是强调道德教化对于治理天下、引导民众,实现政治社会秩序的重要价值。① 德治,从国家与社会统治治理视角观之,基本内涵就是指以道德规范、道德礼仪作为教化

---

① 参见王立仁:《传统"德治"的意蕴——兼论德治与法治的关系》,《北京交通大学学报》(社会科学版)2017 年第 4 期。

官吏、引导民众的主要手段，以实现国家与社会治理目的的一整套统治体系与过程的总和。中国古代几千年就是奉行儒家的德治，以德为主治理天下是中国古代治理的重要属性特征。何谓法治？按照古希腊亚里士多德的理解，"法治应包含两重含义：已经成立的法律获得普遍的服从，而大家所服从的法律又应该本身是制定的良好的法律"①。简言之，亚里士多德所主张的法治是指良法之治，实际上谈的不仅仅是法治的含义，不仅仅揭露了法治的内涵，即一旦法律制定出来必须对社会起到一体遵行的效果，即法律实施的普遍性问题、平等性问题，同时也深刻揭示了法律的道德性，法律只有合乎道德良知，符合人心人性的向善追求，才能取得百姓认同并自觉实施之。法家之集大成者韩非子曰："明主之国，令者，言最贵者也；法者，事最适者也。言无二贵，法不两适，故言行不轨于法令者必禁。"②意指在英明君主统治的国家里，命令是最尊贵的言辞，法律是处理政事的唯一准绳。③ 这充分说明古代法家对于法的真切看法，法令是规范国家政事以及人们言行的唯一规矩，点明了法律规范治理的准则性、规范性、普遍性，揭露了古代法制的基本属性特征。应该说封建法制在中国延续几千年的统治过程中以其自身的特点发挥了调整、规范封建经济社会关系的重要作用。德主刑辅，外儒内法，德法并治是中国封建社会几千年的法制传统。二者基本上处于相互依存的状态，并没有严格的划分，法律规范与道德规范往往杂糅于一体。正如戴维·沃克所言："人类社会早期发展阶段，调整人们相互关系的习惯、宗教教条、禁忌以及具有强制力的道德信条等行为规范之间，没有多少区别。"④

　　在现代社会而言，法治与德治有了新的时代含义。法治作为一种治国理

① ［古希腊］亚里士多德：《政治学》，商务印书馆 2008 年版，第 202 页。
② 韩非子：《韩非子·问辩》，高华平、王齐洲、张三夕译注，中华书局 2015 年版，第 612 页。
③ 除命令之外，国家没有第二种尊贵的言辞；除法律之外，国家没有第二种处理政事的准则，所以言论与行为不符合法令的必须禁止。韩非子：《韩非子·问辩》，高华平、王齐洲、张三夕译注，中华书局 2015 年版，第 614 页。
④ ［英］戴维·沃克：《牛津法律大辞典》，光明日报出版社 1988 年版，第 521 页。无论对法律与道德之间的关系持何种具体见解都不能回避法律对道德的原初依赖和联系这一基本事实。就法律而言，它本来就不是无源之水、无本之木，不是空穴来风、飞来之物。其发源和始创恰恰是在道德的基础上实现并且继续以特殊形式实现着特定的社会道德和传习习俗。康健：《正确认识德治与法治的关系问题——兼论德治是法治的现实基础和重要补充》，《理论前沿》2001 年第 24 期。

政的基本手段,是近现代资本主义国家产生以来的重要事件。法治是指建立在民主基础上的法律制度及其运作过程,它在社会关系中起到主要的规范作用。德治主要是指以道德规范、道德教化的方式实现对社会关系的调整规制及其过程。法治与德治相辅相成,各有优势,相互补充,共同作用于社会关系的规范。法治与德治是国家宏观管理的两个基本手段。法治作为社会宏观管的硬约束手段,德治作为社会宏观管理的软约束手段,二者既相互独立,又相辅相成,从不同角度共同发挥着社会治理的作用。①

自治所蕴含的意思是指一个人在处理事务时能够按照自己的认知与意志行事,自我决定、自我管理、自我服务,如果用于社会组织那就主要是指一个组织能够自我决策、自我完善与发展、自我管理、自我服务、自我监督等自己自主地处理自己事务的一种状态与过程。我国的基层自治组织村民委员会组织、居民委员会组织就是法律上的自治组织形态。此外,我们实行的民族区域自治制度,在民族地区由民族地区的人民管理本地区的公共事务的治理模式与发展形式也属于一种自治的地方国家模式。

民族自治、地方自治、乡村自治、城市居民自治、小区业委会自治等不同的自治模式与制度体系,体现的是国家或者区域型政治法律形式的一种状态与运作体系。其自治的手段可能是多元化的、多方面的,既可以通过法律手段,也可以是道德手段、宗教伦理手段、习惯习俗等多种形式予以体现。但是对于现代社会治理来说,各类自治组织实现治理运行的主要方式还是体现为法律与道德,法治与德治手段始终在现代社会治理运行中起主导作用,这是由它们的特有属性所决定的。我国乡村所推行的以自治为基,以法治与德治为两翼的治理模式,正是基层民主法治与社会主义道德发展的实践模式。

党的十八届四中全会提出"依法治国,是坚持和发展中国特色社会主义的本质要求和重要保障"②。第一次将法治放在整个国家治理体系和治理能

---

① 参见单玉华:《法治与德治辨析》,《法学家》1998 年第 6 期。

② 依法治国是实现国家治理体系和治理能力现代化的必然要求,事关我们党执政兴国,事关人民幸福安康,事关党和国家长治久安。《中共中央关于全面推进依法治国若干重大问题的决定》(2014 年 10 月 23 日),见 http://news.12371.cn/2014/10/28/ARTI1414492334767240.shtml,2021 年 5 月 16 日访问。

力现代化的高度予以认识,第一次在党的报告中提到要构建国家治理体系和治理能力现代化的政治命题,可以认为这一命题为我国民主法治进入新阶段做了创新性思想引领,为我国事关国家治理、社会治理事业发展指明了基本方向,其中尤其是将法治作为一种治国方略在整个治理体系与治理能建设中提高到极为重要的位置。党的十九大报告指出:"全面依法治国是国家治理的一场深刻革命,必须坚持厉行法治,推进科学立法、严格执法、公正司法、全民守法。"①法治在我国的国家层面已经成为一种治国理政的基本方式,在社会层面,法治作为一种社会行为方式所必须遵循的规范,也已经取得或者正在取得人们的广泛认同与实践。依法治国与以德治国正在相辅相成,在国家与社会生活的方方面面融入到人们的行为与交往方式之中,在政治国家与市民社会层面取得了初步成就。自治、法治、德治作为一种制度实践体系,正在现代社会主义民主道路上在各自的实践领域以不同的形式与程度推进。

二、治理与共治、合作治理、协同治理、多中心治理的关系阐释

颜佳华和吕炜认为,"协商治理、协作治理、协同治理与合作治理等新型公共治理范式对推进国家治理体系与治理能力现代化具有重大意义"②。正如前述,新时代的治理在国家层面、社会层面已经不再是过去的单打独斗,政府一家包打天下的局面,而是形成党委组织牵头、政府主责主导、社会组织全面协调协同、广大公众广泛普遍参与、现代法治充分保障、信息科技全面支撑的现代立体式治理体系与运作机制。合作治理、协同共治、多中心治理已经成为现代社会治理在诸多方面广泛应用的治理方式与治理机制。所谓合作治理,是指两个或者两个以上的治理主体在事关公共事务上形成彼此之间的合

---

① 习近平:《决胜全面建成小康社会　夺取新时代中国特色社会主义伟大胜利——在中国共产党第十九次全国代表大会上的报告》(2017 年 10 月 18 日),见 https://baijiahao.baidu.com/s? id=1582495167355981788&wfr=spider&for=pc,2021 年 5 月 17 日访问。

② 通过考察协商、协作、协同与合作的基本含义,利用内涵、外延、内容以及特征等四个维度对协商治理、协作治理、协同治理与合作治理进行概念辨析,最后从治理主体、治理方式与治理机制等三个方面分析了概念之间的相互关系。颜佳华、吕炜:《协商治理、协作治理、协同治理与合作治理概念及其关系辨析》,《湘潭大学学报》(哲学社会科学版)2015 年第 2 期。

作与配合、支持,在各自完成相关事务的基础之上合作完成目标事务,以期达到合作治理目的的一种治理方式与过程。所谓协同治理是指在公共事务的处理过程中,两个以上的多主体之间形成信息沟通、协调一致,共同致力于目标事务的处理与完成,协同更加强调完成目标任务的一体化行动,在遵守规则的前提下统一行动、统一步调、统一目标、协力共进,是协同治理的重要属性特征。多中心治理,顾名思义,不再强调处理公共事务的单中心化、单极化,而是不同的治理主体参与治理过程,各自完成自身的角色与发挥资源优势。多中心治理走向组织化与合作、协同是现代国家与社会治理的基本模式,多中心治理要发挥局部大于整体的作用就必须走向有效的资源整合与协作、协同,形成相互之间的有机治理机制。

三、农村治理、乡村善治、协商民主及乡村法治

张宝锋认为,作为一种理论的治理,包含了善治的因素,善治是治理理论的重要组成部分。[①] 因而,从理论上说,治理是手段,其方式多样化,包括前述的正式制度与非正式制度的综合及其实施过程。善治是治理需要达到的基本目标,一切治理有效的结果均是导向善治,这是治理与善治的手段与目的之间的基本关系。社会治理,主要是政府和社会组织为促进社会系统协调运转,对社会系统组成部分、社会生活的不同领域以及社会发展的各个环节进行组织、协调、服务、监督和控制的过程。[②] 社会治理与政治国家相对区分是现代政治与社会文明发展的基本特点,社会治理主要是就国家政权运作之外的社会事实、社会事务、社会关系状况进行组织、协调、整合、服务、监督及其控制过程。当然,这只是相对区分,社会治理不可能完全脱离国家政治及其过

---

① 但作为一个概念,治理不等于善治。治理与善治的不同之处在于:治理过于强调系统内部、系统之间自组织的力量与作用,忽视政府权力的存在,有一种技术官僚化的倾向;善治则在自组织的基础上将政府视作元治理角色,倡导政府和公民对公共生活的合作管理。善治优于治理的地方就是善治将作为元治理角色的国家引入治理的过程,克服了治理不善于通盘权衡以及就局部政策管辖范围之外的问题作决断的弊端。参见张宝锋:《治理概念的社会学辨析》,《经济与社会发展》2005 年第 9 期。

② 参见田千山:《从"单一治理"到"共同治理"的社会管理——兼论公众参与的路径选择》,《广西社会主义学院学报》2011 年第 5 期。

程。在社会治理中,乡村治理是其重要的组成部分之一,而且是社会治理的最基层的治理环节。乡村治理是一种新的基层政治研究与实践范式的理想概念,"它包容了乡村政治中的新机制与新实践,因而是一个更具包容性的概念"①。关于乡村治理,在学界也有一些不同的解说。如郭正林认为,"乡村治理,就是各种组织如政府及其附属机构、村级组织、民间群体等通过一定的制度机制共同把乡下的公共事务管理好"②。又如党国英认为,"乡村治理是指以乡村政府为基础的国家机构和乡村其他权威机构给乡村社会提供公共品的活动,乡村治理的基本目标是维护乡村社会的基本公正、促进乡村社会的经济增长以及保障乡村社会的可持续发展"③。张润泽和杨华指出,"乡村治理是通过解决乡村面临的问题,实现乡村的稳定和发展的动态活动过程"④。这些关于乡村治理的概念,从治理的主体、过程、方式手段、目的或目标角度比较完善地概括了、揭示了乡村治理的主要内涵,是分析认知乡村治理的基本概念与基本思维工具。乡村治理总目标是实现乡村善治,这种乡村善治就是符合乡村群众的那种生产生活的理想状态。正如叶莲所言,"深化农村自治、强化农村共治、规划农村善治,是农村和谐有序发

---

① 一般而言,它是关于乡村服务的委托、组织和控制,这些服务包括乡村区域内的卫生、教育、治安、基础建设和经济发展。因此,它是乡村政治管理中的新模式、新理念,是治理范式从国家宏观层面下移到乡村基层的表现,不仅具有一般治理理论的内容与特征,而且还因其与上层乃至中央的关系而更趋复杂。于大水、王景迁、周洪江:《村民素质教育:乡村治理的基石——以招远市九曲蒋家村的探索为例》,人民出版社 2014 年版,第 47 页。

② 郭正林:《乡村治理及其制度绩效评估:学理性案例分析》,《华中师范大学学报》(人文社会科学版)2004 年第 4 期。

③ 党国英:《我国乡村治理改革回顾与展望》,《社会科学战线》2008 年第 12 期。

④ 张润泽、杨华:《转型期乡村治理的社会情绪基础:概念、类型及困境》,《湖南师范大学社会科学学报》2006 年第 4 期。龚梦认为,乡村治理应指乡村治理的主体围绕一定的治理目标,以某种理念为指导,通过相应治理手段来处理乡村公共事务、解决乡村社会主要矛盾,以促进乡村经济、政治、文化、社会等全面发展的治理思想及实践。(龚梦:《中国共产党乡村治理的百年演进及基本经验》,《湖北大学学报》(哲学社会科学版)2021 年第 3 期。)陈琪和钟黎川认为,乡村治理,也称之为村庄治理,"是指在村社区范围内,运用公共权威管理村庄公共事务以增进公共利益的过程,是政府、乡村社会组织以及村民等利益相关者为增进乡村利益和发展乡村社会而共同参与、谈判和协调的持续活动过程或者状态"。(陈琪、钟黎川:《乡村治理中的多元合作创新》,《经济导刊》2009 年第 11 期。)

展的现实性要求"①。

　　农村治理是国家治理的基础环节,处理好了农业农村农民问题就处理好了中国的最基本问题,这是就农村在整个国家现代化治理与发展中的地位而言的。改革开放以来,城市化进程取得了巨大进步,现代化在城市化过程中实现了基本同步。但是,广大农村依然未实现从根本上的改观,乡村的治理与发展始终是整个国家建设发展的短板。如何在乡村治理过程中实现有效治理,推进乡村民主与有效自治,是我们一直探索的理论与实践问题。党的十八大报告提出要"健全社会主义协商民主制度"②,第一次提出要"积极开展基层民主协商"。党的十九大报告进一步提出要"发挥社会主义协商民主重要作用。有事好商量,众人的事情由众人商量,是人民民主的真谛"。③ 党的十八大与十九大报告对协商民主作了专门的阐述,提出在国家层面、社会层面有效地提炼协商民主的形式,创新协商民主的制度机制,充分发挥协商民主在治国理政中的中国特色与民主优势。通过协商民主对于群众普遍关心的公共事务进行广泛的征求群众意见,制定制度机制让人民通过协商民主的渠道参与公共事务的重要决策与执行。关振国和吴丹玉指出,"党的十八届三中全会提

---

　　① 善治需要对治理主体、治理方式和治理内容进行科学、有效的合理安排。即需要进一步深化研究多元主体合作参与的有序,治理策略和手段的有序,基层民主政治建设和公民参与的有序,各项政策成体系配套的有序,资源优化配置的有序,农民自由流动的有序,公共物品和服务提供的有序,农民信仰与意识形态社会化的有序,以建构中国农村有序发展的新路径。叶莲:《从自治到善治:农村和谐有序发展的治理路径》,《社会主义研究》2012年第6期。

　　② 社会主义协商民主是我国人民民主的重要形式。要完善协商民主制度和工作机制,推进协商民主广泛、多层、制度化发展。通过国家政权机关、政协组织、党派团体等渠道,就经济社会发展重大问题和涉及群众切身利益的实际问题广泛协商,广纳群言、广集民智,增进共识、增强合力。胡锦涛:《坚定不移沿着中国特色社会主义道路前进　为全面建成小康社会而奋斗——在中国共产党第十八次全国代表大会上的报告》,见 http://dx.njupt.edu.cn/2012/1124/c3410a52388/page.htm,2021年5月16日访问。

　　③ 协商民主是实现党的领导的重要方式,是我国社会主义民主政治的特有形式和独特优势。要推动协商民主广泛、多层、制度化发展,统筹推进政党协商、人大协商、政府协商、政协协商、人民团体协商、基层协商以及社会组织协商。加强协商民主制度建设,形成完整的制度程序和参与实践,保证人民在日常政治生活中有广泛持续深入参与的权利。习近平:《决胜全面建成小康社会　夺取新时代中国特色社会主义伟大胜利——在中国共产党第十九次全国代表大会上的报告》(2017年10月18日),见 https://baijiahao.baidu.com/s? id = 1582495167355981788&wfr＝spider&for＝pc,2021年5月17日访问。

出了完善和发展中国特色社会主义制度、推进国家治理体系和治理能力现代化的全面深化改革的总目标"①。因而,在乡村社会发展中,创造性地运用协商民主的制度与机制,在基层党委与政府、乡村经济与社会组织、乡村广大群众之间及其相互之间构建起协商民主的常态化治理模式,是实现乡村振兴发展的必要举措。

现代乡村治理的一个重要特征是实现乡村治理的现代化,这个现代化在内容上包括了可能的工业化、城市化、信息化、集约化、市场化、法治化、理性化、新的价值观等诸多现代性的因素。乡村治理的基本目标基本上是实现乡村善治,那就是集现代化的物质技术条件与精神文明、政治文明、法治文明、生态文明等于一体的幸福乡村图景,以乡村群众的愿望与期待作为乡村治理发展的逻辑出发点与归宿。当务之急是构建适合乡村振兴发展的现代乡村治理体系与治理的法治化机制,在法治的道路上推进乡村治理的有序化、制度化展开,以获得持续性治理与发展效果为基本依据。很显然,在这个过程中,乡村的法治化治理体系、乡村的德法并重的内容体系以及乡村的常态化法治化治理机制等构成了乡村急需搭建的治理制度创新的主要内容。在这个过程中,需要重视以自治为根基,以德治法治为两翼,"三位一体"的全面发展,才能有效整合乡村治理内容上的全部资源。正如王海成和张丽君指出,"当代三治结合乡村治理体系中的德治本质上是以德治国方略在乡村治理中的贯彻落实"②。简言之,在乡村的经济社会发展过程中,注重创新自治的法治根基,实现因地制宜的乡村自治实践,在此过程中,重视优秀传统道德文化的创造性转化与创新性发展,重视新时代的社会主义核心价值观的乡村践行,重视将乡村法治作为一条主线贯穿于乡村治理的全过程,重在实现乡村治理制度的创新与发展,探求适合乡村治理发展的各类法治化制度模式以配合乡村振兴的国家战略在乡村的具体落实。

---

① 关振国、吴丹玉:《以协商方式提升乡村治理能力探讨》,《学术交流》2020年第12期。
② 王海成、张丽君:《"三治"结合背景下乡村德治的定位与转型》,《西北农林科技大学学报》(社会科学版)2020年第6期。

第二节　新乡贤参与农村治理及法治化
提升的核心价值与意义

一、新乡贤参与农村治理与农村民主法治建设发展

新乡贤参与农村治理在乡村民主法治建设方面的研究引起了学界广泛关注。目前主要集中在:(1)新乡贤治理与乡村协商民主建设。如有学者以扶贫工作为载体分析了新乡贤的乡村协商民主功能,指出在乡村精准扶贫与脱贫建设中存在广泛的协商民主,主要表现在:"一是新乡贤的身份优势凸显了其获得集体认同的作用;二是新乡贤参与协商民主的形式优势凸显了其聚合资源的作用;三是新乡贤群体的结构优势凸显了其约束集体失范的作用;四是新乡贤的功能优势凸显了其激发贫困群众内生动力的作用。"[1]又如张兴宇等学者指出的,"新乡贤在协商民主治理上有其自身独特的优势与功能"[2]。(2)新乡贤直接参与乡村各项社会公共事务治理。如有学者指出,"由于村'两委'无法有效提供村庄相关公共服务,他们获得主导村庄治理的支配性地位,形成基层政治中的'能人治村'现象"[3]。(3)新乡贤直接参与农村法治建设。如有学者指出,"新乡贤出身于乡土,一般受教育程度较高,比较具有现代法治思维,又在村民中拥有较好的口碑和声望。他们可以利用自身在乡村内外的特殊影响力,协助基层政府推动国家政策在基层的贯彻落实和为乡村经济社会发展建言献策"[4]。"新乡贤作为有知识、有文化、有道德的公民,其必会引导大家遵守法律,并且做好良好的示范。在当前的社会条件下,人民的权益意识日益增强,维护权益最有利的武器还是法律。"[5]丁晓军认为,"作为

---

①　陶磊:《新乡贤参与脱贫攻坚协商民主的作用及优势探赜——基于精准扶贫与精准脱贫的经验逻辑》,《理论月刊》2020 年第 7 期。

②　张兴宇、季中扬:《新乡贤:基层协商民主的实践主体与身份界定》,《江苏社会科学》2020 年第 2 期。

③　刘守英:《中国乡村到底该怎么治理》,《中国乡村发现》2021 年第 4 期。

④　丁艳平:《新乡贤参与乡村治理的思考》,《农村·农业·农民》2022 年第 1 期。

⑤　胡蓉、李惊涛:《乡村治理新思考:新乡贤的回归》,《人口·社会·法制研究 2015—2016 年》(卷二),第 85 页。

一种被历史证明的有效传统方式,新乡贤理应在乡村社会治理乃至乡村振兴中发挥更积极的作用"①。潘澳等指出,"积极参与、推动和保障乡村法治建设是新乡贤群体的一个重要职能,新乡贤在农村法治建设中大有可为。新乡贤在推进新乡村法治工作中能够承担多种角色,利用自身的知识、身份和法律知识优势,可以在法律解读、法律服务、法制宣传、依法治理、纠纷化解等方面发挥重要作用"②。新乡贤推动乡村法治,在培育乡土社会的行动规则方面起到了积极效用,如倡导乡民遵纪守法,制定村规民约,践行社会主义法治理念等,在推进乡村法治工作的过程中,不仅要注重新时代国家法律规则的有效传播宣讲,同时他们有效地将优秀的传统法治文化吸纳进时代法治内涵之中,充分继续发挥优秀传统法治文化的引导作用,而这正是全国各地新乡贤群体在乡村治理基层一线一直在积极作为的方面,其作用明显效果显著。③

通过学界研究以及诸多地方的新乡贤治理实践来看,新乡贤治理在经济治理领域、社会治理与公共服务领域、社会法治与社会关系调节领域等领域,已经形成了事实上的广泛的民主治理实践与法治发展实践,为广大农村地区的民主法治发展作出了积极的贡献。农村民主法治建设是整个国家与社会民主法治建设的基础环节。农村的民主法治开展得好不好,实际上直接关系到整个国家与社会层面上民主法治事业的兴衰成败。基层民主法治是根本,而又以农村民主法治为要。当前中国农村经历着社会转型,城乡二元化结构明显,城乡差别仍然存在较大的鸿沟,这主要表现在城乡的基础设施、公共服务、各种公共投入、资源投入,城市明显优于农村。这种城市资源集群优势的存在,导致城市化进程持续推进,造成农村向城市的长期的单向度人口流动,当然这主要是出于务工的短期或者季节性行为,因为乡村到城市购房以及与此相适应的工作、稳定的就业、医疗、教育、养老等各类公共服务问题不能从根本上实现城乡均等,短期的进城务工行为未能从根本上解决乡村与城市的人口结构变化。进城务工人员中的绝大多数依然面临季节性返乡或者最终由于劳

---

① 丁晓军:《乡规民约在现代乡村中的价值与进路》,《原道》第 41 辑。
② 潘澳、徐永伟:《新乡贤:时代特征与法治价值》,《原道》第 35 辑。
③ 参见王天:《自治、法治与德治:新乡贤治村的三个有效维度》,《现代商贸工业》2021 年第 34 期。

动力价值衰减而不得不返乡的基本现状。这就是说,农村依然是农民主要的栖息之所。这一点也是新乡贤在新时代得以存在并发挥作用的人口基础,易言之,关于新乡贤发挥作用的所有问题实际上是建立在人的问题之上。如果农村在真正意义上出现了原子化、空心化单一向度的发展,农村将不复存在,自然也就不存在新乡贤治理问题或者将从根本上逐渐减少乡村治理问题。然而,只要农村存在,农村就需要包括其政治、经济、社会、文化以及生态在内的各方面的长久发展,以解决农村人口的生活质量问题。农村的全面发展,涉及在政治、经济、社会、文化、生态等方面的发展,最终实现把农村建设成为生产发展、生活富足、乡风文明、社会和谐、生态环境优美的社会主义新农村。在国家提出的发展社会主义新农村以及乡村振兴战略下实现农村的大发展,这是新乡贤以及农村社会治理提质增效的实践逻辑所在。

在社会主义农村经济治理的民主性方面,我们需要在农村实现解决相对贫困问题、实现持续经济增长、实现农村结构性经济的调整与提升、不断提高农村产品的产业化与质量,因地制宜地在土地利用、种植业改善、水产业以及农林牧业等方面实现新发展,农产品生产技能培训、市场销路、农业运输业、农村电商产业、农村市场监管与规范等各个方面进行有效的规划与指导。特别是在涉及乡村集体经济的发展的重大调整与改革,这些都会涉及乡村群众的切身利益,需要通过乡村民主的形式,全方位地考量不同村民个体的利益诉求。正是在这种情况下,事关乡村经济发展、村民集体经济管理、村民利益分配等方面恰恰是乡村社会组织发挥作用的主要空间。新乡贤中包括了诸多在各个产业领域做得非常出色的企业家、致富能手、技术能手、市场运营专家、优秀经济管理者、现代化互联网经营专家等,他们通过直接或者间接的途径携手村庄民众实现家庭经济改善,推动乡村经济转型,对家乡父老授之以渔,并利用自身优势通过各种渠道实现有效融资,聚集各种人脉资源、物质资源、政策资源以支持所在乡村经济发展,协助乡民共同致富,解决基层政府招商引资、为乡村经济出谋划策等。在此基础上,通过参与乡村重大规划的决策,在涉及村民重要利益的分配上、在事关村镇长远发展的战略问题上、在有关村庄经济资源的调动与投入上,可以广泛代言乡村民众进行有效的民主参与,与各个层面与界别进行有效的协商,从而形成涉及乡村发展的科学决策。习近平总书记指出："有事好商量，众人的事情由众人商量，是人民民主的真谛。"①乡村的经济发展是乡村长久存在的物质社会基础，社会主义新农村是乡村特色经济发展，农村因时因地制宜的乡村经济模式、符合乡村历史与生态环境的经济结构，所有这些经济形式都是新乡贤在乡村发挥经济治理作用的有效空间，是各类民主决策的主要内容。政治，就其本质而言就是利益分配，乡村政治就是实现县乡村利益的公正分配，新乡贤德高望重、办事公正，深得群众认同，可以在乡村与各个层面人员接触，通过协商民主的机制，广泛凝聚信息上传下达，成为乡村各种经济利益分配的润滑剂。

在社会治理方面，新乡贤通过个体行为或组织行为直接或间接参与乡村社会公共事务的处理。目前乡村社会公共事务主要包括：一是农村治安。需要全面落实乡村社会治安的防范，开展平安乡村的建设活动，以及社区治安，辖区内的治安巡逻与安全保障。二是农村纠纷调解。群众的信访、邻里纠纷、土地权益纠纷以及其他各类婚丧嫁娶、经济类、人身类民间纠纷。三是农村村庄与社区矫正、帮教。吸毒人员、失足青少年、监外执行人员及其他各类需要思想教育人员等。四是流动人口服务治理。流动人口的登记、出租住房以及用工单位的动态人员进出登记、定期三无人员摸底清理等。五是协同公安机关办案。对涉及人身伤害、涉法涉诉等重大民事、行政、刑事案件，需要积极配合公安机关与国家安全机关的侦查以及相关行政机关的公务行为，同时，负责日常的协同治理信息与可疑人员的反馈。六是各类生产安全事故治理。乡村各类生产安全、消防安全、防火防盗、地震、水灾、疫情防控、各类传染病防治等由自然原因或人为原因导致的各种安全事故需要及时协同治理与资源投入。七是农村市场监管与市场秩序。农村市场的正常交易、商品流通、交易秩序，特别是涉及娱乐场所、旅馆以及各类公共场所的秩序维持。八是乡村生态环境。涉及乡村的垃圾清理、庭院前后的环境整治、空间治理、水源、河沟、农药、化肥、空气、绿化等各方面公共事业需要乡村资源与行政资源的持续投入维护治理。九是乡村公共基础设施维护。乡村道路维修整治、公共厕所、乡村广

---

① 习近平：《决胜全面建成小康社会　夺取新时代中国特色社会主义伟大胜利——在中国共产党第十九次全国代表大会上的报告》，人民出版社 2017 年版，第 37—38 页。

场、博物馆、乡村历史遗迹、乡村旅游设施及其他各类公共活动场所、公共设施、各类乡村公务财产均需要日常性维护与治理资源投入。新乡贤对于乡村这些事务耳熟能详、如数家珍，能够积极动员群众参与协同乡村各类公共事务的治理与服务。新乡贤通过各自联系的群众与家庭住户，及时了解乡村人员的各类动态，有利于及时化解各类矛盾，协调社会关系，通过解读国家法律法规、村规民约，辅之以社会公德、社会主义核心价值观等社会道德规则，通过晓之以理、动之以情，进而顺利做通当事人思想工作，减少社会冲突与矛盾，为乡村社会关系矛盾化解创造条件。新乡贤通过垂范乡里，带头做公益，能够在乡村形成关心公共事务的热情以及乡民热爱乡村集体的荣誉感，营造乡村集体主义的村民情感。新乡贤通过组织化乡贤理事会、乡贤参事会、乡贤工作室、乡贤巡逻队、乡贤服务中心等平台与组织，提供公共服务以及社情民意的及时反馈，协同基层政府提供精准性乡村社会服务，是乡村公共服务的重要载体与平台。在新时代，通过乡镇党委领导、由乡村的村民委员会、村民监事会协助以及包括新乡贤各类组织在内的社会组织的协同参与、乡村村民个人与家庭积极参与的乡村治理格局，是推进乡村公共事务处理的有效途径。

新乡贤在乡村法治建设方面有重要价值。新乡贤的乡村法治建设价值主要表现在：一是法治宣传价值。法治对于全民而言重在知法、守法、用法，而这一切的前提是法治宣传。农村地区法治建设宣传方面的困境在于，乡土社会人民的识字率不是很高，尤其是"50后"、"60后"这两个阶段的农村村民，他们的现代社会意识以及法治意识都较为落后，他们更多地熟悉乡土知识。在这种情况下，新乡贤由于其掌握现代法治知识，而且熟悉当地的乡土人情，能够运用方言，以讲故事、聊天比喻、拉家常等乡村喜闻乐见的形式实现因时、因地、因具体对象的不同，进行灵活多样的普法教育，实现符合乡村实际的接地气的法治宣传，从而使得国家法治在乡村地区深入人心，便于乡村群众理解遵守。二是法治实施价值。新乡贤在向乡村群众进行普法的基础上，当群众之间面临矛盾纠纷之时，对他们之间的争议进行依法调解，为当事人明法释理，便于当事人厘清是非，理解法律、执行法律。新乡贤中有一些是乡村本地或者城中返乡公务员、之前从事法律工作的政法干部、教师、各行各业的专家，他们眼界开阔，了解国家法治，具备一定的法律思维，相较于一般村民有知识上的优势,能够更好地理解法律条文,向村民进行解读,对村民之间的矛盾纠纷动之以情、晓之以理、明之以法,使得国家法律在乡村地区得以有效实施。三是"乡村立法"价值。新乡贤由于自身是本地乡村各行各业方面的精英人士或者是心系乡村发展、具有家乡情结的在外乡贤人士,在乡村经济经营、市场销售、电商运营、乡村环境、人文服务、社会关系协调等各方面独树一帜或者见多识广,在乡村治理中能够彰显其知识优势与经验特长。此外,由于他们要么是生于斯长于斯,要么是生于斯心系家乡,要么是外地精英长期融入了当地生产生活,能够有效地参与乡村村规民约的"立法",为乡村建设发展在经济制度创建与完善、社会治理规则的制定与完善、乡村文化发展等各方面制定规则,规范乡民行为等出谋划策。正如有学者所言,"新乡贤所供给的制度是解决特殊问题的特殊制度,属于契合乡村社区特殊情况的具体治理机制"[①]。

二、新乡贤参与农村治理与农村社会和谐稳定发展

新乡贤由于是分布在乡村社会发展的政治、经济、文化、社会等各个方面的,有的是某一领的专才,有的是各方面的通才,他们参与社会关系的治理、建设、发展、协调,能够在很大程度上给乡村秩序带来稳定与和谐,从根本上促进乡村的振兴发展,有利于社会主义新农村的长远建设目标的实现。张彩霞指出,新乡贤具有多方面功能作用:"新乡贤兼具政治与经济双重能力属性,能发挥提质增效作用;新乡贤兼具传统与现代双重文化属性,能将德治融入乡村治理;新乡贤兼具官方与民间双重场域属性,能加强基层党建;新乡贤兼具上传与下达双重身份属性,能引领群众自治。新乡贤兼具德行和声望双重品质属性,能发挥示范带动作用。"[②]有关这方面的新闻报道与学界报告、实证资料是比较丰富的。总的来说,在全国各地乡村的新乡贤群体中,各类能人皆有,在各行各业都有自己的突出业绩。新乡贤群体中的致富能手与经济精英、各类法律乡村通、乡村中的技能匠人或技术专家、管理干将或经营好手、返乡创

---

① 曾凡木:《制度供给与集体行动:新乡贤参与社会治理共同体的路径分析》,《求实》2022年第2期。

② 张彩霞:《新乡贤在乡村治理中的作用》,《2020年课堂教学教育改革专题研讨会论文集》,2020年8月20日出刊。

业的企业家、私营企业主、个体优秀经营者,与外来投资客商、外来长久定居乡村发展热爱乡村的各类劳动模范、劳动能手等各类乡贤,能够为农村经济发展、乡村基础设施建设、乡村环境改善、乡村治理等提供资本、技术、知识储备、人才支持以及管理、销售、物流、组织管理、市场等方面的各类信息及物质技术扶持,能够促进农村产业结构多样化。在乡村农业发展方面,促使原来以生产性功能为主的单一种植农业向多方位农业分支与经营方向发展。同时,"吸引外流的农村剩余劳动力返乡发展,促使村民的合法性财产收入渠道更加丰富,实现村民增收创收、提升村民经济收入水平。由此,农村基层治理获得了更加雄厚的经济基础,有利于推进农村公共事务的有序开展及相关基础设施的建设"①。此外,各地乡村治理中出现的新乡贤群体中的道德文化类人才,法律治理经验丰富的各类法治乡村通,各类退休赋闲在乡村的老干部老党员、老教师、老专家等,这类新乡贤大多数具有较高的文化素养与知识积淀,他们在乡村中帮人协调处理事务在人品能力上面受人尊重与信任。他们广泛地在乡村社会发挥余热,积极投身于乡村建设与发展,全国各地形成了为乡村建设奉献爱心的蓬勃气象。他们引领或参与农村基层治理与乡村社会各方面的建设,有助于提升农村文明程度,引领乡村风尚,形成积极健康的家风、村风、乡风、民风,"在一定情况下,也能够协调乡镇政府开展乡村的社会公共文化建设"②。新乡贤在乡村社会治理场域中,他们对于本地的社会经济发展、社会治理和谐以及乡村文化传承与创新、乡村文明的沿革与发展,都有极为重要的价值。新乡贤通过各种渠道、各种方式调动各种社会资本、经济资源、文化资源以及其他社会资源,有效地投入乡村社会经济与社会稳定发展,对于乡村社会构建和谐的生产生活环境与氛围,对于形塑乡村文明,倡导乡村健康生活以及乡村精神文明建设等方面都是意义非凡的。

　　新乡贤在新的历史时期社会发展过程中,特别是在广大乡村地区传播社会主义核心价值观,在乡村社会地区通过地方性知识、地方性途径,以地方群

---

　　① 管从进等:《新乡贤的法治认同和法律意识》,《江苏师范大学学报》(哲学社会科学版)2016 年第 4 期。

　　② 孔新峰、齐高龙:《推进新乡贤融入农村基层治理的思考》,《北京行政学院学报》2022 年第 1 期。

众容易接受的形式将社会主义核心价值观润物细无声地植入群众心里,通过率先垂范、嘉言懿行与长期引领,让乡村群众将核心价值观转化为乡村建设与发展乡村的自觉行为与持久乡情,从而使得乡村文明得以创新性发展,优秀传统乡村文化得以创造性转化为乡村群众的地方生产力与精神信仰。习近平总书记多次强调"培育和践行社会主义核心价值观必须立足于中华优秀传统文化"①。梁军等认为,"在社会主义核心价值观乡土化过程中,新乡贤作为一支独特的队伍,是推动乡民价值观再造与重塑、涵育文明乡风和塑造美丽乡魂的重要力量"②。正是在这个意义上,笔者认为,新乡贤在乡村地区对中华优秀传统文化的传承与新时代中国特色社会主义核心价值观的宣传落实、现实转化、创新发展等方面起着极为重要的作用与价值。中华文明从传统意义上讲是农耕文明,与中华民族的生产、生活方式密切相关,中华文明的根在农村。新时代建设与发展现代化中国,不是要僵化地理解为单向的农村城市化,现代文明不仅仅是城市文明,而是多样化文明的共融性文明。乡村文明作为中华民族的根基文明在新时代不仅要保护,更要创新性发展,走城乡双向融合型发展道路,才是乡村振兴与新时代社会主义新农村的本质要义。正因如此,千方百计重视新乡贤、培育新乡贤,通过新乡贤引领乡村文化发展、走中华优秀传统文化与新时代社会主义文化相结合的乡村文化治理道路,是乡村长远发展的必由之路。新乡贤对于乡村社会的和谐稳定与长远发展具有长远意义。

三、新乡贤参与农村治理法治化提升、创新与乡村治理体系与治理能力现代化

　　有关新乡贤乡村治理法治化提升与创新及乡村治理体系与治理能力现代化方面的研究学界也不乏论述。如周瑾等指出,"乡贤文化……重塑道德传统以及加强法律建设等方面起到了中流砥柱的作用,与乡村治理现代

---

①　习近平总书记指出,社会主义核心价值观与中华优秀传统文化有着不可分割的内在关联。源远流长、博大精深的中华优秀传统文化,积淀着中华民族最深层的精神追求,包含着中华民族最根本的精神基因,是社会主义核心价值观的深厚源泉。黎昕:《用中华优秀传统文化滋养社会主义核心价值观》,《光明日报》(理论版)2018 年 7 月 12 日。

②　梁军、唐俊青:《论社会主义核心价值观乡土化中的新乡贤参与》,《高校后勤研究》2021 年第 10 期。

化有效契合"①。郝天培和李伟只认为,新乡贤有其突出的时代价值特征,体现为四新,"一是新的地域。二是新的权威。三是新的文化基础。四是新的治理方式"②。黄海指出,"新乡贤文化应是对传统乡贤文化的批判性继承、创造性转化与创新性发展。……是社会主义核心价值观与优秀传统文化在乡村社会相契合、传统与现代相对接的文化"③。

从目前学界关注的重点来看,新乡贤治理中的各类实践有利于乡村治理体系与治理能力现代化的进程。主要表现在:一是由新乡贤的性质属性所决定。由于新乡贤自身具有诸多性质特点,如新乡贤分属于不同行业内的经济或者文化人才、管理或者治理人才、法律乡村通方面的人才、乡村各类技术人才、教育或者医疗卫生领域的人才以及其他各类社会服务人才。此外,新乡贤不局限于传统乡贤,不局限于地域限制、血缘限制、年龄限制、空间限制等条件约束,既可以是本土乡贤也可以是外地乡贤,既可以是久居于乡村,也可以是穿梭于城市乡村,抑或居于城市心系乡村,通过各种途径服务乡村的各类乡贤。④ 二是新乡贤价值观的特殊性。新乡贤之所以能够成为新乡贤,一种重要的原因在于其价值观契合时代性。新乡贤的一个重要内在标准是他们能够继承中国优秀的传统乡村文化,同时,又能够秉承新时代的社会主义核心价值观。他们是一个向上向善的有为群体,对中国优秀的传统乡村文化比较了解并自觉行为,对地方性传统习俗了如指掌,对优秀传统文化自觉传承,对社会主义核心价值观内心认可践行。他们总体上是优秀传统乡村文化与现代社会文化的中介型载体,善于将传统乡村文化与当前社会总体价值观进行有效衔接,在乡间率先垂范引领,并积极参与乡村的道德与文化重建。这是现代社会治理不可或缺的重要方面,文化治理是社会治理的长远核心战略,新乡贤是这种文化治理的最恰当的乡村社会团体或群体。三是知识结构的现代性。新乡

---

① 周瑾、邢玉莹、张聪:《新乡贤研究综述——以新乡贤助推乡村治理现代化为视角》,《农村经济与科技》2021 年第 23 期。

② 郝天培、李伟只:《治理现代化视角下新乡贤回归乡村治理的价值探究》,《农村经济与科技》2020 年第 11 期。

③ 黄海:《用新乡贤文化推动乡村治理现代化》,《西部大开发》2016 年第 6 期。

④ 参见汪莹:《为治理现代化激活新乡贤力量》,《嘉兴日报》2019 年 12 月 2 日。

贤区别于传统乡贤的一个重要属性是知识结构的现代性。这种现代性表现为：在信息化、工业化文明时代，现代新乡贤掌握了诸多现代性观念要素，如均质性时间概念、信息思维、技术思维、专业思维、分工合作理念、理性主义思维、市场化思维、商品化思维、城市化思维、法治化思维、现代社会道德伦理思维以及与此相关的各类专门性知识。这使得这些人员能够在乡村社会发展中将自己的知识经验较好地结合乡村发展的现实需要，进行恰当匹配，有利于传统乡村社会向现代新乡村方向发展。正如有学者所言，"乡贤是乡村社会传统治理的优势资源"①。在乡村社会的政治、经济、文化、教育、卫生、医疗、管理、服务等各方面都能显示一技之长。在通常情况下，由于新乡贤们生于斯长于斯，时刻与乡村社会和村庄村民朝夕相处、紧密联系在一起，彼此比较熟悉易于了解。此外，新乡贤们有知识，懂政策，在乡村日常的生产生活中，通过嘉言懿行等方式将优秀道德文化、良好的生产生活习惯传递给村民。与村民们相互交流潜移默化地促进向上向善的同时，实际上是将自己融入了乡村的治理与发展过程之中了。他们通过现代化的知识体系与理性精神积极推动乡村治理现代化。乡村治理毫无疑问是国家治理的重要组成部分，没有乡村治理的和谐成功就没有国家治理的和谐成功，二者相辅相成。实行基层群众自治制度不断创新，乡村社会治理体系不断完善，乡村治理能力体系不断提升，逐步推进国家治理体系和治理能力现代化，推动乡村治理体系与治理能力现代化。四是新乡贤的体制性建构与机制性完善。新乡贤的法治化提升主要还是依赖于新乡贤的逐步组织化，这种组织化是指在全国各地建立起新乡贤的各类组织平台，而不是行政化。一句话，新乡贤对于乡村振兴、对于新时代的新乡村建设，其作用的发挥必须建立在长远的稳定的体制与机制之上。没有平稳的体制与良好的运行机制作为保障，新乡贤的价值就不能持久发挥作用，因而，构建法治型体制，实现法治化提升是新乡贤更好服务乡村社会治理与社会发展的必由之路。探索培育新乡贤、留住新乡贤、创造新乡贤实现抱负的乡村发展空间，通过各种条件性创造让新乡贤更加乐于乡村建设，乐于奉献乡村，是推进新乡贤乡村社会治理有效长久的第一步。

---

① 马爱菊：《乡贤文化构建与现代乡村治理》，《信访与社会矛盾问题研究》2017 年第 4 期。

　　新乡贤由于其不拘于传统定义与外延之局限,在现代乡村社会治理与乡村经济社会发展大有可为。推进乡村善治,实现在新乡贤参与下的自治、法治、德治全方位的协调发展,是乡村治理的根本之道。新乡贤在乡村通过个体行为,尤其是组织化行为形成法治化组织结构,利用自身法治知识优势以及对传统乡村道德伦理、乡村民俗、乡规民约的经验,在熟人社会、半熟人社会能够更好地发挥乡村治理的积极作用。而法治,在国家层面是现代化进程中的重要方面,现代化国家一定是民主法治之国。市场经济是法治经济、契约经济、诚信经济、自由经济、公序良俗型经济等,在这样的背景下如何让农村经济走向现代化,在此基础上让乡村社会走向现代化,乡村文化拥抱现代化,这些都是对乡村经济与社会治理发展的重大挑战,也是对现代新乡贤乡村治理的重要挑战。乡村治理要走向现代化的治理道路,实现乡村振兴的治理目标,达到社会主义新农村的建设前景,实现整个农村的治理体系与治理能力现代化。这其中最为首要的是实现乡村自治制度的现代化与多样化、和谐化与规范化、法制化与制度化革新与发展。没有现代乡村治理制度的现代化就不可能有现代乡村治理的现代化以及治理能力的现代化,由此观之,制度现代化是治理现代化的根本之道与不二选择。新乡贤很显然是乡村治理体系与治理能力现代化中最重要的人的因素,农村如果没有稳定人口,空心化、原子化,没有新乡贤作为引领者、参与者,乡村走向萎缩而不是走向繁荣,那么乡村振兴战略就会落空,社会主义新农村也将无从谈起。新乡贤走组织化道路,实现法治化提升,是有效弥合乡村经济社会发展、实现乡村治理长效、有效,乡村社会治理现代化的当然举措。

第三节　新乡贤参与农村治理的法治化构建与制度创新涉及的主要内容

一、新乡贤参与农村治理法治化建设的价值目标

　　新乡贤参与农村治理有利于实现多重价值目标,这其中主要包括乡村经济、乡村文明、乡村文化、乡村秩序、乡村生态、乡村民主与乡村法治、乡村善治等。总体上,新乡贤参与乡村治理对于乡村振兴、社会主义新农村建设是有决

定性作用的人力资源基础。新乡贤农村(乡村)治理的法治化问题包括两个层面的内容:一是新乡贤农村治理的内容实现法治化,这主要涉及乡村政治与经济、道德与法治、文化与社会、生态环境以及精神文明等各个层面的内容,凡是涉及乡村发展的各个方面,新乡贤都具备广泛的、深度的参与空间与能力,均应在各个方面形成长效的推进机制与相应的制度结构,这是新乡贤农村治理的基本内容。在新乡贤参与的乡村建设的各个方面与环节形成制度化、规范化、规则化的运作方式与行为方式,是实现乡村长远发展的基本方略。二是新乡贤自身的法治化建设。零星的个体新乡贤或者无组织化的新乡贤乡村治理所能起到的作用毕竟是有限的,不能形成规模效应、长久效应,治理效果必然不能充分体现。组织化、制度化、法治化的新乡贤体制与机制建设,对于推进乡村各项治理目标将起到长期性、稳定性、战略性的基础作用。乡村的各项建设与发展首先是乡村人才战略的制度化储备与传承发展,没有这一点,其他一切乡村发展的规划、战略都将落空。而新乡贤,作为乡村建设与发展的精英,是实现乡村治理与发展的关键少数。如何从政策特别是法治的角度构建起保障新乡贤致力于乡村治理与乡村发展的长效体制与运作机制才是乡村发展的固本之策。因而,探索新乡贤乡村治理法治化建设的价值目标本质上也就是探讨法治化的新乡贤对于乡村治理与乡村建设的各种可能的价值贡献。从各地的新乡贤现实实践以及学界的研究总结情况来看,新乡贤治理对于乡村的价值是多元的,可以在乡村秩序、乡村安全、乡村自由、乡村平等、乡村正义等各个方面。将这些基本的价值与乡村的具体事业相结合,可以概括地体现在涉及乡村发展的政治、经济、社会、文化、生态等各个方面,而这其中最主要的体现在三个方面:一是新乡贤治理法治化对于乡村经济与乡民富裕的价值;二是新乡贤农村治理对于乡村民主与法治、治理有效、实现乡村善治、社会和谐的价值;三是新乡贤农村治理法治化对于促进乡村优秀文化传承与夯实社会主义核心价值观的乡村根基的重要价值。

(一)新乡贤参与农村治理法治化的经济价值目标——实现乡村富裕与经济发展

生产力决定生产关系,生产关系对生产力具有反作用;经济基础决定上层建筑,上层建筑对经济基础具有反作用;社会存在决定社会意识,社会意识亦会对社会存在产生重要影响。法治作为上层建筑的重要组成部分,在上层建筑中处于核心地位,充分体现制度的价值与意义。现行《宪法》对农村土地、矿藏、山林、草原、滩涂以及农林牧副渔等各方面基本经济制度的规定,为促进农村的经济发展,促进农村各类经济要素的有效流动创造了基本前提。《民法典》物权篇、合同篇以及涉农法律、法规的各项规定及制度完善,为农村经济提供了基本的经济秩序框架。作为制度的法治,能够对经济关系进行准确的认知与确认、引领,从而促进经济发展。作为活动过程的法治,能够在动态运作中推进经济关系的有序和谐,通过对产权关系的确定、对财产的占有、使用、处置等权益的规范实施,实现经济效益的最大化,从而有益于整个社会财富的增长。同时,作为社会关系矫正体系的法治,能够抚平或者恢复各类原因导致的经济关系的扭曲或破坏,减少社会经济损害与各类成本消耗。

文正邦认为,"现代市场经济是法治经济"[1]。马丽娜等指出,"所谓社会主义市场经济就是法治经济"[2]。孙文恺认为,"'法治经济'需要满足两点要求,一是制定有良好的、符合市场经济规律的法律制度;二是这些法律制度还必须得到严格的实施"[3]。亓宗宝认为,"法治经济是运用法律手段治理经济的一种方略"[4]。一句话,国内学界对于社会主义市场经济是法治经济是在社会主义市场经济体制建立后的一段时间内形成的基本共识,指出法治与市场经济之间天然的亲近性,分析了法治对于市场经济的极端重要性。既然承认经济关系是一切社会关系的基础关系,就不得不承认正是通过法权关系的确认,使得经济关系获得了法律的形式并对经济关系形成有效保障。正是建立在这一原理性认识的基础之上,研究农村问题就是要深入地了解农村的生产力与生产关系发展状况,了解农村的经济关系状况,了解农村的法治基本状况,在此基础上,才能进一步探究作为农村地区的新乡贤的法治化对于农村经济发展与乡民富裕在怎样的层面发挥作用以及如何发挥作用。

---

① 文正邦:《论现代市场经济是法治经济》,《法学研究》1994 年第 1 期。
② 马丽娜等:《首届中国法治经济论坛综述》,《经济研究》2013 年第 7 期。
③ 孙文恺:《法治经济的理论解读》,《江海学刊》2016 年第 1 期。
④ 亓宗宝:《论法治经济》,《泰山学院学报》2005 年第 2 期。

　　刘昂认为,"作为经济能人的新乡贤,通常由农村私营企业主、乡镇集体企业管理者和农业专业大户组成,在村庄经济发展过程中有卓越德行"①。龚毓烨认为,"新乡贤文化越繁荣的地区,经济也越发达,新乡贤具有'润滑剂'的作用"②。从全国各地的新乡贤治理实践中,也确实让我们看到了新乡贤参与下的农村治理,经济社会发展方面取得了长足的进展,对当地经济在多方面起到了推动作用。③ 此外,江苏省梁寨镇的"五位一体"乡贤工作室治理模式,浙江省上虞的"三治合一"乡贤研究会治理模式,广东省云浮的"公司+理事会+农户"自然村乡贤理事会模式,以及贵州省印江的"1+X"参事会模式等在促进地方治理方面成效卓著。④ 从各地新乡贤参与治理的地方经济社会发展的经验来看,那些经过组织化的、有专门的新乡贤发挥作用的平台建设的地方乡镇,新乡贤事业发展得普遍较好,逐步形成了助推本地区经济社会发展的持续性、常态化的法治化的体制机制,实实在在地对地方经济社会发展及其治理起到了助推作用。由此看来,新乡贤治理,尤其是新乡贤的制度化、法治化治理,是推进农村社会治理与经济社会发展的长期性、战略性选择。没有制度化的新乡贤治理,就难以长久,就不能为乡村经济社会发展提供长久的人力资源、财力资源、智力资源等各种资源,乡村的持久繁荣就会失去根基。反之,从制度的视角尤其是法治的视角去构建新乡贤治理的常态化机制,正是抓住乡村经济社会发展的关键少数,是一个以点带面的系统工程。由此观之,新乡贤法治化、制度化发展是促进乡村经济发展的根本举措。

　　费里德曼指出,一个处于运作状态的法律制度通常包含三个要素⑤,分别是结构要素、实体要素及文化要素。由此看来,现代法治及其制度化运作,必须注重从组织结构、制度规则以及社会的文化与价值观,特别是法文化的立

----

① 刘昂:《新乡贤在乡村治理中的伦理价值及其实现路径》,《兰州学刊》2019 年第 4 期。
② 龚毓烨:《新乡贤参与乡村振兴的现状与路径分析:基于破解"城乡二元经济结构"视角》,《农村金融研究》2019 年第 11 期。
③ 参见傅才武、岳楠:《村庄文化和经济共同体的协同共建:振兴乡村的内生动力》,《中国文化产业评论》2017 年第 2 期。
④ 参见崔佳慧、王生:《困境与出路:乡村振兴视阈下乡村治理模式新探索——基于地方新乡贤治理经验》,《厦门特区党校学报》2018 年第 4 期。
⑤ 参见公丕祥:《法制现代化的概念架构》,《法律科学》1998 年第 4 期。

场等方面予以考察。没有健全的法治体制及其运作机制、没有良法的存在、没有与之相配套的支撑性价值观作为恒久的内在要素,就不足以对经济社会发展起到真正的促进作用。因而,从这个意义上来看,新乡贤治理的法治化是实现乡村经济发展的最佳选择。新乡贤的法治化治理的主要目标之一应该是以促进乡村的经济发展为首要任务和价值选项。通过新乡贤的法治化治理手段推动乡村经济发展,助推农村经济的市场化,调整乡村经济发展的产业结构及其发展模式,改善乡村的生产关系,助推乡村生产力及其技术改革,是实现乡村振兴的主要内容。具体来说,如何通过新乡贤对乡村内外各种因素进行有效整合,对乡村的各类产业进行有效助推,是乡村经济发展的主要考量。通过新乡贤组织化、法治化、制度化行为实现农村经济的持续性改观,为乡村各项事业奠定坚实的物质基础,是乡村焕发活力的基本保障。

新乡贤通过道德引领、润德于法,在乡村地区将国家法治与乡村自治、乡村公约、社区公约、村规民约相结合,对于促进乡村市场秩序稳定,经济关系和谐,促进农村市场经济发展,产业结构优化,发展特色乡村产业等方面有重要推动作用。四川省制定了全国第一个农村集体经济组织管理条例——《四川省农村集体经济组织条例》,通过法律手段推进村庄集体经济管理与发展,推进法治乡村建设助力乡村振兴,是乡村治理法治化手段助推农村经济社会发展的典型。《条例》通过乡村优秀人才实现对乡村集体经济的日常管理,构建公司的理事会、监事会结构,乡村优秀支部书记通过合法途径担任董事长,全面调动村民作为股份持有人的积极性,参与乡村经济治理,共享乡村经济发展成果。

现代法治对于法律概念有了新的看法,法治在静态上不再是仅仅局限于国家颁布的拥有强制执行力的一系列规则,而且它还包括各类具有倡导性、规劝性、鼓励性的软法规范,这些规范不以国家强制力作为后盾,同样对社会关系起到极为重要的作用。法律在广义上不仅包括国家法,还包括民间法,不仅包括正式制度还包括非正式制度之范畴。新乡贤崇德厚法、明理崇信,他们秉承传统深厚的礼法之治的优秀法文化传统,将之与乡村绵延至今的各种乡村习惯与习俗相结合,构成现代乡村治理的主要辅助治理形式。构建在道德教化、传统礼仪文化基础之上的乡规民约、乡民习惯与家法族规、村规寨规或者行规会规等,在乡村运行的这些行业规范、道德文化规范以及礼法之度影响并成为民间经济、社会活动和生活日常的重要规矩,甚至在很多方面比国家法律更直接的产生作用,已经成为促进乡村经济社会发展的主要准制度性规范形态,并在乡村社会经济发展中不断完善。新时代,将这些传承下来的礼法治理模式与现代国家法治有机结合实现了二者的融合与相得益彰。广大乡村地区以新时代社会主义核心价值观的引领下的礼法道德之治,有利于乡村社会的社会关系和谐康健。在某种程度上既有利于充分发挥法律强制性规范、刚性规范的特有功能,又有利于充分发挥新时代社会主义公德、行业道德、乡村道德规范等礼仪和道德的现实教化作用。这种治理形式与内容也在很大程度上尊重了村民的自我选择与自我治理心愿,对于民间事务自理以及促进村民自治的习惯,有重要价值与意义。充分地体现了中国传统法律治理与道德文化治理的特色,充分地展示了传统社会治理的独到效用与乡村群众的特有智慧。正是在秉承中国传统乡村优秀法治文化的基础之上,深入发扬现代法治的价值观念,通过法治信念、法治制度、法治化组织行动,促进乡村经济社会绵延发展,自得其所。今时今日,在继承传统乡村优秀法治文化,实现有效治理的同时,更加重视社会主义核心价值观与社会主义的新法治价值观,将之内化为农村群众的自觉行动。正如李长健等所言,"农村现代法文化的培育与发展对于农村经济法治的发展有着重要意义"①。新乡贤这一农村地区广泛存在的精英群体正是承载传统乡村优秀法治文化的重要有生力量,他们以身作则,广泛参与到乡村各类社会关系之中,在农村的生产生活中将社会主义的法治国家、法治社会价值观与各地乡村朴素的乡民正义观、公正观等法治观念相联系,引导农村民众诚实守信、遵法守法、遇事用法,逐步形成具有现代法治精神的新时代农民。从长远意义上,是有利于农村市场经济发展的,有利于逐步夯实社会主义农村的物质条件,从根本上确保乡村可持续发展。

---

① 李长健、袁妮:《从矛盾走向和谐:我国农村经济法治体系构建》,《北华大学学报》(社会科学版)2012 年第 6 期。

（二）新乡贤参与农村治理法治化的政治社会价值——促进乡村民主、社会和谐自由，实现治理有效

"法治是衡平社会利益……是社会治理法治化的重要环节。"①法治不仅在经济方面能够通过规范经济关系，调整经济结构、促进经济交往与商品流通，通过构建完善经济制度促进经济发展，而且在社会交往层面，对于社会关系和谐，对于民主价值的实现，对于社会和谐关系的构建等方面卓有成效。党的十八届四中全会作出的《中共中央关于全面推进依法治国若干重大问题的决定》指出："法律的权威源自人民的内心拥护和真诚信仰。"新乡贤对于国家法治的价值体系与具体内容普遍持积极拥护态度，而且他们本身对法治的推行是持有天然的欢迎态度的。他们普遍嫉恶如仇，有着较高的正义感，他们反对特权，有着现代法治的平等、自由、公平、正义的朴素价值观，通过对国家法治的理论的学习以及相关法律、法规的学习了解，使得他们对国家法治、社会法治充满信心，社会法治意识普遍较高。乡村的广大新乡贤爱党爱国，热爱家乡，敬业奉献，崇德厚法，他们通过直接或间接参与乡村法治，调解各类乡村社会矛盾，通过较为丰富的法律知识为乡村社会普法，通过具体事件的处理让村民知法、懂法、遵法，是乡村社会的稳定器。由于农村地区的在场乡贤生于斯长于斯，对本地的风俗人情以及村规民俗颇为熟悉，能够利用自己来自民间的亲和力老乡身份，对熟人乡邻进行有效的说服与调解，充分化解矛盾。在乡间纠纷处理中，既能将国家法治的基本精神解读于民众，又能将乡规民俗等地方规则有效结合，从而让矛盾的双方易于理解、易于接受，能够做到案结事了，既在基本方面遵了现代法治的基本精神，又能使之符合人们乡土人情的心灵接受范畴，从总体上兼顾了法治效果与社会效果，基本能够达到法治的目的。傅守祥指出，"法律是治国之重器，良法是善治之前提"②。此外，新乡贤及其组织能够广泛地参与乡村经济、社会活动，对乡村公共事务与乡镇党委政府以及上级主管机关、其他社会公共组织进行信息沟通与交流，上情下达或者下情

---

① 无锡市政协社会法制委员会：《推进基层社会治理法治化建设研究——以无锡市为例》，《江南论坛》2015年第12期。
② 傅守祥：《乡村振兴视野中的温州乡贤文化创新发展》，《创意城市学刊》2019年第3期。

上达,通过广泛地参与乡村公共事务,动员乡村民众的民主积极性、主动性,对于实现乡村民主选举、民主管理、民主监督起到了积极的推动作用。总的来说,新乡贤及其法治化、制度化、规范化体制的构建及其运行,对于促进乡村民主价值的实现具有重要作用。尤其在当下,村民委员会等乡村自治组织行政化色彩浓厚,承担来自乡镇的各项乡村事务力所不及甚至有些地方萎缩的新形势下,培育与发展新乡贤及其法治化组织,对于实现乡村治理的活力,促进乡村地区治理的民主化、多样化也是乡村振兴的内在要求。新乡贤治理法治化一是自身的法治化;二是运用法治化思维、法治化手段、新的历史时期社会主义的法律规范推进农村社会关系的民主化,促进和谐社会关系的形成与稳定,这些都是新乡贤及其乡村治理法治化的基本内容。乡村治理的法治化主要侧重于乡村秩序、乡村自由、乡村的公平正义、乡村民主等,其中秩序与公正是乡村社会关系的首要价值目标,也是人类的最原始的基本的共同需求。正如 E.博登海默所言,"要求人与人之间关系有序的倾向,主要追溯至两种欲望或冲动,它们似乎深深根植于人的精神之中"①。正是由于新乡贤及其治理法治化能够满足现代乡村对秩序的需求,它们能够通过法治化治理促进乡村经济秩序、民主治理秩序、社会安全稳定秩序、文化社会发展秩序、生态文明秩序的有效治理、稳定发展,因而,对于当前我们推进乡村振兴与社会主义新农村建设是有利的。

(三)新乡贤参与农村治理法治化的精神文明价值——传承乡村文明,夯实社会主义核心价值观的乡村根基

2001 年,上虞乡贤文化与乡贤治理诞生萌芽。② 新乡贤文化建构,始于对民间自发乡贤行为的报道,"浙江上虞的民营企业家浙江华通控股集团有限公司董事长王苗通在 2010 年后连续九年出钱请村里的老人吃饭、送红包"③。

① [美]E.博登海默:《法理学:法律哲学与法律方法》,邓正来译,中国政法大学出版社 2017 年版,第 242 页。
② 参见孙顺华:《媒体叙事中的新乡贤文化建构研究》,《西南民族大学学报》(人文社会科学版)2021 年第 11 期。
③ 李志清、杜静静:《上虞这位企业家连续九年为家乡父老发红包今年红包"更厚",发放额总数超过 200 万,比去年足足翻了一倍》,见 http://baijiahao.baidu.com/s? id=1591524184455988388&wfr=spider&for=pc,2022 年 4 月 12 日访问。

最近几年,浙江上虞新乡贤文化及其治理事业发展强劲,对当地的政治、经济、社会、文化各方面起到了积极的效用,上虞新乡贤治理与参加家乡建设的实践已经成为全国新乡贤文化以及新乡贤乡村治理的新时代文化样板,其特点是上虞新乡贤治理实践是立足于地方文化的长远性、民间性社会治理模式典范。① 又如福建晋江的致富能人型村干部中福清港头镇草柄村党支部书记王长勇在任十六年不领村庄里一分钱报酬,带领村民将老旧村庄改建成新农村建设示范村。② 广东省潮州市的同乡会、潮商会以及老人组等村庄自治组织掏钱修路、修祠堂、建学校,这种带有传统社会色彩的善行义举和凭借个人经济实力、人脉资源造福桑梓的行为,触发人们对历史上乡贤的记忆。以往这些民间组织在修路造桥、捐资助学、环卫整治等资金筹措方面发挥积极作用,而乡贤咨询委员会是在此基础上"升格",它更明确了"咨询"职能,突出了智囊、共治等作用,对于乡村文化发展、社会治理、经济激活等方面功不可没。孙顺华认为,"新乡贤文化建构的持续生命力在于循名责实,应淡化行政色彩,回归文化逻辑,凝聚现代价值共识"。"民间自发的乡贤行为和乡贤文化研究与弘扬优秀传统文化的主旋律相契合,也与国家发展和治理的现实目标相一致,乡贤文化由此具备了进入顶层设计的契机。"③2015 年中央一号文件《中共中央国务院关于加大改革创新力度加快农业代化建设的若干意见》提出,"创新新乡贤文化,弘扬善行义举,以乡情乡愁为纽带吸引和凝聚各方人士支持家乡建设,传承乡村文明"④。其中创新新乡贤文化,弘扬善行义举正是对之前多年散落于全国各地的新乡贤文化及有关新乡贤的农村社会实践的一次政策性总结与肯定。2016 年中央一号文件《中共中央国务院关于落实发展新理念加

---

① 上虞区委书记孙云耀:《创新发展"乡贤文化"推动社会主义核心价值观落地生根》,中国文明网,见 http://www. wenming. cn/specials/wmcj/xxwh/zhejjy/201505/t20150522 _ 2630759. shtml,2022 年 4 月 13 日访问。

② 《十六年不领工资,企业家村官坦言:找到人生价值》,福州新闻网,见 http://news. fznews. com. cn/fuzhou/20160110/569210889c888. shtml,2022 年 4 月 12 日访问。

③ 孙顺华:《媒体叙事中的新乡贤文化建构研究》,《西南民族大学学报》(人文社会科学版)2021 年第 11 期。

④ 《中共中央国务院关于加大改革创新力度加快农业代化建设的若干意见》,中国农业新闻网,见 http://www.farmer. com. cn/uzt/ywj/gea/201601/t20160128_1176622_2. htm,2022 年 4 月 12 日访问。

快农业现代化实现全面小康目标的若干意见》提出,"深入开展文明村镇、'星级文明户'、'五好文明家庭'创建,培育文明乡风、优良家风、新乡贤文化"①。2017 年中央一号文件《中共中央国务院关于深入推进农业供给侧结构性改革加快培育农业农村发展新动能的若干意见》提出,"培育与社会主义核心价值观相契合、与社会主义新农村建设相适应的优良家风、文明乡风和新乡贤文化"②。持续三年的中央一号文件都对发展与发扬新乡贤文化的作用进行了肯定,同时,对新乡贤在社会主义新农村的建设过程中进行的建设性行为进行了一定的总结提升。这主要表现在:一是新乡贤有利于培养优良家风、文明乡风,对于促进乡村社会文明产生作用,对于焕发乡村社会正能量起到正面有效的引领作用。二是新乡贤的嘉言懿行、善德义举、崇德厚法、优良品行及他们的榜样作用,对于克服陈规陋行、移风易俗有积极改造作用,对于继承乡村传统的优良价值观以及弘扬社会主义核心价值观有重要意义。三是通过新乡贤的文化治理,进而实现组织化平台建设,实现法治化的机制性创新,对于各地乡村的持续性经济社会发展起到了积极效用。新乡贤主体农村治理法治化、制度化、规范化是新时代乡村治理体系现代化与乡村治理能力现代化的重要有机组成部分,这也是新乡贤乡村治理法治化的主要价值目标之一。③

二、新乡贤参与农村治理法治化建设的体制创制与机制的完善创新

农村治理的法治化本质上就是指在涉及农村的经济、政治、社会、文化等各个社会管理领域的公共事业中,做到按照国家法治与社会法治的基本要求,逐步实现制度化、规范化、程序化、稳定性的治理过程,进而实现法治关于乡村的秩序、自由、公正、平等、正义,一句话,实现农村人民群众的幸福生活。农村治理法治化问题实际上主要涉及以下几个问题:一是乡村法治组织的数量与质量、相互关系及其运行状况;二是乡村治理中法治队伍的质量与数量相对于

---

① 《中共中央国务院关于落实发展新理念加快农业现代化实现全面小康目标的若干意见》(2015 年 12 月 31 日),见http://www.sohu.com/a/56911570_115612,2022 年 4 月 9 日访问。

② 《中共中央国务院关于深入推进农业供给侧结构性改革加快培育农业农村发展新动能的若干意见》(2016 年 12 月 31 日),见 http://www.agri.cn/V20/SC/jjps/201702/t20170206_5467872.htm,2022 年 4 月 9 日访问。

③ 参见傅守祥:《乡村振兴视野中的温州乡贤文化创新发展》,《创意城市学刊》2019 年第 3 期。

乡村社会治理的实际需求之间的匹配度；三是国家法治在乡村的实现及其程度；四是乡村地区自成一体的乡规民约、习惯法体系的成熟及其实效；五是乡村法治文化的基本建构特别是农村群众的法治信仰的养成。农村治理法治化体制与机制的完善与创新就是要解决新时代如何进一步优化乡村法治化治理的权力结构及其体系，最大限度释放出乡村社会法治的活力与优势，夯实乡村法治的社会基础，激活乡村法治对于社会、经济、政治、文化与生活极大的促进作用。新乡贤农村社会治理的法治化就是要解决新乡贤在农村社会治理中运用法治思维、法治方式推进乡村社会治理在政治、经济、文化、生态环境等涉及农民群体的生产生活方面的规范化、制度化、稳定性及其过程与结果。它既包括对新乡贤自身的法治化发展，也包括新乡贤如何通过法治化手段推进乡村经济社会发展问题，还包括新乡贤在什么样的法治框架中推进乡村的社会、文化、经济等方面的规范化治理问题。新乡贤的农村治理法治化是新乡贤主体的法治化、新乡贤主体与乡村各类主体间关系的法治化、新乡贤治理内容的法治化、新乡贤农村治理方式与手段的法治化以及新乡贤参与下的乡村社会治理的法治实施效果的结合体。新乡贤农村治理的体制创制与机制完善创新主要是指新乡贤主体将以什么样的形式与组织化构成参与乡村社会治理，新乡贤实现乡村社会治理的过程中主要包括哪些内部与外部的运行机制，这些体制与机制如何创制或者如何在新农村的基层自治体系下成为自治体系完善创新的一部分，进而实现法治化体制的创制与完善发展。

　　通常意义上讲，所谓基层治理法治化，其基本内涵是指在基层具体的地域空间范围内，所有参与经济社会治理的治理主体及其之间的相互关系、治理方式、治理机制、治理行为的运行过程都内置于法律、法规、制度，遵照与服从特定的法律规则和秩序，这是治理法治化的主要核心意蕴。这是对基层治理法治化的重要注解，是基层治理法治化的主要内涵。① 刘佳义指出，"基层治理法治化，就是要在党的领导下，按照法律来管理基层事务，即基层的政治、经济、文化等一切活动依照法律管理，公民的所有行为依照法律

---

　　① 参见王海涛：《新时代基层治理法治化问题研究》，《中共郑州市委党校学报》2021 年第6 期。

进行,使基层的一切需要和可以由法律来调控的活动和工作,都纳入规范化、法律化的轨道"①。王增杰认为,"基层治理法治化必须坚持党的领导……使基层的一切活动依照法律管理,公民的所有行为依照法律进行,基层的一切需要和可以由法律来调控的活动和工作,都纳入规范化、制度化的轨道"②。以上是不同学者对基层治理法治化的诠释,他们的共同点一是都强调了基层治理法治化需要在现行国家法治的基本框架内予以进行,在实质上与国家法治的推进同向而行,这是基本要求。在形式上,不能与国家的现有法治体系相违背,要遵循法律法规规章的精神与原则规定。二是基层治理法治化必须是在党的领导、人民当家作主与依法治国的统一框架之下予以运行,实际上这是强调了基层治理法治化的政治宪法原则与法律原则精神的统一。三是基层治理的法治化不仅仅是某一个方面的法治化,而是全面法治化,涉及基层的政治、经济、文化、社会、生态环境保护等各个方面的法治化运行。四是基层治理的法治化。对基层人民群众的要求而言,需要一体遵行法律秩序,更主要的是需要基层党委政府及各类社会组织带头尊法守法,营造一个法治的执法守法用法的实践氛围。不足之处在于:一是法治化不等同于法治,未对法治化进行全面解读。基层社会治理的所有环节不可能都做到有法可依,于法有据,这就是说基层治理的法治化不是机械地适应上位法的规定,而是有所变通。准法治或者接近法治往往是基层治理的主要特征与属性,这是基层治理法治化的内涵之一。法治化要求基层治理走类法治的道路而不可能是完全的不折不扣的法治道路。二是基层治理法治化对于法治化的内容应作广义的理解,特别是对这里的"法"要作广义的理解,这里的"法"不仅仅局限于硬性的、强制性的国家法律法规规章,而且还包括大量"软法"诸如乡规民约、乡规民俗、习惯等在内的广义上的"法"的范畴。基层治理法治化只要在这些广义上的"法"的范畴内运行,就属于法治化的实现形式,乡村社会自有的"法"只要不与国家的法治精神与原则相悖,就应尊重乡村地区人民群众的自有传统与习惯,而不是强行打破。正是基于对基层治理法治化的这些认识,新乡贤

① 刘佳义:《推进基层治理法治化》,《光明日报》2014 年 12 月 8 日。
② 王增杰:《推进基层治理法治化的思考》,《中共太原市委党校学报》2015 年第 1 期。

农村治理的法治化就是要实现在基层党委的领导下,推进新型乡村法律治理体系,形成基层乡镇党委领导、村党组织指导监督、乡镇府与村委会协助、新乡贤积极参与以及乡村民众广泛动员的制度化、规范化的社会治理体系及其过程。构建、完善和创新这一新兴的乡村治理法治体系及其运作机制,是实现农村社会治理法治化创新发展的主要路径,是实现乡村治理法治化在社会主义新农村建设时期的新举措,是实现农村社会治理竞争体制的有益尝试。

新乡贤农村治理通过一系列规范性文件、章程、办法等制度化措施,逐步确立的组织机制、分工机制、工作联系机制、考核机制、纪律机制、奖惩机制等都体现了现代化法律治理的新理念,是一种新农村建设进程中的软法之治,是新法治形式与新法治化内容的体现。在这种新法治形式的形成过程中,需要来自与乡镇等基层党委政府与新乡贤组织及村其他社会组织之间构建起一种新型的法治型组织关系,为推进乡村社会治理注入持久性治理动能,焕发出乡村治理的新的法治增长点。正如周铁涛所言,中国农村基层治理的法治化不可能在短时间内通过农民的自发和自觉完成,也很难通过国家强制力强力推进,只能选择社会演绎和政府主导相结合的路径。① 应该说这是对我国乡村治理法治化的一种理性认知,是对乡村推行法治化道路与建设的一种实践性规律的基本把握。实际上从历史与现实进行考察,这是由我国农村长期以来的国情,特别是农村地区的实际情况所决定的。从各地新乡贤兴起的实际情况来看,新乡贤在兴起的过程中都是从点到面,从传统不自觉地存在发展到基层党委政府的有序引领,进而在乡村社会经济发展过程中逐步形成发展的良好势头。由此看来,不同乡村地域新乡贤的零星化发展到组织化发展、建制化发展,既是我国传统乡村自然发展的现实逻辑,也是与当地党委政府的重视、扶持以及政策支持等方面分不开的。从目前的新乡贤法治化治理实践的过程来看,新乡贤治理主体从自然化、偶然性走向组织法治化、制度化、规范化,治理体系与治理机制花样繁多、百花齐放的治理模式与发展形式现实状态,充分

---

① 参见周铁涛:《基层治理法治化与民间组织发展——基于湖南桃江县农村的调查与思考》,《山东行政学院学报》2015 年第 1 期。

体现的是党和人民共同智慧的结晶。坚持在党的领导之下,在乡村基层党委与政府的有效组织协调引领指导之下,在充分尊重乡村民众的意愿的基础之上,逐步实现法治化体系与机制的构建与运行是基本路径与方向,正是体现了新乡贤基层治理法治化的核心要义与灵魂所在。

三、新乡贤参与农村治理法治化建设的主要制度与规范指向

"农业有六大功能,中央一号文件 2006 年就提出来了,它们分别是食物保障功能、就业收入功能、原料供给功能、旅游休闲功能、生态保育功能和文化传承功能。"①它是整个国家与人民的生命物质基础,因而,农村的所有制度生成与设计也都应该围绕这些展开。俞可平认为:"国家治理体系和治理能力,其实指的是一个国家的制度体系和制度执行能力。"②"制度是一个社会的基本游戏规则,它们是人们在长期的社会生产过程中自发形成或者为人们的相互关系而创设的一些规则、习惯或约定俗成的行为方式,用以制约人与人之间的社会关系行为。"③而实施机制是为了确保这些作为制度的正式规则与非正式规则得以执行的相关制度安排与设置,它是静态实体制度得以运行的关键机制。此三部分构成相对完整的制度内涵,是一个不可分割的整体。新乡贤农村社会治理法治化的主要制度是指在新农村社会治理过程中,对于促进新乡贤治理的各项事业的法律规则体系的总和。这些规则体现为从法律层面到具体的规范化模式层面各项具体的规则与模式。《中华人民共和国乡村振兴促进法》(2021 年 4 月 29 日第十三届全国人民代表大会常务委员会第二十八次会议通过)第十一条以及整个第三章、第六章各个章节条款提供了系统的促进乡村发展的法律层面的制度支撑,为乡村地区各类社会组织的成立、成长以及乡村治理的各项具体制度构建创造了基本法律框架。新乡贤在农村实现法治化治理必须走的路径就是实现制度性创制,构建一整套完善的新乡贤社会组织法律制度体系与实现机制,这是新乡贤能够在乡村地区实现治理与善治

① 刘奇:《乡村振兴的六个核心问题》,《农村工作通讯》2022 年 4 月 18 日。
② 俞可平:《推进国家治理体系和治理能力现代化》,《前线》2014 年第 1 期。
③ [美]道格拉斯·C.诺斯:《制度、制度变迁与经济绩效》,杭行译,格致出版社、上海人民出版社 2014 年版,第 3—8 页。

的基础工程。从目前全国各地的普遍做法经验以及学界研究状况来看,新乡贤组织的制度化路径需要注意一些基本制度的创制以及协调好基本制度之间的关系。这些制度主要应该包括:新乡贤发现制度、新乡贤信息库建设制度、新乡贤联系制度、新乡贤的评选制度、新乡贤的组织体系制度、新乡贤的社会组织法人制度、新乡贤组织机构设置制度、新乡贤的各类运行制度、新乡贤的培育制度、新乡贤的退出与除名制度、新乡贤的激励制度、新乡贤的资金筹措制度、新乡贤的各类工作制度等。一句话,构建全面的新乡贤内外协调配合的全新的制度体系及其运行机制是实现新乡贤农村社会治理的基础环节。"新乡贤参与乡村治理的体系与制度构建、创新、完善是实现乡村治理体系与治理能力的基础工作"①,形成新乡贤参与下的乡村多主体共谋、共建、共治、共享的治理格局是推进乡村治理体系与治理能力的基本内容。

正是因为新乡贤的身份的取得是来自乡村群众的普遍认同,而不是来自行政体制的权力选拔,从而始终确保新乡贤及其组织的社会性身份、民间性身份,从而便于新乡贤开展社会性工作、民间性工作,进而弥补有可能由于自上而下的行政体系的某种僵硬化与不足,②实现更好的社会沟通与协作,易于新乡贤在政府与民间各方面实现充分的信息对流和取得民间的充分信任。因而,在此基础上,新乡贤开展工作的规则表现为相对的灵活化,而不是完全来自国家法律的刚性。新乡贤参与乡村法治化治理的规范指向除了国家层面的法律、法规、规章以及政府的行政决定、命令等正式规则,同时更主要的是体现为柔性规范、软法规范以及道德伦理、宗教伦理、宗族伦理以及新时期社会交往的普遍公德、社会核心价值观等方面。除此之外,新乡贤运用乡情、人情、亲情、地情等情感因素实现理法结合、理情结合、德法结合、礼法结合、情理法结合等诸多社会规则共同作用于乡村治理,从而有利于促进乡村经济社会和谐发展。"新乡贤代表的民间组织在乡村社会治理共同体中供给村庄内生的特殊制度。在乡村治理共同体中,新乡贤能依托民间组织,在村庄社会关系、网络等基础上,结合村规民约、社会治理需求生产出一套

---

① 阎书华:《乡村振兴战略视角下乡村社会治理创新研究》,《行政论坛》2022 年第 1 期。

② 参见杨帅、郭彩霞、刘淑兰:《新乡贤组织参与乡村治理的制度设计:基于广东云浮乡贤理事会的考察》,《云南农业大学学报》(社会科学版)2021 年第 6 期。

内生规则。"①新乡贤也可以在普遍发动群众的基础上,与乡村群众共同制定符合地域特色、符合村庄村情的乡规民约以及村庄行动公约、指南,为乡村社会治理提供制度供给。易言之,新乡贤农村治理法治化的规范指向主要是内生于乡村地区的乡规民约等民间规则、习惯与传统以及配合现代法治、德治理念与规则在乡村地区的创造性与创新性的转化规则、结合社会主义核心价值观与社会公德等新时代各类社会道德信息资源进行有效的乡村治理。

四、新乡贤参与农村治理法治化建设的实现路径与具体方案

就全国范围内新乡贤农村社会治理的法治化建设轨迹来看,在 2000 年之前各地乡村地区的法治建设状况主要还是不成规模的,体现为零散的、自发的一种状态,表现为一些局部地区乡村治理过程中的自发性行为。2000 年以后,各地逐步兴起新乡贤的故事与事迹,在此基础上逐步诞生了新乡贤的治理实践形式,并在一些地区走向乡间建制派局面与势头。在此之后,特别是在2014 年至 2018 年,连续几年提出新乡贤文化发展与新乡贤治理,提出重视新乡贤文化、发挥新乡贤作用的政策性文件,中央一号文件更是催生了新乡贤发展的迅猛态势。最近几年,全国各地乡村普遍重视挖掘本地的新乡贤资源,摸索搭建新乡贤乡村社会治理的法治化道路,已经形成燎原之势。② 姜亦炜在对浙北与浙南部分地区乡村调研的基础上指出,在目前的乡村治理中新乡贤组织主要存在四种类型:一是辅助型。如洛余镇西衡村乡贤参事会,它实际上是乡村自然逐步形成的现象,后来形成了初步的乡村治理组织——乡贤参事会,它主要以对现有的村委会等组织提供辅助性公共服务为特色。二是互益型。如禹月镇三林村乡贤参事会,这个村的新乡贤参事会组织由当地乡镇党委政府出面进行先行设计,先有制度安排,再有实践操作,其主要功能体现在

---

① 曾凡木:《制度供给与集体行动:新乡贤参与社会治理共同体的路径分析》,《求实》2022年第 2 期。

② 云浮市新乡贤、贵定县新乡贤、河源市新乡贤、济源市新乡贤、郏县新乡贤、简阳市新乡贤、界首市新乡贤、句容市新乡贤、临城县新乡贤、娄底市新乡贤、绵阳市新乡贤、明光市新乡贤、南宁县新乡贤、南宁市新乡贤、宁县新乡贤、平昌县新乡贤等,全国各地乡村形成燎原之势,普遍建立起了新乡贤的各类不同组织,推进了当地的乡村社会治理建制化、法治化、规范化进程。

争取项目、外引资金以便助推乡村基层经济社会发展。三是协商型。如和芙镇芦港村乡贤会，这个村庄的新乡贤组织的特点是具有自身发展基本特色，主要体现在乡村的决策以及文化传承。四是分利型。如旧桥镇华张村乡贤联谊会，由政府顶层设计，先有制度安排，再有实践操作，主要功能是争取项目与招商引资，因先天禀赋不足，乡贤群体易从沟通桥梁异化为半职业经纪人。姜亦炜认为，"新乡贤组织并不是千村一面的，在制度演进过程中的'内生性'与'外引性'的分野，以及村庄本身精英资源禀赋的不同，催生出了不同形态的新乡贤组织"①。这些不同功能作用的新乡贤组织在一个省内不同地方显示出不同的特色，侧重于不同功能价值的发挥。很难去评判哪种类型比较适合中国实际或者哪种类型比较适于推广。这充分说明以下问题：一是各地新乡贤组织的构建与完善不可能一个模式，这取决于各地的具体情况，也就是人情、地情、乡情的不同会在很大程度上影响新乡贤组织的路径。有些地方如类似浙江上虞等有着深厚历史文化背景的地域，其乡贤文化源远流长，有着深厚的历史底蕴，就非常有利于从文化的视角或进路去挖掘新乡贤的各类资源，进而带动新乡贤成立各种文化组织，实现新乡贤治理起点的文化逻辑模式。有的乡村干脆就没有什么乡贤历史，新乡贤也难以短时间培育，则完全没必要人为地创造出新乡贤或者类似组织，而应该顺应历史与现实，走出一条与众不同的乡村治理法治化道路。二是由于各地新乡贤人员构成可能存在较大的差异。如在经济欠发达地区，新乡贤中能够带来较优越的经济资本的乡贤可能不多，这就要主要考虑乡贤的道德资源、法治资源、文化资源以及政治社会资源，而不能将新乡贤的建设仅仅停留在获取多少捐赠、成立多少基金、能够带回多少经济资源、经济资本回乡，而是应该因地制宜、因时制宜、因人制宜地实现对新乡贤的组织化及最大化的利用其优势资源禀赋促进当地乡村的社会治理、文化传承、社会稳定与矛盾化解等方面。相应地，对于其实现乡村治理的法治化路径就应该在尊重本地新乡贤具体状况的基础上，建立起与之相适应的能够充分发挥其特色优势的新乡贤组织体制与运作机制，从而实现新乡贤

---

① 姜亦炜：《政治影响力与制度生成——新乡贤组织的演生及其类型学》，《中国农村观察》2020年第3期。

促进本地经济社会发展的利益最大化。三是在新乡贤以及新乡贤组织、制度构建与成长完善创新的道路上,不应过多地加以行政干预,而应是更多地提供地方党委政府的服务与引导、监督,充分地尊重新乡贤及其组织的民间性、社会性,减少其行政色彩,确保新乡贤组织的社会公益性特征。

从目前新乡贤成长以及新乡贤组织发育的现实逻辑看,既有原先的新乡贤自觉自主行为及新乡贤组织的自主构建,又有新乡贤在地方党委政府推动下的地方制度设计与协助,当然也有最近两年政府主导的行政痕迹。这些都是各地新乡贤农村治理法治化的表现形式。刘开君认为,"引新乡贤回归乡村治理行为的短期化、人情化、资本化、形式化等问题,严重影响其可持续发展。因此,要以构建村庄共同体为目标,以更高水平的制度化推动新乡贤回归乡村治理可持续发展"①。孙邦金和边春慧指出,"乡贤群体处于体制外的身份特点,决定了他们的权威是基层民众自发认可的,不是通过行政权力选拔出来的"②。新乡贤农村治理法治化的基本路径应该不拘一格,倡导多样化的发展路径,但是应该遵循一点的是处理好新乡贤治理法治化过程中新乡贤产生的民主机制与党委政府的协助机制,始终将新乡贤产生以及新乡贤组织法治化的构建、完善作为一项基本的社会公共事务予以定位,把握好党委政府在新乡贤及其组织法治化创新过程中的度,那就是基层党委领导、协同,基层政府指导、支持、服务、监督,这是由我们国家的现实国情所决定的。新乡贤治理法治化需要坚持在基层党委的领导、协同之下有序推进,是党领导社会组织实现乡村治理的又一次民主法治创新体制与新机制、新举措,是顺应农村基层社会治理体系与治理能力现代化发展的重要尝试与大胆实践。

新乡贤在全国各地乡村地区得到了初步的发展,总体形势向好。浙江上虞的以新乡贤文化为起点的逻辑模式、江苏丰县梁寨镇的新乡贤服务站"五老一能"治理模式、山西运城基层党委政府主导新乡贤治理模式、广东云浮的乡村与基层党委的协力的新乡贤文化与治理模式等,是乡村的新乡贤治理的

---

① 刘开君:《以制度化推动新乡贤回归乡村治理可持续发展——基于对上虞乡贤回归乡村治理实践的反思》,《中共珠海市委党校珠海市行政学院学报》2020 年第 1 期。

② 孙邦金、边春慧:《新乡贤参与乡村治理的功能再生与制度探索》,《广西师范大学学报》(哲学社会科学版)2019 年第 6 期。

多样化模式典型体现。从全国各地的普遍做法经验来看,新乡贤治理在乡村地区走法治化道路是成效显著的,在当地经济社会发展、乡村社会治理、文化发扬传承、乡村风貌、文明乡风的锻造、乡村价值观的引领、乡村法治建设、乡村社会秩序稳定、乡村生态环境保护等方面取得了较好的成效,是推进农村地区新乡贤治理法治化的成功经验。从各地的成功做法来看,主要方案是:一是把坚持走新乡贤文化路线作为主要的选择之一,充分地发掘本地的乡贤文化,以历史乡贤的文化积淀为基础,培育新乡贤文化为主要支点,形成长远性的新乡贤文化根基,在此基础上实现新乡贤治理法治化的逐步展开。这一点在浙江上虞、广东云浮、山西运城、江苏丰县等地基本如此。以乡贤文化为基本起点,创新时代乡贤文化,推进新乡贤乡村治理及其法治化发展已经成为主要的思路。二是各地乡村应因地制宜、因时制宜、因人制宜,不拘一格地进行乡村地区新乡贤的发掘及促进其乡村治理的法治化、规范化、制度化运作。新时代各个乡村地区由于经济发展水平的差异,经济结构状况的差异、生产力水平的多层性差别,所处的地理环境、交通位置的差异,乡村历史传统与文化的差异,民族构成以及宗教影响的差异,人口状况性别比例及其构成的差异,以及新乡贤的资源禀赋结构性状况等因素综合考量本乡镇、本乡村的新乡贤的具体法治化的路径与具体的方案。如有的乡村退休的老干部、老教师、返乡的文化人居多,完全可以充分利用这些乡贤资源搞好本地的乡村文化,侧重于文化治理、乡村社会治理等方面。如果本乡村经济类乡贤居多,能够带来各种经济资源,促进乡村面貌改善,则可以充分发挥其招商引资、经济经营管理等方面的优势人力资源,加强乡村的基础设施建设,促进乡村的经济发展,着眼于乡村的经济产业结构升级与改善,发展农村的各类农业产业,着力振兴乡村经济,以此为基点,促进乡村各方面的改善提升。有些乡村各方面乡贤资源相对不突出或全方位人力资源都比较好,可以走综合性乡贤法治化发展道路,可以逐步建立起综合性的乡贤发展组织,充分发挥经济类乡贤、退休干部类乡贤、文化类乡贤等各类乡贤的分类化,各履其职的、各尽其才的乡村参与式治理制度模式,有利于乡村社会经济文化全面治理与和谐发展。

第二章　中国农村传统社会中乡贤 参与下的乡村治理与法治

第一节　中国传统乡贤的起源与发展

一、封建王朝统治下的农村传统乡贤治理与乡村法治

乡贤文化是中华传统文化在乡村的一种表现形式,古代乡贤又被称为乡绅、士绅、绅士、缙绅、搢绅等,在不同时期有不同称谓,泛指乡村地区有德有能之人。在古老的传统社会中,乡贤文化就有对于促进家国和谐的重要作用的记载,乡贤及其文化本质是对儒家文化的动态传承。中国传统的封建中央集权性政治体制并未从根本上窒息乡村的自我治理,皇权不下县,县下皆自治①几乎是几千年封建政治统治的基本概况。封建政权虽然强大,但是并未能从根本上完全在乡村建立起统治型政权组织形式,广大乡村地区由于交通条件、地理环境、民风民俗、民族构成因素、宗族因素等各种因素的制约,构建起完全的乡村政治统治的成本是封建政权所无法承重的。正是在这种情形下,封建政权依赖其他各种形式实现在乡村的治理,这其中乡绅阶层就是一支重要的维护封建统治的政治力量。这在先秦以后的各个朝代皆有体现,特别是汉朝罢黜百家独尊儒术以后,这种以儒家文化为中心的礼法之治在广大乡村地区的实现主要依靠的是各类乡绅及其群体。衷海燕指出,"明清时期,地方乡绅往往特别关注地方社会秩序的建设,热衷于参与各种地方公共事务。在办理各种地方公共事务的过程中,吉安府乡绅创建了形式多样的,以乡绅为主导的

---

① 黄宗智:《中国乡村研究》第一辑,商务印书馆2003年版,第2页。

民间组织"①。明清以降,我国的传统先贤(乡绅)文化及其治理实践得到了长足发展。明清时代乡贤(乡绅)以裁断纷争和调解诉讼案件为业,从而获得固定的收入。在乡土社会中,纠纷的解决在很多场合都是一种教谕式的调解,而要发挥这一作用,除了具有社会权威以外,还需要法律知识,"由于中华帝国没有受过专门训练的法律专业人才,绅士便发挥了这方面的作用。因具有这种资格,很多地方的若干绅士获得了一些也许可称为规费的固定收入"②。封建时代的乡绅,即传统乡贤的存在形式主要体现为"既包括在乡的绪绅,也包括在外当官但仍对故乡基层社会产生影响的官僚"③。"在乡绅的治乡之道中,其首要原则是通过道教化来维护乡村社会的礼仪秩序,所谓'以礼化俗、化民成俗'。"④自科举制的兴起,则进一步在制度上强化了儒学以及儒生在国家与社会中的政治社会地位,由此形成国家与社会对此的普遍认同。儒学以及儒家文化价值观及其所蕴含的规则体系深入社会基层,成为基层百姓的生活方式与行为准则。传统乡贤则通过儒家的政治观、修身观、价值观、人生观等价值伦理教化乡民,使之成为乡村民众的基本行为准则。长期以来,乡绅通过儒家传统伦理道德以及家训、乡规民约以及对封建国家法治的地方性转化实现基层的社会统治,这是几千年乡村社会的秩序维持的基本方式。傅衣凌指出,基层社会的管理在宋以后大部分由民间组织承担。他指出:"传统的中国社会结构是一种多元化的社会组成形式。"⑤在政治上,高度集中的中央集权体制国家政治权力与乡族地方政治集团势力的互相补充;国家法律、皇帝敕令、法规等制度体系与国家机构执法司法,非正式制度的乡规民约、宗族规范、地方习惯法、民族习惯法等地方治理规则并行不悖,国家公器执法司法与家族、地方族群的私法、私刑审讯、私设公堂共存于世。凡此等等,在公与私两大

---

① 衷海燕:《乡绅、地方教育组织与公共事务——以明清江西吉安府为中心》,《江西社会科学》2005 年第 4 期。

② 张仲礼:《中国绅士关于其在 19 世纪中国社会中作用的研究》,李荣昌译,上海社会科学院出版社 1991 年版,第 46 页。

③ 傅衣凌:《中国传统社会:多元的结构》,《中国社会经济史研究》1988 年第 3 期。

④ 徐祖澜:《明清乡绅的教化之道论析》,《西华师范大学学报》(哲学社会科学版)2012 年第 6 期。

⑤ 傅衣凌:《中国传统社会:多元的结构》,《中国社会经济史研究》1988 年第 3 期。

统治势力系统中起沟通作用的就是乡绅（乡贤），乡绅（乡贤）阶层是社会的缓冲器，在整个封建王朝统治时期，国家层面的政治统治与乡村社会的乡绅治理从来都是并行不悖的。

二、民国时期中国广大农村地区乡贤治理与乡村法治

费孝通指出："自古以来，城市与乡村是有区别的，在政治事务方面，城市有政府和警察，乡村主要靠士绅。"①传统乡村特殊的经济结构形式、地理环境、交通状况、人口状况、教育文化状况、社会关系状况等因素决定了乡村社会的成长道路及其治理形式的特殊性。这些方面在新中国成立前的乡村社会层面依然总体上是延续了封建时代的礼治传统，虽然这一时期有不少伴随着西学东渐的新思想传入农村，但是，并未对传统农村的生活方式产生根本性影响。传统的士绅阶层依然是广大乡村地区维系社会关系的重要存在。②费孝通在《乡土中国》中指出，无讼是传统乡村社会生活的普遍追求，乡村社会通过礼治，亦即对传统规则的服膺实现社会稳定。"乡村生活的各方面，任何人的关系，都有着一定的规则。长期的儒家文化教育已把外在的规则化成了内在的习惯。维持礼俗的力量不在身外的权力，而是身内的良心。"③李怀印指出，"在乡村生活中，将纠纷告诸法院或以上法庭相威胁的事是常有的。卷入案件的纠纷各方，几乎总是可能选择法庭裁判而非民间或宗族调解"④。宁凯认为，"乡绅用以调解纠纷的论理工具，往往是浸透了儒家伦理的乡里道义"，"士绅在乡村中的解纷作用，也在很大程度上进一步加强了社会的稳定，也促成了许多在当代社会中仍然有市场的习惯的形成"⑤。与此相印证，张健通过对新中国成立前的行政史材料研究后得出结论认为，"士绅、保甲长、乡

① 费孝通：《乡土中国》，上海人民出版社 2006 年版，第 4—10 页。
② 参见荆月新：《"礼治"观念回归的法治意义解析——以民国乡村自治立法为例》，《理论学刊》2015 年第 9 期。
③ 费孝通：《乡土中国》，华东师范大学出版社 2018 年版，第 59 页。
④ 李怀印：《华北村治：晚清和民国时期的国家与乡村》，岁有生、王士皓译，中华书局 2008 年版，第 164 页。
⑤ 宁凯：《传统士绅阶层在乡土社会中的解纷作用》，《近代史评论》（2010 年卷），法律出版社 2011 年版，第 80 页。

村领袖、宗族亲友、乡村长老、耆老,这些承担民间调解的主体并不都是经过民国政府培训的新式人才。他们在很大程度上承担着乡村社会调节的法制职能,而这些职能的行使很多时候并未得到民国政府的正式授权,很多情况下是默认与合作"。这些乡村的实际情况说明,新中国成立前基层农村形成的较强宗族势力作为乡村政治势力的传统代表,他们对乡村纠纷解决与生活的影响力仍然相当强,这一切的形成从根本上来说是由乡村的社会经济基础决定的,自给自足的经济状况与经济结构形式未有根本性改变,乡村的社会生活方式未呈现根本性改变,指望其行为规则出现根本性突破,是不可能的。"传统的意识和力量使乡村社会在面对社会转型时表现出一种强大的保守性。乡村领袖、宗族亲友、士绅、耆老、家长、族长、保长等地方保守传统势力与试图进入村庄的国家正式权威没有实现良性对接。乡村社会仍为旧式各类社会精英所把持,南京国民政府只好依靠他们来实现对村落社区的基本控制。"①从以上的分析得知,新中国成立前虽然在国家层面初步建立起半现代化的国家政权,国民党通过以党代政意图实现对乡村社会的全面控制,以实现其征兵、征税、民众自卫、乡村治理的政治社会目的。在法治上推行地方自治并颁行了大量涉及自治的法律法规,民间社会纠纷解决方面的调解性法律法规,训练新式乡绅,旨在实现乡村社会的民主法治建设。

第二节　中国传统乡贤乡村治理的资源

一、传统道德伦理性资源

中国的传统道德资源深深地蕴藏在我们的传统文化之中,在先秦至后来的诸子百家的文献中集中体现了我们传统的思想道德观念,在历朝历代的统治者与文人典籍中也得到充分体现,并随着潜移默化的教化成为人们的生活指南与处世原则。如《礼记》的《曲礼》有诸多关于个人修养方面的思想,是修

---

① 张健:《民国时期国共两党民事调解的比较研究——国家权力下沉背景下的社会治理与社会动员》,《甘肃政法学院学报》2015 年第 2 期。

身的不二法门。《曲礼》曰:"毋不敬,俨若思,安定辞,安民哉。"①意指待人处事必须恭敬严谨,神态应当端庄肃重,好像在沉思似的,说话要态度安详、言辞谨慎。这样才能安定民心。又曰:"敖不可长,欲不可从,志不可满,乐不可极。"②意指不能滋长傲慢的心态,不能放纵自己的欲望,内心不可过度自满,不能过度享乐。又曰:"临财毋苟得,临难毋苟免。很毋求胜,分毋求多。疑事毋质,直而勿有。"意指在我们面对财物时,不可以随意占为己有;面对危险,不可以随意逃避。与人争吵时不可以狠辣地求胜,分配东西时不可以求多。对于有疑问的事情,不可自以为是,有正确的答案时也不能太过自我。又曰:"若夫坐如尸,立如齐。礼从宜,使从俗。"③而在关于礼的规范时,则指出礼是用来判断人与人之间的亲疏、分析事物嫌疑、辨别事物异同、分辨是非的基本规矩。礼,不会随便讨好人,不会说没用的话,礼,不逾越,有节度,不侵犯侮辱他人,不轻佻轻狎。修养自我身心,实践自己的诺言,称为善行。举止有修养,说话有道理,这是礼的本质。关于礼的知识,只听说过向人请教学习的,没听说过要求别人请教学习的。礼,只听说过愿意学的人来学习,没听说过教授礼仪的人追着别人去传授的。"夫礼者,所以定亲疏、决嫌疑、别同异、明是非也。礼,不妄说人,不辞费。礼,不逾节,不侵侮,不好狎。修身,践言,谓之善行。行修,言道,礼之质也。礼,闻取于人,不闻取人;礼,闻来学,不闻往教。"④而在社会交往方面,《礼记》曰:"太上贵德,其次务施报。礼尚往来,往而不来,非礼也;来而不往,亦非礼也。人有礼则安,无礼则危。故曰:礼者不可不学也。夫礼者,自卑而尊人,虽负贩者,必有尊也,而况富贵乎?富贵而知好礼,则不骄不淫;贫贱而知好礼,则志不慑。"而在有关家庭关系、师长关系、待人接物方面更是体现了礼的重要规范。《礼记》曰:"凡为人子之礼,冬温而夏清,昏定而晨省,在丑夷不争。夫为人子者,三赐不及车马,故州闾乡党称其孝也,兄弟亲戚称其慈也,僚友称其弟也,执友称其仁也,交游称其信也。见父之执,不谓之进不敢进,不谓之退不敢退,不问不敢对。此孝子之行也。夫为

---

① 戴圣编:《礼记》(曲礼上),刘小沙译,北京联合出版公司2015年版,第1页。
② 戴圣编:《礼记》(曲礼上),刘小沙译,北京联合出版公司2015年版,第1页。
③ 戴圣编:《礼记》(曲礼上),刘小沙译,北京联合出版公司2015年版,第1页。
④ 戴圣编:《礼记》(曲礼上),刘小沙译,北京联合出版公司2015年版,第1页。

人子者,出必告,反必面,所游必有常,所习必有业,恒言不称老。年长以倍,则父事之;十年以长,则兄事之;五年以长,则肩随之。群居五人,则长者必异席。为人子者,居不主奥,坐不中席,行不中道,立不中门。食飨不为概,祭祀不为尸。听于无声,视于无形。不登高,不临深,不苟訾,不苟笑。孝子不服暗,不登危,惧辱亲也。父母存,不许友以死,不有私财。……从长者而上丘陵,则必向长者所视。"①《礼记》中的曲礼、檀弓、王制、文王世子、礼运、礼器、内则、玉藻、学记、乐记、祭法、祭义、经解、哀公问、方记、中庸、缁衣、奔丧、问丧、大学、冠义、昏义、乡饮酒义、射义、聘义、丧服四制等,几乎涉及传统道德中个人修身、家庭关系准则、婚丧嫁娶、社会交往规矩以及社会、家国治理的各类道德原则,这些几乎构成了整个封建社会时期道德维系的主要遵循,是处理传统民间社会关系的基本指南。此外,类似《论语》也有诸多涉及道德伦理规定,流传后世并成为教化乡里的主要渊源之一。如《论语》(学而篇)关于家庭伦理关系的论述。有子曰:"其为人也孝弟,而好犯上者,鲜矣!不好犯上,而好作乱者,未之有也。君子务本,本立而道生。孝弟也者,其为仁之本与!"又曰:"巧言令色,鲜矣仁。"孟懿子问孝。子曰:"无违。"樊迟御,子告之曰:孟孙问孝于我,我对曰,无违。樊迟曰:"何谓也。"子曰:"生,事之以礼;死,葬之以礼,祭之以礼。"②关于礼的论述,指出礼的作用是以和为贵,君主治国可贵的地方就在于以和为贵,不论大事小事都按照礼的原则进行处理,即便遇到行不通的时候,也尽力为了和谐而和谐,不以礼来进行节制,肯定是不行的。如有子曰:"礼之用,和为贵。先王之道,斯为美,小大由之。有所不行,知和而和,不以礼节之,亦不可行也。"孟武伯问孝。子曰:"父母唯其疾之忧。"子游问孝。子曰:"今之孝者,是谓能养。至于犬马,皆能有养;不敬,何以别乎?"子夏问孝。子曰:"色难。有事,弟子服其劳;有酒食,先生馔,曾是以为孝乎?"③在《为政篇》中,指出应以道德教化进行治理,将之比喻为北极星,为政以德则能实现众星拱月之效果,大家都心悦诚服。子曰:"为政以德,譬如北辰,居其所而众星共之。"如若法制禁令引导百姓,用刑法律令约束他们,百姓只求避免犯罪

---

① 戴圣编:《礼记》(曲礼上),刘小沙译,北京联合出版公司 2015 年版,第 4—10 页。

② 孔子:《论语》(学而篇),王超译,北京联合出版公司 2015 年版,第 8 页。

③ 孔子:《论语》(学而篇),王超译,北京联合出版公司 2015 年版,第 1—6 页。

而逃避处罚,却失去羞耻之心;用道德教化引导百姓,用礼制仪式约束百姓,这样百姓就不只有羞耻心,而且也易于归顺。子曰:"道之以政,齐之以刑,民免而无耻;道之以德,齐之以礼,有耻且格。"①这充分地展示了孔子的德政思想,以及在德法关系上面指明了道德教化对于百姓与社会治理的重要价值及其优势所在。此外,《论语》的为政篇、八佾篇、里仁篇、公冶长篇、雍也篇、述而篇、泰伯篇、子罕篇、乡党篇、先进篇、颜渊篇、子路篇、宪问篇、卫灵公篇、季世篇、阳货篇、微子篇、子张篇、尧曰篇等比较全面地论述了孔子的道德伦理主张,涉及修身、齐家、治国、平天下以及日常的社会交往准则等各个方面,这些言论成为影响后世几千年人伦道德与社会行为的主要规范渊源,也是封建社会儒家文化道德的典范。此外,《大学·中庸》也有诸多关于处理人际关系的道德规则,如第五章孔子说,听诉讼审理案件,我和别人是一样的方法,目的就在于使诉讼的案件不再发生,使隐瞒真实情况的人不敢再胡言乱语,使人心畏服,这才叫抓住了事物的根本。子曰:"听讼,吾犹人也,必也使无讼乎! 无情者不得尽其辞。大畏民志,此谓知本。"②《大学·中庸》关于格物致知、修身齐家治国平天下都有较多的阐述,成为后世封建统治者与士大夫自我修养、道德完善以及实现德政、德治天下、以德处理人与人之间关系奠定了深厚的文化基础。

二、国家层面的法律资源

目前学界研究认为,夏朝是中国历史上的第一个王朝时代,从理论上推知在夏朝历史上应该有相应的法律制度,但是从目前的考古学以及相关的史料证据匮乏的状况来看,夏朝的法制状况的详细记载依然缺乏充分证据。如李力认为,"夏朝是中国历史上第一个王朝。因此,中国法学界乃至史学界均将夏朝法制作为中国法制史之开端。今见夏朝法律史料均为二手资料,当是战国秦汉时期学者追述或构拟的产物。20 世纪的法制史学者据此构建的一个夏朝法律知识体系,是学者们在其各自所处时代背景之下解读这些史料所形

---

① 孔子:《论语》(为政篇),王超译,北京联合出版公司 2015 年版,第 8 页。
② 曾参、子思:《大学·中庸》,严亚珍译,北京联合出版公司 2015 年版,第 17—18 页。

成的关于夏朝法制的学说。从学术史的角度看,20 世纪的夏朝法制研究,实
际上是有关夏朝法制的学说史或者思想史"。① 陈顾远指出,"有国家必有制
度,有组织必有法律,此固非可争者。然信史未存,既无由知其梗概;证据不
全,更莫能定其真假"②。马小红认为,"所谓'夏刑三千条'不过是西汉初期
的儒者以《尚书·吕刑》及《书序》为依据发挥出来的误会"③。桂涛认为,"我
们今天看到的传世典籍经过春秋战国学者的整理……《左传》等文献所称述
的夏之《禹刑》、商之《汤刑》与周之《九刑》就或多或少带有这样的印记"④。
由此可见,目前对于夏朝法制的直接证据犹显匮乏,夏朝直接的法律文本型文
献仍然未能实现考古上的突破。因而,无法妄言夏朝法制的具体状况,对于夏
朝法制的民间法调整规范更是缺乏直接证据。只能从一些间接性记述中得以
推测。目前史书主要将夏商周法制一体考察,由周往前推测。如《尚书·康
浩篇》王曰:"呜呼! 封,汝念哉! 今民将在祗遹乃文考,绍闻衣德言。往敷求
于殷先哲王,用保乂民……王曰:呜呼,封,敬明乃罚。人有小罪,非眚,乃惟终
自作不典;式尔,有厥罪小,乃不可不杀。乃有大罪,非终,乃惟眚灾;适尔,既
道极厥辜,时乃不可杀。"⑤说明夏商周时期统治者明德慎罚,重视德治在统治
社会过程中的重要作用,可以将夏商周时期的明德慎罚以及封建王朝时期的
德主刑辅、礼法并治作为后来的儒家治理传统的精神传承的重要源头。此外,
通说认为,夏商周时期中国政治社会结构即为宗法血源制度体系,分为君统与
宗统,二者相互联系又具有严格区别。⑥ 调节宗法关系主要靠的是宗法伦理
规范,而不是国家法治,可以认为是早期家族宗族制度的雏形。

　　秦汉以后直至明清时代,传统中国在政治上逐步形成封建的大一统政治
法律制度传统,在各个时期颁布了相应的国家法律制度,但总体上仍然延续了

---

　　① 李力:《史料与学说:20 世纪的夏朝法制研究及其评析》,《贵州大学学报》(社会科学
版)2021 年第 6 期。

　　② 陈顾远:《中国法制史》,商务印书馆 1934 年版,第 3—4 页。

　　③ 马小红:《中国法制史考》(甲编第一卷),中国社会科学出版社 2003 年版,第 273—
378 页。

　　④ 桂涛:《中国古代法律文献研究》第 14 辑,社会科学文献出版社 2020 年版,第 16 页。

　　⑤ 孔子:《尚书》,闫林林译,北京联合出版公司 2015 年版,第 92—95 页。

　　⑥ 参见陈恩林:《关于周代宗法制度中君统与宗统的关系问题》,《社会科学战线》1989 年
第 2 期。

儒家的德主刑辅、礼法兼治、儒法并重的基本封建法制格局,地方上以宗法家族制度以及乡间习俗规范形态得以体现,实现社会自治。这一国家层面的礼法之治的基本政策在各个朝代均有体现,深刻地影响各个时期的民间法制形态及其现实效果。国家层面的重德明法,在不同时期的乡村社会发展过程中得到了创造性吸收与地方性转化,国家法制作为不同时期民间各类纠纷解决的潜在性威慑力量,民间不能实现矛盾纠纷调处,往往需要诉诸官府,进而促进矛盾解决。因而,在一般意义上而言,国家法律资源及其规范的实现并不是直接通过乡村的调解机制、和解机制等方式予以实现,而是作为一种备用性资源、潜在的威慑力量而存在的,其往往是通过创造性转化在乡村民间产生作用。

三、乡村地区传统的家族、宗族规范、乡规民约与习俗、习惯

从中国知网文献搜索的情况来看,对于秦汉以来专门探讨乡村道德法制乃至乡规民约方面的论文较为匮乏,这些影响传统乡村生产生活的专门规范散见于其他文献。诸如彭卫《汉代婚姻形态》(1988)、侯旭东《北朝村民的生活世界:朝廷、州县与村里》(2005)、《近观中古史:侯旭东自选集》(2015)、王子今《秦汉社会史论考》(2006)涉及秦汉社会史的诸多方面;朱大渭等《魏晋南北朝社会生活史》(1998)系统展现了魏晋南北朝社会生活基本状况,如衣冠服饰、饮食习俗、城市宫苑、园宅、交通、婚姻、丧葬、宗教信仰、鬼神崇拜、巫卜、节日、文娱、教育等;梁满仓《魏晋南北朝五礼制度考论》(2009)将传统的礼制纳入礼文化的角度考察,区分礼学、礼制、礼行、礼俗等,丰富了对不同时期礼法的认知。① 这些文献中有诸多涉及封建社会人民群众的乡村社会治理图景的内容。传统中国的民间法源于夏商西周的家族法以及宗族道德伦理。如在夏商周宗族法时代,由于家和国在实质意义上没有区别开来,"家是国的缩微,国是家的放大"②,"当时的社会以家国同构、家国相通为基本特征,形成尧、舜、禹之后'家天下'的局面。当时的土地和奴隶都属于王室家族所有,国

---

① 参见陈长琦:《改革开放40年来的秦汉魏晋南北朝史研究》,《中国史研究动态》2018年第1期。

② 张晋藩:《中国法律的传统与近代转型》,法律出版社2005年版,第116页。

王将土地和奴隶通过分封的形式分给他的子孙、兄弟和族人"①。

一是家族法规。家族法规、家族家训以及在此基础上形成的宗族伦理规范对整个中国的传统社会关系的规制是极为重要的基础,直至今日在诸多地方依然效果显著。蒋传光指出:"古代中国由家而国的政治传统和家庭、家族、村庄、社会、国家的社会结构表明中国政治结构和社会结构是靠血缘和地缘并以血缘为主要纽带来维系的。"②这与费孝通的观点相一致,中国乡土社会的基层结构是一根根私人联系所构成的网络。它的表现形式是以己为中心,像石子一样投入水中,"和别人所联系成的社会关系,不像团体中的分子大家立在一个平面上,而是像水的波纹一般,一圈圈推出去,愈推愈远,也愈推愈薄"③。这正好印证了儒家的人伦观点,即《礼记·祭统》中的十伦:鬼神、君臣、父子、亲疏、爵赏、夫妇、政事、长幼、上下,均显示差等格局。④ 这从夏商西周延续至今的家族、宗族社会体制,从未实现过本质上的变更。"在这种独特的社会结构中,家法族规对应于家庭家族,乡礼乡约对应于乡里村落,帮规行规对应于社会上各行各业,国礼国法对应于国家社会。"⑤代表性的家族法规如诸葛亮的《诫子书》、颜之推的《颜氏家训》,这些家训规定对家族教化甚至对乡里乡风的培育起到了重要的作用。他们运用传统道德伦理教化家人,如何修身、齐家、治国、治学等各方面,是自我完善、自我发展的重要指导性规则,对于个人安身立命,健康成长,立足于社会,服务社会,成人成才有重要指导作用。家族法规、宗族伦理等家训、族训也是当地乡民的重要准则,对于促进乡风、培育乡民向善向上也有重要价值。

明清时期的家族宗族规定得以延续,在乡村社会发展中继续起到维系家庭稳定、乡村发展、社会稳定的重要作用。如农村宗族社会对族人行为的约

---

① 蒋传光:《中国古代的家法族规及其社会功能——"民间法"视角下的历史考察》,《东方法学》2008 年第 1 期。

② 蒋传光:《中国古代的家法族规及其社会功能——"民间法"视角下的历史考察》,《东方法学》2008 年第 1 期。

③ 费孝通:《乡土中国》,上海世纪出版社 2010 年版,第 294 页。

④ 参见费孝通:《乡土中国》,华东师范大学出版社 2018 年版,第 22—28 页。

⑤ 蒋传光:《中国古代的家法族规及其社会功能——"民间法"视角下的历史考察》,《东方法学》2008 年第 1 期。

束,主要来自族规和祠规。族规明确规定了族人的行为准则,如若违规,要按规定加以惩罚。而祠规则规定了族人在祠堂内的行为规则及宗族活动的运行规则,对违规者,同样按规定加以惩罚。以万载辛氏为例:乾隆四十五年(1780)的《万载辛氏族谱》中的族规,①对族人所立的行为准则有共九条规定,从心术端正、积德行善、严禁赌博、重视读书、重视婚嫁、依法纳税、慎重交友到以息争讼等为人处世的各个方面,均进行了较为详细的规定。② 由此观之,中国绵延上千年的家庭治理、家族治理、乡村治理、传统人伦之间社会关系调整中,传统的礼制道德转化为家族法规、宗族法规等形式在对乡民的修身、齐家、治国、平天下等方面产生了深远影响,经久不衰,是优秀传统文化的重要传承与发展。这些内容构成了上千年以来传统家庭教化、乡间教化乃至社会教化的基础性组成部分,对于中华民族的文明传承与社会治理稳定发展传承等方面起到了极为重要的延续作用。

二是村规民约。"肇始于宋代的乡约是一种旨在乡村地区开展的道德教化形式,它以道德教化精神处理乡村社会中人与人之间的关系,以此来组织道德生活、整合社会秩序,从而实现劝善戒恶、感化乡里、移风易俗的社会理想。"③《吕氏乡约》《赣南乡约》是中国宋明时期极为重要的乡规民约。其中,"一般认为《吕氏乡约》是中国最早的乡约类型。乡约介于国法和家规之间"④。《吕氏乡约》的主要制度规定包括:其一,乡约的基本宗旨的规定。乡约规定,凡是愿意入约者,应遵循相互之间的"德业相劝、过失相规、礼俗相交、患难相恤"的宗旨约束。乡约对何以为德进行了专门解释,德就是指见善必行,闻过必改。强调了为德的行为准则是见善行之,不善而改之的基本思想。何为善?"能治其身……能居官举职等"⑤皆是应当褒奖赞扬推荐践行的

①　参见施由明:《明清江西乡绅与县域社会治理》,中国社会科学出版社 2018 年版,第117—118 页。

②　参见施由明:《明清江西乡绅与县域社会治理》,中国社会科学出版社 2018 年版,第117—118 页。

③　韩玉胜:《"宋明乡约"乡村道德教化展开的历史逻辑》,《伦理学研究》2014 年第 2 期。

④　王美华:《〈吕氏乡约〉:北宋乡村社会礼教推行的理想与实践》,《山西大学学报》(哲学社会科学版)2019 年第 6 期。

⑤　王美华:《〈吕氏乡约〉:北宋乡村社会礼教推行的理想与实践》,《山西大学学报》(哲学社会科学版)2019 年第 6 期。

善行、善举。可见,善行从自身、到家庭、到邻里、到社会各个层面均有各种表现,积德行善不拘一格,有利于自身德性完善,有利于家庭和谐完美,有利于乡邻和谐相处,有利于人们辨别是非善恶,帮助他人排忧解难,协助社会解决纠纷,能够激励他人奋进,能够举能任贤,能够扶危济困,敬老爱幼等各方面的善德善举,都是乡约所倡导的和力荐实行的行为。与此同时,《吕氏乡约》还对哪些是不善行为进行了列举,以要求乡约参与者避免各种不守约行为,实现反面规制。这些不善行为主要包括:(1)犯约之过。犯约之过主要是指参约者违反乡约的各类行为过失。犯约之过是指德业不相劝……患难不相恤等。(2)犯义之过。主要是指参约者不讲道义,见利忘义等过失行为。包括酗博斗讼……营私太甚。(3)不修之过。主要是指参约者不能自觉修身,品德欠缺,行为不检点等过失行为。如游戏怠惰……用度不节。凡是犯有以上三类过失者,都要按照乡约的规定进行记录,并对过失者进行相应的处罚。其二,乡约须遵循《礼记》礼经的相关约束。"倡导入约民众凡行婚姻丧葬祭祀之礼,《礼经》具载,亦当讲求。"①"在婚丧嫁娶方面倡导节俭,反对大操大办、奢靡之风,以各量其力为原则,倡导节俭乡风,规定了入约民众相互赠礼的规格,如嫁娶与庆贺所赠羊、鸡、兔、酒、水果、蜡烛与布帛等物,总值多不过三千文,少则一二百文。"②这些文明乡风的倡导性规范对于净化乡村精神环境,规劝乡民勤俭持家,健康生活等方面有着极为重要的价值观养成意义。其三,乡约规定了相互扶助的具体事项。凡是入约乡民在同乡参约者遇到一些极为紧要之事需伸出援手,相互帮助,扶危济困。这些事项主要包括:"一为水火,二为盗贼,三为疾病,四为死丧,五为孤弱,六为诬枉,七为贫乏。"③对于乡约之人遭遇此等困境,同约之人应仗义出手,为困难参约者提供援助,向有难者出借财物、车马、工具、人力等,倡导参与者之间的互助互爱。与此同时,乡约也规定对于可借而不借者、逾期借用他人钱物者、损坏所借他人钱物者,视相应情

① 刘学智:《理学视域下的〈吕氏乡约〉》,《陕西师范大学学报》(哲学社会科学版)2018年第3期。
② 《吕氏乡约》,中国历史上最早的成文乡约,见 http://www.jssjw.gov.cn/art/2016/1/22/art_30_46941.html,2022年4月30日访问。
③ 杨亮军:《宋代基层社会治理体系中的乡约——以蓝田〈吕氏乡约〉为中心》,《甘肃社会科学》2015年第4期。

形予以惩罚。不仅如此,《乡约》还倡导向约外有难之人伸出援助之手。当然,仅仅靠乡约者彼此之间的互相帮助,有时并不能完全解决困难,必要时仍应向官府求助,如"'孤遗无所依者,若其家有财可以自赡,则为之处理',如果不能自赡,则应申闻于官府,请求官府的帮助"①。其四,关于入约方式的规定。"《吕氏乡约》并不强制当地民众必须入约,而是采取自愿方式"②。其五,乡约的实施机制。为了践行乡约的具体规定及其礼制、德治精神,实现其道德教化,德润乡里的目的,《吕氏乡约》"推举约正一人或两人,专对同约之人实施奖惩。此外,还专门安排值月一人,一月一更,管理约中杂事。同约之人每月定期聚会一次,聚会的目的就是惩恶扬善"③。其六,违约后果。《吕氏乡约》专门载有违约的惩罚性措施,确保凡是参约者能够大概率践行乡约,以便彰显乡约的社会效果。其规定,对于过错较轻者,经过规劝后可以免于惩罚,但再犯则无可宽贷。"《吕氏乡约》规定犯义之过一般罚五百文,情节较轻者可减至四百文、三百文;不修之过及犯约之过一般罚一百文,情节较重者可增至二百文、三百文;对于累犯不改、不义已甚之人,可将其逐出乡约。"④

正德十二年(1517),王守仁被任命巡抚南赣、汀漳等处。王守仁十分重视社会教育,"他颁布了关于'十家牌法'的一系列文告,目的是实施军训、改革风俗、增进道德"⑤。正德十五年,其起草并颁布了《南赣乡约》,一共十六条,规定了全乡人民共同遵守的道德公约,其中涉及军事训练、政治教育、道德陶冶等内容。第一条申明了乡约的基本宗旨。乡约开宗明义指出了乡约重在修身养性、促进家庭和谐,乡风文明,惩恶扬善,和谐乡里,共同创造乡村安定团结的社会面貌。同时肯定了社会教化的重要性和必要性,认为人的善恶是教育造成的,寇盗是由于官吏的教育无方及家庭、长辈、乡村扬善训诲不早,朋

---

① 牛铭实:《中国历代乡约》,中国社会出版社 2014 年版,第 15—38 页。

② 张荣靖、吴招弟、雷蕾:《〈吕氏乡约〉乡村治理文化的现代价值及应用路径》,《西部学刊》2020 年第 18 期。

③ 牛铭实:《中国历代乡约》,中国社会出版社 2014 年版,第 42—57 页。

④ 金根:《传统乡规民约的价值、经验与启示——基于〈南赣乡约〉文本分析的视角》,《中国农业大学学报》(社会科学版)2014 年第 4 期。

⑤ 周喜峰:《王阳明在明代历史中的地位及影响》,《第十八届明史国际学术研讨会暨首届阳明文化国际论坛论文集》(下),2017 年,第 254—259 页。

友的奖劝失时所致。确定了乡约社会教化的目标是培养善良的人民和养成仁厚的乡风民俗,"今凡尔同约之民,皆宜孝尔父母,敬尔兄长,教训尔子孙,和顺尔乡里",即是明证。第二条构建了相对完整的乡约实施体制与机制。同约人中推年高有德者一人为约长,下设二名副约长,又推公直果断者四人为约正,通达明察者四人为约史,还设知约、约赞等职,组织十分严密,各有其职权。通约之人凡有危疑难处之事,皆须约长会同约之人裁处,陷人于恶罪,则坐约长约正诸人,"并对'乡约会'这一组织机构、负责人职掌、活动方式、开会程序、礼仪制度等作了详密的规定。通过构建定期的会议机制,使民众互相监督和集体表扬或检讨的方法是改造民众的道德人格之最有效的方法"①。第三条规定了乡约的基本物质保障制度。同一乡约中凡是入会的人,都应当交纳三分银钱,交给知约,以解决会议的饮食所需,饮食不能够太奢侈,以消除饥饿与口渴为基本限度。第四条规定了乡约举行的固定场所。乡约集会之处选在道里居民居住中心平坦的地方,或设在宽大的庙宇里。第五条规定了究人之过的方式、方法与技巧原则,给犯过之人有足够的台阶下,又不乏最终制约原则。如凡是需要纠正过失的,书写其过失之时用的文字一定要隐晦婉转,这也是诚实厚道的道理。例如有人对兄长不恭顺,不能直接写不恭顺,但是可以说:"听说某人在事兄敬长的礼仪上还做得很不够,我们听后实在不相信这是事实,暂且把这事登记在这里等以后看是否是真的。"凡属于纠正过失的都用这种方法记述。如果有难以改正的过失,暂且不要纠正他的过失让他无地自容,或者因为气愤就将他的过失大书特书。约长、副约长等,先应当派人私下跟那人商谈,使他自己能够坦白交代自己的过错,然后大家再一起劝导他,使他头脑中能够产生从善的念头,然后暂且将这些事记录下来,使他能够改恶从善。如果不能改恶从善,然后再把他的各种过错全部记录下来。如果这样他还不能改,然后可将这些情况向官府反映。如果这样他还不能改恶从善,那么同一乡约的百姓则应当将这人押送到官府,当面对他的罪过进行处置。如果迫于形势无法将他押送到官府,那么同一乡约的百姓应当和官府一道齐心协

---

① 邹春生:《王阳明在南赣巡抚任上对"致良知"学说的践行——以南赣安民举措为中心》,《赣南师范大学学报》2019 年第 1 期。

力,请官兵去消灭他。① 第六条规定了危急难事处理机制。乡约成员如果遇
到危急疑难、难以处理的事情,都需要约长和乡约的全体成员一同商量筹划,
商讨的办法务必合情合理,对解决那些问题有帮助,然后才可以结束。乡约成
员不能知而不闻不问、推脱责任,把人推向做坏事的境地,如发生这类情况惩
处约长、约正等人。第七条规定了外来人口寄居治理机制。如乡约规定指出,
寄住在各乡村的外来人口,大多在应当交纳钱粮、听差服役的时候躲回原籍,
往往加重村里人的负担。以后约长等人告诉他们,要他们按时完成下达的各
项任务,如果仍像先前一样躲回去,那么应当报告官府,由官府对他们进行处
罚,剥夺他们在乡村寄住的资格。第八条规定了富户与客商发放债务、收取债
息的规制。当地的富裕人家,或外来客商,发放债务、收取债息都应当按常规
的习俗办理,不得重复计算。如果相当贫困,不能按时偿还的人,也应当酌情
给予宽待。这些富户、客商中有不仁不义的,动不动就以利滚利的方式收取债
息,或者乘人之危掠夺百姓的田地,致使贫穷的人无法去告发他们,从而使贫
穷人流落为盗匪。如果有这样的事发生,请把这些告诉约长等人,约长等人应
当使那些富户、客商明白,对于不能偿还债息的,劝他们对这些人的债息进行
减免。收取的数量如果超过规定的,应当如数退还。如果仍仗着自己有钱有
势不听从约长等人告示的,那么约长就应当带领同约的人将他们送交官府法
办。第九条规定了亲戚乡邻纠纷解决机制。如亲族邻里间往往有由于一些小
的怨恨而有人去投奔盗匪、伺机报仇、残害善良百姓,甚至酿成大的祸患。从
今以后一切有关斗殴不公平的事,请告示约长等人,由他们主持正义、判断是
非。或者约长听到有关斗殴、不公平等方面的事,应立即耐心地去劝导他们,
仔细地做教育说服工作。如果这样还有人敢于去投奔盗匪胡作非为的,那么
就带领同一乡约的民众,呈送要求官府派兵剿杀他的报告。第十条规定了勾
结盗匪的处理制度。规定官兵百姓等人,如果有在表面上做善良之事,但是背
地里与盗匪勾结,买进牛和马,给盗匪提供情报,把各种利益据为己有,而使成
千上万的百姓遭受祸害的人,约长等人应当带领同一乡约的群众,具体指明各

---

① 参见《南赣乡约》,阳明百科,见 https://www.e - yangming.com/articles/baike/
20190513/83066.html,2022 年 4 月 30 日访问。

种规章条例,如果给予劝告之后还顽固不化的,则可以呈送报告给官府,要求给这些人定罪。第十一条规定了禁止几类人员扰民制度。如吏书、义民、总甲、里长、百长、士兵、机快等人,如果有在乡村骚扰,索取钱财,以此发家致富的人,约长可以带领同一乡约的百姓向官府呈送报告,要求追究这些人的责任。第十二条规定了百姓对改过自新者的守则以及改过自新者本人的自我操守。乡约规定,各村寨的百姓,先前被现在投降的人所困扰,诚然不忍心再说起,但现在既然允许他们悔过自新,百姓占据的他们的土地财产,已经下令要求退还给他们,不能再将以前的不满怀恨在心,从而扰乱地方,约长等人应当时常告诉他们,让他们安守本分,如果有不听从的,那么就向官府呈送报告给他们定罪。那些接受政府招安改过自新的百姓,因为你们有从善的念头,因此免除了以前的罪行。你们应当更严格地要求自己,改过自新,勤于耕织,公平买卖,时时刻刻想到自己和其他善良的百姓一样,不要因为过去的状况,而自甘堕落,自取灭亡。约长等人应时时提醒告示他们,如果有继续走以前胡作非为老路的,报告官府,以便惩罚他们。第十三条规定了红白之事办理规则。男女长大成人,应当看两家情况规定娶亲、嫁人。时常有女方抱怨男方给的聘礼不多的,也有男方抱怨女方添置的嫁妆不多的,从而导致嫁娶之事延期。约长等人应当简洁地告诉百姓,不应只管聘礼、嫁妆的多少,而应视两家情况适时嫁娶。父母逝世,办理丧事,衣、被、棺木的采购,只要真的尽到自己的孝道,根据家里的经济状况而办理。除此之外,有的大作佛事、有的大摆丧宴奏哀乐,耗尽家产,这对逝世的人都没有一点好处。约长等人应简单地告诉本约内的百姓,只要遵照丧礼的规定办理就可以了。如果仍有在办丧事中过分耗费财物的,就要把这些过失全部登记在簿册上,写明这是不孝的行为或表现。

宋明时期的《南赣乡约》也有异曲同工之妙,对于乡风乡俗的培育起到了积极效果,《南赣乡约》是《吕氏乡约》的继承与发展,其规定的内容与体制机制运行更加翔实具体,例如其第十六条内容如下:

第十六条　当会前一日,知约预于约所洒扫、张具于堂,设告谕牌及香案南向。当会日,同约毕至,约赞鸣鼓三,众皆诣香案前序立,北面跪,听约正读告谕毕。约长合众扬言曰:"自今以后,凡我同约之人,祗奉戒谕,齐心合德,同归于善。若有二三其心,阳善阴恶者,神明诛殛。"众皆曰:"若有二三其心,阳善阴恶者,神明诛殛。"皆再拜,兴,以次出会所,分东西立,约正读乡约毕,大声曰:"凡我同盟,务遵乡约。"众皆曰:"是。"乃东西交拜,兴,各以次就位,少者各酌酒于长者三行。知约起,设彰善位于堂上,南向置笔砚,陈彰善簿。约赞鸣鼓三,众皆起。约赞唱:"请举善!"众曰:"是在约史。"约史出就彰善位,扬言曰:"某有某善,某能改某过,请书之,以为同约劝。"约正遍质于众曰:"如何?"众曰:"约史举甚当!"约正乃揖善者进彰善位,东西立。约史复谓众曰:"某所举止是,请各举所知!"众有所知即举,无则曰:"约史所举是矣!"约长副正皆出就彰善位,约史书簿毕,约长举杯扬言曰:"某能为某善,某能改某过,是能修其身也。某能使某族人为某善,改某过,是能齐其家也。使人人若此,风俗焉有不厚?凡我同约,当取以为法!"遂属于其善者。善者亦酌酒酬约长曰:"此岂足为善,乃劳长者过奖,某诚惶怍,敢不益加砥砺,期无负长者之教。"皆饮毕,再拜谢约长,约长答拜,兴,各就位。知约撤彰善之席,酒复三行,知约起,设纠过位于阶下,北向置笔砚,陈纠过簿。约赞鸣鼓三,众皆起。约赞唱:"请纠过!"众曰:"是在约史。"约史就纠过位,扬言曰:"闻某有某过,未敢以为然,姑书之,以俟后图,如何?"约正遍质于众曰:"如何?"众皆曰:"约史必有见。"约正乃揖过者出就纠过位,北向立,约史复遍谓众曰:"某所闻止是,请各言所闻!"众有所闻即言,无则曰:"约史所闻是矣!"于是约长副正皆出就纠过位,东西立,约史书簿毕,约长谓过者曰:"虽然,姑无行罚,惟速改!"过者跪请曰:"某敢不服罪!"自起酌酒跪而饮曰:"敢不速改,重为长者忧!"约正、副、史皆曰:"某等不能早劝谕,使子陷于此,亦安得无罪!"皆酌自罚。过者复跪而请曰:"某既知罪,长者又自以为罚,某敢不即就戮,若许其得以自改,则请长者无饮,某之幸也!"趋后酌酒自罚。约正副咸曰:"子能勇于受责如此,是能迁于善也,某等亦可免于罪矣!"乃释爵。过者再拜,约长揖之,兴,各就位,知约撤纠过席。酒复二行,遂饭。饭毕,约赞起,鸣鼓三,唱:"申戒!"众起,约正中堂立,扬言曰:"呜呼!凡我同约之人,明听申戒,人孰无善,亦孰无恶。为善虽人不知,积之既久,自然善积而不可掩;为恶若不知改,积之既久,必至恶极而不可赦。今有善而为人所彰,固可喜,苟遂以为善而自恃,将日入于恶矣! 有恶而为人所纠,固可愧,苟能悔其恶而自改,将日进于善矣! 然则今日之善者,未可自恃以为善,而今日之恶者,亦岂遂终于恶哉? 凡我同约之人,盍共勉之!"众皆曰:"敢不勉。"乃出席,以次东西序立,交拜,兴,遂退。

整个中国的传统封建王朝奉行一个重要的价值理念,那就是家国理念,家即是国,国就是家,家国不分,家国一体已经成为深入民众精神血液的文化传承,时至今日,新中国在家国价值观方面依然如此,随处可见的路边公益广告牌即是明证。修身、齐家、治国、平天下这是儒家传统道德文化的一体性价值观。在传统的家族法规、宗族道德伦理规范的基础上,发展出了极富地域特色或者民族地方特色、地方习惯习俗或者乡规民约,这些构成了传统中国社会的主要的社会治理资源。

四、传统治理的宗教资源

传统中国是一个严重依赖农业生存发展的国度,农业生产的一个重要特色就是依赖天时地利。"传统中国是在小农经济基础上形成的乡土社会自给自足、男耕女织的生活和生产方式,使得人们对于血缘、地缘等关系网络十分重视并发展出一套礼仪来规范关系的处理方式即民间信仰重要内容之一的祭祀祖先。"①曹书杰在《后稷传说与后稷文化》中对稷祀形成演变的梳理,不仅表明神灵的神圣叙事总是伴随着神圣的宗教祭典,而且表明中国古代一直存在着一个有别于道教和佛教的强大的政治宗教体系和鲜活的民间信仰系统。指出"后稷农业事功、政治经历、身世家事、神异出生、稷祀起源的传说是伴随着不窋强大建国而不断丰富起来的,是伴随着后稷在权利话语的支配下由始祖神而农业神而国家保护神的逐渐确立成为神圣叙事的"②。边思羽认为,

---

① 徐姗娜:《民间信仰与乡村治理——一个社会资本的分析框架》,《东南学术》2009 年第 5 期。

② 曹书杰:《后稷传说与后稷文化》,社会科学文献出版社 2006 年版,第 353 页。

"中国古代社会宗教信仰的核心是'天神崇拜'和'祖神崇拜'"①。对于天神的崇拜以及对于祖先的崇拜在《诗经》多处皆有体现。如在《维天之命》中记载，"维天之命，於穆不已。於乎不显，文王之德之纯。假以溢我，我其收之。骏惠我文王，曾孙笃之"。《昊天有成命》又载，"昊天有成命，而后受之。成王不敢康，夙夜基命宥密。於缉熙，单厥心，肆其靖之"。《思文》载，"思文后稷……陈常于时夏"②。如关于对祖先亡灵的祭祀，《丰年》载，"丰年多黍多稌，亦有高廪，万亿及秭。为酒为醴，烝畀祖妣。以洽百礼，降福孔皆"。又如《有瞽》载，"有瞽有瞽，在周之庭。设业设虡，崇牙树羽。应田县鼓，鞉磬柷圉。既备乃奏，箫管备举。喤喤厥声，肃雍和鸣，先祖是听，我客戾止，永观厥成"③。这些充分说明，对于上天神明以及宗庙祖上鬼神亡灵的祭奠在很早的时候已经成为先民的传统认知。通过对上天天神以及先祖亡灵的祭奠以寻求自保的心理是古人的重要心理基础。这些官方行为同时也成为民间信仰的重要源头与组成部分流传于后世。

在传统社会的中国，各种宗教均有其存在与延续，如敬天敬鬼神的某种原始信仰，到后续的本土道教、印度传入的佛教、伊斯兰世界传入的伊斯兰教以及近代以来传入中国的基督教等宗教，它们在传统中国社会的不同时期对于社会稳定、人心向善、人际关系和谐等方面起到了极为重要的作用。除此之外，各个地方乡村社会也有自己的地方性民间信仰。各种家族性、宗族性宗教相互结合，成为乡民精神寄托与民间信仰的纽带。如福建有些地区的萧姓宗神、吴姓宗神、陈姓宗神等。④ 借助神明力量达到教化目的也是封建社会中的一种常态。如"黄佐曾在《泰泉乡礼》中提出设立乡社的主张，例行告、祷、誓、罚、禳、会六事。这种教化方式显然深受当时民间宗教的影响"⑤。各个时代

---

① 边思羽：《〈诗经〉中所见的宗教观念——以宗庙、农业祭祀诗为考察中心》，《甘肃社会科学》2013 年第 1 期。

② 《诗经》，李青译，北京联合出版公司 2015 年版，第 142—145 页。

③ 《诗经》，李青译，北京联合出版公司 2015 年版，第 145—147 页。

④ 参见徐姗娜：《民间信仰与乡村治理——一个社会资本的分析框架》，《东南学术》2009 年第 5 期。

⑤ 韩玉胜：《"宋明乡约"乡村道德教化展开的历史逻辑》，《伦理学研究》2014 年第 2 期。

关于宗教仪式之记录未曾断绝,如北宋时期的祈雨祭祀。① 元朝时期,无论是在汉族地区还是藏区等边疆地区,佛教对于稳定社会关系,促进民族团结与融合,实现社会治理稳定等方面起到了极为重要的作用。后续封建王朝各个时期,社会上总体上奉行道教、佛教、伊斯兰教,加之近代西方传入的基督教,以及各个区域性宗教信仰、民间信仰对于促进人们内心向善、地区社会稳定、民族关系交融以及乡村民间治理等方面均具有重要价值。各种宗教为不同时期统治者实现社会控制提供了重要工具。与此同时,也成为乡民的一种信仰选择,对于社会关系平衡有其自身的独特价值。

第三节　中国传统乡贤乡村治理与法治实践的主要价值

一、传统乡贤参与下的乡村治理法治实践与农村经济发展

如何客观地评价传统乡绅(乡贤)对于中国经济的影响是一个较为棘手的问题。传统乡贤是中国乡村社会发展的重要力量,他们广泛地存在于乡土之上,对于乡村的道德法制的实施运用以及乡村经济社会发展无疑起着非常重要的作用。这些重要作用表现在:对于维护封建的经济关系的稳定起到了重要作用。除了夏商西周时期的宗法分封制国有制,②自秦汉以来基本进入封建制时代,至明清结束。夏、商、周三代时期均是如此。唐代史学家杜佑和南宋学者马端临说:自黄帝有天下,建万国,禹平九州洪水之后,承唐虞之盛,大会诸侯于塗山,执玉帛者万国。及商汤受命,其能存者三千余国,其与塗山相较已十损其七。周武王伐商之后,定五等之封,凡千七百七十三国,比汤时减少了千三百国。春秋时期,诸侯相并,尚有千二百国。③ 这说明夏商周三代基本上地方与宗主实行的是分封制这样的政治与经济合为一体的治理体制。此外,从夏商周的有关研究中也表明,这一时期并没有大规模的奴隶制的考古

学证据支撑,①在诸侯分封的土地区划范围内,实质上是大量的自由平民耕地占有制,以及与此相一致的通过礼制以及王室敕令、诸侯地域的治理规则。自秦汉建立大一统的封建帝国以后,由于国家庞大与治理能力的不足,才逐步形成"皇权不下县"的国家和地方分治的乡村社会治理格局,在这一空间范围内逐步形成一定的自治。长期以来的封建的土地所有制构成了封建经济的社会基础,而建立在此之上的除了封建王朝以及其地主官僚体系,还有与之共生的乡土士绅阶层。当然,就学界的一些观点来看,认为乡绅作为一个阶层,形成一种阶层力量主要还是明清时期。② 乡绅,是明清时期活跃在乡村中的一个特殊阶层,这个特殊阶层不仅享有政府所赋予的种种特权,而且还以他们自身在政治、经济和文化等方面所具有的种种优势,建立起了对广大乡民的有效控制。士绅阶层在封建王朝时代通常情况下主要是指那些退休官员或赋闲在家的官员、不第士子以及各类乡间文化人群体或者德高望重的久居乡间的商贾名士等,他们大多数不直接参与农业生产,但是在经济上却有一定的资财,包括土地田亩或者其他家资,有一定的经济实力,家庭较为殷实。这些人本质上也是附着于封建的土地生产资料地主所有制基础之上的,他们总体上维护封建的地主阶级土地所有制,但是,由于其具有一定的乡里声望,重视地方个人与家族、宗族声誉,往往能够在与自耕农、半自耕农、佃农、贫农等乡间百姓之间保持一种良性的人际关系,包括在土地租借方面、地租收取方面、荒年赈灾、水利修缮、乡民教育,运用国家封建法制、家族宗族法规、乡规民约等方面对地方治理产生积极效用。易言之,传统乡绅是封建土地地主阶级所有制的积极维护者,对于封建生产关系的稳定发展是有积极意义的。同时,其对于封建宗法制度的延续发展也有重要作用,间接地维护了以封建地主所有制为基础的其他社会经济关系的维系与延续,是长期以来自给自足型自然经济的直接守护者。从总体上来说,传统乡绅(乡贤)是由中国封建制的所有制经济形势所决定的,也与大一统的国家治理结构相辅相成,是乡村社会结构中的特有阶层。"中国的乡族势力为确保自然经济的存在,农业社会秩序的维持,对于生

---

① 参见薛国中:《对夏商周三代社会性质的认识》,《社会科学论坛》2012 年第 2 期。
② 参见岑大利:《中国乡绅史话》,沈阳出版社 2006 年版,第 1 页。

产方面也屡施干涉之手。"①"当然,乡绅这个居于地方领袖地位的社会集团,其成员是良莠不齐、贤愚各异的,因而他们在乡村中所发挥的作用也是优劣不同,差别很大的。"②从整个封建社会长历史时段来看,传统乡绅(乡贤)对于两千多年的封建政治经济体制及其治理效能的展开与延续发展是起着重要的基层纽带作用的,对于基层经济关系的调节以及乡民传统政治社会秩序的维系起着特殊作用。

二、传统乡贤参与下的乡村治理法治实践与农村政治社会稳定

前已述及,从总体上看,传统的乡贤社会治理主要依靠的治理资源除了国家层面的封建宗法法制体系,也包括地域范围内的各种乡规民约、家族宗族法规等传统社会治理规则体系与制度,甚至这些家族、宗族治理制度、乡规民约反而构成了乡绅们乡村社会治理的主体性非正式制度资源,当然,这里的非正式制度资源主要是相对于国家层面的封建法制而言的。通过对各个历史时期的家族法规、宗族法规以及乡规民约的考察,我们知道这些家族法规、宗族制度体系以及构成乡规民约的主要内容体系在主要方面都是贯彻儒家的礼法精神要义的,起主导性条款贯穿着自我道德修养、家庭道德伦理、乡邻道德伦理以及社会道德伦理,在此基础上,有相应的惩罚机制。可以说,儒家文化体系几乎构成了整个封建社会时期的法制传统,礼法相融、儒法贯通、德主刑辅、礼法并治是传统封建社会法制的一大特色,进而这也通过长时期的文化渗透与道德教化洗礼,逐步在乡间社会形成一整套民间的治理系统。自秦汉以来,乡绅基本上是散居于基层社会结构之中,尚未形成一个阶层与明显的群体。但是自"唐宋以来,由于科举制度的确立和士族势力的彻底衰落,社会呈现出日渐平民化的趋势,普通的平民百姓,只要通过读书,在科举考试中获取一定的功名,就可以跻身官僚阶层,成为统治阶级中一员"③。科举制度、捐纳制度、学校制度等制度的实施在更大程度上促进了中国社会逐步形成了规

---

① 傅衣凌:《论乡族势力对于中国封建经济的干涉——中国封建社会长期迟滞的一个探索》,《厦门大学学报》(社会科学版)1961年第3期。

② 岑大利:《中国乡绅史话》,沈阳出版社2006年版,第1页。

③ 郭澜:《官民中介——明清的乡绅及其社会生活》,《历史教学》2001年第6期。

模庞大的乡绅阶层。① 乡绅阶层的形成与发展,对于传统礼法相融的法制体系的乡间运用与实施,以及在此基础上形成的乡规民约的深入发展、家族宗族法规的形成与深入发展甚至包括对乡间诸多习惯性规则、民族习惯法的传承发展等方面起到了极为重要的作用,使得这些治理资源得到了进一步的体系化与系统化,是实现传统乡村社会治理的基本主宰。可以认为,正是由于乡绅们的广泛存在与对传统道德法制的世代相袭,使得封建法制与乡土法制得以深入民间的生产生活之中。这些来自国家的正式制度与非正式制度共同促成了乡村社会秩序的稳定与和谐,促进了乡村社会治理的相对稳定,这也构成了传统中国社会基本的秩序社会图景。

三、传统乡贤参与下的乡村治理法治实践与乡村文化、文明

正如笔者所阐述的,礼制传承下的儒家礼法并重,以德为先、德主刑辅、德法相融的治理传统构成了两千多年来我们封建社会体制之下的社会治理的基本内容格局。作为礼治的源头活水,夏商周流传至后世的周礼文化为传统社会治理奠定了坚实的社会基础,并已经成为传统中国的法文化与儒家思想的法治文明的主导性内容。《礼记》中关于礼治制度的阐述是儒家治国理政,实现传统中国社会治理的奠基性文献。《礼记》(经解二)记载,"礼之于正国也,犹衡之于轻重也,绳墨之于曲直也,规矩之于方圆也。故衡诚县,不可欺以轻重;绳墨诚陈,不可欺以曲直;规矩诚设,不可欺以方圆;君子审礼,不可诬以奸诈。事故隆礼、由礼,谓之有方之士;不隆礼、不由礼,谓之无方之民。敬让之道也。故以奉宗庙则敬,以入朝廷则贵贱有位,以处室家则父子亲、兄弟和,以处乡里则长幼序。孔子曰:'安上治民,莫善于礼。'此之谓也。故朝觐之礼,所以明君臣之义也;聘问之礼,所以使诸侯相尊敬也;丧祭以礼,所以明臣、子之恩也;乡饮酒之礼,所以明长幼之序也;昏姻之礼,所以明男女之别也。夫礼,禁乱之所由生,犹坊止水之所自来也。故以旧坊为无所用而坏之者,必有水败;以旧礼为无所用而去之者,必有乱患。故昏姻之礼废,则夫妇之道苦,而淫辟之罪多矣;乡饮酒之礼废,则长幼之序失,而争斗之狱繁矣;丧祭之礼废,

---

① 参见岑大利:《中国乡绅史话》,沈阳出版社 2006 年版,第 1 页。

则臣、子之恩薄,而倍死忘生者众矣;聘、觐之礼废,则君臣之位失,诸侯之行恶,而倍畔侵陵之败起矣。故礼之教化也微,其止邪也于未形,使人日徙善远罪而不自知也,是以先王隆之也。"①儒家礼治思想在此表现可谓淋漓尽致,从个人修养、家庭和睦、相邻和谐、君臣之礼、诸侯之义、饮食男女婚姻以及丧葬典礼等各个方面均有涉及,应该说是礼治制度的源头思想与制度根基。素有封建时代律法代表性法律典籍的《唐律疏议》,里面总体思想是充分地贯彻了礼法并治、德主刑辅、德法交融的封建法制思想。如"《唐律疏议·名例》中强调:'德礼为政教之本,刑罚为政教之用,犹昏晓阳秋相须而成者也。'这段话强调德礼是行政教化的根本,刑罚是行政教化的表现,德礼和刑罚对行政教化都是不可缺少的,正如早晚相须而成一昼夜,春阳秋阴相须而一岁一样。从《唐律疏议》来看,对唐律的注疏基本上是依据礼而释的,体现出将礼仪道德规范纳入法律的努力以及慎刑恤狱的儒家厚生观念"②。礼治思想以及礼法结合构成了中国传统社会治理的主要制度性渊源。由于长久以来的儒家文化及其价值观的教化熏陶,传统中国的民间社会也已经在生产生活的各个方面渗透着儒家道德伦理的浸染之气,同时,由于儒家道德伦理制度化、法治化的国家法律制度在乡村地区的乡规民约化、地方化转化,使得传统中国的乡村法制得以辗转延续发展并独具民间特色。至唐宋以来,在大一统封建国家治理的乡村社会,乡村士绅逐步成为由原来的分散性存在,在科举制度、捐纳制度以及学校制度等因素的影响之下成为一个庞大的阶层,他们运用儒家道德伦理、礼治规训以及乡规民约、家族宗族法规乃至民间宗教信仰等各类社会资本资源对于乡民实现教化,不但形成了长期的封建社会秩序的和谐稳定,而且创造了独具中国特色的传统乡村文明与乡村文化。传统乡贤在乡村地区运用以儒家文化为主导的价值观及其道德伦常,传承了乡村乃至今日仍然秉承的仁义、忠信、自强、孝敬、诚实、修身齐家、和睦相邻等民间规矩,将"六礼:冠、婚、丧、祭、乡、相见,七教:父子、兄弟、夫妇、君臣、长幼、朋友、宾客,八政:饮食、衣服、事为、异别、度、量、数、制"等儒家文化延续至后世封建王朝。

---

① 戴圣编:《礼记》,刘小沙译,北京联合出版公司2015年版,第95—96页。
② 石志刚:《〈唐律疏议〉的内容及影响》,《书屋》2021年第3期。

第三章　中国农村治理与法治新主体

第一节　新时代中国农村治理与法治建设中诞生的新乡贤

一、新乡贤诞生的时代背景——治理与法治的全球化

（一）全球治理理论及其在我国的形成与发展

前已述及，作为一种国家治理、社会治理的实践，自有社会群体、国家诞生以来就伴随存在，古今中外概莫能外。关于统治与治理，中华治理文化与制度源远流长、博大精深，从周公之礼至孔孟之道儒家治理、老庄道家治理、墨家治理、法家治理等等，可谓在世界历史上独树一帜并历久弥新，成为当代中国国家与社会治理的重要历史渊源，并对世界治理理论与治理实践产生重要影响。作为一种现代的治理理论，在西方社会率先进入资本主义，实现资产阶级的统治以后，有关治理理论得到长足发展，特别是现代社会的治理理论得到了全新的阐述。现代社会的治理理论区别于传统治理理论的主要特色在于：一是现代治理理论建立在民主的基础之上，资产阶级民主事实的确立是现代治理理论赖以存在与发展的基础。这完全区别于传统治理理论的构建基础，传统治理理论的构建基础是封建的专制统治、皇权统治。二是现代治理理论是建立在资产阶级经济的私有制基础之上，资本主义私有制是现代治理理论生存发展的经济基础，资本主义私有制决定了经济上的市场主体地位，在市场经济中奉行个体本位、自由本位以及与此相一致的多元治理实践诉求。三是现代治理理论是建立在以资产阶级利益诉求为主体的多元利益诉求与多元文化之上，而不再是传统的以封建领主、封建地主阶级、皇权专制为主体的相对单一

的利益诉求与文化基础之上。现代治理更加强调民主、自由、人权、博爱、平等、法治等新的价值观,这一点是区别于传统治理理论的思想基础的。四是现代治理的治理方式多样化,不再主要局限于传统治理的单一治理,即国家治理层面。传统治理主要的形式是统治,强调的是国家政治权力的命令与服从体系的稳定性与可控性,更侧重于权威的构建与延续。现代治理一方面继续强调权威;另一方面更加强调与重视多元主体的治理地位,注重多元主体之间的共存与合作、协同,多中心治理成为现代治理的主要趋势与特点。五是现代治理的治理领域与范围更加广泛,内容更加丰富。传统治理主要局限于秩序领域,侧重于维护统治阶级的统治秩序与安全,现代治理不仅局限于秩序与安全等传统领域,其治理还广泛存在于政治、经济、社会、文化、生态文明等各个领域,涉及人民生产生活各个不同方面,其内容更加丰富多样。六是现代治理区别于传统治理的治理工具更加丰富。传统治理在国家层面上主要凭借的是国家法律体系,通过国家法律予以贯彻统治者的意志,在社会层面上通过社会法律体系予以实现公益目的。而现代治理不仅要依靠不同层面的刚性法律,同时也倡导柔性法律与道德体系的协同作用;不仅强调正式的国家规则与社会规则,同时更加重视对社会有调整作用的道德伦理、宗教规则、行业规范、习惯性规则、乡规民约、家族规范、宗族规范等柔性治理方式与工具的全面使用,体现了现代治理较之于传统治理的工具手段的多样化。20 世纪八九十年代以来,西方治理理论得到长足发展并很快传播至国内,在我国由俞可平等学者对之进行全面的解读,进而在国内引起学者们广泛的讨论兴趣,产生了诸多学术成果,使人们对治理有了更加科学的理论认知。进而,我们在国家层面提出了国家治理体系和治理能力现代化的重要命题,这是对治理理论中国化的一种重要发展与现实应用,提出了法治是治国理政的基本方式的重要命题,并发布了依法治国若干问题重大决定。从学术话语到国家政治话语再到学术话语的不断凝练与提升,人们逐步对治理理论有了更加充分的认知,从而在治理实践上得到了理论自觉。可以认为,正是由于全球治理理论及其在我国的传播与发展,进一步催生了我们对治理研究与实践的热忱。在这样的背景下,新乡贤治理受到了各方的重视,无论是学界还是新闻界、政界,大家都对新时代新乡贤参与下的乡村社会治理给予了正面积极的响应与推动。

（二）中国特色社会主义法治理论的形成与发展

中国特色社会主义法治理论的形成与发展经历了一个漫长的过程。从共同纲领到五四宪法，新中国成立初期就在法治方面作出了初步的卓有成效的努力，而后由于"左"的错误以及"文革"的影响，法治陷于停滞状态。改革开放以来，我国法治事业重新焕发生机，特别是 1982 年宪法充分地奠定了新时期发展的基本格局。1988 年宪法确立了私营经济的合法地位、1993 年宪法确立了我国社会发展阶段的定位以及坚持改革开放的基本国策、1999 年宪法将依法治国写进宪法、2004 年宪法将国家尊重与保障人权写进宪法、2018 年宪法修正案将全面推进依法治国作为新时期的法治建设指南。在此过程中，国家的法治建设方针从"有法可依，有法必依，执法必严，违法必究"转向"科学立法，严格执法，公正司法，全民守法"的新阶段，社会主义的法律体系已经建成，以宪法为引领的社会主义法律体系在实践中不断得到发展完善。在这期间，特别是最近几年，"我们在实现社会主义法律体系向法治体系的转变，法治的内涵更加丰富"①。中国特色社会主义法治体系包括"完备的法律规范体系、高效的法治实施体系、严密的法治监督体系、有力的法治保障体系以及完善的党内法规体系，与科学立法、严格执法、公正司法、全民守法的新十六字方针相呼应，与全面从严治党相契合"②。新时期中国特色社会主义法治的主要思想内核包括：一是明确中国特色社会主义法治道路建设的政治方向。二是立足中国国情法治道路建设的几个维度。三是夯实中国特色社会主义法治道路建设的实践根基。国家法治与社会法治齐头并进，法治政府与法治社会并驾齐驱，城市法治与乡村法治协同发展，法治与德治相互融合，法治实施体系刚柔并济。由此，逐步构建起法治国家、法治政府、法治社会，逐步实现国家层面、社会层面、个人层面的全面法治，法治思想、法治方式深入人心，法治社会状态逐步形成。③

---

① 王晨：《习近平法治思想是马克思主义法治理论中国化的新发展新飞跃》，《中国法学》2021 年第 2 期。

② 张德淼、张琼：《中国特色社会主义法治理论的新发展》，《光明日报》2016 年 8 月 17 日。

③ 参见王晨：《习近平法治思想是马克思主义法治理论中国化的新发展新飞跃》，《中国法学》2021 年第 2 期。

　　中国特色社会主义法治所包含的一个重要命题是乡村治理体系与治理能力的现代化,尤其是乡村法治体系与乡村法治的现代化,这是一个中国法治建设的重要组成部分。乡村法治包括的主要内容:一是乡村法治主体的体系化与有序化。乡村法治主体的体系化是指乡村法治主体应该形成体系化的实践主体基本格局,各个法治主体是相应法治规则的主要践行者,是推动乡村法治发展的主要生力军。以党委为引领力量的、乡村社会组织广泛参与的、乡村民众积极实践的法治格局是乡村法治发展的基本体系,基层党组织的领导是乡村法治发展的秩序保证。乡村各类治理主体的法律定位、法律主体资格、法律行为能力范围、各类主体的法律行动机制以及可能涉及的各类治理主体的法律权利义务与责任设定均是乡村治理法治化主体体系建设的基本方面。二是乡村法治内容的多样性、丰富性。乡村法治内容丰富,几乎包括了乡村的政治、经济、社会、文化、生态文明、精神文明建设等各个方面。前已述及,乡村的治理与乡村的发展,涉及乡村民众生产生活事无巨细的所有方面,在各个方面提供基本的制度供给是乡村法治的核心内容。乡村法治对于乡村经济社会发展、乡村文化建设、乡村生态文明构建与完善、乡村精神文明、乡村各项公益事业的推进等方面起着举足轻重的重要作用,以法治引领乡村振兴是乡村新时期发展的根本道路与基本路径。三是乡村法治规则的多维性与系统化。乡村法制不仅包括国家法制在乡村地区的具体落实,也包括乡村自有的调整乡村社会关系的地方性习惯性规则、乡规民约及其体系化、系统化的民间规则。四是乡村法律责任主体的多元化。既然乡村法治的开展需要多元主体的协力推进,乡村法治的最终责任主体也是包含乡村领导者在内的、多元主体参与的乡村民众。各类乡村治理主体在法律上制度上以及乡村各类准法律规范上应该承担怎样的法律责任或者准法律责任,也是乡村法治化治理体系的重要内容之一。

　　在推进乡村振兴的新时期,全面激发各类主体的乡村治理与发展的积极性是当务之急。通过一系列法治制度的构建与完善,持续推进乡村治理、乡村发展、乡村和谐稳定是实现乡村振兴的主要内容。中国特色社会主义法治理论的形成与发展对于乡村法治实践的推进与发展起到了重要的指导作用。乡村地区的法治建设、法律治理是社会主义法治建设的重要内容,没有农村的法治就没有全国的法治。很显然,乡村振兴战略中首要的问题是乡村法治的振兴,只有通过法治的手段将乡村中的各种人力的要素、资源的要素、技术的要素、组织的要素等各种要素有效地组织起来,才能够全方位地、有效地调动与发挥乡村振兴的全面力量与所有积极要素,爆发出乡村振兴持久澎湃的发展动力。正因如此,可以认为通过乡村法治的振兴引领乡村经济社会发展全面进步是乡村振兴战略得以实现的关键一步。这一点正是推进新乡贤乡村治理活动的基本背景。正是在总体上的国家法治背景之下,我们着眼于乡村法治的长远发展,通过对乡村各类社会组织的考察,找出乡村法治发展的基本动力,明确乡村法治发展的基本路径,乡村法治发展的主要领导者、依靠者,乡村法治发展为了谁、依靠谁等重要的基本命题。探求新时期乡村法治发展各类主体的现实状况,摸清乡村法治发展的现实资源,探求各类主体乡村法治建设的优缺点,有助于弄清乡村法治发展的主要局限与问题,找出乡村法治发展的主要路径与障碍克服。

二、新乡贤诞生与成长的实践基础

(一)传统乡贤治理与法治传统的延续

正如前文所述,我国传统乡贤治理源远流长,可以追溯至夏商周时期,在大一统的封建王朝时代的不同时期得到了不同程度的发展,特别是在唐宋科举制度以后,乡贤逐步成为社会层面上的一个阶层而存在,并在郡县层面起到了重要的基层社会治理效用。传统中国是一个严重依赖农业生存发展的国家,工商业不发达,以农业、农居为主要特色的乡村文明是传统中国文明的重要发源。附着于农耕文明之上的儒家文化及其价值观是铸就传统乡贤文化的思想文化根基,儒家文化及其价值观深度地契合了传统的农耕文明,并对我国长期以来的社会发展、人文交往、社会生活各个层面产生深远影响,已经成为中国人的一种思维形式与行为方式,渗入到了人们的精神世界与世俗行为中。唐宋以来的科举制度以及捐税制度等制度模式在政治制度层面上塑造了一个庞大的乡贤阶层,他们有的是蛰居于乡村的各类文化名流、有的是返乡的儒家官员、有的是德高望重的乡村老者,在广大乡村通过自己的嘉言懿行垂范乡里,教化乡民,浸染乡村民俗,实现一方平安与一方风俗人情,对于维护地方与乡村社会秩序,倡导乡风乡俗,规范乡民的各类行为起到了一定的作用。

在长期的乡村治理实践中,他们运用儒家、道家、法家等传统的礼法之治,将传统文化的精华传承于乡村治理的实践之中,特别是将中华法系的法律制度与传统的儒家道德伦理规范实现相互融合与在乡村的创造性转化,将之演化为适应各地乡村社会发展的乡规民俗,进而有效地使用与推行在乡民之间,以乡民易于接受的形式得到广泛流传与遵守,逐步造就了乡村社会的德法秩序。可以这样认为,正是由于我国特有的道德文化礼俗以及独树一帜的中国传统法制体系,才成就了中国传统社会的治理实践。自古以来,人们普遍认为"郡县治,则天下安",郡县以下社会秩序是否稳定直接关系到整个国家的长治久安,乡村社会的稳定被历朝历代视为统治稳固的基础。我国刑民合一、诸法合体、德主刑辅、礼法相融的法制传统及其构成的法律体系是传统乡村社会关系稳定维系的主要制度资源。正是我们拥有的极为丰富的传统法律制度资源,构成了传统乡贤实现乡村社会治理的基本工具,除此之外,家族法规、宗族教义、道德伦理规范、传统宗族规则、地方性习惯规则、乡规民约等共同构成了乡村社会治理的主要制度性资源凭借。中华法系历来注重德法相融、公序良俗,以及优秀的传统制度资源的传承,所有这些构成了新时代中国乡村社会治理的主要制度与文化资源的深厚渊源。党的十八大以来,习近平总书记在领导全面依法治国的伟大实践中,提出一系列法治新理念、新思想、新战略,形成了习近平法治思想。习近平法治思想始终坚持运用马克思主义的基本立场、观点与方法来分析认识法治问题,提出法治国家、法治政府与法治社会一体建设的最新论断,指出应植根于中华优秀传统法律文化,借鉴人类法治文明有益成果,以发展与完善当前的法治建设。习近平总书记特别强调优秀传统文化,尤其是优秀的传统法治文化对当今社会治理的借鉴作用。正是在这种情形下,我们在传统乡贤社会治理的层面上,将之治理手段——传统法制体系及其文化与传统的道德伦理规范之延续作为现代乡贤治理的源头活水予以重新审视。现代乡贤的治理与治理资源的效用并不是凭空产生,而是建立在深厚的历史传统之上,因而,对传统乡贤社会治理及其治理资源的简要回顾与分析,恰是对新乡贤乡村治理的背景交代。

（二）全国各地农村地区新乡贤治理与法治实践

最近几年来,新乡贤治理与法治实践在全国各地得到了迅猛发展,社会各界与相关方面对新乡贤乡村社会治理很显然寄予了厚望。尤其是在国家层面颁布实施《乡村振兴促进法》以来,如何有效地整合乡村资源,特别是乡村的人力资源,实现人才振兴已经成为实现与推进乡村振兴的核心与关键。《乡村振兴促进法》第二条明确规定,全面实施乡村振兴战略,开展促进乡村产业振兴、人才振兴、文化振兴、生态振兴、组织振兴……①但是归根到底还是人才振兴,没有人才,涉及乡村其他方面的所有振兴与发展就无从谈起。正是在这个意义上,乡村社会发展与治理问题要从人才入手,如何培育人才、发展人才、留住人才,让各类有志于乡村振兴与发展的人才心系乡村、服务乡村、发展乡村,这是我们需要解决的当务之急。最近几年来,社会各界特别关注新乡贤问题,本质上也是关注乡村振兴的人才问题,"新乡贤实质上就是指有志于乡村社会发展的各类贤人,能不能将这些贤人发掘出来,培养出来,组织起来,用起来,这是事关乡村经济社会发展的关键一招"②。目前的情况是,农村人口在主要方面呈现的状态依然是向城市大规模转移,甚至是体现为多发性的、多点多面性的跨区域迁徙流动,这一持续性乡村人口流动状态在一定意义上正在逐步瓦解传统农村社会的经济结构,同时对几千年以来农业社会所形成的以血缘和地缘关系为基础的文化共同体的存续构成重大挑战。包括农村青壮年、有知识技能的劳动力和文化能人、技术能人等在内的农村各阶层成为最先迁入城市的主体人群。由于这种状况的持续存在,导致了乡村社会赖以发展的极为重要的人力资源游离了乡土社会,这无疑会对乡村社会的长远发展形成重大障碍。③要解决乡村振兴问题,就要解决乡村发展的瓶颈,乡村发展的瓶颈关键还是人才,其次是各类有形与无形的资源。新乡贤在广义上主要就

---

①　《乡村振兴促进法》(2021)第二条规定,"全面实施乡村振兴战略,开展促进乡村产业振兴、人才振兴、文化振兴、生态振兴、组织振兴,推进城乡融合发展等活动,适用本法"。

②　熊建平:《充分发挥新乡贤作用破解乡村振兴人才瓶颈——天台县平桥镇下王村蹲点调研报告》,《浙江日报》2018年7月13日;朱玲巧:《杜桥:共富路上的乡贤力量》,《台州日报》2021年8月10日。

③　参见傅love武、岳楠:《村庄文化和经济共同体的协同共建:振兴乡村的内生动力》,《中国文化产业评论》2017年第2期。

是指乡村地区的各类人才,他们心系桑梓,对乡村充满感情,对农民充满感情,对农业有感情,如果能够有效调动各类关心乡村社会发展的人力资源,何愁乡村不发展? 从最近几年各地新乡贤治理实践活动来看,发现新乡贤、培育新乡贤、重组新乡贤已经成为乡村经济社会发展与乡村振兴的主要考量。在全国很多乡村,形成了各具特色的新乡贤治理活动实践模式,它们在各个不同层面推动了乡村社会的治理与发展,对于促进乡村振兴、产业兴旺、生态宜居、乡风文明、有效治理、富裕生活,以及推进农村经济建设、政治建设、文化建设、社会建设、生态文明建设和党的建设,保障农产品供给和粮食安全、保护生态环境、传承发展中华优秀传统文化等方面的特有功能,起到了极为重要的作用。

新乡贤治理实践区别于传统乡贤治理实践的一个重要特色是逐步走向组织化、制度化、法治化道路。全国各地新乡贤治理在实践层面有的推出了新乡贤治理的省级政策文件,如浙江省委、省政府高度重视新乡贤工作。浙江省委十四届六次全会作出推动科技进乡村、资金进乡村、青年回农村、乡贤回农村的重要工作部署;浙江省委十四届七次全会作出的决议中,明确提出落实"两进两回"的长效机制,进一步引贤引智,通过各种渠道创造新乡贤回归创业发展的优越条件,不断完善促进新乡贤治理与发展制度与机制,使之成为重要窗口建设的内容。2022 年浙江省新乡贤工作推进会在台州召开,会议以振兴新乡贤文化、振兴乡村经济、完善乡村治理、促进乡村社会和谐为主题。又如广西壮族自治区在乡贤治理方面也有重要举措。广西壮族自治区根据《中共广西壮族自治区委员会关于实施乡村振兴战略的决定》(桂发〔2018〕7 号)、《自治区党委办公厅、自治区人民政府办公厅关于印发〈广西壮族自治区农村人居环境整治三年行动实施方案(2018—2020 年)〉的通知》(桂办发〔2018〕37号)、《自治区党委办公厅、自治区人民政府办公厅关于印发〈广西乡村风貌提升三年行动方案〉的通知》(桂办发〔2018〕39 号)精神,制定了《广西乡村风貌提升三年行动厅际联席会议办公室关于印发加快培育乡村新乡贤理事会发挥新乡贤引领示范作用助力乡村风貌提升的指导意见的通知》(桂建村镇〔2019〕28 号),提出在整个自治区乡村建设发展过程中重视新乡贤培育及发挥新乡贤的重要作用。其他地方在市级层面、县级层面等各方面也有发展新乡贤的诸多举措。如宝鸡市在市级层面推进乡贤评选活动,为切实加强评选活动的规范化、制度化,特成立宝鸡市"新乡贤"评选活动组委会。组委会成员由宝鸡市相关部门领导组成。在评选标准、评选程序、学习宣传、工作要求等各个方面制定了相应的文件,促进了当地新乡贤的发掘与相关治理活动的有序展开。又如息烽县在关于新乡贤治理方面也作了制度化举措,制定了《中共息烽县委关于开展"新乡贤回归工程"助力乡村振兴的实施意见(试行)》(息党发〔2020〕11号)文件,提出了有关新乡贤治理的指导思想、工作目标、构建组织机构与运行机制等,主要包括:设立乡贤会;开展荐评推选;实行退出机制。建立新乡贤动态管理机制,主要包括:建立新乡贤"人才库";建立新乡贤"智慧库"。搭建新乡贤作用发挥平台,主要有:搭建产业发展平台;搭建生态引领平台;搭建文明共创平台;搭建乡村治理平台;搭建致富带动平台。实施"新乡贤回归工程"激励措施,主要包括:强化政治引领与政治吸纳;实施安居保障;实施医疗保障;实施返乡大学生创业就业资助;实施投资兴业资助;实施科研、科技创新成果转化资助;实施人才服务保障。强化组织保障,主要措施有:强化组织协调;强化工作保障;强化工作推进。简言之,全国各个省、自治区、各个县市、乡镇都在不同程度地因地制宜推进新乡贤的治理工作,都在各地基层治理实践的基础上推进本地的新乡贤制度化、法治化、规则化治理,制定了相应的制度化措施。各地新乡贤治理实践活动在新时代乡村振兴的主背景下,刚刚拉开序幕,不同地区的新乡贤治理模式与发展形式正好为我们创造性开展研究以及实现制度创新提供不同的实践素材。

(三)历年中央一号文件在政策制度上的重视

2015年中央一号文件提出创新乡贤文化,弘扬善行义举,以乡情乡愁为纽带吸引和凝聚各方人士支持家乡建设,传承乡村文明。第一次明确在中央文件中肯定新乡贤文化的重要价值与意义,即新乡贤文化对于传承优秀传统文化、传承乡村文明具有重要意义,通过乡情乡愁以吸引新乡贤回乡创业投资发展,投身于家乡社会治理、乡村公共事业等。2016年中央一号文件突出深化农村精神文明建设,发展新乡贤文化。在文件中进一步肯定了发展新乡贤文化的价值,以及新乡贤文化对于乡村精神文明的重要性,通过弘扬新乡贤文化以促进乡村的精神文明建设与发展是一条重要路径。2017年中央一号文件也明确指出,培育与社会主义核心价值观相契合、与社会主义新农村建设相适应的优良家风、文明乡风和新乡贤文化。再一次提出新乡贤文化的重要性,并将之与优秀家风、文明乡风相联系,提出要创造与社会主义核心价值观相契合,有利于促进社会主义新农村建设的新乡贤文化。由此可见,中央对新乡贤文化及其实践的认知在不断深化与拓展,并在乡村政策上进行了持续性完善。《"十三五"规划纲要》中,在"加快建设美丽宜居乡村"一节里有这样的表述,培育文明乡风、优良家风、新乡贤文化。2018 年中央一号文件也提出"积极发挥新乡贤作用"。从先前的新乡贤文化到积极发挥新乡贤的作用,实现了认知上的重大进展。易言之,从 2015 年至 2018 年连续四年中央一号文件对新乡贤的有关表述中可以看出,中央在加强农村建设过程中已经注意了在新时代乡村振兴的主背景下,有效组织新乡贤在乡村社会治理与文化传承中的重要意义与价值,特别是提到了发挥新乡贤优秀文化的特殊重要意义。其基本轨迹与思路是要通过创新新乡贤文化,不断弘扬新乡贤的善行义举、嘉言懿行,以乡愁乡情桑梓情怀为基本纽带广泛吸引和凝聚社会各方贤德人士,将他们的资源优势予以有效聚集,以促进家乡的治理与社会发展,进而带动传承乡村文明。此外,中央认识到,新乡贤文化的弘扬对于社会主义核心价值观的传承是完全契合的,新乡贤由于既继承了传统的优秀文化价值观及其道德伦常,又对新时代社会主义核心价值观深刻认同,因此,从文化视角观之,新乡贤文化意蕴对于促进社会主义核心价值观的发扬光大,对于社会主义核心价值观的农村教育,使之为广大人民群众所知晓与践行,是有极为重要的价值的。传统的优良家风、村庄的文明乡风与新乡贤文化的诞生发展一脉相承,都属于社会主义先进文化的组成部分,应该大力加以弘扬。正是在此基础上,通过弘扬新乡贤的文化,弘扬新乡贤的嘉言懿行、善行义举,从而在各个层面发掘出新乡贤的多方面深层次价值,进而在 2018 年中央一号文件中提出要积极发挥新乡贤的作用。可见,中央对新乡贤作用的认识是一个循序渐进的过程,主要是从新乡贤的文化功能入手,全面认可了新乡贤在乡村经济社会发展中的作用。这经历了一个实践的过程。中央历年一号文件本质上把握了乡村振兴发展的核心关键在人才资源的合理整合与运用。从历史的维度看,乡贤在乡村地区广泛存在并曾经对中国乡村社会稳定发展确实起到过积极的效用,由于改革开放的纵深发展,乡村地区出现了新的状况,在经济上各种乡村经济形式与结构并存,利益结构出现多元化发展态势,政治上以基层民主自治为根基的村委会出现不同程度的自治性不足的状况,乡村人口结构由于城乡二元化结构未从根本上改变,总体上呈现为空壳化现象,乡村人口向城市人口的短期性单向流动不会逆转,农业税费改革以后作为基层政权的乡镇政权从乡村治理空间与程度上出现一定的收缩,这就需要在新时代乡村振兴的背景下重新考量如何调动有利于农村社会发展的一切有利因素,特别是人力资源因素,以人民为中心,依靠人民的发展理念是解决乡村经济社会发展的根本道路。乡村经济社会发展,需要基层党委在面临新问题新形势的背景之下整合各类人才资源,推进新时代的农村社会治理。新乡贤无疑成为新时代乡村整合人力资源的重要方面,整合新乡贤的各类资源,聚合乡村的各类资源要素,是新时代实现乡村振兴的必由之路。

三、新乡贤诞生成长的理论基础

(一)新闻界、学术界等对新乡贤报道与研究呈现较高热情

当前,新闻界与学术界对新乡贤的报道与研究呈现出较高的热情。新闻界有关新乡贤的主要报道包括:一是涉及新乡贤治理实践的各地、各个领域的新闻报道;这些新闻报道对于新乡贤治理实践进行了广泛传播,涉及新乡贤乡村治理的诸多方面,内容丰富,涉及地域广泛。主要内容集中于新乡贤文化方面的报道。如张杰、彭竹兵(2015)"乡贤文化的时代价值、落地生根"[1],王小梅(2016)"新乡贤文化与新农村建设"[2],湖南日报评论员(2016)"重塑乡贤文化"[3],赵德明(2016)"培育新乡贤文化要处理好'四大关系'"[4],宋贝贝(2016)"让新乡贤提升县域文化软实力"[5],肖擎(2016)"释放新乡贤文化的

---

[1]　张杰、彭竹兵:《让新乡贤文化香起来,激励更多的人见贤思齐,崇德向善,建功立业》,《云南日报》2015 年 6 月 10 日。

[2]　王小梅:《新乡贤文化与新农村建设贵州学者畅谈乡贤文化的现代价值》,《贵州日报》2016 年 6 月 3 日。

[3]　湖南日报评论员:《重塑乡贤文化》,《湖南日报》2016 年 6 月 13 日。

[4]　赵德明:《培育新乡贤文化要处理好"四大关系"》,《重庆日报》2016 年 6 月 16 日。

[5]　宋贝贝:《让新乡贤提升县域文化软实力》,《陕西日报》2016 年 9 月 26 日。

正能量"①。黄燕玲(2018)指出,"新乡贤文化助力乡村振兴表现在:有利于乡村自治、法治、德治顺利开展;产业振兴,扩大基层党的执政基础;乡村文化传承与法治传承"②。宋红锦(2020)"培育弘扬新乡贤文化推动新时代乡村振兴"③,季晨辰等(2021)"赓续乡贤文化传统,凝聚乡贤力量,激活乡贤资源——乡村振兴乡贤助力"④,王朝阳(2021)用"乡贤文化"涵养乡风文明。⑤二是涉及新乡贤体制机制、制度建设方面的报道。如吴铭(2014)"新乡贤的制度基础"⑥,程正龙(2017)"乡贤评理堂平台或机制创新,为新乡贤参与乡村治理创造良好的条件,激发出新农村建设无限的生机与活力"⑦。三是有关新乡贤作用、价值、功能方面的报道。如张清俐、黄丽华、陆霞(2015)"发挥优秀村官新乡贤引领作用"⑧,许思文(2017、2018)指出,"赣榆县发挥新乡贤的乡村治理的桥梁作用、智库作用、榜样作用,助力基层社会治理,探索乡村复兴建设,引领乡村精神文明"⑨。熊建平(2018)认为,"1.农村新乡贤人才是助力产业振兴的重要力量。应优先发展新乡贤主导产业,形成有利于乡贤回归的政策环境和社会氛围。2.农村新乡贤人才是推进乡村治理的重要队伍。'乡贤联谊会'、'民主协商会',全面推行重大事项民主协商,'三环五步法',有力推动农村基层社会治理规范化发展。3.新乡贤人才是提升基层组织能力

---

① 肖擎:《释放新乡贤文化的正能量》,《湖北日报》2016 年 12 月 19 日。

② 黄燕玲:《"新乡贤"文化助力乡村振兴》,《湖南日报》2018 年 7 月 24 日。

③ 宋红锦:《培育弘扬新乡贤文化推动新时代乡村振兴》,《新乡日报》2020 年 11 月 14 日。

④ 季晨辰等:《赓续乡贤文化传统,凝聚乡贤力量,激活乡贤资源——乡村振兴乡贤助力》,《马鞍山日报》2021 年 7 月 14 日。

⑤ 王朝阳:《杨陵区:用"乡贤文化"涵养乡风文明》,《农业科技报》2021 年 8 月 16 日。其他如潘立峰、余彩龙、杨琴:《发挥好新乡贤文化的积极作用——以浙江省绍兴市上虞区为例》,《中国乡村发现》2021 年第 3 期。

⑥ 吴铭:《新乡贤的制度基础》,《21 世纪经济报道》2014 年 9 月 18 日。

⑦ 程正龙:《为永川"乡贤评理堂"点赞》,《重庆日报》2017 年 9 月 15 日。

⑧ 张清俐、黄丽华、陆霞:《发挥优秀村官新乡贤引领作用》,《南通日报》2015 年 12 月 7 日。

⑨ 许思文:《凝聚乡贤力量推动乡村复兴》,《新华日报》2017 年 9 月 27 日;许思文:《以文化暖人心顺人心聚人心》,《新华日报》2018 年 5 月 8 日;许思文:《新乡贤文化建设的赣榆实践》,《中国县域经济报》2018 年 5 月 17 日;许思文:《凝聚乡贤力量助推乡村振兴》,《学习时报》2018 年 6 月 8 日。

的重要来源"①。四是有关新乡贤治理的综合报道。如姜亦炜指出,"文化基因奠定新乡贤组织参与乡村治理的社会基础,新乡贤治理活动中需处理好三对关系:分别是乡贤治村与村民自治之间的关系;传统伦理与现代治理之间的关系;精英式协商与大众式协商之间的关系。提升新乡贤组织参与能力是乡贤治理的重要方面,应建立健全新乡贤的组织架构,规范其运行机制。建立起以新乡贤组织为依托的多层次基层协商格局,建立起政治、经济、文化多管齐下的保育乡贤机制"②。五是有关新乡贤关于治理现代化、共同富裕、乡村振兴的报道。如汪莹(2019)"为治理现代化激活新乡贤力量"③,朱玲巧(2021)"杜桥:共富路上的乡贤力量"④。这些报道为我们了解全国各地新乡贤及其治理活动提供了鲜活素材,同时这些报道在一定程度上也总结了各地乡村治理实践中新乡贤参与乡村治理的各种做法与经验、提炼了一些问题,为进一步寻求新乡贤健康发展,促进新乡贤乡村治理的创新性发展提供了充实的经验事实。各地新乡贤的治理实践状况表明,新乡贤治理在乡村经济、乡村政治、乡村法治、乡村文化发展、乡村生态建设以及乡村社会发展等各个方面产生了正面的、多方面的、全方位的积极有益的成果与创新。新乡贤参与乡村治理的现实价值得到了充分的彰显,作用得到了较大程度的发挥,对乡村建设发展、对新时代乡村振兴确实产生了积极的影响。这些也说明,党和国家推进乡村振兴侧重于推进人才振兴,通过实现人才振兴推动乡村经济社会发展全面振兴的顶层设计是切实可行的,也契合了乡村经济社会发展的现实状况与未来发展趋势。

涉及新乡贤的学术研究也正在兴起,这些研究主要集中在:一是涉及新乡贤的价值、功能、作用等方面的研究。如胡蓉、李惊涛(2016)提出,"新乡贤对于中华文化的复兴与传承,构建多元主体参与有序的制度,推进法治,构建起

---

① 熊建平:《充分发挥新乡贤作用破解乡村振兴人才瓶颈——天台县平桥镇下王村蹲点调研报告》,《浙江日报》2018 年 7 月 13 日。其他如李晓雯:《激活乡贤资源助力乡村振兴——我市创新开展以"乡贤会""三贤馆"为载体的乡村振兴"归雁工程"》,《晋中日报》2021 年 11 月 18 日。

② 姜亦炜:《新乡贤组织助推乡村振兴》,《中国社会科学报》2018 年 9 月 12 日。

③ 汪莹:《为治理现代化激活新乡贤力量》,《嘉兴日报》2019 年 12 月 2 日。

④ 朱玲巧:《杜桥:共富路上的乡贤力量》,《台州日报》2021 年 8 月 10 日。

内生型经济社会发展均有重要价值"①。菅从进(2016)指出,"新乡贤的制度性出场,可以为乡村用法力量的良性成长带来诸多积极的影响。它可以促进乡村社会公务性用法力量整体上向乡村自身的内生性力量发展,并形成一支社会认同性高、法律素质和运用技能较高的村民用法队伍;同时,它还对村民私人公益性用法和纯私人性用法的良性发展有积极提升作用"②。张兆成、李美静(2016)指出,"新乡贤的制度性出场正当其时,并应成为乡村治理的新路径"③。刘广登(2016)指出,"新乡贤制度的出场,不仅凸显了强化乡规民约内生性和针对性的必要性,并在一定程度上为问题的解决提供了更具内生性的、新的主体力量和机制"④。赵春(2018)指出,"在新时代乡村振兴战略中,乡贤是完善基层社会治理体系的重要力量,对教化乡民、泽被乡里、温暖故土……是富民县乡村治理主题"⑤。潘溪、徐永伟(2018)指出,"新乡贤具有时代价值,主要体现在:有利于农村社会资源再整合,沟通农村与现代社会,提高村民的法治素质,具备独特的法治价值。如立法咨询员、普法宣传员、矛盾调解员、法律服务员、依法治理员"⑥。杜何琪(2020)从国家视角分析了新乡贤产生与发展的基本逻辑,认为新乡贤参与乡村治理是为了弥补村干部治理失效而出现的一种补充方式,其目的在于更加有效地承接行政任务、促进政策落实、化解干群矛盾,在这个意义上而言,新乡贤是代理人的代理人。⑦ 二是涉及新乡贤文化的研究,包括新乡贤文化的价值、效用、功能等方面。如伍先禄(2017)指出,"美丽乡村建设需要培育新乡贤文化。新乡贤不仅是道德模

---

① 胡蓉、李惊涛:《乡村治理新思考:新乡贤的回归》,《人口·社会·法制研究》2016年第2期。

② 菅从进:《新乡贤与乡村用法力量的系统提升——以江苏省丰县梁寨镇为例》,《民间法》2016年第2期。

③ 张兆成、李美静:《论新乡贤的出场与乡村治理新路径——基于法政治学视角下的考察》,《民间法》2016年第2期。

④ 刘广登:《新乡贤与乡规民约的良性构建》,《民间法》2016年第1期。

⑤ 赵春:《培育乡贤助推富民乡村治理》,《实践与跨越》2018年第1期。

⑥ 潘溪、徐永伟:《新乡贤:时代特征与法治价值》,《原道》2018年第1期。

⑦ 参见杜何琪:《"代理人"的代理人:新乡贤的兴起、组织与功能——基于国家政权建设的视角》,《复旦政治学评论》2020年第1期。

范和价值观的引导者……让美丽乡村价值有引领、操守有规范"①。马爱菊（2017）认为，"在现代乡村治理过程中，乡贤文化积极推进基层治理法治化和乡村治理现代化，在国家治理和社会稳定方面发挥着不可替代的作用。要继承和发扬乡贤文化，将其作为完善乡村治理、引领道德风尚、涵育社会主义核心价值观的助推器"②。苗永泉、高秀伟（2019）提出，实现传统乡贤文化的创造性转化、创新性发展，一方面需要传承和弘扬"居乡则立德立功、造福乡民，在外则不忘乡亲、回报家乡"的乡贤精神；另一方面则需要根据社会条件，顺应新的时代要求，赋予乡贤文化以新的内容和形式，并加以转化提升。③ 傅守祥（2019）认为，"创新发展新乡贤文化，有助于建设具有强大凝聚力的社会主义意识形态，使全体人民在理想信念、价值理念……集体主义教育落到实处"④。三是涉及新乡贤制度、体制、机制方面的研究。如张鸣年（2018）认为，应加强各类机制建设，主要包括"回归的动力机制；乡土资源整理挖掘机制；乡土教育渗入机制；独特的宣传机制；保障机制；完善城乡一体的社保机制；完善乡村医卫工作机制；完善安居机制等"⑤。符登霞（2018）认为，新乡贤组织及其治理对和谐、法治新农村建设目标的实现有很大推动作用，为实现与农村治理工作的有效融合，可以通过建设并完善有效组织、挖掘乡贤资源与影响力、推动基层党组织和乡贤结合进程等途径去实现。⑥ 王韬（2019）认为，"新乡贤参与治理，以基层善治为目标，以乡贤参事会、乡贤协会、乡贤帮忙团、乡贤调解团等新乡贤组织为平台，以自治、法治、德治'三治合一'为途径，以自治凸显人民主体地位，以法治外化于行，以德治内化于心，极大地丰富了基层民主自治实践"⑦。四是涉及新乡贤的个案实证研究。如郭俊红、刘文娟（2019）通过个案分析，

---

① 伍先禄：《在美丽乡村建设中培育新乡贤文化》，《中国乡村发现》2017 年第 3 期。

② 马爱菊：《乡贤文化构建与现代乡村治理》，《信访与社会矛盾问题研究》2017 年第 4 期。

③ 参见苗永泉、高秀伟：《乡贤文化自觉与传统乡贤文化的创造性转化、创新性发展》，《中华文化与传播研究》2019 年第 1 期。

④ 傅守祥：《乡村振兴视野中的温州乡贤文化创新发展》，《创意城市学刊》2019 年第 3 期。

⑤ 张鸣年：《新乡贤回归机制的建立健全》，《中国乡村发现》2018 年第 3 期。

⑥ 参见符登霞：《新乡贤在乡村治理中的伦理价值及其实现路径分析》，《2018 年教师教育能力建设研究专题研讨会论文集》，2018 年，第 1322—1324 页。

⑦ 王韬：《新时代"枫桥经验"与基层善治体系创新——基于新乡贤参与治理视角》，《创意城市学刊》2019 年第 2 期。

指出了新乡贤的文化参与及社会认同的重要性。①　金灿(2019)指出,新乡贤参与旅游扶贫的方式主要有"投资入股农业合作社""旅游公司投资者""作为村干部协调扶贫工作""景区创业或者工作"四种模式。②

　　从学界对于新乡贤的研究现状来看,主要研究特色表现在如下几个方面:一是从文化视角对新乡贤产生的机理进行了深入挖掘。文化视角是新乡贤诞生发展的历史与现实逻辑,新乡贤文化与治理的实践从某种意义上说,既是中华优秀传统乡贤文化及其治理实践的延续与拓展,更加突出的是它表达了新时代乡村各地对于这种文化的向往回归及其现实的客观需求。新乡贤最大的特色之一就是蕴含在文化之中,新乡贤治理实践活动也需要从文化层面多层次展开,这从各地新乡贤及其文化传承与当今发展现实得以充分证实。新乡贤治理蕴含在文化之中,是避免一阵风,使其能够得以发展长久的根本之道。二是对新乡贤在农村治理中的价值、功能、作用等进行了详细阐述。新乡贤在乡村振兴的时代背景下,在乡村治理的各个层面,涉及政治的、经济的、法治的、社会的、文化的以及生态文明建设的诸多方面。充分发掘新乡贤在乡村治理中的凝心聚力作用,对于稳定乡村秩序,促进乡村和谐,振兴乡村经济,改善乡村环境,提高农村群众的幸福感、获得感是极为必要的现实路径。在基层党的组织领导之下,实现以基层村民委员会、新乡贤组织等乡村社会组织以及村民全面参与下的乡村治理,以自治为基,以法治与德治相结合的"三治合一"治理体系是农村社会治理的创新之举。三是已经注意到对新乡贤发挥治理效用的外部环境的考察,注意了构建适应新乡贤乡村治理发展的体制、机制与制度研究。新乡贤治理如果要发挥长久性、持续性作用,就必须走制度化道路,构建适合新乡贤发挥作用的外部与内部的体制与运行机制,以及与此相适应的具体制度形式。学界在这方面已经有了一些研究与探讨,这些研究与探讨对于进一步加深对新乡贤乡村治理的制度创新与发展有参考价值,是展开深化研究的重要基础。四是注重了新乡贤与乡村治理的基础理论问题研究。将

---

①　参见郭俊红、刘文娟:《乡村振兴视域下新乡贤的文化参与及社会认同——以山西晋中白燕村为考察对象》,《中华文化与传播研究》2019 年第 1 期。

②　参见金灿:《能者归来——新乡贤参与赣南地区旅游扶贫的动机与模式》,《中华文化与传播研究》2019 年第 1 期。

新乡贤治理与治理的基础理论、善治理论、法治理论、多中心治理理论以及我国传统的治理思想相结合,多视角、多层面、实证化进行分析解读新乡贤治理的各类事件与治理形式,对于进一步丰富乡村治理理论研究,拓展乡村治理的理论思维是极有价值的。

（二）新乡贤概念、功能、价值等理论研究方兴未艾

从最近几年学界、新闻界对于新乡贤研究的现状来看,对于新乡贤的基本概念、主要价值、功能、作用等方面的研究已经取得了初步成果。这些成果或见诸报端或在各类刊物上刊登,从理论层面对新乡贤的前世今生、来龙去脉作了较为清晰的阐释。应该说,这些研究从理论层面回答了推进新时代农村社会发展为什么要重视新乡贤的价值、挖掘新乡贤在乡村治理中的重要作用,以及如何在不同地区因时因地因事而制宜地发展新乡贤事业。如何有效地整合各地农村的新乡贤资源,使之在乡村振兴的新时代背景下有效地发挥其各方面治理效能,对乡村的利益结构平衡、乡村的民主自治,以及乡村的法治事业、乡村社会秩序与经济秩序,乡村的经济社会发展起到应有的作用,既是理论研究的主题,也是以乡村振兴需要解决的基本问题。

新乡贤治理的理论研究以及新闻界对新乡贤治理经验的有效提炼,在一定意义上对于新乡贤治理实践自觉开展具有重要的理论指导价值。这种推动与指导作用表现在:一是从理论上促使人们对新乡贤有了新的认知基础。新乡贤治理的研究本质上是如何整合乡村人力资源的研究。农村的一切发展,无论是产业振兴、生态振兴、文化振兴,最终都要归结于人才振兴,人力资源的振兴,没有新乡贤等大批的投身于乡村建设与发展的人才,乡村振兴与促进就会成为一句空话。新乡贤治理的理论研究就是要回答新时代如何解决广大农村的人才振兴问题,回答如何有效地聚集乡村发展的有生力量,促进新时期以新乡贤为主体的农村乡民广泛参与乡村治理与乡村发展。二是新乡贤治理理论需要回答新时代如何实现有效治理的问题。如何实现有效治理既涉及新乡贤参与下的乡村治理的方式、方法问题,也涉及新乡贤农村社会治理的实际效果的呈现与评估问题。新乡贤参与乡村社会治理应该从何处着眼,在哪些方面能够产生预期的积极效用,在怎样的层面上进行有序开展新乡贤的各类治理实践活动,建构怎样的新乡贤治理活动机制以及如何处理新乡贤及其组织

在当下与其他各类组织的关系问题,这些都需要实践的探索,更需要理论的提炼与深化,从而反过来促进实践的深入自觉开展。三是对新乡贤法治化体制与机制、制度的理论研究。正如前述,新乡贤要发挥长久性乡村治理作用、承载乡村振兴的历史使命与时代课题,避免一阵风吹过,就必须走法治化、制度化的道路,在新乡贤的组织形式上、内部结构上、外部关系上、运作机制上以及其他各方面保障措施制度上等各个方面均需要进行有益的理论探讨,逐步形成构建新乡贤治理体制与治理机制的法治化道路与相对成熟的治理模式,进而成为新乡贤治理实践的指导基础。而这些问题正是学界已经注意并有了一定研究成果的,这些研究成果对于新乡贤治理实践向纵深发展、自觉发展、科学发展等方面起到了极为重要的理论指导作用。

新乡贤的治理实践及其法治化进程正是与其理论研究并驾齐驱的过程,实践为理论研究提供了坚实的实证基础,反过来说,新乡贤治理与法治理论研究对实践的持续有效开展产生了良好的智力支持。这是新乡贤农村社会治理的基本背景。

(三)治理、法治、德治、自治、共治等理论储备丰富

新乡贤诞生与治理实践的发展是在治理、法治、德治、自治、共治等理论储备较为丰富的背景下发生发展的新事物、新情况。可以这样认为,治理理论、法治理论、德治理论、自治理论、善治理论以及共治、协商治理、协同治理、多中心治理等思想与理论,为新乡贤社会治理实践的开展提供了充实的、丰富的理论储备,也为新乡贤研究提供了系统的理论研究的思想与理论基础。

正如前述,自从系统化的治理理论从欧美引进以来,在 20 世纪 90 年代的中国政治学界、管理学界引起了人们普遍重视与研究,这方面的理论介绍与成果较为丰富。治理理论引进以后,结合法治理论、德治理论、善治理论等有关政治学、法学理论,特别是与我国优秀的传统文化(主要包括中国自己的法治、德治以及礼治文化等)相结合以后,形成了各种理论综合,为新乡贤治理的研究与实践在思想层面提供了参考。易言之,在借鉴国外理论并结合我国传统治理与法治的优秀文化基础之上,使得新乡贤治理的理论研究与实践治理活动平添了诸多新时代的色彩与现代精神。

现代治理理论建立在民主的基础之上,其基本价值包括民主性、人权保

障、充分自由、多方参与、制度与非制度性措施的综合运用,其治理目标是实现
善治。在治理理论的基础之上,衍生出多中心治理、协商治理、协同治理、多元
共治及善治等治理亚理论,这些理论与法治相结合,实现政治学理论与法学理
论的贯通,政治与法治的贯通;这些思想理论与新乡贤治理实践相结合,对于
推进新乡贤的治理实践与新时代乡村治理理论等诸方面均能起到积极的效
用。一句话,治理理论、法治理论与中国传统文化中的优秀治理思想、法治思
想、德治思想、礼治思想等共同构筑了新时代乡村治理与新乡贤治理的美丽
画卷。

第二节　新乡贤的概念、内涵与属性特征之阐释

乡贤、新乡贤概念及其属性特征是新乡贤农村社会治理的重要议题之一,
了解乡贤、新乡贤的概念、内涵,框定新乡贤所具有的基本外延、范围,是全面
研究新乡贤问题的逻辑出发点。[①] 厘清新乡贤的基本概念为我们判断何为新
乡贤提供基本参考标准,搞清新乡贤的外延更是有助于我们初步廓清中国农
村新乡贤的主要对象范围与规模,进而在此基础上探讨新乡贤治理的法治化
道路、制度化建设,以及如何构建一个适合于新乡贤农村社会治理发挥最大效
用的法制体制、制度化运行机制。

一、新乡贤的概念与内涵要素

关于新乡贤的定义,学术界、新闻界观点各异,可谓见仁见智。如王先明
(2014)指出,"他们很多人出自于乡村,成就于城市;成长于乡土,弄潮于商
海,在乡村与城市的内在关联上,具有天然独特的优势"[②]。黄海(2015)认为,
"新乡贤既包括道德模范、社会贤达等,也包括以自己的专长、学识和财富建

[①]　参见张兆成:《论传统乡贤与现代新乡贤的内涵界定与社会功能》,《江苏师范大学学
报》(哲学社会科学版)2016年第4期;张兆成、李美静:《论新乡贤的出场与乡村治理新路径——
基于法政治学视角下的考察》,《民间法》2016年第2期;张兆成:《论新乡贤出场的法治基础、治
理体系与运作过程——一种法社会学视阈下的乡村治理新路径探微》,《江苏师范大学学报》(哲
学社会科学版)2021年第4期。
[②]　王先明:《"新乡贤"的历史传承与当代建构》,《光明日报》2014年8月20日。

设乡村、改善民生的优秀人物"①。张颐武(2015)认为,"新乡贤是指那些有才能,有善念,有行动,愿意为农村建设出力并具有威望的人。大抵包括两种,一种是现在生活在乡村本地的在场乡贤,如本地的劳动能手、道德标兵等;与之相对应的是不在场的乡贤,如在外从政有所成就的官员、经商较为成功的商人、才学和道德都很好的专家、学者、老师等那些来自乡村,但不在乡村生活的人"②。钱念孙(2016)认为,新乡贤是指"有德行、有才华,成长于乡土,奉献于乡里,在乡民邻里间威望高、口碑好的各类贤达人士"③。胡鹏辉、高继波(2017)认为,"在新的时代背景下,有资产、知识、道德、情怀,在一定意义上能够影响农村各类公共事务、公共事业并愿意为乡村百姓做出贡献的各行各业的心系家乡,怀报桑梓的贤能人士。只要符合上述条件,不论是在乡或者不在乡的各类成功人士,均可称作新乡贤"④。高万芹(2018)则对新乡贤作了"精英型"与"平民型"的两种划分,并主张"不同类型的新乡贤以不同的角色,从不同的角度参与到乡村振兴中来"⑤。杜何琪(2020)认为,新乡贤是指那些居住在村庄中并熟悉村情和村史的中老年村民,他们不担任正式的村"两委"职务,但是由于他们曾经有丰富的工作经验,因此在村民中有很高的威望,具有较强的说服力、组织能力以及化解矛盾的能力,并得到村民的高度信任。⑥ 钱思洋(2019)认为,"新乡贤则是指从乡村中走出去再回归乡土,用自己的经验、才干、学识、技术、资源以及文化内涵和道德修养,积极参与建设和治理社会主义新农村的贤人志士,他们是具有奉献精神的时代精英"⑦。陶磊(2020)

---

① 黄海:《用新乡贤文化推动乡村治理现代化》,《人民日报》2015 年 9 月 30 日。

② 张颐武:《重视现代乡贤》,《农村工作通讯》2015 年第 21 期。

③ 钱念孙:《新农村呼唤新乡贤——代表委员畅谈新乡贤文化》,《光明日报》2016 年 3 月 13 日;钱念孙:《乡贤文化为什么与我们渐行渐远》,《学术界》2016 年第 3 期。

④ 胡鹏辉、高继波:《新乡贤:内涵、作用与偏误规避》,《南京农业大学学报》(社会科学版)2017 年第 1 期。

⑤ 高万芹:《新乡贤在乡村振兴中的角色和参与路径研究》,《贵州大学学报》(社会科学版)2018 年第 3 期。

⑥ 参见杜何琪:《"代理人"的代理人:新乡贤的兴起、组织与功能——基于国家政权建设的视角》,《复旦政治学评论》2020 年第 1 期。

⑦ 钱思洋:《从文化振兴角度看乡村振兴战略》,《中部社科研讨会论文集》2019 年版,第 64—67 页。

认为,"新乡贤是指出生或一定时期内生长于当地(乡镇、农村),成人后仍在当地工作生活或虽在外地工作生活但心系当地,在政治、经济(财富)、文化、社会、教育、医疗、科技等特定领域具有一定才能,愿意为当地发展贡献力量、承担社会责任且品德、学识、能力等得到当地群众认可的能人志士;亦可将其视为基层精英群体"①。李秀芸、杨雪芡、李义良(2020)认为,"只要品质良好、热心助人、热心公务、富有正义感,只要热心为村庄公共利益服务,用自己的学识泽被乡里,为乡村社会发展、繁荣贡献才智,都可以被称为新乡贤"②。刘邦凡(2021)认为,"新乡贤是指那些祖籍、原籍、或者现在户籍、姻亲关系、工作关系在当地,有德行与才能、有声望与影响且热心当乡村公共事务、公共事业、公共利益的各类贤达人士。包括:在乡乡贤、外出乡贤、外来乡贤三大类"③。

　　关于新乡贤概念的界定在新闻界、学术界不胜枚举,以上是关于新乡贤概念的不完全表述,应该说不同学者对新乡贤概念内涵的界定体现了不同的特点,也反映了一些问题,这些问题需要我们去思考并作出学术回应。一是新乡贤是否需要有资产? 上述胡鹏辉、高继波对新乡贤的界定中提到"有资产",那么,新乡贤资格的成立是否需要有资产? 资产或资产的多少是乡贤资格成立的必备条件吗? 很显然这个问题值得探讨。"贤"就其本质而言,讲求的是贤德,指一个人有才、多才之意,而非钱资之多寡。故而,将贤直接与资产挂钩很显然是对贤的错误理解。传统乡贤主要也是指地方上有名望、德高望重的贤德之士,他们对乡土的社会稳定起到维持作用,对乡土弱者进行救济,对乡民进行道德教化等,这里面也并没有强调乡贤必须具备一定的资产,可见,资产并不是传统乡贤资格取得的必要条件。乡贤概念虽然随着历史的发展,其内容更加丰富多样,但是其本质的规定性仍然未变,是对传统的继承与扬弃。贤的内涵古今通用,并未发生根本性变化,在今天的时代依然是指一个人具备德才,多才多能之意,并不是说有钱便是贤。更何况为富不仁者,古今多矣。

————————

　　① 陶磊:《新乡贤参与脱贫攻坚协商民主的作用及优势探赜——基于精准扶贫与精准脱贫的经验逻辑》,《理论月刊》2020 年第 7 期。

　　② 李秀芸、杨雪芡、李义良:《比较语境下新乡贤内涵述探讨》,《江苏海洋大学学报》(人文社会科学版)2020 年第 3 期。

　　③ 刘邦凡:《强化新乡贤队伍建设推进乡村振兴提质增效》,《张家口日报》2021 年 11 月 30 日。

因而,将新乡贤界定为有资产或者把资产作为新乡贤资格具备的必要条件很显然是站不住脚的。当然,从古至今,乡贤或者新乡贤大多也并非穷困潦倒者,通常情况下均有一定的经济能力或者资产条件。社会主义市场经济背景之下,人们更加崇拜那些发家致富能人,认为他们是有本事的人,就是有才之人,就是贤人,实际上这是对贤人的不当理解。贤人的第一要义仍然是有德才、有品质之人士。那些获得不义资产或者通过违法方式、非法途径、不当手段获得资产而富裕的人或者有钱人,是不能进入贤人之列的。正是在这个意义上,将新乡贤之构成要件之一定位在资产上很显然是一种偏误。二是新乡贤是否仅局限于中老年人?杜何琪认为新乡贤是指那些熟悉村情村史的中老年村民,这里实际上是对新乡贤进行了年龄段上的限定。乍看似乎合理,熟知村情村史才能对乡村有感情,本身也是对乡村有感情的一种体现,但是,中老年村民是新乡贤资格的必要条件?很显然这个问题值得推敲,前已述及,新乡贤其本质上主要还是落在一个"贤"字上,"贤"才是其根本,其他都是次要因素。中老年村民中有的可能因为具备德才而成为贤人,也有的即便在年龄上是中老年,因为不贤,而不可能进入乡贤之列。此外,由于年龄因素不是反映贤愚的根本要件,如果以年龄为限定乡贤资格认知的要件,很显然既背离了历史,也背离了现实状况。年轻的有志于乡村建设、乡村治理、乡村振兴发展的科技工作者、教育工作者、愿意扎根乡村的大学生公务员以及各类带动乡村治理与发展的乡村青年创业人员,很显然都应该纳入新乡贤的范畴。即便在古代,那些参与科举及第或者未及第的各类人员,也不都是中老年村民,未参加科举的各类人中也有年轻志士扎根乡村,奉献乡村者,都可谓之乡贤。因而,是否具备乡贤资格,从年龄段上进行限定不是认知乡贤资格的必要条件。三是新乡贤能否是村"两委"干部?新乡贤能不能是村"两委"的干部?笔者认为,这不是个难以回答的问题。村"两委"干部大多是扎根乡村的本地村民,他们乐于奉献,其职责也要求以自己的德才带领乡民致富与维护向善向上的乡村秩序,一般情况下村"两委"的干部是符合乡贤的资格要件的。判断的基本标准依然是"贤",凡是符合"贤"的标准,带领村民致富与维护乡村和谐发展的村干部都可以是乡贤。乡贤可以任职于村"两委",这样可以更大程度上发挥乡贤服务乡村、治理乡村的作用,村"两委"干部与乡贤可以相互交流。

所以,将乡贤限定在不担任村"两委"干部的条件上是不合适的,德高望重的优秀乡贤通过基层党委的组织推荐程序与民众的推选程序完全可以担当村委会职务,更好地服务乡村。四是新乡贤是否局限于走出去再回归故土的贤人志士?钱思洋(2019)将新乡贤概念局限为从乡村中走出去再回归乡土的贤能之士,这个界定很显然是有失偏颇的。乡村的贤人不仅应包括那些外出事业有成、乐于奉献家乡的各类人员,也包括土生土长一直待在家乡生产生活奉献乡里的各类人士。如果将之局限于走出去再回归的那部分贤能人士,而将其他久居于乡村、服务乡村的贤能人士排除在外,很显然是限缩了乡贤的范围,不符合现实乡村的贤人实际情况,这种认知也不利于乡村的治理与发展,不利于汇聚乡村发展的蓬勃力量。五是新乡贤的范围是否过于泛化?徐学庆(2021)将新乡贤框定在特定时期,与特定的乡村有一定关联、积极践行和弘扬社会主义核心价值观、支持农业、农村现代化建设的贤达之士。这种最广义范畴上界定新乡贤的观点也是不甚科学的。这就容易导致新乡贤概念的过于泛化,实际上使得新乡贤概念没有了具体内核与内容。新乡贤一方面强调的是其"贤"的标准;另一方面强调的是其"乡土性",乡土性是新乡贤附着的一个重要标签,离开了这种乡土性要件,新乡贤概念就会变得较为空洞。从经验与常识的角度观之,一个并非生于乡土或者长于乡土的人士,是很难期望其对某一乡村产生感情的,更难以使之倾情奉献乡村治理与发展。正是在这个意义上,如果我们把新乡贤的概念定义得过于宽泛,是不利于对新乡贤阶层进行有效发掘以及有效激发其参与乡村治理与社会发展的。易言之,新乡贤概念的界定既不能过于泛化也不能过于限缩,过于宽泛或者狭窄的概念界定都是不利于对新乡贤的客观存在进行精准评估的。

从历史与人文的角度观之,乡贤文化的传承在中国历史上确实是源远流长的。在"《周礼》《孟子》中,均载有具体的乡村组织与管理构想,并在社会实践中得到实行……不同历史时期还有乡先生、乡达、乡绅等称呼。顾炎武将由乡绅担任的官称为小官,西周的乡遂官、秦汉的乡亭官、隋唐的里坊官、明清的保甲官等以及各地宗族大户的家长,大致都可以归纳在顾炎武所言的小官之列"[1]。

---

[1] 马小红:《"乡贤"的过去与未来》,《法制日报》2015年11月14日。

"总的来看,乡贤一词系指在民间本土本乡有德行有才能有声望而深为当地民众所尊重的人。""地域性、知名度、道德观,是构成传统乡贤的三个基本要素。"①《现代汉语词典》记载认为,"乡贤一词由来已久,是我国农耕文化的一种产物"②。王国炜(2020)认为,"所谓乡贤,就是指乡村中贤达之人,千百年来始终是乡村社会管理、文明传播、公益事业的主导力量。如今的新乡贤,外延更加宽泛,内涵更加丰富。服务村民的基层干部、众人敬仰的模范人物……都是新乡贤。新乡贤有学识、有资本……推动乡风文明等方面发挥着极其重要的作用,是破解农村社区治理困境的有效途径"③。"乡贤"在《辞海》中的解释是:"品格学问皆为乡人所推重的人。"费孝通在《乡土中国》中认为,"乡贤是德高望重的家族长老、有品行有才学为地方社会作出贡献的人。乡贤植根于我国传统的乡土社会中,是生于其地而德业,学行著于世者"④。新乡贤是在乡贤文化与实践的基础上逐步演化而来的。朱诚如、王天有(2008)认为,"新乡贤是传统文化用语相关的一个新名词。历史中的乡绅、乡贤主要由科举及第未入仕途或者落地士子、地方上比较有文化的中小地主、退休返乡或赋闲在家的中小官吏、宗族元老等组成"⑤。王先明(2014)认为,"乡贤是本乡本土有德行、有才能、有声望而深被本地民众所尊重的贤人……通常来说,乡贤与乡绅即乡村绅士的概念具有较多的重合性"⑥。赵法生认为,"乡贤是指乡村读书达礼并以德服众的人,他们大多耕读传家,殷实富足,尽管不一定是村里最富的人。但是,无论是村里最富裕的人,还是最有权的人,都得唯乡贤马首是瞻……他们是村庄的道德典范,是村庄的精神领袖,并因此而成为村庄秩序的守护者"⑦。从文献角度而言,"乡绅一词在宋代即已出现,然而作为固定的史料用语使用则是明代,特别是明代中期以后的事。在明代文献中出

---

① 张清俐、张杰:《发掘乡贤文化的时代价值》,《中国社会科学报》2014年11月5日。

② 中国社会科学院语言研究所词典编辑室:《现代汉语词典》,商务印书馆1978年版,第1257页。

③ 王国炜:《国家治理现代化视域下新乡贤参与农村社区治理的创新路径》,《安徽农学通报》2020年第18期。

④ 张会会:《明代乡贤祭祀与儒学正统》,《学习与探索》2015年第4期。

⑤ 朱诚如、王天有:《明清论丛》第8辑,紫禁城出版社2008年版,第334—338页。

⑥ 王先明:《乡贤:维系古代基层社会运转的主导力量》,《北京日报》2014年11月24日。

⑦ 赵法生:《再造乡贤群体,重建乡土文明》,《光明日报》2014年8月11日。

现的同类用语中,绝大多数场合用的是'缙绅'"①。清代文献中有以缙绅来解释乡绅的,"乡绅,本地缙绅之家"②。意指乡绅的仕宦身份,而本地则是指本籍。而清代对缙绅的解释是:"缙绅者,小民之望也。果能身先倡率,则民间之趋事赴功者必多。凡属本籍之人,不论文武官员,或见任或家居,均当踊跃从事,争先垦种。"③王泉根指出,"周代王置六乡,由三老掌教化,推举贤能,称为乡老。汉代每乡设三老一人,掌教化乡人,后世称乡三老为乡老。至宋明以来,又有关于乡绅之记述。'乡绅',古称退职还乡家居的官员和在当地有声望的人"④。魏峰认为,"乡贤一词始于东汉,是国家对有作为的官员,或有崇高威望、为社会做出重大贡献的社会贤达,去世后予以表彰的荣誉称号。是对享有这一称号者人生价值的肯定。迄于明清,各州县均建有乡贤祠,以供奉历代乡贤人物"⑤。因之,"形成一套完整的官方纪念、祭奠仪式。一般指大酋长,在战争时期,乡贤需要厮杀在第一线,为人民争取生的机会"⑥。

从实践层面来看,"新乡贤文化最初发源于我国东南沿海经济发达地区,自 2001 年浙江上虞乡贤研究会作为我国第一家以'乡贤'命名的民间社团成立以来……有效增强了基层乡村社区民众的多元参与和协商共治水平"⑦。新乡贤最早在 2008 年以新闻用词形式出现在《绍兴晚报》,后于 2014 年出现在《光明日报》陆续推出的"新乡贤与新农村"专题报道中,由此引发了学界的关注和讨论。各种新闻报道中对新乡贤进行了一定的描述,如吴铭(2014)谈

---

①　[日]寺田隆信:《关于"乡绅"》,载《明清史国际学术讨论会论文集》,天津人民出版社1982 年版,第 112—113 页。

②　王有光:《吴下谚联》卷 3《座台上乡绅》,清嘉庆二十五年刻同治十二年(1935 年)补修本,第 39 页。

③　《清朝文献通考》卷 3,《田赋考》,商务印书馆 1935 年版,第 4876 页,转引自徐祖澜:《乡绅之治与国家权力——以明清时期中国乡村社会为背景》,《法学家》2010 年第 6 期。

④　王泉根:《中国乡贤文化研究的当代形态与上虞经验》,《中国文化研究》2011 年冬之卷。

⑤　魏峰:《从先贤祠到乡贤祠——从先贤祭祀看宋明地方认同》,《浙江社会科学》2008 年第 9 期。

⑥　百度百科乡贤词条,见 http://baike.baidu.com/link? url = XjNQsUZKdPJ9KRBMM36z-OHmrm8KZ-5wSVLgN_1ca0W-5g9P3DKdNkX4v7w-l8T5AZ6M4dcCgAbpEbGZgsXsLb_,2016 年 4月 15 日访问。

⑦　张兴宇、季中扬:《新乡贤:基层协商民主的实践主体与身份界定》,《江苏社会科学》2020 年第 2 期。

道,"乡贤文化根植乡土、贴近性强,蕴含着见贤思齐、崇德向善的力量;农村优秀基层干部、道德模范、身边好人等先进典型,正日益成为新乡贤的主体"①。许思文(2018)指出,新乡贤"来自于乡村、服务于乡村的原则,政治上有觉悟、社会上有影响……形成人人学乡贤、人人颂乡贤、人人做乡贤的浓厚氛围"②。萧子扬等(2018)指出,"从2015年起中央连续四年在一号文件中使用了'新乡贤'并在《"十三五"规划纲要》中对培育新乡贤文化提出了要求"③。中央在政策文件层面上并未对新乡贤概念进行刻意的界定,而是从文件的措辞中肯定了新时代新乡贤文化以及新乡贤的重要社会作用。在中央以及各地的新闻报道中对新乡贤概念进行了一定描述,但更多的是从实用主义视角对新乡贤的外延、范围进行列举概括。应该说媒体的大力宣传对于促进人们对新乡贤的认知有极大的作用,同时也进一步引导了各地官方对于新乡贤的自觉实践。

　　从目前笔者对相关地方的走访、调研,以及从各地新乡贤实践中使用的文本来看,新乡贤概念、内涵与外延也能够从不同程度上进行考察与相关的印证。当然,全国各地新乡贤实践中都有自己的相关文件,并在文件中提出了本地对新乡贤的理解认知。它们的共同点在于:一是强调乡贤的乡土性特征。各地均认为新乡贤是指那些"成长于乡土""户籍在当地或者长期在当地工作""居住在当地或者祖籍在当地"等等,这说明在各地新乡贤选拔与推进的实践中,是把新乡贤的乡土性联系作为一项重要指标含义的。新乡贤是离不开其乡土性联系的,正是因为出生于乡土或者成长于乡土或者工作于乡土,才可能产生一定的乡土性情怀,无论身在何处始终会心系家乡、心系乡土,这就是家乡情感、乡土情结。二是注重道德评价,体现"贤"的本质特征。从各地对新乡贤评选标准的表述来看,有的提出要"奉献于乡里,在乡民邻里间威望高、口碑好、公道正派、热心公益、遵德守礼",有的提出"有德行、有才能、有成就、有声望而深被当地民众所尊重",有的提出"爱党、爱国、爱家乡,有德行、

①　吴铭:《新乡贤的制度基础》,《21世纪经济报道》2014年9月18日。
②　许思文:《凝聚乡贤力量助推乡村振兴》,《学习时报》2018年6月8日。
③　萧子扬等:《乡村振兴战略背景下的新乡贤研究:一项文献综述》,《世界农业》2018年第12期。

有才能、有成就、有声望,深受当地群众尊重",有的提出"爱党爱国爱家乡,遵纪守法、有德才、有成就、有声望,深受本地民众尊重,在本地群众中拥有一定号召力",有的提出"有德行、有才能、有担当、有声望,深受当地民众尊重"等等。无论具体表述如何,这里面均体现了一个"贤"字,强调了道德公益心,强调了有德有能在新乡贤内涵中的重要地位。此外,增加了新时代的新标准如"爱党、爱国、爱家乡",突出了新时代新乡贤的政治标准是拥护中国共产党的领导,同时具有家国情怀,对祖国的敬重以及对家乡的爱戴,这些构成了新时代新乡贤的时代特点。

　　在关于新乡贤概念内涵要素问题上,徐学庆的观点比较客观中肯。徐学庆(2021)指出,新乡贤的内涵要素包括:"一是本土性的身份要素。一般情况下,新乡贤要么是本乡本土之人,要么与特定乡村有特定的关联,即在身份上具有一定的本土性。二是品德要素。新乡贤应是社会主义核心价值观的积极弘扬者和践行者,能够以自身的嘉言懿行垂范乡里,涵育文明乡风,助力社会主义核心价值观扎根乡村。三是能力要素。新乡贤大多事业有成,或有资本,或善管理,或懂市场,或有一技之能,或有丰富的知识。四是声望要素,即影响力。新乡贤受到民众的认可、信服和敬重,口碑好、威望高、知名度高,同时得到地方政府的认可和支持。五是贡献要素。新乡贤往往为特定乡村的公益事业、文化进步或建设发展作出过突出贡献。在实践层面,对地方经济社会文化等的贡献大小,是衡量个人能力和品德的重要标尺,也是个人获得社会声誉的主要支撑。"①笔者基本同意这个观点,但是需要注意的是,在这些要素中有些要素是非必要要素。如"声望"要素、"影响力"要素,乡贤由于他的活动范围、能力大小,声望与影响力会受到影响,有大有小,有远有近。有些乡贤很低调,做好事不想为人们所知道,他们一辈子默默无闻做好事,人们未必广为知晓,在没有新媒体作用的社会背景下更是鲜为人知,甚至死后多年也未必为世人所知,但他们依旧是乡间楷模。此外,由于能力大小不同,自然其影响力与声望也会大小不同,由于能力大小的不同会直接导致对地方公益事业贡献大小的不同,所以,不能简单地认为贡献大就是乡贤,贡献小就不能成为乡贤。乡

---

① 徐学庆:《新乡贤的特征及其在乡村振兴中的作用》,《中州学刊》2021年第6期。

贤发挥作用的领域是不同的,不能仅仅用金钱、财富等现代市场化要素进行衡量。有的贡献是在经济发展领域、有的贡献是在乡村治理领域、有的贡献是在乡村文化领域、有的贡献是在道德教化领域、有的贡献是在乡村科技创新领域、有的贡献是在促进乡村百姓就业领域、有的贡献是在乡村医疗卫生领域、有的贡献是在平凡的乡村工作岗位上演绎出不平凡、有的贡献是对于家庭邻里关系的孝道互助,各个不同领域、不同方面不可等量齐观,需要具体问题具体分析,才能对新乡贤概念内涵有更加客观全面的审视。因而,对于乡贤内涵的解读应该突出在其内在意蕴:一是"乡",突出其乡土性,不宜泛化;二是"贤",注重其"德才",以德为先,以才为辅,有才无德者不能谓之贤。新时代,新乡贤还需要突出其"新",新在何处? 这个需要阐释到位。这几点是构建新乡贤概念内涵的三大关键性要素,它们是相互关联的整体性要素,缺一不可。

　　笔者并不试图在严格意义上界定乡贤的概念,实际上在学界也难以形成一个各方都满意的乡贤概念。"乡贤"本不是一个规范意义上的名词,而是一个社会学上可描述性范畴的概念。因而,笔者认为将乡贤的范畴泛指那些在一定地域范围内德高望重、能力突出并致力于当地政治、经济、社会、文化等各方面公益事业,对地方有贡献的贤达之士,较为妥当。正如有学者所言:"乡绅是与官僚密切相关的阶层,主要包括三种类型,第一类是处于官僚系统内部,即现任的休假居乡的官僚;第二类是曾经处于官僚系统内部,但现已离开,即离职、退休居乡的前官僚;第三类是尚未进入官僚系统的士人,即居乡的持有功名、学品和学衔的未入仕的官僚候选人。"①吴晗、费孝通等认为,"官僚、士大夫、绅士、知识分子,这四者实在是一个东西。虽然在不同的场合,同一个人可能具有几种身份,然而,在本质上,到底还是一个"②。就乡贤的外延来说,它应该包括传统意义上的乡绅、士绅、士大夫以及一切有利于乡里建设、秩序维持的社会贤达。③ 考虑到乡绅、士绅、士大夫等名词有些老旧,是历史名

---

　　① 　徐祖澜:《乡绅之治与国家权力——以明清时期中国乡村社会为背景》,《法学家》2010年第6期。

　　② 　吴晗、费孝通等:《皇权与绅权》,天津人民出版社1988年版,第66页。

　　③ 　参见徐茂明:《明清以来乡绅、绅士与士绅诸概念辨析》,《苏州大学学报》2003年第1期。

词,尤其在近现代以来人们观念里形成似乎对乡绅、士绅的负面印象,如土地革命就是要打倒土豪劣绅,因而不用这些名词表述。此外,考虑到"绅士"一词没有特定的时空感,不能充分反映我们特定国情和历史文化传统背景下具有乡土特色的特殊含义。因而,用乡贤这个概念予以表述既有历史根据,又能突出其特定的现实价值,同时又不至于引起人们的误解,是一个较好的选择。正是在此意义上,以乡贤的基本内涵与外延作为研究的逻辑起点与根据并展开,特别是探讨在国家治理现代化背景下基层社会治理领域新的社会治理主体乡贤价值及其社会治理实践,体现出历史的延续性与现实的契合性相结合,有利于对之进行来龙去脉的详细考察。正是在此意义上,我们可以将新乡贤指称为那些在新时代所诞生的、一定地域范围内德高望重、能力突出并致力于当地政治、经济、科技、生态、社会、文化等各个领域的公益事业,对地方有贡献的贤达之士。从新乡贤的界定来看,应该注意几点核心要素:一是新乡贤的"新",新在哪里? 实际上这是一个具备特定时空性的概念,是新时代出现的新事物,是在改革开放以后这个阶段逐步诞生与成长起来的新现象。它是在改革开放以后新时代伴随着国家政权在乡村地区的相对收缩,政府职能的积极转变进程中出现的一种新的社会实践形式。此外,这里的新从时间跨度上也是区别于传统乡土中国出现的乡贤现象,它区别于传统中国乡贤治理实践历史的一个比较性概念范畴。当然,这里的新还可以作更多的解读,除了在时间上处于新时期,空间上处于新地域,还表现在新的价值观、新的经济基础、新的文化基础、新的治理内容等各方面。① 二是新乡贤的内涵仍然应注重其乡土性,不能脱离乡土性谈乡贤问题,乡贤与新乡贤本质上都是具有地域性属性的概念。离开了贤人的地域性就不再是乡贤了,变成了泛指一般的社会贤达人士,就失去了乡贤特有的韵味了,脱离了乡土性的泛化的乡贤概念不仅使得概念本身变得空洞无物,而且也失去了研究乡贤这一特定现象的实际价值了。三是理解这一概念时应注意落脚点之一的"贤",贤的本质是有德有才之辈谓之贤人。这个"贤"字蕴含了某种道德含义,指称那些愿意为乡里公益事业奉

---

① 参见张永杰:《新乡贤,盘锦人民的"新名片":"盘锦首届新乡贤"评选活动述评》(上),《盘锦日报》2018 年 6 月 27 日。

献、能够扶危济困、帮助他人的一类人,注重的是对其道德品质的评价。此外,
"贤"也指有能力的一批人如发家致富能力、科技创新能力、教书育人能力、和
谐乡邻能力等等,因而,贤人既指有德之人,也指有才之人、有能力之人,其核
心在道德品质上有利他属性,自私自利者虽然有才能但不能谓之贤人。所以,
对"贤"的理解是建立在利他属性基础上的各类人士的内在品性的定位。因
而,新乡贤一定要强调其利他属性、有公益心,有帮助他人、成就他人的道德行
为。只有将这种新的条件、新的标准、新的时空因素与乡土性、地域性以及道
德品质等基本要素有效地结合起来进行考察,才能对新乡贤概念内涵有一个
大致正确的认知。

二、传统乡贤与新乡贤的属性特征、外延

(一)传统乡贤的基本特征、外延

学界关于传统中国社会的乡贤特点有不少论述。① 如瞿同祖(2003)认
为,"乡绅是中国明清时期活跃于广袤乡村中的一个重要而特殊的社会阶层。
他们既为居乡之士,是一群特殊的会读书的人物而被乡民所崇敬,同时作为当
地人与乡民有着地方性知识上的共识。他们又为在野之官,拥有着国家所赋
予的法定特权,并因此产生了一种非正式权力"②。徐祖澜(2010)认为,乡绅
是"高高在上"的官吏和"面朝黄土、背朝天"的乡民之间的链接和中介。一方
面,乡绅与官吏都是封建学校和科举制度的产物,其权力都直接源于传统的政
治秩序。在这一政治秩序下,同一个人可以既为官又为绅,在不同的时空下自
然地转换其社会角色。他们实际上属于同一集团,而关系也必然是合作的。
另一方面,居住于本籍的乡绅与乡民之间或者有着血缘关系,或者有着地缘关
系,两者必然有着强烈情感和身份上的认同,并且乡绅凭借着功名、学识及财
富而成为众民之首、一乡之望,成为地方利益的代表者,对抗着代表国家权力

---

① 参见张兆成:《论传统乡贤与现代新乡贤的内涵界定与社会功能》,《江苏师范大学学
报》(哲学社会科学版)2016 年第 4 期;张兆成、李美静:《论新乡贤的出场与乡村治理新路径——
基于法政治学视角下的考察》,《民间法》2016 年第 2 期;张兆成:《论新乡贤出场的法治基础、治
理体系与运作过程——一种法社会学视阈下的乡村治理新路径探微》,《江苏师范大学学报》(哲
学社会科学版)2021 年第 4 期。

② 瞿同祖:《清代地方政府》,范忠信、晏锋译,法律出版社 2003 年版,第 282 页。

的官吏。① 马小红(2015)认为,"乡贤具有以下特点,一是不管经济地位或者政治背景如何,乡绅的主要居住地以及日常的生活主要处于乡村地区,这是主要的方面。二是乡绅的产生并不是来自于官方的授权或者是民众的选举,而是一种自发的产生过程,乡绅的权威来自于他们对乡村民众的无私贡献与不图回报,他可以表现在担任一定的乡村小史,或者来自于官方的默许或者来自于民间的认可。三是他们大多知书达理,深明礼义,这也算是最为重要、最为典型的乡绅特征,即有文化"②。总结学界对乡贤的相关描述,笔者认为,可以将传统乡贤的基本特征概括如下:

第一,有明显的地域性。乡贤,顾名思义,既具有突出的地域性特点,强调乡贤乃是出生于、生活于或长时间工作于一定地域。③ 这个地域主要侧重于乡里、乡村抑或小城镇而不是大都市,大都市里的属于城贤,而失去乡贤之旨意。正如有学者所言,"乡绅是与城绅相对应的,是绅士的重要组成部分,专指我国封建时代居乡的退职官员和取得生员以上功名或一定职衔而未为官的居乡绅士"④。地域性特征是构成乡贤的直接要素,在相对固定的地域范围内活动以及产生它的社会影响力是乡贤的首要之义。乡贤往往出生于故土,生于斯长于斯,久而久之对之产生浓厚的乡情,因而,能够为地方发展以及地方事务治理中产生自居的责任感。地域性使得乡贤能够对地方产生强烈的心理认同,这是乡贤的地域性在其内在心理上的折射,也是在传统中国乡村交通不怎么便利的情况下的一个重要特点。乡土中国乡村经济形态主要还是停留在男耕女织的自然经济状态,长期以来商品经济并不发达,生产与交换局限于特定地域,人们的流动性较差,这也造就了相对的熟人社会的基本社会关系,乡贤就是在这样的环境下孕育,体现了明显的乡土性特征。

---

① 参见徐祖澜:《乡绅之治与国家权力——以明清时期中国乡村社会为背景》,《法学家》2010 年第 6 期。

② 马小红:《"乡贤"的过去与未来》,《法制日报》2015 年 11 月 14 日。

③ 参见王泉根:《中国乡贤文化研究的当代形态与上虞经验》,《中国文化研究》2011 年冬之卷。

④ 阳信生:《现代"新乡绅"研究三题》,《文史博览》2013 年第 10 期;王先明:《乡贤:维系古代基层社会运转的主导力量》,《北京日报》2014 年 11 月 24 日。

　　第二,有较高的社会地位与政治影响力。乡绅独特的出身及其家庭、社会背景及政治状况决定了其一般具有较高的社会影响力乃至政治影响力。乡绅一般出生于书香门第,且家世在乡村具有一定的影响力,有的是祖上从事一定政务,在朝廷为官,具有政治背景;有的是乡村的名门望族,家庭经济殷实,有较高的乡土威望;等等。他们的这种家庭背景在经济方面、政治方面乃至社会影响力方面均不同于一般平民百姓,这决定了他们在乡村事务中的话语权及其综合性社会影响力。正如瞿同祖所指出,"乡绅是惟一能合法地代表当地社群与官吏共商地方事务参与政治过程的集团,而这一特权从未扩展到其他任何社群和组织"①。徐祖澜在研究明清时期的基层社会治理时指出,"在明清时期的基层社会治理中,任何其他社群和组织的构成人员都无法像乡绅那样全面地参与到地方的政治决策和执行的过程当中去,无论在公共领域,还是私人领域都与国家权力发生紧密的联系"②。马克斯·韦伯指出,"在乡村内部,有一个同乡村政权对峙的磐石般团结的地方乡绅阶层的委员会。不管你想做什么,比方说提高传统的租税,不管你想进行什么变革,都必须同这种委员会达成协议,才能做点实事。不然的话,你这个知县就会像地主、房东、东家,一言以蔽之,一切族外的上司一样,遇到顽强的抵抗"③。这也充分表明,传统乡贤在地方公务和社会治理中享有较高的社会地位和影响力。这种社会影响力体现在乡村事务的诸多方面,在乡村赋税的收取、乡村公共设施的修建、乡村治安的维护、乡村社会矛盾的调处以及乡村环境文化等各个方面均具有不可低估的影响力。传统乡贤的这种社会影响力及其对政治施加的影响并不是来自国家正式权力的授予,并无法定的权力资格可言,而完全是来自基层社会的普遍认可、拥戴以及在长期的地方治理实践中来自正式权力的认可以及二者的自然默契。

　　第三,有较高的声望与知名度。传统乡贤(乡绅)一般均是乡里望族,或是各行各业的佼佼者,在地方上有一定的知名度,他们能够垂范乡里,体现在

---

　　① 瞿同祖:《清代地方政府》,范忠信、晏锋译,法律出版社 2003 年版,第 283 页。
　　② 徐祖澜:《乡绅之治与国家权力——以明清时期中国乡村社会为背景》,《法学家》2010年第 6 期。
　　③ 〔德〕马克斯·韦伯:《儒教与道教》,王容芬译,商务印书馆 1995 年版,第 147—149 页。

经济上周济四民,文化上传播教化,于社会秩序维持上化解纷争。易言之,他们的所作所为能够在乡里形成较为广泛的影响,从而产生一定的知名度,能够为四民所折服。正如张兆成所言,"乡贤在家庭传统方面具有乡村民众所熟知的深得众望的文化知识与品质背景,没有在社会上有违法或者不良的记录。同时在经济上较为殷实,属于有文化底蕴、有知识涵养的家庭。家族宗族在社会上扶危济困,热心公益、体恤乡村百姓,在乡村上经常为百姓解决各种苦难之需,在地方公共事务上热心为民,不求索取"①。"家族在仕途上有或者曾经有较大的影响力,家族中在乡土社会人才辈出,同时自己在乡族中具有较高的资历。借助于功名或者经济社会资源可以有效形成众多社会网络资源,进而为乡村社区争得更多的利益,并保障乡村社会免受来自于官府或者土匪强盗的滋扰。"②简言之,传统乡贤在乡村社会遇事能够出头,为乡民"遮风挡雨",抵抗外界不当干扰,平日里堪为乡民表率服务乡里,有较高的乡土威望与影响力,深得乡民的拥护。

第四,弘扬时代价值观。传统乡贤的一个重要社会功能特点是传播特定时代的社会价值观。整个长达两千年的封建帝制过程中,官方民间对传统儒家道德价值观的宣扬从未停歇。特别是自宋明清代以来的几百年实行的科举制度、捐纳制度、里甲制度,加之宋明理学进一步对儒家道德伦理的宣扬,从制度和道德文化的层面全面渗透在乡民的观念和行为之中。传统乡贤作为地域性道德文化的掌握者,乡村社会资源、物质资源的掌控者,往往能够运用自身优越的话语权和儒家道德思想来灌输乡民以传统儒家价值观,进而达到稳定乡村民心之重要社会功能。儒家的伦理纲常以及不同时期的皇权思想、封建思想正是传统乡贤宣扬其时代价值观的主要内容,通过这些思想价值观的宣扬实现对乡村秩序的软治理。正是在此意义上,完全可以认为传统乡贤实际上充当着封建王朝的正统权威在乡村的代言人角色,是正式权威在地域性治理中的封建代理人。正如阳信生所言,"他们似官非官,似民非民,一方面,他们在某种程度上依托封建政权所赋予的各类特权,扮演着官府在乡村的执行

---

① 张兆成:《论传统乡贤与现代新乡贤的内涵界定与社会功能》,《江苏师范大学学报》(哲学社会科学版)2016 年第 4 期。

② 王先明:《乡贤:维系古代基层社会运转的主导力量》,《北京日报》2014 年 11 月 24 日。

者角色;另一方面,在乡村地区他们又扮演着乡村民众政治、经济、社会、文化等利益需求的乡民领头人角色。他们既是乡村社会公益事业、道德教化、文化发展、社会安全与稳定发展的主要维持者与推动力量,也是防止国家力量过于消极或过度干预乡村事务、平衡乡村利益与国家威权、维护乡村社会的长期稳定的主要力量"①。

第五,有良好的教育背景。虽然在传统乡贤的范围上学者之间有许多争议,如吴晗认为,"见任官是做官的本人,见任官的父兄子弟则是乡绅。绅士是官僚离职、退休居乡,以至未任官以前的称呼"②。寺田隆信认为,"乡绅作为明末时期的用语是具有生员、进士、监生、举人等身份乃至资格,居住在乡里的人的总称"③。奥崎裕司认为,"乡绅者,不论现任、赐假、退任乃为具有官僚身份的人乡居时的称呼,举人以下不具有官僚身份的监生、生员等称为士人,以示二者之区别"④。但是在这些争议背后,几乎没有学者否认作为传统乡贤的必要素质特征是都要求其具有良好的个人素质、家庭教育和社会教育。无论是科举落第生员还是通过科举制度已上升至官僚体系之中或退职在家,抑或是居乡的秀才、举人,还是当地的名门望族有德居乡人士,都是传统乡贤的重要组成部分。在这些传统乡贤的构成要素特征中,普遍要求具有一定的文化素质是题中之义。正是在此意义上,传统乡绅(乡贤)是严格区别于近现代社会成为社会革命对象的土豪劣绅的,是一个良性社会群体。

总之,传统乡贤在乡村社会中特别强调其道德伦理、政治、社会、文化上的突出特点,当然在多数情况下,由于乡绅占有优势的社会文化资源,往往也是经济上的富足人士。

(二)新乡贤的主要特征属性、外延

前已述及,新乡贤的概念是在与传统乡贤相比较中而获得其自身的规定

---

① 阳信生:《现代"新乡绅"研究三题》,《文史博览》2013年第10期。

② 吴晗、费孝通等:《皇权与绅权》,天津人民出版社1988年版,第49、63页。

③ 〔日〕寺田隆信:《关于"乡绅"》,载《明清史国际学术讨论会论文集》,天津人民出版社1982年版,第112—114页。

④ 〔日〕奥崎裕司:《中国乡绅地主之研究》,转引自〔日〕寺田隆信:《关于"乡绅"》,载《明清史国际学术讨论会论文集》,天津人民出版社1982年版,第113页。

性属性。同样的道理,新乡贤的特征也是在与传统乡贤相比较中逐步凸显出自身的特殊性。关于新乡贤的主要特征与外延,在学界也有诸多论述,他们从不同层面与视角阐释了新乡贤应有的各类特征属性以及其应该包括的外延、范围。(1)"三特征说"。典型代表性观点如胡鹏辉、高继波(2017)认为,"新乡贤大致具有以下特征:一是新乡贤大多是'贤人',他们积极践行社会主义核心价值观,品德高尚、以德润心。二是新乡贤大多是'能人',他们在某一领域颇有建树、或熟悉现代法治走向、或具有娴熟的技艺、抑或是拥有丰厚的资本等。三是大多数新乡贤是'奉献之人',他们常常回报桑梓,温润故土,具有乡土情怀,往往通过项目回迁、信息回流、资本下乡等方式惠恩家乡"①。(2)"四特征说""四新说"。如张彩霞(2020)指出,"新乡贤应具备四个要素特征:一是身份要素。新乡贤怀有深厚的故土情怀,虽远在异乡,却时刻关注、支持家乡的发展。二是品德要素。新乡贤必须德行高尚,以嘉言懿行引领群众树立正确的价值观。三是能力要素。新乡贤多为在各行各业取得一定成就的人,具备出众的知识能力、经营方略、管理技巧和人脉资源等。四是声望要素。新乡贤必须得到群众或组织的认可和尊重,享有崇高的声誉"②。徐学庆(2021)指出,新乡贤的特征表现在"四新",即"第一,新的时代背景。新乡贤身上不仅凝聚着中华传统文化的美德,还展现着社会主义核心价值观的时代面貌,更体现着建设社会主义现代化国家的时代追求,具有显著的时代进步性。第二,新的人员构成。主要是指身份广泛性,职业多元化,理念现代化。第三,新的地域属性。新乡贤之'乡'超出了籍贯的局限,具有更为广泛的空间范围,可以指生于此地、长于此地或从外地到此地工作生活的人,也包括那些虽外出发展但仍与家乡保持着密切联系并为家乡贡献力量的人。在新时代的语境下,只要是与特定的乡村具有一定联系并被当地认可的贤达之士都可称为新乡贤。第四,新的权威来源。与传统乡贤基于封建社会的家族本位和伦理本位并依赖其所具有的功名及其为族人提供庇护的能力而具有权威不

---

① 胡鹏辉、高继波:《新乡贤:内涵、作用与偏误规避》,《南京农业大学学报》(社会科学版)2017 年第 1 期。

② 张彩霞:《新乡贤在乡村治理中的作用》,《2020 年课堂教学教育改革专题研讨会论文集》2020 年版,第 1032—1033 页。

同,新乡贤主要在农村基层党组织的领导下依靠自身道德、文化、技能、资源等综合能力而获得村民的信任与地方政府的认可"①。孙邦金、边春慧(2019)指出,新乡贤的新主要体现在:"第一,职业构成多元化。他们或是有威望的退休公职人员、知书达礼的专家学者,或是有影响力的成功创业人士、经验丰富的返乡务工人员,或是乡村耆宿与道德楷模,甚至还包括心系桑梓的海外华人华侨等。第二,空间分布离地化。不再局限于传统在地乡贤,而是囊括海内外心系家乡的各类乡贤。第三,阶层结构趋向平民化。新乡贤虽然在社会、政治、经济和道德文化资本等不同领域各具优势,但在人格尊严、法律地位上是一律平等的,阶层特权已不复存在。即便是平民百姓,只要符合一定条件,都可以成为现代新乡贤的一员。第四,价值观念现代化。蕴含自由、平等、公正、法治等现代价值理念。"②(3)"六特征说"。如王华彪、刘邦凡(2021)认为,新乡贤作为新时代的一种关系型社会资本,具有地域性、平民化、社会声望高、掌握先进文化、秉承主流价值观、民主法治意识强等特质。③ 综合学界各家之言,无论具体描述表达如何,对新乡贤特征属性的各种描述,都体现了一定的道理,可谓见仁见智,无论是"三特征说"、"四特征说"、"四新说"还是"六特征说"等学术观点,均从不同层面阐释了新乡贤相应的属性特点。其中胡鹏辉、高继波的"三特征说"将新乡贤特征集中在"贤人"、"能人"、"奉献之人"这三点之上,客观地说这个观点对新乡贤的特征属性分析得不是很到位。新乡贤一定是贤人、能人、奉献之人,但是这里没有突出"新",因而,对于新乡贤属性的解释没有跃出传统乡贤属性的窠臼。"四特征说"强调"身份要素"、"品德要素"、"能力要素"、"声望要素"这四个方面,仔细品来也觉得有所不妥。对于新乡贤而言,并不宜过分强调身份的问题,在社会主义市场经济与民主政治背景之下,人们只是从事不同的职业而已,从道德上、法律上没有高低

---

① 徐学庆:《新乡贤的特征及其在乡村振兴中的作用》,《中州学刊》2021 年第 6 期。另见胡鹏辉、高继波:《新乡贤:内涵、作用与偏误规避》,《南京农业大学学报》(社会科学版)2017 年第 1 期。

② 孙邦金、边春慧:《新乡贤参与乡村治理的功能再生与制度探索》,《广西师范大学学报》(哲学社会科学版)2019 年第 6 期。

③ 参见王华彪、刘邦凡:《强化新乡贤队伍建设推进乡村振兴提质增效》,《张家口日报》2021 年 11 月 30 日。

贵贱之别,所有人皆是平等的,任何人都可能成为乡贤,这是明显区别于传统
社会背景下的封建等级特权所具有的特殊身份从而决定社会地位与经济地位
的情事的。因而,在新乡贤的属性特征中强调其特征之一是"身份要素",笔
者认为似有不妥之处。此外,正如前述笔者所分析过的,"声望要素"也不必
然是构成乡贤的不可或缺的要素。由于乡贤的能力大小有别、社会活动领域
的差异等多种因素的影响,其奉献于乡里有时并不一定需要有多高的声望作
为支撑。更何况在现代社会,有些人助人为乐、扶危济困、热心公益往往选择
低调的方式、不为人知的方式去实现做本地方慈善事业的目的,这些人也完全
符合新乡贤的标准,但是,他们资格的成立并不需要声望的支撑。有些时候,
他们为地方作贡献更多的内驱力是来自心理需求与内心的某种满足感或者是
基于还愿的精神追求。"四新说"囊括了"新的时代背景"、"新的人员构成"、
"新的地域属性"、"新的权威来源",或"职业构成多元化"、"空间分布离地
化"、"阶层结构趋向平民化"、"价值观念现代化"等。应该说"四新说"基本
上概括了新乡贤"新"的特征属性,是对新乡贤新的属性较为全面的分析。
"六特征说"是对"四新说"的具体化,在诸多方面提炼了现代新乡贤的不同
层面特征属性。笔者在此无意于标新立异,只是想在已有研究基础之上谈
谈自己的看法。前面已经对乡贤的本质内涵进行了分析,新乡贤特征属性
问题最主要是要究其新的属性进行阐述,并在与传统乡贤特征的比较中把
握其外在特点。

　　第一,地域性特征。① 地域性特征是古今乡贤的共性特征,但是在今天的
地域性特征问题上与传统乡贤地域性是有重大差别的。古之乡贤主要侧重于
一个市、县政权建制下的在地方上有一定声望的乡贤人士,这些人员包括前文
所述的退居在乡的官员、地方的名门望族人士以及通过科举、捐纳等途径获得
一定名头的士绅人士。他们由于在长期的地方社会治理实践中取得了群众的
拥戴以及国家正式权力的默许而获得一定的社会权威。传统乡贤的地域性是
有局限的,他们主要是生于斯、长于斯、奉献于斯。他们主要受交通条件、交通

---

　　① 参见张兆成:《论传统乡贤与现代新乡贤的内涵界定与社会功能》,《江苏师范大学学
报》(哲学社会科学版)2016年第4期。

工具的影响,其所处的地域性与今天的高速公路、高铁、飞机等交通条件是不可同日而语的。而今天的新乡贤与之不同的是,虽然同时也强调其存在的地域性,但是对这种地域性的要求范围不再过于局限。在宏观背景上,强调新乡贤主要是指活跃于广大乡村社会与社会最基层结构背景下的群众打交道的主体,他们本身是群众的组成部分,他们来自群众却并不高于群众。现代社会存在两种乡贤,一种是在场乡贤,另一种是不在场乡贤。有的乡贤扎根本土,把现代价值传递给农民。还有一种出去奋斗类型,有了成就再回馈乡里,他们可能人不在当地,但由于通信和交通便利,可以通过各种方式关心和支持家乡发展,他们的思想理念、知识和财富都能影响家乡。① 易言之,无论在场不在场,现代新乡贤也同样强调乡贤的地域性构成要素,正是这种地域性使得乡贤有了自身施展才华的活动空间。也正是地域性,在某种意义上成为当地新乡贤致力于乡村发展与在外新乡贤关心家乡建设的黏合剂。更为主要的是,地域性承载的是某种乡愁与乡情,乡土性是地域性的内在根据,正是由于这种地域性、乡土性属性的存在,使得无论是在地乡贤还是在外乡贤,他们都由于这种乡土性的纽带得以寄托内在情感。一句话,正是地域性孕育了乡土情怀,不完全局限于空间上的在场性,这些新乡贤既可能在场奉献于乡里,也可能不在场但通过各种途径回馈乡里,因而,这种地域性、地缘性的属性特征更加具有心理层面的属性特征。

从全国范围内新乡贤存在状况及其实践状况来看,其呈现形式多样,但都体现了各自地域自身的特色。如江苏省丰县梁寨镇一些退休干部、老党员、老教师等,自发成立了志愿者服务队,收集民情民意,调解群众纠纷,宣传党的政策,起到了积极向上的作用。镇党委、镇政府为促进乡风文明建设,在梁寨镇设立了"乡贤工作室",老同志积极发挥余热,化解社会矛盾,深受群众欢迎。② 浙江省德清县各乡镇的乡贤及乡贤参事会组织形式,为德清县各乡镇经济发展、社会治理、公共服务作出了很大贡献。德清着力培育一种维护社会公共利益、促进基层民主自治的农村社会组织——乡贤参事会,在基层党组织领导

---

① 参见张颐武:《重视现代乡贤》,《人民日报》2015 年 9 月 30 日。
② 参见石培明、张道平:《三千名乡贤解民忧——江苏丰县"乡贤工作室"开创乡村治理新模式》,《中国县域经济报》2015 年 7 月 30 日。

下,充分发挥其参与社会管理、公共服务的作用,成为群众参与基层治理、加强党群联系的新平台。① "江西省万载县积极探索乡村治理新方法,在法治的框架下,最大程度地发挥乡镇非公经济人士、退休教师、退休干部、宗教界人士以及在家族或屋场有影响力、有威望的人士等乡贤的德治作用,在全县十七个乡(镇、街道)创建了乡村党外民间人士工作室。工作室共聘请五百四十一名乡贤参与辅助村级事务管理,扭转乡村治理主体弱化的现状,促进乡村社会治理转型,为社会主义新农村建设发挥不可替代的作用。"② 此外,"全国各地如江苏宝应县乡贤回乡参与家乡经济建设"③,"山东省泗水县尼山地区乡贤化解社会矛盾纠纷"④,"江苏省贾汪区筹建乡贤工作室,为民办实事、化解基层社会小摩擦创新性工作"⑤,"广东省推进乡贤反哺工程"⑥,"广东丰顺县大力发展乡贤经济"⑦,"上海市奉贤区推动乡贤参与城乡社区治理"⑧,"浙江上虞大力发展乡贤文化"⑨,"福建松溪县乡贤返乡成立乡贤理事会助发展"⑩,"湖北鄂州发展当地'五老'作用"⑪,"天津武清县泗村店镇建立'乡贤'队伍,化解乡村矛盾"⑫。总之,全国各地乡贤在各自地区以不同形式发展起来,致力于当地经济与社会发展事业。

---

① 参见袁艳:《德清给村两委配"智囊团"——乡贤,村务好帮手》,《浙江日报》2014年12月11日。

② 黄磊、欧阳思伟:《以德治村有乡贤——万载党外民间人士助推乡村治理转型侧记》,《宜春日报》2015年8月29日。

③ 郑晋鸣、韩灵丽:《在冲撞与融合中塑造新乡村文明——透视江苏省宝应县乡贤回乡的文化现象》,《光明日报》2014年7月16日。

④ 赵法生:《再造乡贤群体重建乡土文明》,《光明日报》2014年8月11日。

⑤ 王应举等:《乡贤携手"三解三促"工作组共创和谐》,《江苏法制报》2015年12月3日。

⑥ 李明、岳宗等:《发挥乡贤反哺作用促进区域协调发展》,《深圳特区报》2012年10月16日。

⑦ 冯科:《以乡贤资源带动丰顺经济发展》,《新经济》2010年第4期。

⑧ 祝越:《奉贤区推动乡贤参与城乡社区治理》,《文汇报》2015年10月21日。

⑨ 董光海、冯健英等:《弘扬"乡贤精神"发展"乡贤文化"——赴浙江上虞学习考察"乡贤文化"纪实(三)》,《海口晚报》2015年11月17日。

⑩ 张颖:《黄屯乡贤返乡啦! 跟吗?》,《福建日报》2015年10月14日。

⑪ 陈庆跃:《建立乡村乡贤工作室为群众排忧解难》,《农民日报》2015年9月11日。

⑫ 王昕、张荣、吕猛:《建立"乡贤"队伍化解矛盾纠纷》,《天津政法报》2015年11月3日。

第二,平民化特征。① 平民化特征是现代乡贤的又一重要属性特征。传统乡贤大多强调其家族背景、社会政治地位,尤其是强调其在封建等级制度之下的特权地位,虽然这种特权地位很多时候并不必然来自官方的直接法律赋权,但是其凭借自身拥有在乡村地区较为广泛的人脉资源和物质、社会资源而区别于一般群众。现代新乡贤虽然也注重其家族和社会政治地位,但是更多地趋向于平民化,平民百姓只要符合一定的条件诸如品质良好、热心助人、热心公务、富有正义感,则无论是普通党员、党外人士抑或是乡村里面的一般群众,都可以成为现代新乡贤的组成人员。这从全国各地乡贤的基本构成完全可以得到证明,如前文述及的,这些各地乡村的新乡贤人员大多由本村的老党员、党外人士、老村干部、党员代表、村民小组长、退休教师、村里老者等热心于乡村公务有正义感的人员担当。这些人员组成中,普通党员、非党员及一般群众,在符合一定标准条件下都可以通过一定程序申请成为乡贤。从其产生机制与人员结构组成来看,其迥异于传统乡贤,他们更加体现了新时代的平民化色彩,他们组成人员本身来自基层,来自群众,服务于群众,因而更利于开展工作,成为群众的贴心人。正是在此意义上,平民化特征、群众性特征在新乡贤身上体现得更加明显,这一点很显然要区别于中国封建社会背景下的传统乡贤。

第三,乡民的普遍认同、认可。乡贤一般能够获得其活动范围内的乡民的普遍或者较高的认同,具备一定的社会声望,这是古今乡贤的共同特征。对于传统乡贤而言,他们从小就熟读儒家经典,深受儒家礼仪教化的影响,为人正直、处事公道、急公好义、闻名乡里,他们是村庄的道德典范,是村庄的精神领袖,并因此而成为村庄秩序的守护者。② 而对于现代新乡贤而言,从新式教育的背景来看,他们未必能熟读儒家经典,熟知儒家的礼仪教化,但是大多知书达理,知晓党的政策和国家政策法规,同时他们大多是对几千年传承下来的农村地区民俗、民风,本地方的乡规民约以及乡村群众的生产、生活情况了如指掌。他们能够熟谙地方事务以及群众心理,能够了解群众的心理与外在的利

---

① 参见张兆成:《论传统乡贤与现代新乡贤的内涵界定与社会功能》,《江苏师范大学学报》(哲学社会科学版)2016 年第 4 期。

② 参见赵法生:《再造乡贤群体重建乡土文明》,《光明日报》2014 年 8 月 11 日。

益诉求并很好地协调处理,是能够处事公道、善于在不同乡民之间协调事务以及善于在乡民与乡镇政府之间搭建桥梁的好帮手。他们要么对乡村的经济发展出谋出力,要么对乡村教化奉献智慧,或者对乡村和谐、邻里关系和睦充当润滑剂,一句话,正是由于他们在各个方面奉献乡里,惠及民众,因而获得乡村群众较高的认同与赞誉。正是由于他们所在的乡村是熟人熟事,办事公正,善于协调,从而在长期的与民相处过程中增进了感情,乡民能够听得进其言,能够按照其规劝行事。新乡贤本身产生于乡民,服务于乡民,其身份能够获得乡民认同,自然也就容易在乡民之间口耳相传,久而久之,在乡民之间形成较高的社会声望与较好的社会认同。新乡贤的社会认同度在新时代有新的特点,这种新的特点是由新时代新乡贤对于乡村事务的参与广度与深度所决定的。现代乡村事务不再局限于传统乡村公共事务,不再局限于传统的救灾赈济、修路架桥、扶危济困,而是在市场经济条件下涉及社会主义新农村建设的各个方面,如乡村产业、乡村土地、乡村矿产、林地等自然资源、村集体经济、乡村环境整治、乡村民众卫生健康、乡村社会教化、乡村公共服务、乡村生态保护、乡村精神文明、乡村社会治理、乡村文化振兴等各个层面。在这些领域服务乡民,均可成为特定领域的受乡民爱戴的新乡贤。易言之,在社会主义新时代新农村建设与治理发展中,在各行各业为地域乡村发展贡献力量的各类人才,在获得人民认同与认可的基础上,都有可能具备新乡贤的荣誉资格。由于乡贤于特定领域的贡献有大小,社会声望有大有小、高低不同,因而,不以社会声望高为标准判断新乡贤的资格要件,而以获得社会一定的认同与认可作为标准,更能显示不同领域新乡贤的特点。当然,这里的认同主要是指社会认同、公众认同,不局限于政府的积极赋权,任何时代政府都没有理由不认同社会中的向上向善行为。此外,区别于传统的乡贤门槛较高,现代新乡贤由于来自群众,服务于群众,更具大众化、更贴近基层民主化的现实需要,不再像传统乡贤那样主要来自或者依附于封建体制及其资源,而是更多的立足于社会本身,是来自社会各个领域的积极奉献于乡土的贤德人士。①

---

① 参见张兆成:《论传统乡贤与现代新乡贤的内涵界定与社会功能》,《江苏师范大学学报》(哲学社会科学版)2016年第4期。

　　第四,掌握先进文化和秉承时代主流价值观。① 文化是一种社会现象,它是人们长期创造形成的产物,同时又是一种历史现象,它是社会历史的积淀物。确切地说,文化是凝结在物质之中又游离于物质之外的,能够被传承的国家或民族的历史、地理、风土人情、传统习俗、生活方式、文学艺术、行为规范、思维方式、价值观念等,它是人类之间进行交流的普遍认可的一种能够传承的意识形态。先进文化是一个社会发展阶段中能够引领其他文化协同发展的中心意识形态。先进文化是人类长期以来社会物质生产实践与精神生产实践的产物,是人类社会文明进步的结晶与精华。先进文化能够顺应人类社会发展的基本路径与基本规律,揭示人类社会未来的发展趋势与发展方向。先进文化的重要功能是为人类社会文明进步与发展提供强有力的价值观引领、思想理论基础与保证、精神动力支持和智力心理文化基础。在推进改革、锐意发展的背景下,我们的先进文化就是以科学发展观为统领,以全面实现建设小康社会宏伟目标和构建社会主义和谐社会的要求为行动指南,弘扬以爱国主义为核心的民族精神和以改革创新为核心的时代精神为旗帜的社会主义文化。新时代的现代乡贤往往能够自觉地倡导先进文化在乡村地区维护社会主义新农村发展②,"促进乡村稳定和谐,他们能够践行社会主义文化,在乡村弘扬积极向上的文化风尚。现代乡贤能够及时捕捉党和国家政策,通过报刊杂志以及现代网络信息系统掌握先进文化的发展动态,积极倡导和践行社会主义精神文明建设。在日常的乡村治理中,他们能够主动宣扬当前社会的主流价值观"③,"引导乡民自觉将自己的思想和行动统一到党和国家经济建设和社会发展中去"④。在日常乡村事务中,乡贤们往往能够运用喜闻乐见的形式引导群众的价值准则,能够自觉地把社会主义核心价值观的培育和优秀传统文化

　　① 参见杨军:《新乡贤在培育社会主义核心价值观中载体作用探究》,《文化学刊》2015 年第 3 期。
　　② 参见郭超:《用乡贤文化滋养主流价值观——访北京大学教授张颐武》,《光明日报》2014 年 8 月 15 日。
　　③ 苏雁、孙宁华:《乡贤的道德精神是可以"看见"的——苏州大学教授罗时进谈乡贤文化》,《光明日报》2014 年 8 月 13 日。
　　④ 胡彬彬:《乡贤文化与核心价值观》,《光明日报》2015 年 5 月 21 日。

有机结合起来,①充分发挥优秀传统文化与社会主义先进文化、社会主义主流价值观的对接,能够用接地气、听得懂、群众乐于接受的载体宣传,把农村群众的价值准则统一到核心价值观的要求上来。② 社会主义文化是人民的、大众的,代表最广大人民利益诉求的文化价值观及其体系,在乡村地区就是弘扬与发展社会主义的乡村文化,建设社会主义新农村。新乡贤通过自身的行为融优秀传统文化于今天的社会主义新文化之中,在推陈出新中实现文化的扬弃,引导乡民积极向上,营造出爱国、爱家、爱家乡的浓厚情怀,这从根本上有利于社会主义乡村治理与社会发展时代力量。价值观是先进文化的核心与灵魂,新时代的乡贤们能够主动将核心价值观融入进平凡的工作岗位上,融入到经久累月的乡村社会治理与经济社会发展的建设长河中。这是与传统乡贤奉行儒家封建文化,以维系乡村封建统治秩序为主要任务的历史逻辑相迥异的。③

　　第五,有现代道德观念与民主、法治、人权思维。现代新乡贤区别于传统乡贤的一种重要标志是他们大多具有社会主义道德观念与现代思维方式,特别是有较为先进的社会主义道德观及人权、民主、法治思维。"社会主义道德本质上是社会主义的经济基础与政治上层建筑的集中反映,是社会主义社会条件下人们生产生活的集中映射,是在工人阶级自发形成的朴素的道德观、价值观的基础上,以马列主义世界观为指导,以为人民服务与集体主义为基本原则,以社会主义公民的诚信体系为基础,以基本道德规范、荣辱观为主要内容,充分体现工人阶级和广大劳动人民核心利益的先进道德体系。"④这个道德体系已经成为社会主义建设时期新的道德体系。新乡贤对社会主义道德观是持赞同态度的,他们在乡村事务的日常工作与治理实践中,往往能够运用新时代社会主义的道德伦理观念结合新时代的乡规民约,通过运用民主、法治、正义、

---

　　① 参见王志良:《继承和弘扬乡贤文化践行社会主义核心价值观》,《光明日报》2014 年 7 月 23 日。

　　② 参见游开余:《新乡贤文化涵育文明新风尚》,《思想政治研究》2015 年第 9 期。

　　③ 参见张兆成:《论传统乡贤与现代新乡贤的内涵界定与社会功能》,《江苏师范大学学报》(哲学社会科学版)2016 年第 4 期。

　　④ 张兆成:《论传统乡贤与现代新乡贤的内涵界定与社会功能》,《江苏师范大学学报》(哲学社会科学版)2016 年第 4 期。

人权等知识体系去解决现实中的乡村矛盾,有效地化解乡村社会所存在的各种矛盾纠纷。如万载县最近几年的新乡贤实践,他们勇于探索本地乡村经济与社会治理的新实践、新路径、新方法、新举措,尝试在法治的框架下,充分地发挥乡镇诸如退休老干部、退休老教师、老村支书记、老村长以及民营企业家、个体经济经营者、宗教人士以及在家族或宗族中有影响力、有威望、有热心、有能力、有智慧的各路人士等乡贤的德治作用。"在全县近二十个乡镇、街道创建了乡村党外民间人士工作室、工作站。工作室共聘请近六百名乡贤参与辅助村级各类公共事务,在很大程度上推动了乡村治理的新局面,扭转了乡村治理主体弱化的困境,促进了当地乡村社会治理转型与升级。"①"江苏丰县梁寨镇光庄村新乡贤王文彬已年过八旬,老人自办'农家书屋'二十年,每天坚持剪报张贴,向群众宣传时事新闻。他还倾情关心下一代教育和普法工作,先后被评为'全国五五普法中期先进个人'、'全省关心下一代工作先进工作者'等多项荣誉。"②在处理村民矛盾纠纷问题上,"江苏徐州市贾汪区乡贤与村民座谈,耐心讲解相关政策,将矛盾化解在萌芽之中。耿集乡贤携手工作组接访九十三件,成功调解九十二件,调解成功率达98%,其中最有社会影响历史纠纷老案三十二件,占总件的百分之三十"③。乡贤们在基层社会治理中,"一方面利用自身的人格魅力来感染周边的人,用村民们能够接受的方式来传递现代社会道德理念与现代知识体系;另一方面,通过自身学习宣传以及多年用法经验,让现代的法律和契约精神与传统的价值和伦理得以协调"④。正是在此意义上,我们可以认为现代新乡贤在拥有的道德观以及民主、法治思维方面与传统乡贤有着根本区别。

　　建立在对新乡贤的内涵与外延进行充分阐释的基础上,我们可以了解现代新乡贤的主要范围与外延。在学界关于新乡贤的范围与外延的认知上形成了一些不同的见解,这些判断对于精准认知新农村背景下的新乡贤的标准、新

　　① 黄磊、欧阳思伟:《以德治村有乡贤——万载党外民间人士助推乡村治理转型侧记》,《宜春日报》2015年8月29日。

　　② 石培明、张道平:《三千名乡贤解民忧——江苏丰县"乡贤工作室"开创乡村治理新模式》,《中国县域经济报》2015年7月30日。

　　③ 王应举等:《乡贤携手"三解三促"工作组共创和谐》,《江苏法制报》2015年12月3日。

　　④ 张颐武:《重视现代乡贤》,《人民日报》2015年9月30日。

乡贤的范围与外延大小有重要的参考价值。从学界的研究现况来看,主要包括:张清俐、张杰(2014)认为,"在新的历史条件下,乡贤的主体范围更加宽泛了,从现实情况看,农村优秀基层干部、道德模范等先进典型,在乡民邻里间威望高、口碑好,正日益成为'新乡贤'的主体。此外,也应该包括文人学者、企业家、科技工作者、海外华人华侨等,他们当年从乡村走出,如今返回故乡,用其所长反哺桑梓,完全能在建设美丽乡村方面出分力"①。王小梅(2016)指出,"在现代化社会发展的时代潮流中,大量农村优秀人才以不同形式流向城市。人们普遍认为,新乡贤的主体范围界定应该适应当前乡村与城市发展的现实,在范围上作更加宽泛的认识。如农村优秀基层干部、道德模范等先进典型,以及退休的老村支书、老村主任、在乡民邻里间威望高、口碑好的普通人群,外出经商或从政经常回家探望乡亲的各类贤达以及其他在乡村各类创业的成功人士等等,正日益成为新乡贤的主体"。此外,"也应该包括海外华人华侨、文人学者、科技工作者、企业家、经营管理者、技术上的能工巧匠、教育工作者等各行各业有心致力于乡村发展的各路贤达等。他们当年从乡村走出奋斗寻梦,如今返回故乡,用其所长反哺桑梓,完全能在建设美丽乡村方面出分力,以他们的智慧能力奉献乡村治理与乡村振兴"②。付翠莲(2016)认为,"新乡贤群体构成实际上不存在严格的界限与标准,广义上那些自愿为家乡作贡献的社会主义建设者都可以属于新乡贤的范畴。新乡贤人群构成包括以下四类:第一类是同时具备或符合在乡性、有威望、有优势等特征的人士"③。如李金哲(2017)认为,"新乡贤是具备在乡性、某方面优势及地方上有威望人士"④。"第二类是具有自愿与主动奉献精神的人士。受该意识形态的指导,新乡贤的行为选择趋向于服务农村社会。"⑤如王文峰(2016)认为,新乡贤是

①　张清俐、张杰:《发掘乡贤文化的时代价值》,《中国社会科学报》2014年11月5日。

②　王小梅:《新乡贤文化与新农村建设——贵州学者畅谈乡贤文化的现代价值》,《贵州日报》2016年6月3日。

③　付翠莲:《我国乡村治理:模式的变迁、困境与内生权威嵌入的新乡贤治理》,《地方治理研究》2016年第1期。

④　李金哲:《困境与路径:以新乡贤推进当代乡村治理》,《求实》2017年第6期。

⑤　崔佳慧、王生章:《困境与出路:乡村振兴视阈下乡村治理模式新探索——基于地方新乡贤治理经验》,《厦门特区党校学报》2018年第4期。

指"那些守法纪、有品行、有才华,有意为家乡社会文明进步做出贡献的人"①。第三类源于政策导向所指的先进典型。如上海市崇明区文明办曾指出,"农村优秀基层干部、道德模范、身边好人等先进典型,成长于乡土、奉献于乡里,在乡民邻里间威望高、口碑好,正日益成为'新乡贤'的主体"②。"由此认为,乡村老党员、老干部、老军人、老模范、老教师是当前新乡贤构成的主力人群。"③第四类是乡村各类精英人士。不同于一般的精英人群,新乡贤是品行较好、返乡的各领域精英,是指"乡村社会涌现出的一大批率先富裕起来的能人及愿意带领农民走向共同富裕的贤人"④。傅守祥(2019)指出,"新时代背景下的新乡贤主要群体应包括:一是离退休老同志,包括老党员、老干部、老战士、老教师等;二是先进典型,包括时代先锋、道德模范、最美人物、身边好人等;三是经济能人,包括企业家、各类企业主、职业经理人、科技人才、技术能手等;四是文体能人,包括专家、学者、演艺人才、体育人才等;五是其他人士,包括海外华人华侨、社会组织负责人等"⑤。苗永泉、高秀伟(2019)指出,"在当前,有德行、有成就的党政干部、企业家、专家学者、医生教师、规划师、建筑师、律师、技能人才等外出精英人才和乡居的德高望重的老党员、老村干部、宗族长者、老乡村教师以及新兴的经济能人等都可以成为新乡贤的人选,他们在社会经验、知识结构、专业技能、职业路向、行业发展等方面是非常多元化的。这些不同领域的精英可以为乡村建设提供多方面的资源,如人脉与资金、就业与发展空间、经营与管理、见识与专业技术、专业技能等等"⑥。杜何琪(2020)认为,新乡贤需要持续参与乡村治理进程,发挥润物细无声的作用。那些虽然功成名就,但是几乎不住在村里的人就很难称他们为新乡贤,他们更多发挥的是

①　王文峰:《"新乡贤"在乡村治理中的作用、困境及对策研究》,《未来与发展》2016年第8期。

②　上海市崇明区文明办:《创新发展乡贤文化》,《党政论坛》2016年第10期。

③　崔佳慧、王生章:《困境与出路:乡村振兴视阈下乡村治理模式新探索——基于地方新乡贤治理经验》,《厦门特区党校学报》2018年第4期。

④　付翠莲:《我国乡村治理:模式的变迁、困境与内生权威嵌入的新乡贤治理》,《地方治理研究》2016年第1期。

⑤　傅守祥:《乡村振兴视野中的温州乡贤文化创新发展》,《创意城市学刊》2019年第3期。

⑥　苗永泉、高秀伟:《乡贤文化自觉与传统乡贤文化的创造性转化、创新性发展》,《中华文化与传播研究》2019年第1期。

名片作用。其次,如果将正式的村"两委"成员也纳入新乡贤的行列,那么新乡贤这个概念就显得过于笼统而失去了理论价值。同时如果村"两委"干部也属于新乡贤,那么"新乡贤参与乡村治理"这一命题就显得混乱不堪了。因此,新乡贤应该是那些在村之贤者,且并不在当下担任村"两委"干部。他们被基层政府组织起来,通过个人或者特定的组织参与乡村治理。① 王华彪、刘邦凡(2021)认为,"新乡贤是……组成群体包括各种类型的精英人才,诸如德高望重的老干部、技术能手、致富能人、管理精英、经济创业能手等等。他们一般具有较强的资源能力、经济能力、经验能力、管理能力、组织协调能力以及较大的社会影响力等特征,是乡村矛盾的化解者或乡村纠纷的调解者,是地方经济的建设者,家乡法治的推动者,乡土慈善事业和公共设施建设的奉献者,是脱贫攻坚与乡村振兴有效衔接的推动者,社会主义新农村各行各业的建设者"②。孙顺华(2021)认为,"按照典型性和一般性兼顾、示范性与实践性结合的原则,媒体塑造的新乡贤主要有三种类型:致富能人返村主政型、工商精英投资故乡型、贤能村民参理村务型、公务员退休还乡型"③。董文华、辛正果(2022)指出,新乡贤已经成为我国乡村振兴战略中不可或缺的力量,至少应该包括以下五类人群:一是体制内离退休返乡的"五老",即在体制内离退休返乡的老干部、老教师、老医生、老工人、老军人,他们社会资源丰富、专业技术能力强,离退休后,利用自己的知识、技术与资源为家乡振兴贡献自己的力量。二是乡村基层一线的"三老",即长期工作在乡村基层一线的老支书、老主任、老党员,他们办事公道、作风正派,熟悉乡村事务,在村里具有很高的威望,退休后仍积极发挥余热,因而成为乡村振兴战略实施的宝贵财富。三是当地各行业的模范人物,即当地的致富能手、劳动模范、文明榜样、道德楷模等,他们长期在乡村建设中辛苦耕耘,且具有一定的知识和文化、视野开阔,说话、做事高人一筹,能够为街坊邻里排忧解难、仗义执言,因而具有一定威望,成为新时

---

① 参见杜何琪:《"代理人"的代理人:新乡贤的兴起、组织与功能——基于国家政权建设的视角》,《复旦政治学评论》2020年第1期。

② 王华彪、刘邦凡:《强化新乡贤队伍建设推进乡村振兴提质增效》,《张家口日报》2021年11月30日。

③ 孙顺华:《媒体叙事中的新乡贤文化建构研究》,《西南民族大学学报》(人文社会科学版)2021年第11期。

代乡村的贤达人士。四是新市民和企业家,即从农村走出去后经历了城市文明和市场经济洗礼的经济建设能手以及回乡成功创业的企业家,他们凭借自己的辛苦打拼,掌握一技之长,但仍心系家乡,根据家乡实际情况,回乡创业,带领家乡人民发展经济、脱贫致富。五是从乡村走出去的高层次人才,即从乡村走出去的大学生、港澳台同胞、海外侨胞,他们虽身在异乡,但心系家乡的发展,通过项目投资、技术支持、专利出让等方式,为家乡发展出钱出力,为乡村振兴贡献着自己的力量。①

　　从以上学界已有的对新乡贤的外延及范围的描述来看,学者们的主要集中点在于概括或者进行列举,这为我们了解目前乡村地区哪些人员能够成为新乡贤提供了相对充实丰富的思考素材。笔者认为,目前主要的问题有两个方面:一是新乡贤的范围是否仅指"那些在村之贤者,且并不在当下担任村两委干部"②。对于这个问题,绝大部分学者认为新乡贤应该既包括在乡新乡贤也包括不在乡新乡贤,新乡贤无论是否居住于乡土,都不影响其新乡贤的社会地位资格的成立。笔者是同意学界的绝大部分学者观点的,在此有必要对此进行简单的回应。常驻乡土的乡贤可以不间断地参加乡村治理与经济社会发展,有利于常态化发挥其参与乡村公益事业的积极作用。那些非在场乡贤平时不居住在乡村,他们有的长期居于城市甚至有的长期居于海外,但是他们心系家乡发展,通过不同途径、不同方式贡献于乡里民众,起到的不仅仅是名片的作用。很多时候,他们利用在外的人脉资源、获得的经济资源、社会资源以及自己所掌握的知识、技术与管理经验等资源,可以有效地支持家乡的经济社会治理与社会发展。所以,我们不能将新乡贤仅仅局限于常住乡村的那一类人员,还应该放眼于不居住在乡村,但是心系乡村并通过不同途径、方式贡献于乡村的不在场乡贤。至于说,新乡贤能否担任村"两委"主任或者村支书,这个已经在上文论述,此处不再赘述。二是对中国农村新乡贤如何进行类型化以及明确划分类型的目的与意义。新乡贤特征的各种阐述均没有很好地、

---

① 参见董文华、辛正果:《打造新乡贤文化振兴的齐鲁样板——基于山东省新乡贤文化建设的探索》,《南方农机》2022 年第 6 期。

② 杜何琪:《"代理人"的代理人:新乡贤的兴起、组织与功能——基于国家政权建设的视角》,《复旦政治学评论》2020 年第 1 期。

明确地解决新乡贤的类型化问题。为什么要进行类型化划分？实际上这是对新乡贤实现不同规制模式的基本前提,要实现新乡贤的法治化,就必须对新乡贤类型化问题进行有效研究,对不同新乡贤的特点深入把握其内在规律。只有把握住不同类型乡贤的特殊规律性,才能实现有效的法律规制,也就是实现新乡贤的主体法治化及其机制构建。就这个意义上来说,对新乡贤范围与外延的列举是不完全的,在类型划分问题上尚未走向自觉。笔者认为,对新乡贤范围的列举也就是对新乡贤外延的界限的确认工作,应以一定的标准对新乡贤外延进行相对科学的认知与划分,才能使得列举更具有事实逻辑。以此为基础,可以将新乡贤按照不同标准进行如下划分：

其一,在场新乡贤与不在场新乡贤。以新乡贤是否长居于乡村,是否在场,可以将新乡贤划分为在场乡贤与不在场乡贤或者居乡乡贤与在外乡贤。这种划分的意义是这两种新乡贤参与乡村事务的途径以及作用方式等方面以及是否具有即时现场参与性是有区别的。在场新乡贤可以随时直接、现场参与乡村治理,不在场乡贤不能直接参与乡村事务。他们是否能够即时参与乡村事务是存在差别的。针对在场乡贤与不在场乡贤可以设定不同的治理机制,以使得他们都能够最大限度参与乡村事务。这是推进新乡贤治理法治化的必备步骤,只有对新乡贤这种在场与不在场类别进行有效划分并梳理出其二者各自的特点,才能在类型化问题上实现走向科学,为进一步规范化、法治化、制度化治理提供基本思路。在场乡贤主要包括：一是退休的老干部、老教师、老医生、老支书、老主任、老军人、乡村耆老等。二是返乡各类人员。他们返乡居住,或者往返于城市和乡村,在乡村有居所,返乡创业。他们在城市里学有所成,或取得一定业绩,拥有一定的知识、经验、技术以及经济、社会资源,能够将城市资源、自身各类资源引向农村,从而促进乡村治理与乡村的经济文化事业发展。三是热衷于乡村治理与建设的新青年。他们有热爱家乡、乐于奉献的,担任村"两委"职务的大学生、乐于奉献的乡村各行各业乡村创业者等等。不在场乡贤主要包括那些常年居住在外乡,但是心系家乡,情系乡愁乡愿,通过各种途径向家乡输送资源、经验、技术,为家乡培养人才等方式,实现反馈家乡、报效桑梓、振兴家乡的目的。

其二,各种行业类别乡贤。以新乡贤的不同行业类别为标准,可以将新乡贤划分为经济类新乡贤、文化类新乡贤、治理型新乡贤、教育型新乡贤、科技型新乡贤、慈善型新乡贤、法治类新乡贤、娱乐型新乡贤等。这种分类实际上是以新乡贤所从事的行业为标准进行的划分。现代社会发展与市场经济条件下，各行各业的存在与发展都是应市场需求的变化而变化。社会主义新农村治理与建设中需要各色与新农村发展相适应的领军型人才，这些人才在各行各业乐于奉献，特别是乐于将自己的经验、技能、资源用于带动农村发展、农民致富、农业振兴。对新乡贤的行业类型进行列举与划分，有助于最大限度地发挥不同类型乡贤在特定领域的人尽其才、物尽其用，最大化程度上优化新乡贤的乡村治理与经济社会发展的人力资源与社会资源配置。这种划分的意义是有利于对新乡贤不同类别进行制度化设计，编入不同的服务团队形成相应的服务机制，对于推进新乡贤的法治化治理、常态化治理、制度化治理是有重要参考价值的。

其三，体制内乡贤与体制外乡贤。这种划分主要是根据新乡贤是否领取政府财政工资，享受政府公务员编制待遇或者准公务员待遇。新乡贤主要是一种社会公共性身份，或者是以其自身个体参与到乡村治理中，或者是通过新乡贤社会组织参与到乡村治理之中，在通常情况下以其社会性身份为主导性身份。正是因为这种社会性身份而不是来自政府身份，有时候更利于开展农村乡土性经济、社会关系。新乡贤参与村民委员会或者成为乡镇政府一员时，由于其身份发生了转变，弱化了其社会性身份，突出了体制性身份或者准体制身份（如村"两委"干部），反而在某种程度上不利于有效或者深度参与乡村事务。目前来看，体制类乡贤主要还是指那些少数由于乡贤业绩突出而被推选为村"两委"干部，特别是指被推选上村支书或者村委会主任职务上，从而以准体制类乡贤的身份地位服务乡村治理与发展的贤达人士。有了准体制类身份地位，可以调动一些政府类行政资源更好地参与乡村建设与治理，但是，也有可能因为脱离社会性身份而在某种程度上不利于某些工作推进。这部分新乡贤是少数，也不应成为多数；否则，就会影响新乡贤的整体性性质与属性。

总的来说，学界对于新乡贤的特征属性与外延大小、范围大小进行了卓有成效的探讨，但主要停留在管理学或者社会学等学科层面，从法学视角研究的不多，从交叉视角进行审视的相对匮乏。从管理走向规范，从管理走向法治，仍然需要我们作进一步的探索与挖掘。

三、传统乡贤与现代新乡贤的关系

（一）传统乡贤与新乡贤的区别

通过以上对传统乡贤与现代新乡贤特征的分析论证发现,传统乡贤与现代新乡贤在很多方面存在区别①,主要表现如下:

一是制度背景不同。在社会主义制度建立之前,在长达两千年的历史进程中,中国基本上处于封建社会制度框架之下。在这样的社会制度框架之下,传统乡贤在其特定的政治结构和文化背景之下,形成了独具特色的等级宗法制乡村治理地位及治理体系。这种封建制政治体制下成长起来的旧乡贤无法跨越其特有的社会存在及其意识形态,虽然在长期的社会发展中他们曾经客观上有效维持了封建的乡村社会秩序,但在实质上充当的是封建帝制及封建统治阶级在基层社会的代言人角色,无法越出其历史局限性。正如马克思所言:"人们是受他们的物质生活的生产方式,他们的物质交往和这种交往在社会结构和政治结构中的进一步发展所制约的。"②而新乡贤与此截然不同,新乡贤是在结束两千年封建帝制的基础上,在社会主义制度框架下成长和发展起来的,他们明显打上了新制度的烙印。新乡贤恰恰是在社会主义宪政、民主框架下,在中国共产党的领导之下,沿着自由、平等、公正、法治等新的社会目标迈进。他们在新时代致力于乡村经济社会发展,致力于和谐乡村社会之构建,服务于乡村社会民众,是顺应历史发展的。新乡贤的最终历史使命是与社会主义的本质和最终发展保持一致的。正是在此意义上,新乡贤更多地与时代与历史发展轨迹相一致而较少有历史局限性。新乡贤治理是乡村地区人民群众的治理形式的新的创新与新的举措,同时,也得到了各地基层党委政府的认同与积极支持。③

---

① 参见张兆成:《论传统乡贤与现代新乡贤的内涵界定与社会功能》,《江苏师范大学学报》(哲学社会科学版)2016 年第 4 期;张兆成、李美静:《论新乡贤的出场与乡村治理新路径——基于法政治学视角下的考察》,《民间法》2016 年第 2 期;张兆成:《论新乡贤出场的法治基础、治理体系与运作过程——一种法社会学视阈下的乡村治理新路径探微》,《江苏师范大学学报》(哲学社会科学版)2021 年第 4 期。

② 《马克思恩格斯选集》第 1 卷,人民出版社 1995 年版,第 72 页。

③ 参见张兆成:《论传统乡贤与现代新乡贤的内涵界定与社会功能》,《江苏师范大学学报》(哲学社会科学版)2016 年第 4 期。

二是结构组成不同。正如前述,传统乡贤的组成结构主要是来自门阀制、贵族制、科举制、捐赠制等制度背景下产生的返乡官僚、乡绅,以及由此衍生的封建士大夫阶层(诸如生员、秀才、举人等)组成的特殊等级森严的社会阶层,他们居于乡村,参与地域性社会公务治理,实际上形成的是一个附着于封建统治阶层的乡村统治集团。而新乡贤与此截然不同,虽然新乡贤也不乏原来体制内退休干部返乡参与地方经济社会发展,但是,在整体构成上,现代新乡贤更加趋于平民化,老党员、党外人士、退休教师、村干部、乡村族长以及一切热心公务、办事公道的乡村民众中的贤达人士,都可以依一定程序经过主动申报选拔或者乡民的推荐成为新乡贤的构成人员。易言之,要成为新乡贤,没有故步自封的屏障,在体制上是开放性的且没有等级森严,完全是公开、平等、自主的,这一点是区别于传统乡贤的结构组成的。从民主性的基础来看,现代新乡贤绝大部分诞生于乡村,成长于乡村,他们是民众之中的佼佼者,往往是民众认可的德高望重的乡村贤达人士,他们凭着自身对乡民的贡献而闻达于乡村,他们建功立业报效桑梓,其名望与地位不是来自官方,不是来自基层政府的任命,而是来自于乡村人民群众的普遍认可。①

三是价值观不同。传统乡贤与现代新乡贤在价值观方面有截然分别。就中国长期的文化发展来说,中国自身有其优秀的传统乡村文化,这些优秀乡村文化通过历史传承至今不朽的重要原因就在于一代又一代的农村民众的口耳相传与历史积淀。传统的儒家精华价值理念对于现代新乡贤而言是历史传承的共同财富。但是就各自所处的时代及所秉持的核心价值观而言,他们之间是有根本区别的。传统乡贤以封建的纲常礼教、君君臣臣、父父子子等级价值观为核心基础,构筑自己在乡村的基本统治秩序。而新乡贤则以富强、民主、文明、和谐,自由、平等、公正、法治,爱国、敬业、诚信、友善等社会主义核心价值观为自己的行为准则。就这一点来说,他们之间是根本不同的,是有严格区别的。一个是总体上秉承封建的社会价值观,一个是总体上秉承现代社会的社会主义核心价值观,其根本区别立见高下。

---

① 参见张兆成:《论传统乡贤与现代新乡贤的内涵界定与社会功能》,《江苏师范大学学报》(哲学社会科学版)2016 年第 4 期。

　　四是思维方式不同。西周以后,金字塔式的封建等级结构在血缘亲疏远近的基础上建立起来了,周王朝统治者以"和谐"为中心的封建礼制规定了每个人在这座金字塔中的位置,形成了上与下相依,王与民相维,天与人相应的伦理观、政治观、世界观"三位一体"的体系。[①] 这种以儒家封建道德伦理为中心的价值观和思维方式经过后世儒学思想家的进一步演绎,形成了一整套思想丰富的儒家学术思想体系,它也是构成中国传统社会传统思维的主要思维模式。它贯通于整个封建社会统治的各个历史时期,当然对于整个社会民众心理的渗透不言而喻。而在这其中,作为承载传统思维的乡贤而言,不仅他们自身得益于此,他们更是这种传统思维的学习者、践行者,并利用其驾驭钳制乡村民众道德观及日常思维。而新乡贤与此截然不同,新乡贤以其秉持的马克思主义科学世界观、人生观、价值观,融合了现代社会开放、包容、自由、平等、民主、法治、理性等现代观念及思维方式。在信息化时代,现代新乡贤通过与外界的接触交流,在政治、经济、文化、社会等各个领域形成自己独特的现代理性、辩证、科学的思维方式,从而区别于传统乡贤的内闭式、固化思维方式。这种思维方式的不同是由他们各自所处时代的物质生活条件及其所生活其中的制度形式的不同所决定的。

　　五是社会功能不同。尽管传统乡贤与现代新乡贤在有关社会治理方面都有其相似的社会功能,如传统乡贤在以往的乡村社会治理中起到维持乡村秩序,确保封建王权在基层社会的触角得以延伸,从而达到间接治理的社会功用。现代社会依然强调乡村治理的重要意义,鼓励乡贤参与乡村社会治理,从而达到国家和社会层面上的融合治理。但是从根本上二者还是有区别的,主要表现在:传统的乡贤治理功能是在封建制度本身衍生出现的结果,是在封建皇权无暇顾及乡村治理背景下与乡绅治理现实的无奈与妥协,且传统治理格局中所形成的乡绅治理在治理格局中形成了独立于中央的利益阶层,虽然他们之间的利益诉求有默契但更多的是冲突与对抗。而新乡贤治理功能的发挥是与社会主义制度相融合的,并且是社会主义宪政制度框架下得到执政党与国家积极倡导下的主动自觉行为。这种新乡贤参与乡村治理功能的全面发挥

---

　　① 参见李小兵:《传统思维与现代思维》,《延安大学学报》(社会科学版)1986年第3期。

恰恰是弥补现有国家层面在乡村地区治理能力不足的现实需求,是当前我国乡村经济社会发展过程中提出来的现实新挑战。我们国家在经济发展模式上推行的是社会主义市场经济体制,这就从根本上需要转变政府职能,国家与政府不能包打天下,事必躬亲,这就必然要求形成政府与市场、国家与社会相对分治的经济管理格局与社会治理格局。正是在此意义上,乡村社会应该复归于乡村,按照乡村社会的基本发展规律与实践逻辑由根植于乡村社会的现代新乡贤来参与治理,从而最大限度地发挥其治理功效。此外,与传统乡贤功能发挥的基础不同的是现代新乡贤并没有自身独立的利益诉求,很多情况下是自愿的、无偿的提供公共服务,这很显然与传统意义上的旧乡绅治理是有很大不同的。当然,它们之间的区别远不止这些,还包括实现乡村治理的方式与手段、主观价值追求的差异等等。[①]

(二)传统乡贤与新乡贤的联系

现代新乡贤并非从天而降,他们本质上是传统乡贤文化的新时代继承者、发扬者,是对传统乡贤继承优秀传统基础上的当代超越。简言之,他们之间的联系主要体现在:

第一,新乡贤是传统乡贤的扬弃。从理念上说,新乡贤摒弃了传统乡贤中等级森严、尊卑有别等糟粕,倡导现代社会的民主法治理念、开放竞争意识、包容创新氛围、幸福、自由、平等精神等现代文明因子;从主体上说,新乡贤既包括道德模范、各类不同领域的社会贤达等,也包括以自己的专长、学识和财富建设乡村、改善民生的各类优秀人物。因此,新乡贤治理实践是在对传统乡贤治理实践的批判性继承的基础之上实现新的时代呈现,是在对传统文化实现辩证性扬弃基础之上的创造性转化,是在继承传统一切优秀道德文化的基础上的新时代的创新性发展。新乡贤既汲取了中国传统乡贤道德文化传承中的价值精华与实践结晶,又在新时代乡村振兴的主背景下自觉践行和融入社会主义核心价值观;既发扬了传统中国世代流传的乡贤优秀品格,又凝练了现代新乡贤的时代品质与新属性,是新时代的社会主义核心价值观与优秀传统文

① 参见张兆成:《论传统乡贤与现代新乡贤的内涵界定与社会功能》,《江苏师范大学学报》(哲学社会科学版)2016年第4期。

化在乡村社会的完美契合,传统与现代相对接的新形式、新面向、新模式、新机制、新路径。① 正因如此,我们完全可以认为,新乡贤是对旧乡贤的否定和扬弃,是在新时期乡村社会发展遇到新问题、新境况下为契合乡村社会矛盾解决基础上产生的新兴主体。

第二,现代新乡贤是传统乡贤的延续与发展。新乡贤是在新的时代背景下产生的乡村治理主体,他们来自各条工作战线,既可能是退休干部、退休教师、退休工人、乡村族长、村干部,也可能是在职的乡村地区工作中的杰出人士;既可能是在乡的各类优秀人物,也可能是通过各种渠道服务家乡经济社会发展的在外成功人士;他们原有社会身份可能不同,但是,在现代乡村治理格局下,他们取得了新的社会标签"新乡贤"主体身份。新乡贤继承了传统乡贤的优秀品格,继承了千百年来乡村社会背景下乡贤治理的有益经验并将之转化为在现代乡村社会的有用物质与精神财富,从而服务于社会主义新农村建设。正是在此意义上,新乡贤既继承了传统乡贤的名号,也继承了传统乡贤的积极因素,因而,可以认为新乡贤是传统乡贤在新时代的延续。但是新乡贤绝不止步于此,新乡贤是在新制度下成长起来的新事物,它蕴含着更多的时代意义和现实价值,是对传统的发展与超越,这种发展与超越,是跨域时空的变革性发展,是凤凰涅槃后的浴火重生。②

四、新乡贤参与乡村治理的主要功能

有关新乡贤的主要功能在目前学界已经得到了相对充分的研究,已有研究从不同视角对新乡贤的功能加以归纳与提炼,这些对新乡贤治理功能的研究成果为我们进一步挖掘与研究提供了必要的参考。湖南日报评论员(2016)指出,"在中华文明进程中,乡贤文化在古代乡村治理结构中曾发挥过十分重要的作用。作为一方民众敬重、推崇的贤德长者,乡贤重修身,兴教化,

---

① 参见黄海:《用新乡贤文化推动乡村治理现代化》,《人民日报》2015年9月30日。
② 参见张兆成:《论传统乡贤与现代新乡贤的内涵界定与社会功能》,《江苏师范大学学报》(哲学社会科学版)2016年第4期;张兆成、李美静:《论新乡贤的出场与乡村治理新路径——基于法政治学视角下的考察》,《民间法》2016年第2期;张兆成:《论新乡贤出场的法治基础、治理体系与运作过程——一种法社会学视阈下的乡村治理新路径探微》,《江苏师范大学学报》(哲学社会科学版)2021年第4期。

崇善举,德行高尚,嘉言懿行垂范乡里,对乡土公共事务有突出贡献,以强烈的道德文化影响力造福一方。他们有文化见识,有奉献精神,通过宗祠、乡约、仲裁、兴学、崇孝、义贩、义庄以及修桥、补路、挖井、筑堤等善举,涵养一方水土的文化带动力,培养引领一个地方的文明教化风尚。他们维护乡土社会的有效运转,促进政令推行、民意上递,协调冲突,化解社会矛盾,传承地域文化传统。他们在乡民修身、立业、齐家、交友等方面发挥着示范与规制作用,使人们行为有法度,价值有引领,操守有规范。他们是保障社会基层长期稳定与和谐的基石,推进了地域文化繁荣与发展"①。在新时代,新乡贤继承了传统乡贤的诸多优点,继续发扬光大其积极面,同时避免了在传统封建社会制度体制之下的诸多消极面。可以认为,新时代新乡贤治理功能是在社会主义制度体系之下的创新与发展。新乡贤治理功能的已有概括主要是"四功能说",如张永杰(2018)指出,"新乡贤素质较高,视野开阔,拥有新理论、新理念、新办法。他们深得群众信任,是群众权力的代言人、利益的代表者,成为乡村事务的'管理者'。他们成长乡土、奉献乡亲,用亲情、乡情,调解社会纠纷,成为社会矛盾的'排雷兵';他们有智慧、有勇气,依托创新、创造,创建乡村治理的'新规则';他们有文化、有才能,善于总结、发现治理新规律,建立社会治理的'新体系'"②。杜何琪(2020)认为,从各地实践来看,新乡贤的治理功能从事务巨细、治理意义上讲可以分为四大类别:调处矛盾的治理功能、沟通信息的桥梁功能、决策公务的"代议"功能以及构建贤德的文化功能。③ 张彩霞(2020)认为,新乡贤兼具:政治与经济双重能力属性,能发挥提质增效作用;兼具传统与现代双重文化属性,能将德治融入乡村治理;兼具官方与民间双重场域属性,能加强基层党建;兼具上传与下达双重身份属性,能引领群众自治;兼具德行和声望双重品质属性,能发挥示范带动作用。④ 唐辉、唐云(2020)指出,新乡

① 湖南日报评论员:《重塑乡贤文化》,《湖南日报》2016 年 6 月 13 日。

② 张永杰:《新乡贤,引领发展的"新动力"——"盘锦首届新乡贤"评选活动述评》(下),《盘锦日报》2018 年 6 月 28 日。

③ 参见杜何琪:《"代理人"的代理人:新乡贤的兴起、组织与功能——基于国家政权建设的视角》,《复旦政治学评论》2020 年第 1 期。

④ 参见张彩霞:《新乡贤在乡村治理中的作用》,《2020 年课堂教学教育改革专题研讨会论文集》2020 年版,第 1032—1033 页。

贤的功能厘定表现为："以德为基产生的模范效应,以财为源带动的经济效益,以文为底激发的智力贡献,以政为源建立的乡村秩序。"①应该说,从当前报纸、新闻以及学界研究来看,对新乡贤主要功能的提炼是比较全面的,主要集中在:一是政治功能。这体现在三个方面:(1)利益代表者,参与者功能。新乡贤往往本身就是群众中的一员,他们来自群众,更易代表群众利益诉求,便于将群众的愿望通过自身的渠道向基层党委政府予以传递,形成各方面的合力,推动公共事务的解决。此外,新乡贤热心于乡村事务,他们积极参与乡村公共事务的决策、筹备,既可能是村"两委"的公务辅助者、参与者,也可能在有些地方、某些事务上成为乡村公共事务的直接决策者与执行者。(2)乡村社会矛盾的直接调处者。乡村社会典型的矛盾主要集中在以鸡毛蒜皮的邻里纠纷为主要的矛盾纠纷类型,纠纷者之间大都是熟人,这时候如果直接通过官方调处如行政调解或者民事诉讼等途径,反而增加诉讼成本,即便有了调处结果,也往往容易形成相互之间的不融洽,在一个村里低头不见抬头见,助长尴尬。因而,纠纷双方当事人往往希望通过德高望重的、办事公道的中间人,如新乡贤这类人物出场,对双方矛盾纠纷进行有效沟通,促进矛盾的缓和与化解。(3)党和国家政策的宣传者。新乡贤中占有一定数量的老党员,他们本身是对党和国家政策的积极关注者,同时,按照党章要求要践行党员的权利义务,积极做群众的表率。再者,新乡贤群体道德素质、文化素质普遍较高,他们通过各种渠道了解党和国家的乡村政策,便于将这些新的情况通过乡村语言向乡民传播,对于统一乡民的认知与行动,促进乡村治理与社会发展起到重要的思想引领作用。二是经济功能。这主要表现在:(1)新乡贤直接参与乡村经济建设。新乡贤通过参与乡村的经济发展规划、乡村经济决策、创办乡村经济实体,对乡村的基础设施、乡村的居住条件、乡村的产业布局与振兴、乡村的旅游发展、乡村的生态经济结构等方面产生广泛深度的影响。(2)直接或间接的经济资源投入。部分新乡贤的回归将城市积累的知识、管理经验、各类资源带回农村,对乡村产业的创新发展有着重要的促进作用。部分新乡贤虽不

---

① 唐辉、唐云:《新乡贤在乡村振兴中作用的彰显和重构——以崇州市凡朴生活圈为例》,《中共合肥市委党校学报》2020年第2期。

在场,但是通过各种条件与渠道为家乡提供经济的直接投资或者是知识产权的转移或者是为家乡创造就业岗位等等,都在不同程度上助推了乡村的经济发展。三是社会治理与法治功能。这主要表现在:(1)以自身的嘉言懿行垂范乡里,通过模范的作用引领乡风,他们德高望重,能够仗义执言,主持公正,往往成为乡民矛盾纠纷的调停者与中间人,对于稳定乡村秩序起到润滑作用。(2)新乡贤往往对党和国家政策、国家的法律比较熟悉,较一般乡民而言有较高的文化素质,因而能够对政策法规理解更为通透,并运用政策法规协助乡民各项权益的保护。(3)新乡贤引领乡民根据国家政策法规与乡村习俗制定适用于乡村的乡规民约,为乡村治理提供了软法秩序,是维系乡村法治秩序的重要力量。四是文化传承与创新功能。新乡贤大多是知识文化人士,他们既继承了传统的优秀乡贤文化,又在新时代以社会主义核心价值观为主要标准要求自己,践行社会主义社会主流价值观与先进的社会主义文化。在农村地区,将先进文化与价值观传播给乡民,并以自身行为带动乡民向上向善,对营造乡村社会文化的积极向上有重要作用。

2014 年全国两会期间,全国政协委员王志良提议在全国推广乡贤文化;2015 年中央一号文件提出,要"针对农村特点,围绕培育和践行社会主义核心价值观,深入开展中国特色社会主义和中国梦宣传教育⋯⋯深入推进农村精神文明创建活动,扎实开展好家风好家训活动,继续开展好媳妇、好儿女、好公婆等评选表彰活动,开展寻找最美乡村教师、医生、村干部等活动,凝聚起向上、崇善、爱美的强大正能量⋯⋯创新乡贤文化,弘扬善行义举,以乡情乡愁为纽带吸引和凝聚各方人士支持家乡建设,传承乡村文明"。2016 年中央一号文件指出,要深化农村精神文明建设。深入开展中国特色社会主义和中国梦宣传教育,"加强农村思想建设、道德建设,在乡村地区大力培育和弘扬社会主义核心价值观,全面增强农民的国家意识、社会意识、法治意识、诚信意识、责任意识,全面加强契约精神、科学精神、法治精神、诚信原则等的教育,不断提高乡村民众的文明素质和农村社会文明程度⋯⋯培育文明乡风、优良家风、新乡贤文化"。2017 年中央一号文件提出,要"培育与社会主义核心价值观相契合、与社会主义新农村建设相适应的优良家风、文明乡风和新乡贤文化。提升农民思想道德和科学文化素质,加强农村移风易俗工作,引导群众抵制婚丧嫁娶大操大办、人情债等陈规陋习"。2018 年中共中央、国务院印发《关于实施乡村振兴战略的意见》,也指出要"发挥自治章程、村规民约的积极作用。全面建立健全村务监督委员会,推行村级事务阳光工程。依托村民会议、村民代表会议、村民议事会、村民理事会、村民监事会等,形成民事民议、民事民办、民事民管的多层次基层协商格局。积极发挥新乡贤作用"。"《"十三五"规划纲要(草案)》强调:推进新乡贤文化建设,有利于延续农耕文明、培育新型农民、涵育文明乡风、促进共同富裕,也有利于中华传统文化创造性转化、创新性发展。"①从 2014 年至今的历年中央一号文件及相关政策对新乡贤的态度来看,中央层面对新乡贤在乡村的社会作用是持有正面评价并肯定其积极作用的。文件中特别强调了发挥新乡贤的文化功能以及发挥新乡贤在乡村的作用,由此看来,党和国家对新乡贤文化以及新乡贤在乡村地区发挥应有功能是积极倡导的。此外,从各地的新乡贤治理实践来看,新乡贤确实是一批富于奉献精神的时代精英,"既有长期扎根本土泽被乡里者,也有从乡村走出去又回归乡土反哺桑梓者。无论本土威望有加的贤德长者,或是解甲归田、怀富回乡的故土游子,或是身居都市、心系乡土的鸿儒硕彦,都怀揣着浓得化不开的深深乡愁,一头扎进眷恋的土地,奉献自己,造福乡亲"②。"他们拥有现代理念、广阔视野和成功经验,以自己的品德、学识、专长、财富参与新农村建设和治理,维护社会公正,凝聚人心,让现代的法律和契约精神与传统的价值和伦理得以协调;他们既传承乡贤文化的历史传统,又创新乡土文化建设,其事迹其风范都具有积极意义。"③一言以蔽之,在社会主义新农村建设中,应该正面地、积极地评价新乡贤的各项对于乡村建设发展的功能。在乡村振兴的大背景之下,应充分地利用新乡贤的各方面正能量,全面地投入到乡村治理与经济社会发展中来,形成群策群力的乡村治理与发展新格局,实现物尽其用和人尽其才,这是解决新农村建设人力资源不足的重要路径。

---

① 傅尹:《走,回乡去当新乡贤》,《广元日报》2016 年 4 月 8 日。
② 湖南日报评论员:《重塑乡贤文化》,《湖南日报》2016 年 6 月 13 日。
③ 湖南日报评论员:《重塑乡贤文化》,《湖南日报》2016 年 6 月 13 日。

第三节　新乡贤参与下的中国农村
治理与法治建设概况

一、新乡贤参与治理下的乡村经济发展

从目前全国各地的新乡贤经济实际状况来看，多地由于有效地调动了新乡贤参与当地经济发展的积极性以及有效地聚集了新乡贤的各类资源，新乡贤经济治理效果显著。如浙江省绍兴市上虞区新乡贤经济，上虞区充分发挥新乡贤对于当地经济的促进作用，一是以乡情乡愁为纽带，建立乡贤联络联谊机制，对外构建虞商联谊会网络。积极调查了解在外虞商新乡贤人事资源以及其他各类资源，在虞商新乡贤比较集中的省市成立虞商联谊会组织，构建以在外虞商为主要构成的虞商联谊总会、联谊分会等组织机构，在北京、上海、深圳等地成立分会近二十个，发展会员三千余名，最大限度地集中在外上虞新乡贤的各种资源力量。二是激发乡贤投资与回馈家乡的热情，壮大实体经济根基，聚力打造世界级绿色智造先进区，夯实共同富裕的产业基础。三是以讲好上虞新乡贤故事为基本载体，广交上虞新乡贤朋友、乡友。通过各类媒体如自媒体、自媒体公众号朋友圈、浙江电视台、绍兴电视台等媒体广泛采访本地外地乡贤，在乡音乡情上下功夫，为推进新时代乡村共同富裕创造机会、凝心聚力。在了解各类资源优势条件的基础上开展全方位的招商引资引智服务，组织各地虞商分会走进家乡上虞、召开分会会长、秘书长会议、分组会会议等多场次活动，全面推动各地虞商资金回流、智力回归、经验管理技术回归、人脉资源与项目回归、信息回传、各类人才回乡创业，全面引导海内外有志于家乡建设发展的虞商回虞投资兴业发展，使新乡贤成为乡村振兴的合伙人，乡村带富引荐人。截至目前，全区引进乡贤回归项目30余个，回归资金300多亿元，效果显著。又如德清县新乡贤经济特色显著，效果良好。德清县通过各种制度性手段，促进和合政贤关系，优化招商服务模式。一是构建异地商机商业服务平台机制。建立"会、站、团、组"在外乡贤服务模式，以异地商会为平台，在知名乡贤集中的北京、上海、深圳等地建立人才联络服务站，有效整合人脉资源，成立相应的新乡贤协会、工作站、乡贤团、乡贤组等工作机制。二是构建新乡

贤乡村服务新制度、新载体。实施乡贤回归工程,构建乡贤挂职与顾问制度。以"名誉村主任""乡贤顾问团"等品牌建设为载体,吸引支持乡贤回馈故里,服务乡村。德清县新乡贤累计回乡投资项目281个、资金190亿元,由新乡贤牵线签约项目23个,投资总额40.8亿元。三是构建新乡贤回归乡村,促进乡村发展的各项保障机制。不断优化新乡贤回归的各项保障措施,完善农村公共服务和基础设施,出台回归新乡贤及其直系亲属的入户、社保、医疗、教育等相关政策,为新乡贤荣归故里提供有力支持。再如,江西省吉安县桐坪镇依托乡贤联谊会、新时代文明实践站等平台,深入挖掘新乡贤在技术、资金、人脉等方面资源,动员在外新乡贤回乡创业,积极打造"新乡贤+"模式,走出一条独具特色的乡村振兴新路子。调动新乡贤积极行动,回乡投资创建云天麓谷景区,流转当地村民的荒山荒地近1800亩,吸纳周边100余名劳动力,已累计投资5000万元。2021年,景区给村民带来100余万元收入,为上溪村创造8.2万元村集体经济收入。海盐县在新乡贤经济层面做了不少工作,成绩显著。一是通过牵线搭桥,带领高新产业回归。海盐县拥有在外新乡贤2000余人,其中境外新乡贤主要分布在英国、美国、加拿大、澳大利亚等国家和我国香港、台湾地区。境内新乡贤遍布31个省、自治区、直辖市。海盐县经常利用各种交流活动和招商活动,搭建与乡贤合作交流平台,并通过乡贤资源对外沟通情况,为海盐招商引资提供线索,促进优质项目落户家乡。二是创新思路,带强农村经济发展。海盐县新乡贤积极探索乡村振兴新模式,创新"农业+"发展模式,主要包括"农业+旅游""农业+文创""农业+互联网"等新产业、新业态,包括田园综合体、休闲观光农业、民宿、文化园、森林康养等多个领域,有效地调动助推了农村经济发展。三是示范引领,带动群众脱贫致富。海盐县充分发挥新乡贤有情怀、有资金、有资源、有才智的独特优势,通过多个层面、多种渠道挖掘一批新乡贤能人,探索建立"贤管家"工作模式,让村民有更多的获得感。通过"贤管家"传授创业经验,帮助带动村民创业,同时也吸引村民到当地乡贤企业就业。通过这一系列措施,让乡村留住人才、回流人才、吸引人才,带动群众脱贫致富,切实促进乡村经济发展。

　　总的来说,从全国范围内的观察来看,各地新乡贤参与下的乡村经济治理以不同的形式与程度注入了新的活力,得到了新的发展,对于促进乡村经济的拓展与创新实践,调动乡民的创业激情,增加乡村的劳动力就近就业,促进乡村民众的经济收入稳定提高,以及对于促进共同富裕与乡村振兴是有积极效用的。

二、新乡贤参与治理下的乡村治理与法治

全国各地乡村在新乡贤的参与下治理实践中出现了新局面,各地出现新的治理方式与模式,为社会主义新农村治理注入了新的活力。总的来说,新乡贤参与下的各地乡村治理出现了明显的向好势头,各地的乡村法治等方面得到了较大的改善,社会治理秩序呈现欣欣向荣的新局面。如浙江上虞以"三师三员"为载体,通过高效善治保障共富道路上的善治环境,成效初显。为了实现共同富裕构建舒心、安心、放心的社会环境,积极探索推进乡贤参与乡村社会治理新模式,浙江上虞新乡贤治理初步形成有效工作组织、方法、政策和评价体系,充分发挥了新乡贤在促进新时代乡村社会治理、优化引领乡土风尚乡风文明创新发展、有效促进乡村安全稳定和谐以及乡村经济社会发展等方面的优势。主要措施有:一是设置三级层次由新乡贤参与下的乡村矛盾化解机构。分别是在区级矛盾调解中心设立新乡贤调解工作室,乡镇街道矛盾调解中心设立新乡贤工作室 20 个,村社矛盾调解中心设立新乡贤品牌工作室215 个,吸纳了 1560 名乡贤加入调解组织。二是根据社会关系变化特点与基层乡村群众需求,不断优化新乡贤调解组织的人员构成,形成"三师三员"治理新模式。如,2020 年以来,建成由教师、医师、律师、公务员、警务员、银行职员组成的"三师三员"群体回归乡村,带动区内外虞籍各类新乡贤等全面回归,为乡村振兴、乡村秩序稳定、乡村治理创新发展提供了丰富的人力智力资源。三是"三师三员"普遍拥有新的知识结构与专业技能,新的治理模式效果显著,初显成效。其中教师对于乡村的道德教化,医师对于群众的身体健康咨询与保护,律师对于群众的矛盾诉求咨询,公务员对于乡民的公共政策了解,警员对于乡民的安全防范,银行职员对于群众的金融安全保护等各个方面均有益处。目前,全区共有 13000 多名"三师三员"完成回归,占全部人员的95%以上,共为基层群众提供各类服务累计 39500 余次,为村社组织提出各类意见建议 9500 余条,已落地 7300 余条,协助解决各类矛盾纠纷 2800 余起,他

们通过自身的专业知识与对现代法治的理解,自觉运用现代专业知识解决与
回应群众利益诉求与矛盾纠纷,对于促进乡村社会稳定和谐起到了积极作用。
又如,拱墅区通过多种机制推进新乡贤治理工作,成效突出。一是构建多种形
式新乡贤工作平台与机制。积极组建"乡情议事团",培育新乡贤"智囊团",
建立"同心·基层民主协商工作室",助推基层善治。如康桥街道与杭州电视
台明珠频道"小区大事"栏目合作建立的"康康大家说"平台,新乡贤联谊会会
长杨秋年在线上录制节目参与讨论议事,代表人士在线下"同心·基层民主
协商工作室"内讨论解决楼道堆积物、高空抛物等小区难题。二是构建微小
事务新乡贤调处机制。将新乡贤工作与小区"微治理"充分结合,通过发挥新
乡贤参与邻里协调、民情联络、矛盾调解、文明教化等方面的独特作用,积极推
动邻里间"大事化小,小事化了",努力打造新型基层治理模式。在新乡贤治
理方面,嘉兴海盐县新乡贤治理工作,也具有自身特色。望海街道成立退休司
法所调解员组成的"乡贤调解室",协助村里进行矛盾纠纷调解,每年经他们
调解的纠纷就有 10 余起。"乡贤调解工作室"自成立以来,共处各类纠纷
30 余起,切实将矛盾纠纷化解在萌芽状态。该工作室还获评嘉兴市司法局人
民调解品牌工作室。怀宁县构建新乡贤治理新体系,主要包括:一是确立新乡
贤的工作原则。以平山镇大洼社区为试点,按照"任务相当、方便管理、界定
清晰、责任明确"的基本原则,统一新乡贤的工作职责。二是新乡贤治理与网
格化相结合,构建新乡贤的行动机制与人员组成。将平山镇大洼社区划分为
9 个网格,广泛动员人大代表、政协委员、村民理事长、老党员、老教师、离退休
干部、致富带头人等参与其中,并为这些新乡贤"量身定做"八大岗位:信息收
集员、环境卫生员、治安巡逻员、纠纷调解员、政策宣传员、文体活动员、爱心帮
扶员、纪律监督员。广泛组织动员辖区居民参与其中。三是构建新乡贤的激
励机制,推动新乡贤投身乡村治理。一方面,充分发挥新乡贤的智慧资源;另
一方面,怀宁县还大力开展"新乡贤"评选活动,或通过张贴荣誉榜、发放纪念
牌等形式,对这些人才进行表彰,充分调动新乡贤的奉献热情。四是推动创建
新乡贤体制机制与运作新模式。平山镇积极倡导条件比较成熟的村组成立乡
贤理事会,着力推行"乡贤理事会+特困农户""乡贤理事会+低保群体""乡贤
理事会+村级集体经济"等发展模式,使得乡村的贤达人士能够充分凝聚起

来,与村组的"土专家""田秀才"站在一起,扭成一股强大的社会力量,在乡村治理与乡村振兴中发挥重要的作用。

总的来说,当前各地新乡贤参与乡村治理积极性较高,一方面表现在新乡贤的个体行为;另一方面表现在诸多地区的新乡贤组织的成立,使得其在乡村社会治理中发挥了更为重要的积极效用。

三、新乡贤参与治理下的乡村文化与精神文明

浙江德清新乡贤文化较有特色,取得了明显成效。其主要着力于培养、培育乡土文明新风,主要表现在:一是构建新乡贤的物质技术支持,健全讲好乡贤故事的物质基础。全县依托 55 个乡贤馆、乡贤堂、乡贤厅等设置的场所,对优秀古今乡贤事迹进行展示宣传,切实营造尊贤、学贤的良好氛围。构建新乡贤宣讲团,邀请新乡贤走进村、社区、学校、企业等,讲好新乡贤故事,展现新乡贤嘉言懿行。二是建立健全新乡贤的激励机制与激励制度,弘扬新乡贤时代精神。通过畅通新乡贤参政议政渠道,落实礼遇制度,激发新乡贤参政议政的热情,为乡村治理与发展贡献政治智慧。此外,通过定期组织开展"最美新乡贤"评选活动,完善新乡贤评选机制,推动乡贤精神、奉献精神代代相传、生生不息。三是构建媒体对于新乡贤嘉言懿行的宣传机制。全年在县级以上媒体对新乡贤治理与支持乡土发展的业绩进行广泛宣传,是新乡贤的品质与德性得到乡村百姓的广泛认知,成为乡土民众自觉学习的榜样,带动乡土社会向善向上。德清县全县已宣传典型 26 次,设立"文明乡贤奖",助力营造崇德向善的社会文明新风气。四是持续弘扬乡贤文化,健全新乡贤文化传播的常态性机制。全县组织各路贤德人士以及社科专家学者开展座谈研讨,充分探讨廓清本地乡贤文化发展的基本脉络,同时组织熟知乡贤事务的相关人员全面编写了乡贤人物传记、人物故事以及学术类专著,涉及传统乡贤记录以及现代新乡贤的各类通俗读物,大力弘扬传播乡贤文化,采写了 116 位德清游子的事迹,编撰出版了 2 期海内、海外德清人系列丛书《游子心,故乡情》,进一步扩大了海内、海外德清人的影响力。又如,河南长葛市大周镇以乡情乡谊为纽带,凝聚家园情谊。通过不断完善新乡贤的各项文化发展机制,激活了乡村文化与民众的精神生活。一是构建各类平台与载体机制,盘活乡村文化传承与

文化治理软实力。如通过"孝道文化"大餐平台、"好媳妇、好婆婆"定期性评比机制、"安塞腰鼓"大赛、金秋助学等活动载体,不断提升新乡贤的情感认同,引导新乡贤把浓浓乡情化作主动回报家乡的实际行动。二是不断健全新乡贤服务乡村的组织及其人员构成。全镇33个村、社区召开了新乡贤参事会成立大会,选举产生参事会成员420人,统计后备新乡贤756人、才子榜326人、名人榜526人。三是健全新乡贤培育发展的物质技术条件。全镇打造新乡贤馆32个,建设新乡贤长廊4个,绘制新乡贤墙20面,成立大周镇新乡贤学校,围绕"党支部+新乡贤助力乡村振兴"广泛开展教学和实践探索,每月开班1—2期。四是加强新乡贤阵地建设,优化活动机制。大周镇加强新乡贤馆等新乡贤文化场地建设,弘扬新乡贤文化,讲好新乡贤故事。弘扬新乡贤文化,营造崇德向善的良好氛围。

　　从目前全国各地的普遍做法经验来看,各地都十分注重乡贤文化的发掘与弘扬,注重对新乡贤文化的培育与发展,通过各种形式与机制,乡贤文化、新乡贤文化得到延续与发展。这些乡贤文化的挖掘与建设,对于弘扬本地的乡贤精神,倡导新乡贤引领乡村振兴精神,走乡村的内涵式发展道路,逐步带动乡村的经济、社会、文化、生态环境等各方面的均衡发展、健康发展都是有积极意义的。

第四章　新乡贤与新时代农村治理法治创新实证调查研究与分析

——以江苏省徐州市梁寨镇与耿集镇为例

第一节　江苏省梁寨镇、耿集镇概况与样本勘定

一、新乡贤实证调查研究的基本目的纲要

对新乡贤治理及其法治化创新研究必须从理论与实践两个层次入手,进行深入系统的分析判断与研究。一方面,需要对新乡贤参与下的乡村治理理论进行深入的阐述;另一方面,需要建立在实践基础上的调查研究,对新乡贤治理实践的一些具体状况有切身的感受,从中领悟与提炼新乡贤治理的规律性认知体系,从各地的不同实践状况中抽丝剥茧,寻求其对于现代化乡村治理与乡村振兴的真正价值。在对新乡贤治理实践进行调研的基础之上,提炼出促进乡村治理的有益经验,甚至找出乡村治理的一般性可资借鉴的制度化治理模式,是乡村治理调研的重要意义所在。中国特色的乡村治理体系现代化建设,必须要在真正强化基层党组织领导动员能力,进一步下沉行政权力并强化其现代治理、服务能力和责任的同时,强化村民自治组织的民主自治能力,组建党组织领导的可真正协同社会治理的乡村各类社会治理组织。它所要求和呈现的是多元主体的组织体系和治理能力同时强化、有机对接配合、相互协同、良性互动,形成协同共治的主体结构和共建、共治、共享的法治化、制度化治理格局。新乡贤组织作为乡村社会治理体系中重要协同治理主体的制度性出场,是符合这种乡村治理新格局法律制度设计的重要制度创新。江苏省徐州市梁寨镇和耿集镇的新乡贤组织,自我定位比较明确,作为村民支部委员会、村民委员会的补充性组织、扩展性组织,充分体现了村民自我管理、自我完

善、自我发展、自我进步、自我教育、自我服务、自我革新的社会组织公益性职能,具有优化乡村治理体系的多功能平台属性,它促进了乡村治理体系和治理能力建设的全面强化进程。它展示了乡村党组织领导的多元协同治理主体结构整体提升的现实路径,呈现了新时代"三治融合"乡村治理制度体系一体运行的重要机理,提供了构建共建、共治、共享的乡村社会治理共同体的重要内生动力。要进一步提升新乡贤组织推助乡村治理体系与治理能力现代化水平,还应合理扩大新乡贤的主体范围,增强新乡贤组织的法治文化因素和法治协同能力,有效促进离乡乡贤"在乡化"。

二、江苏省徐州市新乡贤参与农村治理的实证切入点及方法论路径

(一)江苏省徐州市新乡贤参与农村治理实证调研切入点

新时代中国乡村社会治理体系的完善、发展和创新及现代化建设,是整个国家治理体系完善、发展创新及现代化的重要组成部分。伴随着改革开放的不断深化,我国乡村经济和社会结构发生了革命性重大变革,也始终面临着不断涌现的、前所未有的诸多重大社会问题,其社会治理体系和治理能力不断涌现探索和创新之举,如村民自治制度就是这种探索和创新之举在最初就确立的成果。新时代以来,"枫桥经验"的广泛推广更有效激发和推动了基层党政组织带领民众不断进行社会治理的创新性探索和经验积累。江苏省徐州市的一些乡镇从 2014 年夏秋季开始,在乡镇(地区办事处)党委(党工委)和政府(办事处)的直接领导和动员下,建立了由"五老一能"①人员组成的新乡贤协会这一乡村志愿者组织。这些地方乡镇村庄的新乡贤组织及其结构体系,以"政府的好帮手,群众的贴心人"为主要性质属性的基本社会组织角色定位,以宣传国家政策法规和榜样模范人物(大宣传)、调解各类乡村社会矛盾纠纷(大调解)、倡导移风易俗(大倡导)、带头守法扬善(大能量)为基本职责,以乡镇办事处、乡贤协会、乡贤工作室指导委员会、村、社区乡贤工作站和乡贤之家为基本组织架构,由乡镇新乡贤办事处和行政村、社区提供必要的活动和工

①　"五老"泛指老党员、退休老干部、乡村老干部、退休老教师、退伍老军人、乡村耆老等农村红白喜事主事人员(苏北习惯称为"大老支"或"大老执")等,"一能"是指乡村守法守正、品德贤良的致富能手或文化能手、和事佬等能人。

作场所。这种制度化、法治化建设的乡贤组织,一出场即不同于全国其他地区一开始出现的保护、弘扬乡贤文化的文物文献、传说故事的文化组织,也不同于以乡愁乡情为纽带、以离乡乡贤(亦称"不在场乡贤")为主的联谊兼支持家乡建设的公益组织如乡贤理事会、联谊会等,亦有别于鼓励乡贤竞选担任村"两委"干部,或者仅将乡贤作为村民事务监督组织的优化村治人员的举措,而是将新乡贤有效动员组织起来,使之作为直接参与乡村社会治理的重要主体之一,通过各种途径渠道与形式全面参与协同乡镇党委政府机关、乡村党支部(或者支部委员会)、村民委员会共同治理乡村各类公共事务。这种创新真正属于新乡贤作为乡村治理主体的制度性、法治性出场。这种新乡贤组织不仅坚持党员发挥带头和主导作用,而且受乡村基层党组织的直接领导,或者直接成立由乡镇办事处、党委直接领导的乡贤老干部支部。它体现了乡村新型社会组织继承优秀历史文化传统,传承红色基因、坚持党的领导、党员干部甘于奉献、服务民众,借鉴国外社会志愿者组织的社会治理成功经验,党领导人民进行治理制度和体制创造(新目标、新组织、新定位、新风范、新文化)等新时代社会治理体系建设的多元文化内涵的统一。

　　本课题组从这种新型社会组织出现在徐州地区起,就给予了密切的关注与跟踪,依托课题组所在单位法学院和苏北农村治理创新研究基地与地方的密切合作关系,选择了丰县梁寨镇和贾汪区耿集地区办事处(原耿集乡)两个典型乡镇坚持持续跟踪性调研。① 此外,本想按照计划去全国相关地域进行各方面的现场调研,由于承接课题期间受疫情的影响,只能作罢,但已经通过网络调研以及委托全国各地相关朋友进行间接调研,获得了一些可靠资料。本章调研采取就近方针,恰巧苏北两处具有一定的典型性,可以勘作样本调研对象。本部分实践调研是四年来实践研究成果的集中体现,将基于两地和其他相关地区新乡贤主体建设、机制运行和功能发挥的基本实证经验,论证其在新时代乡村社会治理体系的地位和作用,以及新乡贤法治化的实践,尤其是其在乡村社会"自治、法治、德治融合一体"的治理制度架构和多元社会主体共

---

　　① 耿集现为徐州市贾汪区下辖的耿集地区办事处(乡镇级别行政区划,并非街道办事处),但因为地处贾汪区最东南地区,仍属于较典型的乡村地区。现设有 3 个社区、10 个村民委员会,当地村民仍习惯称之为耿集镇。为表述方便,本课题也将其直接表述为乡镇单位。

建、共治、共享治理格局构建中不可替代的地位和功能。总结新时代可有效纳入治理体系的社会力量建设和发挥功能的一般规律和具体路径,同时也客观分析新乡贤主体建设和功能发挥运行中面临的问题或困境,提出有针对性的法治化解决对策。

（二）调研手段与基本方法

1. 文献研究法

本次调研首先重视对重要文献的搜集和梳理分析。收集和分析研究的重要文献资料包括:法律法规及党中央、国务院发布的相关文件,各地尤其是调研乡镇乡贤组织制度建设和文化建设的成果和经验总结、资料汇编、宣传展板、媒体报道,学界研究中国传统乡贤和新乡贤的学术论文和著作等。通过文献研究和分析,可总体把握乡贤文化的历史传承,新乡贤在新时代出场的历史必然性,丰富的文化内蕴,在乡村治理体系中的基本地位和功能,基本成员和组织制度架构,从事的具体事务,基本社会效应,以及需要强化和提升法律制度建设空间等问题。

2. 深度访谈法

调研团队带领课题组成员,先后六次赴梁寨镇、四次赴耿集地区进行实地调研,与两乡镇的主要负责人、乡贤组织负责人及几十位乡贤、一批村民进行了深度访谈。共计访谈人次不少于 100 人次,既有逐一采访询问,即个别访谈;又有召开小型座谈会方式,即进行团体访谈。其中,对梁寨镇原党委书记王磊等乡镇党政负责人,镇新乡贤工作室指导委员会负责人刘元华、孙祖文、高建华、李明楷等,新乡贤王文彬、陈茂喜等,耿集新乡贤协会负责人耿德堂、宋克义、李洪信等,新乡贤郑宪立等都进行了多次深度访谈。尤其是,2016 年4 月29—30 日课题组所在单位主办,课题组所在学院承办"基层社会治理与乡村法治建设"高层论坛,会议组织专家学者调研梁寨镇社会治理和新乡贤文化建设;2019 年4 月20—21 日,中国法学会法理学研究会、中国法治现代化研究院、江苏高校区域法治发展协同创新中心和课题组所在单位联合举办"法治现代化视域下的区域社会治理新格局"学术研讨会,由江苏师大法学院等单位承办,会议组织大多数参会专家和代表到耿集镇调研新乡贤文化建设。在这两次大规模的调研中,课题组主要成员都作为带队人员,同与会专家代表一道进行了深度访谈调研。这些访谈为本研究的深入开展提供了有效的新乡贤交流与相关实证资料。

3. 问卷调查法

早在 2015 年 9 月至 2016 年 6 月,为全面了解梁寨镇新乡贤组织的基本情况,调研组就设计了四份调查问卷,笔者与课题组成员全程参与历次调研,取得了比较充分的资料。其中,《丰县梁寨镇农村社会治理村民调查问卷》1 份,共设计了 15 个具体调研问题;《梁寨镇新乡贤制度调查问卷》3 份,共设计了 40 余个问题,问卷问题回答率均超过了 95%。经过科学统计分析,获得了大批调研数据。这些调研数据,对于了解两地乡村新乡贤参与乡村治理的具体情况与各种治理信息提供了较为坚实的研究基础。

三、梁寨镇、耿集镇的基本状况与样本勘定

(一)丰县梁寨镇概况

梁寨镇,属于江苏省徐州市丰县下辖镇,位于丰县东南部,处苏皖两省交界处,距西北丰县县城约 33 千米。截至 2019 年末,梁寨镇辖域面积 86.80 平方千米,人口 6.40 万。截至 2020 年 6 月,梁寨镇下辖 3 个社区、20 个行政村,镇人民政府驻梁寨村,生活着汉族、满族、蒙族等 9 个民族。①

梁寨镇历史文化悠久,有"千年古镇"之称。因地处连通黄河与古泗水的古汴水河畔,古代水陆交通位置重要,长期是徐州西北重要的漕运水旱码头。汉时开始建造城池,取名洛城。《徐州志考》载:"梁寨,原名洛城,为丰县十大古城之一。"唐代,在洛城遗址上再次建村,名"柳解元村"。柳解元村曾为唐代"柳子"(柳毅)居住地。后梁氏迁入,改称"柳梁园"。明代弘治年间,柳梁园成为柳子戏的发源地,遂又更名"柳子村"。清咸丰九年(1859),为防捻军筑墙设寨,时称"梁家寨",简称为梁寨。

提起梁寨,方圆数百里皆知道"梁寨淹子"。1124 年黄河改道南泛,侵汴泗夺淮入海,流经梁寨南部 700 余年。清乾隆七年(1742)黄河决口,决口的

---

① 参见徐州市统计局、国家统计局徐州调查队:《徐州统计年鉴》,中国统计出版社 2020 年版,第 38—416 页。

北边,是明清铜山和丰县望族陈氏的祖茔,因陈氏先人在朝为官,家产丰裕,祖茔上置提名、翁仲、石马、石人、石案、碑坊等,规制宏大,根基坚固,号称"石林",徐州地方官员上奏朝廷,康熙行低御笔为陈氏祖茔题写"石林"二字。洪水因石林受阻,在林前激起巨大的旋涡,深不见底,且常年不涸,面积达 1.5 平方公里。后人传说:"梁寨淹子四两生丝达不到底。"如今的淹子湖与江水北调工程的郑集南支河接通,水源充足,水质提高,盛产白莲藕和野生甲鱼,还担负着数十平方公里的来水蓄调任务。目前,该镇正在此地建设生态宜居、休闲娱乐、旅游观光、餐饮服务以及特色农业等一批惠民工程,淹子湖南已培育数千亩优质苹果生产基地。

　　地处该镇北部的李新集村,唐代原为竹园村,因为宋代我国著名的理学教育家程颢曾在此创办程子书院,传道授业,名扬四方,竹园村遂改名程子院。元朝大德五年(1301),真定府之真定县(今河北省正定市)军务出身的李公正居(人称"七公"),携夫人和五子来徐,认定程子院民风朴实,儒学深厚,便在这里安下家来。七百多年来,李氏一脉,世代繁衍,瓜瓞绵绵,人才济济,目前人口已 13 万有余,巍然是丰沛铜和徐州一大望族。曾出现过 6 位进士(含徐州地区唯一状元)、18 位举人、12 位知府,还有清兵部尚书、直隶总督等国之重臣。李氏始祖公的墓茔现还在程子院村首东侧,七百多年来,一直香火连绵,祭祀不辍。现丰县人民政府出资修复了程子书院和状元碑园,李氏家族在书院西修建了陇西堂祖祠,使该处成为梁寨镇重要的传统文化景区。

　　位于梁寨南部的娄子寺,建于唐代开元年间,是佛教和胡氏家庙合一的宗教场所,俗称"南集"。宋元时期,该庙被毁,于明代重建。新中国成立以前,娄子寺已经多次维修,旧貌尚存。解放后,一度成为小学校舍和生产合作社的办公室,但在"文革"中被拆除,现正在修复,也将成为见证梁寨镇千年历史的重要文化场所。

　　数百年的黄河泛滥,导致梁寨全镇以沙土为主。虽然历史上遭受盐碱化的侵害,但经过土地承包制以来的有效改造,已经变得土地平坦肥沃,土层深厚,通透性强。近年来,梁寨镇党委政府重视本地丰富历史文化资源的发掘,重视自治、法治、德治有机融合的现代乡村文化建设,以打造文明乡风、和谐社会、绿色田园促进经济发展,着力发展高效设施特色农业和旅游观光业。全镇现成为中国最大的牛蒡、芦笋、山药、苔蒜、苹果等特种蔬菜与水果生产基地,乡村各类经济型、设施性农业初步形成了集约化生产、市场化经营、区域化布局、产业化规划、规模化发展的乡村经济结构状态新格局。还主要借助民众的财力和人力,初步建成了梁寨淹子湿地公园与特种水果采摘基地、程子书院文化园区与大沙河苹果采摘基地等集历史文化、现代文明、自然景观和特种农业为一体的旅游片区。梁寨镇的新乡贤文化,就是在这种重视文化传统资源、打造文明乡风和社会和谐、追求绿色经济发展的新时代氛围中应时而生的。

(二)贾汪区耿集镇主要状况

耿集镇,位于江苏省徐州市贾汪区的东南部区域,近京杭大运河,位于铜山区、邳州市与贾汪区交界地带。镇所在地耿集距离徐州市主城区 40 公里,距离贾汪区城区约 30 公里。总面积约 53 平方千米,其中耕地 4 万亩左右,人口近 5 万人。地区辖 3 个社区、10 个行政村、84 个自然村,167 个组。[①] 全境基本属黄泛冲积平原地带,地势走向呈西北高东南低态势,水利条件布局合理,林木覆盖率百分之四十四点三,植被覆盖率百分之九十二以上,生态环境良好。京杭大运河由西南向东北斜贯全境,农谷大道横贯东西,西临 252 省道和 G20 高速直通观音机场及南北,南靠 311 国道和 G30 高速及陇海铁路通达东西,北依 310 国道直达贾汪。[②]

耿集,古称舒城,又名舒城镇。相传明万历十五年,徽州大灾,谷物绝收,六安郡舒城县贡生耿皖生(字九黎)携妇将雏,顺江南下,渡洪泽过长江、沿古运河北上,忽到一地,其上通齐鲁、下达苏杭、东望于海、西顾彭城、南瞰淮泗、北瞰泰岳;细观之乃河网密布、物埠草芊,颇有祥瑞之气,遂筑地造屋居之。耿氏家人勤事蚕桑,捕鱼打猎,行船走码,繁衍生息,人丁兴旺,建房木楼花窗,墙走飞檐,瓦不翘角,徽派建筑自成一体。因故土难忘,后人取名舒城镇。可以说,古代耿集的地理位置相当优越,处在齐鲁苏杭之间,位于京杭大运河畔,四季光照充足,雨量充沛,植被覆盖率高,农业资源丰富。因此,一代又一代人选

---

① 结合多次调研资料并参见相关资料、网络资料进行整理。参见百度百科(https://baike.baidu.com/)中的"耿集"词条,2022 年 6 月 20 日访问。

② 结合多次调研资料并参见相关资料、网络资料进行整理。参见百度百科(https://baike.baidu.com/)中的"耿集"词条,2022 年 6 月 20 日访问。

择在这里定居、繁衍、休养生息。但是由于后来遭遇战乱,且黄河南行"夺泗入淮",河患增多,河水带来了大量泥沙,农业生产也一度被严重影响,经济水平迅速下降,徽派文化也由此没落。

历经数十年努力,今天的耿集镇建设已成规模,村民多在镇区集居,商贾云集,产业兴旺。耿集人民在政府引导下,全力还原古舒城之旧貌,再现平仄古韵,仍青砖灰瓦,红灯高挂,街名巷道,重现古徽州印迹,徽派小镇,古风犹存。

耿集镇以农业为主,兼具工业发展,是苏北地区有名的农业与工业综合性乡镇,其特色主要包括:盛产无公害大蒜、有机化优质稻米、各类品种蔬菜、水产如莲藕、农副产品水果如草莓等蔬菜水果种植基地与繁育基地。耿集镇属于徐州市主要的产粮乡镇之一,同时在乡镇科技发展方面也有一定起色,属于江苏省科技先进乡镇典型,被评为全国农田林网先进单位等荣誉称号,其现代农业已经成为贾汪区的龙头业态。已经初步形成科技化、特色化、规模化、商品化现代农业,建成大蒜、草莓生产基地和农业装备制造产业园区、农产品深加工产业园区、冷链物流园区,并形成以引河湾度假游、郑庄村生态草莓采摘游为主体的旅游业。由于该地区农业现代化和配套产业化程度高,村民外出打工人数较少。但是在新时代,耿集党工委和办事处为了维护社会稳定,树立良好的村风民风,创建安居乐业的社会环境。近年来,耿集地区党工委和办事处一方面强化党的群众路线,密切党群干群关系;另一方面重视传统文化资源的挖掘,力推文明乡风建设,以自治为基础,以法治为保障和基本框架,以社会主义核心价值体系为基本价值内涵,着力倡导新时代"见贤思齐,崇德向善"的新乡贤文化,率先建立了作为乡村社会治理重要主体的新乡贤组织。

(三)两乡镇作为调研样本的确定

两乡镇在徐州地区最早建立新乡贤组织,并将其作为乡村社会治理的重要主体。组织成立时间均为2014年。由于组织得力,工作开展有效,很快在徐州市、江苏省乃至全国形成了一定的社会影响。

2013年5月,梁寨镇党委政府为践行群众路线,创新干部走百村、进万户、察民情、解民忧的走村串户工作法。从2013年9月开始,《人民日报》《光明日报》《农民日报》《新华日报》《党建要报》《学习与研究》等十几家主流媒体对梁寨镇的做法进行了深度报道。① 在深入开展这一具有创举性的践行群众路线实践活动中,2014 年初,梁寨镇党委政府动员乡村老党员、老干部和优秀村民成立了梁寨镇民情民意志愿者促进会,以更好落实察民情、解民忧活动。该组织成立后,工作业绩突出,凸显了"用老百姓的法儿,平老百姓的事儿"的社会力量优势。为了传承"崇德向善、见贤思齐"的文化传统,凸显品德贤良、守法守正者的社会身份和地位,充分发挥他们鼓舞人、激励人、示范人、帮助人的正能量。2015 年 6 月,镇党委镇政府将"民情民意志愿者促进会"改组为"乡贤工作室指导委员会"(又称"乡贤理事会"),成为全国率先在村村挂牌成立"乡贤工作室"的第一个乡镇。2015 年 7 月 21 日,《徐州日报》刊发了《梁寨镇村村都有"乡贤工作室"》的报道,引发了全国诸多新闻媒体的跟踪采访报道,其中 8 月 23 日的《现代快报》整版报道《"大老支"有时比村干部还管用——徐州丰县梁寨镇百名乡贤助力村民自治》,8 月 26 日《农民日报》报道《期盼农村乡贤工作室多起来》,更引起了全国主流媒体和各大网站媒体的关注,也引发了中国青年网关于《乡贤工作室会否削弱基层部门权威?》的讨论。但由于新乡贤梁寨镇就是基层党组织领导下的村民自治和志愿组织,协同乡镇党委政府、村"两委"治理的地位明确,业绩明确,争议很快平息。2016 年 4 月下旬,丰县政府在梁寨镇召开新乡贤文化建设现场会,决定在全县推广"梁寨经验"。目前,丰县绝大多数乡村已成立乡贤工作室。2016 年 7 月,《农民日报》发表《破解乡村治理困局的梁寨探索》的长文,进一步将梁寨"镇干部、村干部、党员、乡贤、梁寨好人"五位一体的乡村治理架构经验向全国进行了介绍。

贾汪区耿集地区新乡贤组织最初成立于 2014 年 11 月,也是办事处党工委践行群众路线的制度性创新。即为了充分调动退休老干部、老党员以及在当地有一定号召力和影响力的民间老族长等这样一些人群的正能量,组建乡贤工作者队伍,挂牌成立了镇乡贤工作室,并采取镇乡贤工作室—村乡贤工作

---

① 中央党建工作领导小组主办的《党建要报》2014 年第 2 期和中央政策研究室主办的《学习与研究》第 1 期均刊文高度肯定了梁寨镇的这一工作方法,认为其核心是扑下身子一心为民、创新了农村社会管理新模式,收到了干部接地气、群众舒怨气、社会扬正气的良好效果,"梁寨经验"是开展群众线教育的生动实践。

站—乡贤之间三级结构运行。很快引起了贾汪电视台、《徐州日报》等多家媒体对其进行宣传报道。2015 年 6 月初,贾汪区人民政府网和江苏文明网先后以《耿集乡贤携手"三解三促"工作组共创和谐耿集》作了进一步报道。6 月 17 日,耿集乡贤工作室正式改组为"耿集乡贤工作协会",并于 7 月正式向民政部门登记注册,多家媒体予以报道。在梁寨镇乡贤引起全国各大媒体报道的同时,2015 年 8 月 26 日《人民日报》第 18 版刊登了耿集乡贤工作室乡贤们的工作照片,展示了耿集乡贤的风采。12 月 3 日,《江苏法制报》用 A3 版全部版面专题刊登了 8 篇耿集乡贤的通讯稿,系统化、全方位地介绍了耿集办事处重塑乡贤文化以来取得的一系列成果,充分肯定了耿集乡贤事业取得的社会效益。2016 年 5 月,贾汪区开始在全区推广耿集新乡贤文化建设经验,至该年底,拓展到贾汪区 11 个镇(街道、工业园区),956 名得到群众公认的"五老一能"人员被聘用为乡贤,参与乡村治理。2018 年 4 月 30 日,《法制日报》记者丁国峰发表长篇报道《"三治合一"让乡村旺起来——徐州贾汪基层社会治理实现"蝶变"》,报道第三部分以"乡贤崇德尚法让矛盾钝化于苗头"为标题,对耿集及整个贾汪区的乡贤组织建设作了重点介绍。

正是基于两乡镇乡贤组织及其文化在苏北乃至全国的开拓性地位和影响,课题组一直坚持对其跟踪性调研,并依托课题组所在学院和江苏省苏北农村治理创新研究基地,与两乡镇的新乡贤组织建立了长期合作关系,设立了教学研究基地。

第二节 新乡贤主体在梁寨镇与耿集镇的制度性出场及诞生逻辑

一、新乡贤主体在两镇的制度性出场

新乡贤主体(新乡贤个人与组织)在两个乡镇的出场有其自身的规律性,不是完全自发形成的,而是由乡镇党委和政府有序地动员、组织村民而建立起来的。乡村基层党委政府积极响应和落实党中央和国务院振兴乡村的战略部署,有效突破长期以来乡村社会治理的各种困难与困境,不断完善和提升新时代新时期乡村有效治理的法治化、制度化治理的体系、机制和治理能力体系,

构建"产业兴旺、生活富裕、乡风文明、治理有效、生态宜居"的新农村,乡镇党委和政府就必须强化乡村基层党组织的领导动员能力,创新和转变乡镇党政机关和党员干部工作方式,加强与广大村民的联系,解民众之忧,真正发现乡村社会治理面临的真问题。在全方位调查实践的前提下,全面加强和提升各类乡村组织的"自我决策、自我管理、自我监督、自我完善发展、自我教育、自我服务"的自治组织的建设与完善发展。在社会各层面支持下把村民拥护的社会力量组织起来,使之成为乡镇党政机关、村组织的协同性、协作性社会组织,形成党的基层党组织的牵头领导组织协调、政府全面负责、各主体民主协商协作、社会组织全方位协同、乡村社会公众广泛参与、法治提供保障、科技予以支撑的多元主体治理体制机制。同时,以村民自治制度有效运行为基础,强化乡村治理规范体系和治理手段的法治化水平,发挥乡村传统优秀社会道德规范和新时代社会主义核心价值观的、全方位的滋润、引领作用,形成自治、法治、德治一体融合治理体系,形成共建共治共享的新治理格局。梁寨镇和耿集办事处的新乡贤组织,都是乡镇党委领导村民自觉追求这种新时代乡村治理体系建设而构建的社会组织。地处苏北、皖北交界之地的丰县梁寨镇,因地理位置相对偏僻、人多地少、经济相对不发达、民风强悍,社会治理问题较为复杂。为落实党中央的乡村振兴战略,走出乡村治理的困境,从 2013 年 5 月开始,梁寨镇新一届党委政府开展了全面无一漏网式"走村串户察民情解民忧"活动。全镇当时从党委书记起的共一百五十余名干部,包挂包联全镇一百多个村的一万五千余户家庭,给每户居民发放民情民意连心卡,二十四小时开通乡镇流动服务车,同时要求每个干部都必须及时写好民情民意日记,随时记录乡村各种问题或线索,每周定时汇总发现的各类问题。这一卡、一车、一记已经全面形成了梁寨镇党委与政府工作人员全面践行党的群众路线的新机制、新探索、新模式。乡镇干部通过包村包户,了解社会治理的热点问题、难点问题,一改过去干部畏惧"有些村民专找领导麻烦,提无理要求"的被动局面,主动上门解决群众的难题和矛盾。"许多干部骑着电动车或者自行车走村串户,积极主动为联系户搜信息、出点子、谋路子、找机会,和他们处感情、交朋友、拉家常,多方面了解群众所想、所困、所愁、所需、所急、所盼。通过'联村干部接待日'制度、民情'连心卡'张张到户、把服务送到家的流动'服务车'等具体措施,镇党政干部'带着责任下去,迎着矛盾上去',将党的领导、政府的责任切实带到了村民面前"①。

　　通过走村串户、干部包挂等方式途径在很大程度上密切了干群关系,各种举措也确实有效增强了全镇机关干部为民服务的意识、热情和做好群众工作的能力与素质本领,从心理上精神上行动上全面激发全镇干群干事创业的斗志与活力,但也大大增加了干部的工作强度,大大强化了乡村干部的事务压力和时间压力。而且,在工作中干部们发现,许多社会问题单纯依靠干部包村包户和村"两委"干部的协助并不能有效解决。家长里短的矛盾纠纷,红白喜事中相互攀比的铺张浪费行为,村庄卫生环境、废弃坑塘的整治,许多帮扶济困、捐资助学、维护和美化公共空间、优化公共设施的公益问题,对上访"钉子户"的经常性劝解安抚工作,良好社会风尚的养成,乡村不良行为的劝止、社会治安问题的防范、反社会组织的遏制及其成员的感化回归等等,许多乡村社会治理问题都不是镇、村"两委"干部亲力亲为就可以解决或促成的。不少问题,如果干部大包大揽,急于促成,可能会适得其反,有时还会引火上身,酿成新的干群和社会矛盾。它需要支持党委和政府工作、深得村民拥护、在村民中具有威望的社会成员的日常化的工作支持、协助。可以说,梁寨镇完善党组织的领导、强化镇政府机关和党政干部责任的社会治理创新实践,必然要求动员组织社会力量的有效协同。而这种力量是客观存在的,几乎每个自然村都有老党员、退休乡村干部、退休老教师、退伍老军人,还有一批因有威望有能力而主事乡邻红白喜事的"大老执",靠劳动智慧和新科技经营致富的或有其他技能的能人,这些人多品行良正、遵纪守法,在村民中有影响力,经常可以化解一些村民矛盾纠纷、处理一些村民细故琐事。如果把这些人有效动员组织起来,给予镇党委政府支持和鼓励的新权威性,进一步发挥老党员干部和贤能人士的带头示范作用,强化其正能量,无疑将形成协助党委政府有效进行社会治理的重要力量。

　　正是基于客观需要和现实客观力量的存在,2014 年 1 月梁寨组织了由

---

　　① 李可:《走百村、进万户、察民情、解民忧——江苏北部一个乡镇为民实践活动观察》,《光明日报》2013 年 12 月 1 日。

"五老一能"人员组成的"梁寨镇民情民意志愿者促进会"。经过个人申报、群众推荐、政府认定,第一批共 102 位"五老一能"人员获得老年志愿者名额,并在 20 个行政村设立工作站。该组织成立后,发挥作用明显。为了进一步明确这些志愿者的身份,发挥其道德贤良、守法守正的带头示范作用,2015 年 6 月,江苏丰县梁寨镇党委和镇政府将"民情民意志愿者促进会"改组为"乡贤工作室指导委员会",又名乡贤理事会,102 名原"民情民意志愿者"被认定为该镇的第一批"新乡贤"。他们分布在梁寨镇 20 个行政村 89 个自然村的 20 个"乡贤工作室",身着乡贤服,编号挂牌上岗。据调研组 2015 年 9 月进行的问卷调查数据统计,这支 102 人的乡贤队伍,当时平均年龄 68.3 岁。其中,共产党员 47 人,非党群众 55 人;曾任村干部者 49 人,国家干部、教师和工人退休家乡定居者 14 人,一般村民 39 人;小学以下(含小学、初小、文盲、初识字)文化程度者 28 人,初中文化程度者 44 人,高中文化程度者 25 人,大专以上文化程度者 5 人;来自人丁兴旺的大家族者 41 人,一般性家族者 56 人,小家族者 5 人。后来,梁寨镇党委又两次扩充了乡贤队伍,除去已经病逝的,现有乡贤人数 363 人,其中女性 24 人。2015 年 9 月,课题组人员曾对时任梁寨镇党委书记王磊进行深度访谈,提问他适时成立志愿者组织并改名乡贤组织是否是受到了全国其他地区已有做法的影响。他的回答是:确实借鉴了其他地方的一些做法,但根本动力在于梁寨镇优化社会治理的确实需要。他认为乡镇党委政府只要真心落实乡村振兴战略,为村民做好事谋幸福,就必须把村民当作社会主体、当作平等的人看待,把村民中的优秀人员动员组织起来,发挥村民自身的优势,共同谋发展,构建和谐社会秩序,并说乡贤这个名号接地气,传承"崇德向善、见贤思齐"的文化传统,凸显品德贤良、守法守正者的社会身份和地位,表明他们品德好、有文化、有能力、威信高、口碑好,具有鼓舞人、激励人、示范人、帮助人的正能量。他强调,梁寨新乡贤组织和文化是镇党委政府贯彻党的群众路线,完善党组织的领导能力,强化政府服务意识和责任,发挥村民自治功能,突出村民治理主体地位的产物。

　　耿集办事处乡贤组织的出场,也是追求同一社会治理制度架构的产物。2014 年,群众路线教育实践活动伊始,贾汪区进一步深化了解民情民意、破解发展难题、化解社会矛盾、促进干群关系融洽、促进基层发展稳定、促进机关作风转变的"三解三促活动",及时启动"第一书记"驻村任职、机关党员进社区"五参五促"、农村党员"挂牌亮户"先锋行"三项工作",全区党员干部全面动起来、沉下去,接地气、更务实。他们奔波于基层乡村,在农村一线亮出身份、接受锤炼、贴近群众、服务百姓,在基层一线转变作风、破解难题,成为贾汪干部队伍作风建设中的一道鲜明风景线。这种强化基层党组织领导能力、强化区乡机关和干部服务能力、密切干群关系的举措,确实增强了机关干部为民服务的意识和做好群众工作的本领,但也大大增加了干部的工作强度。而且,在工作中,耿集办事处党委政府干部同样发现,许多社会问题单纯依靠机关干部驻村任职、机关党员进社区以及村"两委"干部的协助并不能有效解决。耿集地处苏鲁交界处,是多县、区交界之地,地理位置相对偏僻,作为贾汪区经济发展基础相对欠发达的农业区域,经济发展要提档升级、社会治理要根本好转,面临诸多必须依靠村民自治能力才能有效解决的难题。虽然耿集有较好的文化传统,但在城乡社会二元体制瓦解转轨和市场经济大潮的冲击之下,村民的自我约束能力减弱,社会矛盾纠纷逐步由传统型、单一型的家庭矛盾、邻里矛盾向多元型、复杂型的经济矛盾、权益矛盾演变,呈现出情况复杂的态势。①因此,决心为村民办实事、将耿集打造成美丽和谐先行镇和首善之地的办事处党工委,从本地社情民情出发,将体现乡村正能量的"五老一能"人员组织动员起来,作为党工委直接领导的志愿者组织,协同基层党组织和村(社区)"两委"打造和谐美丽的新乡风,也成为立足于现实内在需求的必然选择。

2014年11月,耿集办事处通过个人自荐、村民推举和基层党组织审核的形式与程序,从辖区13个行政村84个自然村中选拔出164位乡贤,成立了耿集乡贤工作室,投入25万元在街道办事处旁边建设起办公面积约240平方米的乡贤工作室。2015年6月,耿集乡贤工作室改组为贾汪耿集乡贤工作协会,并于2015年7月通过正式手续在民政部门正式注册成为全国首家新乡贤协会。乡贤工作室依托13个行政村或社区,设立了13个"村乡贤站点"、164个"乡贤之家",形成了乡贤的三级工作体制。在与耿集乡贤协会会长耿德

---

① 参见崔随堂:《耿集乡贤利用农闲时间加大矛盾调解力度》,徐州市贾汪区人民政府网,见http://www.xzjw.gov.cn/Item/49010.aspx,2022年6月20日访问。

堂、副会长宋克义等的深度访谈中,他们认为当初之所以将这一"五老一能"人员的志愿者组织称为乡贤组织,原因主要有三:一是继承优秀乡风文化传统,耿集作为苏北地区具有徽派文化传承的文化发达之乡,有"崇德尚贤、见贤思齐"的乡贤文化传统,应该发扬和传承;二是乡贤守法治、行德治,在自治的基础上、法治的框架下,以德治引领、浸润自治和法治,引领、化育村民守法守正,乡贤称号本身就是一种以身作则的鞭策;三是乡贤是长期生活在乡村的人员。尽管有些人具有干部、教师身份,但由于一直生于斯长于斯且与村民们朝夕相处,低头不见抬头见,具有对乡情事务大多比较熟悉了解,具有熟人熟事熟地熟情、号称"村情通"的基本特点和深得乡村广大村民敬重信任、德高望重、公道正派、讲话做事得民心的优势。在化解乡村社会的各类家长里短、鸡毛蒜皮、大小矛盾纠纷时,是"用老百姓的法儿,平老百姓的事儿",达到小事一般不出村,大事一般不出镇的治理效果。这些乡贤是乡村有名望的人员自愿参与乡村治理不求回报的善举,他们自称要发挥余热,不愿赋闲在家,他们生于斯长于斯,与村民无隔阂。同时也是党委政府、村"两委"的重要帮手,体现的是乡风贤良的正能量,这一称号远比"志愿者"接地气,村民和党委政府都高度认可。

显然,两乡镇乡贤组织的出现,都是乡村社会治理创新内生性需求催生的结果,都是其乡镇党委能够全身心投入乡村治理工作,勇于面对乡村群众困境、直面乡村实务的各种压力与挑战、直面基层治理的未知风险与棘手难题,高度自觉地建设"基层党组织领导、政府全面负责、民主协商协作、社会组织有效协同、广大村民踊跃参与"的乡村治理体系的产物。这充分表明,当代乡贤组织作为社会主体参与乡村治理在徐州乡村的制度性出场,不是个别领导心血来潮、别出心裁的结果,也决定这种乡贤制度承载的乡贤文化,绝不是传统乡贤文化的简单复兴,而是社会主义新时代再创造的新乡村文明的组织部分,是新生的乡贤文化,具有迥异于中国传统乡贤人员的基本特质或属性,尽管在文化因素上同时对传统乡贤文化具有一定的继承性。

二、新乡贤在两镇乡村治理实践中所体现的新主体逻辑

"乡贤"是我国一个具有悠久历史之维的概念。"乡贤"一词始于东汉,是国家对有作为的官员,或有崇高威望、为社会作出重大贡献的社会贤达,去世后予以表彰的荣誉称号,是对享有这一称号者人生价值的肯定。其后同时用来指涉乡里在世的有德行有声望的贤达人物。即"只要是本乡本土生成的或走出的有德行、有才能、有声望而深被本地民众所尊重的各类贤人,无论其在世与否,都被称为乡贤。已经去世的,属于历史乡贤"①。在世的称为在世乡贤,生活于本乡本土的称为在乡乡贤,离开本乡本土的叫离乡乡贤。"在中国传统的乡土社会环境中,人们十分认同在乡土社会中德行高尚,且对乡里公共事务有所贡献的人,故在乡的在世乡贤,通常可对乡村社会秩序的建设产生重要的影响。通常来说,乡贤与乡绅即乡村绅士的概念具有较多的重合性。"②有学者认为,乡贤,又称乡绅,是指乡村知书达礼并以德服众的人,他们大多耕读传家,殷实富足,尽管不一定是村里最富的人。但是,无论是村里最富裕的人,还是最有权的人,都得唯乡贤马首是瞻。马克斯·韦伯将权威分为三类,分别是神授权威、道德权威以及暴力权威,据此标准乡贤很显然属于第二种权威,其社会影响力与声望既不是来自神的授予,也不是依靠暴力予以实现,而是通过嘉言懿行得到乡村百姓的认可。"他们从小就熟读儒家经典,深受儒家礼义教化的影响,为人正直、处事公道、急公好义、闻名乡里,他们是村庄的道德典范,是村庄的精神领袖,并因此而成为村庄秩序的守护者。"③从文献角度而言,"'乡绅'一词在宋代即已出现,然而作为固定的史料用语使用则是明代,特别是明代中期以后的事。在明代文献中出现的同类用语中,绝大多数场合用的是'缙绅'"④。清代文献中有以缙绅来解释乡绅的,"乡绅,本地缙绅之家"⑤。意指乡绅的仕宦身份,而本地则是指本籍。而清代对缙绅的解释是:"缙绅者,小民之望也。果能身先倡率,则民间之趋事赴功者必多。凡属本籍之

---

　　①　魏峰:《从先贤祠到乡贤祠——从先贤祭祀看宋明地方认同》,《浙江社会科学》2008年第9期。

　　②　王先明:《乡贤:维系古代基层社会运转的主导力量》,《北京日报》2014年11月24日。

　　③　赵法生:《再造乡贤群体,重建乡土文明》,《光明日报》2014年8月11日。

　　④　[日]寺田隆信:《关于"乡绅"》,载《明清史国际学术讨论会论文集》,天津人民出版社1982年版,第112—113页。

　　⑤　王有光:《吴下谚联》卷3《座台上乡绅》,清嘉庆二十五年刻同治十二年(1935年)补修本,第39页。

人,不论文武官员,或见任或家居,均当踊跃从事,争先垦种。"①

　　关于乡绅的社会构成,有学者作出如下界定:"乡绅是与官僚密切相关的阶层,它们分别是:第一类处于官僚系统内部,即现任的休假居乡的官僚;第二类是曾经处于官僚系统内部,但现已离开,即离职、退休居乡的前官僚;第三类是尚未进入官僚系统的士人,即居乡的持有功名、学品和学衔的未入仕的官僚候选人。"②"官僚、士大夫、绅士、知识分子,这四者实在是一个东西。虽然在不同的场合,同一个人可能具有几种身份,然而,在本质上,到底还是一个。"③就乡贤的外延来说,"它应该包括传统意义上的乡绅、绅士、士绅、士大夫及一切有利于乡里建设、秩序维持的社会贤达"④。显然,乡绅主要是离职、退职的封建官员及其后备人员群体。尽管在漫长的中国历史进程中,他们在乡村社会建设、风习教化、乡里公共事务方面有贡献,但由于在近代社会大变局中,他们在经济、政治和文化上多持保守态度,固守封建剥削阶层的立场和利益,道德品质和社会作为整体上呈劣质化的倾向,因此被作为"土豪劣绅"整体上是新民主主义革命的对象,尽管其中的开明人士是革命的统战对象。这导致乡贤这一称号,因为在特定的历史时空中等于"乡绅",而后者又在特定的历史时代成为被摒弃的社会群体,因此新中国成立后,"乡贤"一词也长期成为历史的陈迹。

　　然而,若我们将乡贤以及乡贤参与乡村治理现象的实践在历史社会学层面上进行探讨,理解为在广大乡村地区有德有才,热心乡村社会公益,对乡村社会事务有所奉献而被乡村民众所推崇敬重的人,同时,对传统中国的乡村道德准则和价值观念作历史主义的理解,则乡贤这一历史概念与历史现象实践历程,作为历史文化上的传承概念,完全具有超越任何特定的历史时代局限性及其特定历史内涵所框定的一般价值意蕴,可以在人民当家作主的社会主义新时代继续使用与延续发展,并根据时代实践状况与理论建构的需要赋予崭

　　① 《清朝文献通考》卷3,《田赋考》,商务印书馆1935年版,第4876页,转引自徐祖澜:《乡绅之治与国家权力——以明清时期中国乡村社会为背景》,《法学家》2010年第6期。

　　② 徐祖澜:《乡绅之治与国家权力——以明清时期中国乡村社会为背景》,《法学家》2010年第6期。

　　③ 吴晗、费孝通等:《皇权与绅权》,天津人民出版社1988年版,第66页。

　　④ 徐茂明:《明清以来乡绅、绅士与士绅诸概念辨析》,《苏州大学学报(哲学社会科学版)》2003年第1期。

新的新时代的新理论内涵。当然,为表达新的历史时期乡贤的特定内涵,并凸显其与中国传统社会乡贤质的区别,最好将前者称为"新乡贤"或"现代乡贤",而将后者称为"旧乡贤"或"传统乡贤"。

无疑,正是基于中国乡村文化传统的延续性,新乡贤文化对旧乡贤文化有一定的历史继承性或相似性,主要体现为古今乡贤文化都倡导品德贤良、有学识、守法守正的社会贤达人士参与乡村治理事务,惠济乡邻、热心公益,化解社会冲突,维护社会和谐有序。即在乡贤文化所要求的成员基本道德操守、学养见识、社会功能和社会认同等方面有一定的相似性。但从根本上讲,新乡贤在诸多方面却有新时代赋予的全新内涵,较之于旧乡贤,发生了革命性变化,完全是新历史时期的新成员。两者的差别可简要归纳为下表。

基础构成制度对比	传统乡贤制度	新乡贤制度
社会制度基础	皇权官僚封建主义制度,专制皇权与封建官僚统治,地主经济、小农经济、传统自然经济。	社会主义制度,中国共产党领导的人民民主制度,土地集体所有制,现代社会主义市场经济。
社会结构基础	直接依附于家长制大家庭、宗法家族制度的等级依附社会结构成员具有等级依附主体人格。	依托集体经济组织和村民自治组织的自主平等的社会结构,成员具有自主平等主体人格。
主要道德价值观	封建伦理道德;皇权神圣和民为邦本。	社会主义核心价值体系;人民根本主体地位。
主要社会成员构成	士绅、族长、地主、富商等,多具有等级特权人物地位。	老党员、退休干部和教师、主事村民等,具有现代公民和平民特征。
组织建设方式	封建官府支持和管控,乡绅自我组织,相对独立运行。	乡镇党组织领导动员,政府支持和指导,作为村民志愿者组织建设运行。
基本功能定位	封建官府统治一般村民的中介组织。皇权官僚制下宗法制乡村统治体系的重要构成要件。	乡镇党组织强化党群联系、领导动员村民协同社会治理的社会组织;基层政府深入乡村社区履行管理、服务责任的协同组织;村民自治的辅助性组织和有特殊贡献的志愿者组织;老党员干部和优秀村民起模范带头作用、倡导文明新风的组织平台。社会主义乡村治理体系的重要社会协同组织,自治法治德治融合为一体的乡村社会治理共同体的重要构成要件。

基于上述比较,可以说新乡贤是在新制度下成长起来的新事物,它蕴含着更多的时代意义和现实价值,是对传统的发展与超越,这种发展与超越是跨越时空的变革性发展,是凤凰涅槃后的浴火重生。

第三节　新乡贤主体在两镇的制度性出场与法治实践、治理效能

一、两镇新乡贤主体制度化治理实践与乡村党组织现代化治理能力的有效提升

中国近代史与新中国的国家历史现实发展的进程说明,在中国革命和社会主义新时代国家与社会建设的伟大实践征程中,树立了中国共产党的坚如磐石的核心领导地位与政治合法性、政治正当性。中国共产党领导是中国特色社会主义最本质的特征,是中国特色社会主义制度的最大优势。党的十九大报告指出,"党政军民学,东西南北中,党是领导一切的。中国特色社会主义最本质的特征是中国共产党领导,中国特色社会主义制度的最大优势是中国共产党领导"[1]。"要把党的领导贯彻到社会治理全过程,提高党的政治领导力、思想引领力、群众组织力、社会号召力,真正把党的理论优势、政治优势、制度优势、密切联系群众优势转化为社会治理的强大效能。"[2]我国新时代乡村法制化社会治理体系与治理机制的生成、设计与运行逻辑必须全面遵循这个根本性的宏观政治体系,即遵循中国共产党的领导核心地位不动摇。在乡村地区的社会治理过程中,坚持中国共产党的领导,是推动乡村社会治理体系和能力现代化的必然选择与根本政治保证。因此,建立健全"党委领导、政府负责、民主协商、社会协同、公众参与、法治保障、科技支撑"的现代乡村社会治理体制,是以党委领导为根本前提基础的。"乡村基层社会多元主体协同治理、协作治理是以乡村基层党组织为领导核心的、多主体相互作用、相互支

---

① 习近平:《决胜全面建成小康社会　夺取新时代中国特色社会主义伟大胜利——在中国共产党第十九次全国代表大会上的报告》,《人民日报》2017 年 10 月 18 日。

② 本书编写组:《〈中共中央关于坚持和完善中国特色社会主义制度、推进国家治理体系和治理能力现代化若干重大问题的决定〉辅导读本》,人民出版社 2019 年版,第 85 页。

持配合的主体结构构成体制;广大乡村地区基层社会治理的'三治融合'的制度体系架构也是在基层党组织领导下的制度化治理运行体系;乡村基层党组织同时也是共谋共建共治共享的社会治理体系和社会治理共同体中的引导性力量。"①在我国乡村社会治理现代化进程中,"如果广大乡村地区的经济社会治理离开中国共产党这个先进政党的有效引领和组织协调,不但可能导致乡村社会的有益资源与价值得不到充分有效挖掘;相反,落后的、对市场经济发展、对民主法治进程产生不利影响的各类因素将继续支配乡村社会与乡村民众,进而在长远时间内影响乡村的社会主义市场经济发展以及民主法治和现代化治理目标的充分实现"②。两乡镇的实践证明,新乡贤组织的制度性出场,作为这种中国特色社会主义乡村治理体系和能力现代化创新之路的具体制度创新,强化而不是弱化了乡村基层党组织的领导力。

中国共产党乡村组织的领导力,"是党的政治领导力、思想引领力、群众组织力、社会号召力在乡村实现的重要体现和保证。具体应包括如下几个方面的主要内容:一是通过加强对乡村基层国家机关和社会组织及广大乡村民众的政治引领,使党的各个时期所制定的、正确的基本路线方针政策和实施战略在乡村得到有效贯彻与执行落实"③。这是党的政治领导力在乡村的重要体现。在新时代,主要表现为对党所提出的乡村振兴战略的重要思想与政策进行具体有效实施落实,按照"产业兴旺、生态宜居、乡风文明、治理有效、生活富裕"的总要求加快推进农业农村农民经济、政治、社会与文化整体性现代化的尽快落实。它是实现党中央提出的"两个一百年"奋斗目标的重要组成部分,也是健全现代社会治理格局的固本之策。习近平总书记在中共中央政治局第八次集体学习时再次强调,"产业兴旺、生态宜居、乡风文明、治理有效、生活富裕"是实施乡村振兴战略的总要求,并要求"弘扬社会主义核心价值观、保护和传承农村优秀传统文化、加强农村公共文化建设、提高乡村社会文明程度,推进乡村治理能力和水平现代化、让农村既充满活力又和谐有序,不断满足广大农民群众日益增长的美好生活需要"。二是在思想上要用新时

①　王琦:《党的领导在村民自治实践中的实现》,《大连干部学刊》2021 年第 5 期。
②　兰红燕:《我国乡村社会治理法治化研究》,河北师范大学博士学位论文,2019 年。
③　王琦:《党的领导在村民自治实践中的实现》,《大连干部学刊》2021 年第 5 期。

代中国特色社会主义的先进思想文化教育、全面有效引领乡村党员干部和广大村民,把党在新时代的乡村政策与路线方针、主要的决策吃透弄懂弄通,使得他们始终自觉地跟党走,心往一处想、力往一处使,为实现乡村振兴发展凝心聚力。这是党的思想引领力在乡村治理中起到主要作用的核心体现。重点是用马列主义的世界观方法论、毛泽东思想、邓小平理论、"三个代表"重要思想、科学发展观、习近平新时代中国特色社会主义思想。三是对村民自治组织等社会组织进行组织和有力领导的群众组织力。近日,中共中央印发新修订的《中国共产党农村基层组织工作条例》(以下简称《条例》)增写了"乡村治理"和"领导和保障"两章。其中第十九条更是明确规定了"党的农村基层组织应当加强对各类组织的统一领导,打造充满活力、和谐有序的善治乡村,形成共建、共治、共享的乡村治理格局"。第二十条规定:"党的农村基层组织应当健全党组织领导的自治、法治、德治相结合的乡村治理体系。深化村民自治实践,制定完善村规民约,建立健全村务监督委员会,加强村级民主监督。推广新时代'枫桥经验',推进乡村法治建设,提升乡村德治水平,建设平安乡村。这要求乡村基层党组织要加强对村民自治组织和群团组织、社会志愿者组织、企事业单位、行业协会等其他所有组织的领导。"四是对乡村社会的所有村民和乡村社会组织的有效动员和带动力、组织协调能力的社会号召力。这种社会号召力主要表现为通过基层党组织活动、党员活动或以乡村各类社会组织为纽带,组织协调动员带领广大村民,发挥党员在乡村治理中以及各类乡村社会组织、乡村治理与乡村振兴发展的各行各业中的模范带头作用,有效带领、组织协调、动员号召和带动广大村民、乡村各类组织与群众投入到乡村振兴的各项事业中去。这主要囊括了加强农村各类经济产业振兴、新时代乡村的民主自治法治德治建设、新时代乡村的文化道德与精神文明建设、新时代乡村的社会稳定安全建设以及新时代的乡村生态文明与环境治理等各方面的建设发展等等。

如前所述,梁寨、耿集新乡贤的制度性出场,正是两镇党委政府落实党中央的乡村振兴战略,密切党群干群关系,破解乡村社会治理难题,自觉进行党组织领导下的多元主体协同社会治理体系创新的产物。

第一,新乡贤的制度性出场,是两地乡村党组织成功发挥和强化自身的政治领导力和群众组织力的体现。"乡村基层党组织的主要政治功能是宣传党的路线方针政策与主张、贯彻党的意志与各项具体决定、领导乡村社会的基层社会治理与社会发展、团结动员乡村社会的广大群众、推动乡村经济社会各方面的改革与发展、发挥党员干部在乡村治理与事业发展中的先锋模范作用。"①两地基层党组织以新时代党和国家的乡村振兴战略为逻辑出发点,以乡村人民对美好生活的追求为归宿,全面践行党和国家在农村经济与社会发展中的路线方针政策及各项决策,强化基层党组织同乡村地区广大人民群众的鱼水联系。把在乡村工作中有效地汇集民智民意、全面地凝聚乡村各方面民资民力、以不断提高乡村人民群众的生活水平、改善乡村人民的生活条件作为基本出发点,有效地提升基层党组织在乡村经济社会发展和社会治理中的领导水平、治理水平、发展水平,均水到渠成地将散落在乡村社会的各类乡村贤达人士有效地组织起来,将这些在乡村发展和治理中具有重要正能量的人员进一步组织调动起来,作为党联系群众、汇集民智、凝聚民力的中介组织,作为党委政府和村"两委"的得力帮手,也作为乡村老党员干部和优秀村民发挥模范引领作用的重要平台。这是党的政治领导力进一步发挥和强化的体现,因为新乡贤这一多功能组织的建设和有效运行,既是乡村振兴战略落实驱动的体现,又增强了两乡镇党组织进一步落实这一战略的能力;同时,通过领导组织这样一个老党员干部发挥主导作用和模范带头作用、高度协同乡镇党委政府和村"两委"的多功能社会志愿组织,既是党组织发挥领导建设社会组织能力的体现,又是党通过社会组织进一步组织群众能力的强化。可以说,乡村党组织依靠党员干部、优秀村民,可以组织接受党的领导、支持镇党委政府和村"两委"工作、党员在其中可以发挥主导和模范带头组织作用的社会组织越多、越有社会影响力,其政治动员和群众组织领导力就越强。梁寨镇第一批新乡贤,党员比例超过47%,经过第二批、第三批发展人数达到364人,党员比例仍然超过30%,镇乡贤工作室指导委员会成员的党员比例更高;耿集镇现有新乡贤164名,党员比例超过60%,镇乡贤协会还组织了专门的乡贤党支部,

---

①　刘立光:《乡村振兴视域下农村基层党组织政治功能探析》,《湖南社会科学》2022年第3期。

直接受镇工委领导。这种保证了新乡贤的社会主义红色文化底色,保证了新乡贤组织是接受乡村党组织领导、党员发挥主导和模范带头作用的组织平台。事实上,两地新乡贤组织中工作最积极付出、表现最出色的一批人员也多是老共产党员。

第二,新乡贤的制度性出场,也是乡村党组织思想引领力进一步发挥和强化的体现。两乡镇党委发起组织新乡贤组织的一个重要目的,是通过这样一个组织,全面发挥和强化乡村党组织的思想引领力。主要表现为通过运用新乡贤成员们较高的思想政治文化水平与道德素质、在乡村社会治理中有较高的影响力,同时他们是各个领域的能工巧匠或特定的资源等优势,宣传党的路线方针政策及各项决策特别是社会主义核心价值观、新时代社会主义的优秀道德文化、中华优秀传统文化以及乡村社会的先进事迹精神楷模等正能量,并通过助力乡镇党委政府和乡村社会对村民矛盾有效协调化解和模范带头示范作用,提升广大村民的思想政治觉悟、社会主义道德水准以及国家的政策法律理念、民主政治与社会公益价值理念、社会参与与村民之间的互助包容价值理念、家庭和睦社会和谐价值理念等等,从而达到在乡村社会中醇化乡村社会风气与乡村文化氛围,有效促进新时代社会主义乡风文明的广泛深度形成。梁寨镇乡贤组织利用道德大讲堂、法治大讲堂、法制长廊、法治广场宣传、村民广场宣传、书法艺术比赛等平台,进行了大量思想、道德、政策和法律的文化宣传活动。耿集新乡贤更是组织了法治文化艺术团和宣传文化艺术团两个文艺团体,编排了大量群众喜闻乐见的文艺节目。如小品《婆婆也是妈》《巧相亲》《三个儿媳》《惠民诊所》《俺家四十年》,快板《新宪法颂歌》《昂首迈进新时代》《我为新时代文明唱赞歌》,表演唱《老两口看新闻》等等。① 这些贴时代、有生活、接地气、有感情的作品,不仅在本乡镇演出,而且在全区和邻近周边几个县区演出、参赛,获得了广泛的社会影响力和群众好评。新乡贤这种宣传教育实践,对教育和引导乡村民众紧紧跟着党的步伐,树立党在乡村民众心中的威信与影响力,把农民群众紧紧团结在执政党的周围,牢牢奠定和稳固党在农

---

① 这些节目很接地气,其中走访调研中耿集镇干部组织观看《婆婆也是妈》小品,感人至深,当场观看大约半小时,深有感触乡村的丰富道德文化氛围。

村的执政基础,具有极为重要的价值与意义。

第三,新乡贤的制度性出场,充分体现了乡村党组织全面加强和有效动员带动广大乡村民众的社会号召力。在全面推进基层乡村社会治理的历史进程中,我国基层党组织承担着广大乡村地区经济发展、民主政治、法治推行、生态文明、精神文明、社会文化、社会保障和改善民生等各方面的核心领导任务,也是实现乡村社会组织动员的主要牵头者。然而,在乡村治理与发展进程中,要全面取得预期成效,实现乡村民众生产生活条件的极大改善,就必须要坚持以人民为中心的发展基本原则,充分发扬农民主人翁精神和创造性、创新性精神,尊重乡村社会的基本发展规律,需要广大乡村民众与乡村各类组织有效协同,需要广大村民的积极踊跃真正参与以及配合与支持,没有这些配合与支持,则各方面事业难以顺利展开。广大村民的广泛真正参与、配合和支持,是需要借助于党领导下的村民自治组织和乡村其他社会组织作为重要的载体与平台。事实证明,新乡贤组织在协同乡村党组织动员社会力量方面的作用是明显的。从目前相关状况来看,"局部地区的乡村治理中由于出现一些基层党组织软弱涣散,呈现出地位作用虚化弱化迹象,加上乡村的社会环境经济环境出现了较大的变化,农民因权利意识的觉醒对乡村基层的有些治理措施持冷漠态度,极少数乡村基层党组织的领导能力、治理水平弱化成为无法回避的事实"①。新乡贤组织的制度性出场,一个重要目的就是为了逆转这种情况,借助新乡贤志愿者有热情、有人缘、有威信、有办法、地熟人熟事熟等优势,在化解乡村社会矛盾、推进乡村公益事业建设、优化村风民风等方面,作出村民高度认可的事情,让广大村民感受到党组织能动员老党员干部和优秀村民为大家做事,形成示范带动。这强化了乡村党组织面向基层、服务基层的工作导向,提升村民对党组织的认同感和支持度,奠定动员村民的民意基础和情感基础;新乡贤被组织起来,做党和政府的好帮手,服务民众,这本身也是基层党组织社会动员能力的重要体现,具有典型示范和引领的作用;新乡贤特殊和优秀素质,为基层党组织进一步动员广大村民及其社会组织提供了一个稳定的中

---

① 董文兵、李寿峰、孙昌帅:《乡村治理现代化进程中农村基层党组织功能定位面临的挑战及对策》,《青岛农业大学学报》(社会科学版)2017 年第 2 期。

介组织、平台和帮手,发挥着乡村贤能人士既助推动员又助推响应的双重作用。新乡贤在协同乡村党政组织、村"两委"治理中,既发挥着"助民、便民、乐民、安民"的作用,也发挥着"化育民风、凝聚民心、提升民气、汇聚民意、动员民力"的重要作用。以梁寨为例,乡贤们活跃在村庄,宣传政策、调解矛盾、收集民意、移风易俗,成为镇党委推进村民志愿者服务、尊老爱幼和农民培训工作等活动的重要帮手。他们积极投身新时代乡村文明社会实践站建设,在他们的有效带动下,目前建设镇级新时代社会实践所 1 个、村级新时代社会实践站 20 个,拥有 20 个志愿者队伍,近 1.3 万名志愿者。他们积极支持镇党委政府倡导的营造孝老爱亲活动,该活动倡导子女为每位 70 岁以上老人建档立卡,为老人每月缴纳不少于 150 元赡养费的,给予每位老人每月 30 元的奖补;子女为每位老人每月缴纳不少于 200 元赡养费的,给予每位老人每月 40 元的奖补。① 新乡贤带头示范,鼓励亲朋好友跟随。2018 年 399 名、2019 年 391 名建档立卡老人参加孝老爱亲活动。还有一批新乡贤积极参与和服务新型农民培育活动。梁寨镇依托程子书院,建设了国学馆、党建馆、廉政馆、镇史馆、百家书屋、乡村振兴讲习所,开办了农民夜校,培养出了一批批"新型农民"。根据农民需要,乡村振兴讲习所开设了家政服务项目培训以及在中式烹调、美发美容、果蔬种植、市场营销、企业经营、人力资源管理、育婴、面点、摄影、养老护理等各类短期免费培训服务。通过培训广大学员可参加市人力资源与社会保障局鉴定中心的相应工种职业技能资格水平方面的鉴定,有效提升乡村民众各方面的从业技能。②

二、两镇新乡贤主体参与式制度化治理与村民自治体系和治理能力的持续加强

如前所述,新乡贤既是村民志愿者组织,在很大程度上又是村民自治组织的扩展性组织,因为它所从事的活动多属于村民自治活动的范围,体现了村民自我完善发展、自我管理教育、自我监督服务等各方面的职能。它可单独承担

---

① 参见蔡思祥、洪落:《我市扶贫工作交出亮眼"成绩单"》,《徐州日报》2019 年 3 月 2 日。
② 参见钮友宁:《重点工作的务实推进——丰县总工会抓重点工作的经验》,《工会信息》2021 年第 1 期。

一些村"两委"委托处理或不能处理的村民自治事务。因此,我们不宜将村民自治组织仅限定在《村民委员会组织法》规定的具体形式,即仅限于村民委员会、村民会议、村民代表会议、村务监督委员会或者其他形式的村务监督机构。因为凡是体现了村民自我管理、自我教育、自我服务的职能,不违背国家法律并得到基层群众认可支持的社会组织,都具有村民自治组织的属性,可以看作是村民自治组织的扩展和辅助性组织或者补充性组织。

根据我国《村委会组织法》的规定,我国的村民自治组织体系由村民大会、村民代表大会、村民委员会和村民小组四个机构共同构成。在上述村民自治组织的机构之中,村民大会和村民代表大会是权力机构,而村民委员会和村民小组则是工作机构。村民自治组织就是通过权力机构依照法定程序做出决策,再由工作机构引导村民并与村民共同履行权力机构的决策,从而实现村民自治组织设定的目标。从法律规定的角度观之,四个机构如果能够实现相互合作与分工,各自依法履行自己的职能,应该能够形成一个高效率、稳定性强的组织机构。① 但是从实然的角度来看,村民自治组织目前存在三大问题:一是由于行政村区域跨度过于庞大且行政村范围内人口众多并分散居住,行政村范围内村民的利益难以有效协调。且由于各地乡村尚未建立起合法有效的村民大会召开机制,村民大会很少能够及时召开,基本上处于虚置状态。② 在实际的操作中,一些地方村民代表会议会取代村民大会,村民大会作为一般群众行使监督权和决策权的重要渠道,被取代之后,村民的各项权利得不到保障,他们的利益冲突变得更为复杂。二是村民代表会议或村民大会的权力功能被村委会倾轧。村委会成员大多为村干部,村干部阶层在乡村治理中由于在资源与掌握的信息上以及相关的人脉关系、社会资本方面占有绝对优势,在与乡民的交往过程中处于强势地位。③ 他们掌握着村委会对于乡村公共事务的决策权以及执行监督权,村民会议以及村民代表大会的决策权、监督权由于

---

① 参见王琦:《新乡贤融入乡村治理体系的历史逻辑、现实逻辑与理论逻辑》,《东南大学学报》(哲学社会科学版)2021年第2期。
② 参见谭文邦:《村民自治组织的结构分析》,《经济研究导刊》2003年第15期。
③ 参见王琦:《新乡贤融入乡村治理体系的历史逻辑、现实逻辑与理论逻辑》,《东南大学学报》(哲学社会科学版)2021年第2期。

不能有效行使,在乡村社会治理中往往由于投机心理的作用出现乡村干部侵蚀乡村利益而无人问津的状态。三是村民小组虚置化。村民小组应是村民自治的基本单元和基础运行机构,在乡村治理实践中起到与村民直接接触的基础作用,但是,村支委、村委会及其成员的地位远高于村民小组及其成员的地位,实践中村民小组是村"两委"的执行下属机构。正是因为存在这些现实原因,村民委员会有权力却不足,村民认可度不高,对村民的管理、服务和组织动员能力不足。① 在进入城市反哺乡村、工业反哺农业的时期后,村民委员会在合理利用党和国家的强农惠农富农政策,合理分配、利用和保护村上级提供资源和集体公共资源方面,其能力及其公正性更难以满足广大村民的需要。而个体农民家庭,要么平时对村委干部的不当作为无能为力,不多期待;要么在矛盾尖锐时,诉诸上访、控告,并偏重于维护自己的个体利益,甚至提出不正当要求,导致干群矛盾纠纷上交并加剧。正因如此,在乡村中由德高望重、乡村民众比较普遍信任的村民与乡村中各方贤达人士所组成的自愿性组织,一方面能够充分反映村民的各种意愿、聚合乡村的各种闲散资源,反映村民的利益诉求;另一方面能够对村委会产生一定的监督作用,与此同时,在很多情况下能够与村委会协同参与治理乡村事务,有效促进村委会组织等其他乡村社会组织履行自我决策管理教育、自我完善发展、自我服务监督的各项社会职能,是克服村民委员会组织履职不到位、综合协调平衡村民自治组织内在结构运行失衡的全新创造性举措,是一种有效的创新型新机制。

其一,新乡贤在乡村自治过程中,具有反映民情民意、集中民智民力的巨大优势。新乡贤在志愿服务村民的第一线,与一般群众无任何隔阂,他们在帮助村民红白喜事和其他帮扶救助的过程中,可以无任何障碍地了解村民的真实情况和心愿。一些社会不和谐因素,如亲邻之间的矛盾、无谓的攀比造成的浪费、公共资源的分配利用不公等情况,他们都可以了解得很清楚。可以说,对村民基本情况的直接了解程度,新乡贤远远高于行政村"两委"的几位村干部。正是因为新乡贤有威望和亲和力,又不代表"官方"身份,村民对他们反

---

① 参见刘义强、朱露:《村小组单元设置的选择及逻辑——基于广东清远和东莞基层改革的比较分析》,《求实》2021 年第 3 期;应俊:《"三权分置"背景下村小组与村委会存在的问题及对策研究》,《农村经济与科技》2020 年第 17 期。

映问题、表达心愿,没有什么压力和顾忌,并且会因为矛盾指向不针对新乡贤,新乡贤可以过滤掉其中的不合理因素,而避免一些直接的干群矛盾。新乡贤因为其自身的社会权威性和影响力,便于对村"两委"和上级干部反映村民意愿并对他们产生较大影响力。如果说在新乡贤自发存在的状态,这些优势是自发的、自在的,那么在新乡贤被镇党组织动员组织化后,则变成自觉的组织行为,具有更明显的优势。正如相关媒体所报道的,新乡贤的现实身份大多已都是一般平民,他们不直接执行上级党组织和政府布置的政治和行政事务,因此具有突出的民间色彩。因为乡贤比较长时间的和村民接触,他们对于村民的情况了如指掌,也比较能获取村民的信任。他们在代表村民对村干部行使监督权的同时,还能反映真实的群众建议和意见。实际上又成了党支部和村民委员会征求民意,构建乡村良好秩序的好帮手。

其二,新乡贤有效协同村民委员会化解大量村民矛盾纠纷。依据我国《村民委员会组织法》的规定,村民自治委员会作为村民自我管理、自我教育、自我服务的基层群众性自治组织,负有有效化解村民矛盾纠纷、协助维护社会治安的重要职责。但现实中,这一职责常常因为村干部其他工作任务繁重、对相关矛盾纠纷当事人和社会关系缺乏深入了解,也缺乏亲民性权威等因素,而难以很好落实。新乡贤组织的出现,可以有效地化解这种不足,新乡贤凭借德高望重、主事乡邻、充分了解家长里短、重情理、明是非等优势,加上组织化后法治和政策意识的提高,可以有效地作为村民委员会的助手或协同人员,处理大量纠纷。根据2016年6月的深度访谈,梁寨镇新乡贤组织成立不到两年,化解社会纠纷超过1000余起,包括50余起经年积怨的矛盾纠纷。调研组2019年10月到耿集镇实地调研,通过对耿集乡贤协会负责人的深度访谈,得出了如下一组数字。

耿集镇近六年乡贤调解情况表

年份	调解案例总数(件)	调解成功案例数量(件)	调解成功率(%)
2014	88	86	97.7
2015	588	572	97.3
2016	470	461	98.1

年份	调解案例总数（件）	调解成功案例数量（件）	调解成功率（%）
2017	330	324	98.2
2018	290	236	81.4
2019（截至10月）	36	35	97.2

两乡镇新乡贤调解矛盾纠纷的经验都在当代作为典型经验进行推广，相关媒体的报道也多重点着墨这一点。耿集还编印了《耿集乡贤调解故事会》数期，重点讲述耿集新乡贤成功调解乡村纠纷的经典案例，图文并茂，成为当地村民和干部喜欢阅读的乡土教育读本。

其三，新乡贤组织有效破解了乡村的诸多移风易俗难题。中国共产党领导的新民主主义革命，以摧枯拉朽的方式消灭了封建剥削制度。社会主义革命和建设的成绩，也彻底改变了乡村的社会关系。但仍有一些陈规陋习沿袭日久，在传统和现实力量的双重作用下，仍然有较大的顽固性。一个时期以来，乡镇党委政府多次直接推动或动员村民自治组织移风易俗，改变在新形势下乡村中仍然存在的陈规陋习，但收效甚微。如随着生活水平的提高，红白喜事的大操大办、铺张浪费更加严重，而且加进了一些低俗甚至色情的表演等因素。政府和干部的高压手段治理尽管可能一时有效，却因为遭遇村民的抵制引发社会对立和矛盾，形成反弹，成为出力不讨好的治理难题。事实上，大多数村民内心都不情愿这种红白喜事大操大办的陋习，但相互攀比、怕人讥笑的心理还是形成强烈的"跟风"效应。新乡贤组织出现后，就形成了协同乡镇党委政府和村委会移风易俗的责任和使命感，并基于诸多新乡贤主事乡邻红白喜事的优势，以乡规民约的方式推进移风易俗。

据本课题的实践考察发现，两乡镇新乡贤组织均成立了红白理事会，该组织在乡村社区影响力较大。红白理事会专门制定了红白理事会章程，对乡村的红白事务进行倡导引领，产生了明显效果。理事会主要围绕乡村红白喜事倡导移风易俗，提倡"婚事新办，丧事简办，其他喜庆事宜不办"的新风尚、新思路、新做法，坚决消除减少婚丧嫁娶等各种喜丧活动中的各类陈规陋习与相互攀比等各种不良社会现象。提倡并鼓励举行集体婚礼等婚庆形式，主动抵制各种大操大办婚丧嫁娶事件，不搞大摆宴席、车水马龙、声势浩大的各种婚丧嫁娶的奢靡排场；不搞到处燃放烟花爆竹污染环境以及置办各种名牌车辆撑场子、好面子的虚伪把式。在乡村传统孝道文化上，大力弘扬"厚养薄葬"优秀传统美德，不搞各种繁文缛节、无谓的葬礼程序，不断增强乡村民众的孝道品德，宣传新时代国家的殡葬政策与法律规定，积极倡导简化乡村各类治丧环节。对在举办婚丧嫁娶等活动中搞封建迷信，有害良风善俗或者妨害公共安全与秩序的行为以及涉嫌侵害他人合法权益或者有损社会公德的行为，明确予以制止。实践中有些村庄的新乡贤理事会还专门主持制定了有关村庄文明礼仪的村规民约，如《家谱祭祖准则》《村庄祭祀规约》《村庄庙会规约》《红事庆典综合准则》《白事殡葬准则》《红事申报准则》《红白理事会章程》等村规民约，充分落实了新时代社会主义道德新风尚，在乡村地区不断优化乡风文明、倡导健康生活，人们的精神文化风貌得到了较大的改进。

其四，新乡贤有效助力乡村环境优化、公共空间和设施维护、土地集约和良好利用等公共事务。苏北地区因经济发展水平相对落后，村庄环境卫生状况整体较差。比如，缺乏地下排污设施，多使用旱厕，缺乏有效的垃圾收集、处理设施和场地，村里和周边坑塘污染严重。同时，村庄道路、排水沟渠也被村民侵占严重，用来堆放柴草、种植蔬菜、修造厕所或堆放杂物，一些公共设施也得不到有效爱护和合理使用，形成了公共空间和设施利用的诸多乱象，更增加了乡村居住环境和景观的脏乱无序。近年来政府加大了对乡村环境和公共空间设施杂乱无序的整治力度,但因为资金和人力投入的有限性,成效并不明显。伴随着村民生活水平的提高和现代居住条件意识的强化,广大村民对环境净化和公共空间设施的优化有了强烈的愿望,但由于涉及千家万户,需要同步配合,如无人长期地组织动员、监督维护,很难形成社会效应,"搭便车"或负面的从众心理将难以克服。另外,随着农业日趋商品化和产业化,原来条块分割承包于农户的土地需要一定集约化,以方便建造大棚或大面积种植经营,在保障农户土地承包权收益的同时,为有效避免交易成本和难度,也需要对农户进行动员和组织;原来分布在村头因家禽牲畜滋扰而一般种植林木的小块承包土地,更有统一退林还耕并相对集中的必要,更需要统一的社会动员和组织行为。这些越来越为社会内在需要的社会组织和动员能力,却常常是数量和精力都非常有限的村干部难以直接胜任的。相反,有威望、有见识、有人脉、有时间、有热情的新乡贤可以很好地胜任这类工作,有效协助村"两委"开展这些工作。

以梁寨镇为例,2017 年以来,新乡贤倡导和监督农村生活垃圾的定点倾倒、定时清理,倡导村民讲卫生讲文明的新风,通过集资和倡导捐助的方式,推助村庄排污设施的地下化,改造旱厕为冲水卫生间;劝解一些村民让出侵占公共道路和沟渠,进行必要的净化、硬化和无障碍化;动员民众出钱出力,进行废坑塘的整治和环境卫生养护;组织村民统一通过法定手续将村边林地退林还耕,种植上经济效益更好的农作物如大蒜等,同时倡导在房前屋后广泛种植景观和经济林木,美化环境。2019 年 9 月,初步统计梁寨新乡贤组织助力村"两委"固定垃圾投放和清理点 200 个,改造旱厕超 2000 所,整治大小公共道路和沟渠 300 余条,修复和维护公共设施 70 余处,整治村庄废坑塘 40 余个,退林还耕村头土地 320 余亩。这种力度和成效,是前所未有的。

三、两镇新乡贤法治化治理与本地乡村德治体系和治理能力的传承拓新

"乡贤"作为一个文化传承概念,本身即倡导品德高尚的社会贤达人士参与乡村事务治理,维护乡村和谐有序。可以说,德治是新乡贤的最大优势。新乡贤守法守正,以自身带头示范作用和社会公益服务精神,对在乡村大力弘扬社会主义核心价值观,弘扬中华传统美德,培育社会公德、职业道德、家庭美

德、个人品德具有重要作用,并且提供了具体的制度抓手。党和国家高度重视道德对人民群众的教化作用和对社会治理的促进作用。党的十六大报告指出,"依法治国和以德治国相辅相成。要建立与社会主义市场经济相适应,与社会主义法律规范相协调,与中华民族传统美德相承接的社会主义思想道德体系"①。党的十八届四中全会进一步提出"坚持依法治国与以德治国相结合,国家和社会治理需要法律和道德共同发挥作用。必须坚持一手抓法治、一手抓德治,大力弘扬社会主义核心价值观,弘扬中华传统美德,培育社会公德、职业道德、家庭美德、个人品德,既重视发挥法律的规范作用,又重视发挥道德的教化作用"②。将德治作为国家治理的重要方式,突出了建设社会主义思想道德体系,大力弘扬社会主义核心价值观,从社会、行业、家庭、个人四个维度或层面,全方位提倡道德的培育和健全。③ 党的十九届四中全会在推进国家治理体系和治理能力现代化问题上作了更加深入具体的安排,提出"坚持和完善共建共治共享的社会治理制度,构建基层社会治理新格局。健全党组织领导的自治、法治、德治相结合的城乡基层治理体系"。"注重发挥家庭家教家风在基层社会治理中的重要作用。"因此,德治作为乡村治理体系中与自治、法治并驾齐驱的重要一环,需要在乡村治理体系的构建和乡村治理能力提升的过程中得到充分的体现。新乡贤这一在基层党组织领导下的、自觉建立的、扎根于乡土的乡村治理主体,在思想道德传承上具有历史延续上的明显道德性,在新时代能够融入社会主义新农村的乡村德治体系,对于乡村德治能力在新时代的有效提升具有基础性作用。

第一,新乡贤具有良好道德品质,人为"村范"。道德观念是在社会里生活的人自觉应当遵守社会行为规范的信念。④ 我国农村存在着丰富的非正式制度资源,其中蕴含了大量在长期共同生活实践过程中形成的道德观念和道

---

① 江泽民:《全面建设小康社会开创中国特色社会主义事业新局面——在中国共产党第十六次全国代表大会上的报告》,《实践》2002年第12期。

② 习近平:《中共中央关于全面推进依法治国若干重大问题的决定》,《人民日报》2014年10月28日。

③ 参见习近平:《决胜全面建成小康社会 夺取新时代中国特色社会主义伟大胜利——在中国共产党第十九次全国代表大会上的报告》,《人民日报》2017年10月18日。

④ 参见费孝通:《乡土中国》,上海人民出版社2013年版,第18页。

德规范。① 首先,中华民族的传统美德如仁爱孝悌、谦和好礼、诚信知报、克己奉公、见利思义、勤俭廉正等在广大乡村地区仍得到很大程度的传承,并作为社会主义核心价值观和文明乡风的有机内容为党和政府所倡导,成为铸就村民社会公德、家庭美德和个人品德的重要因素。互相谦让、济困扶危、拾金不昧、言而有信、礼貌待人、见义勇为、爱护公物、增进公益、遵纪守法、保护环境、助人为乐等社会公德,是广大村民在乡村社会交往和公共生活中相互之间应该遵守的基本行为准则,是维护乡村地区村庄社会成员之间最基本的行为秩序、保证乡村社会稳定和谐的基础性道德要求;敬业投入、诚实守信、办事公道、服务群众、奉献社会、修养素质是担任村干部或主事乡邻村民应具有的基本职业道德;男女平等、互敬互尊、夫妻和睦、勤俭持家、孝敬父母、尊老爱幼、邻里团结等家庭村庄美德。守信诚实、低调谦虚、善良正直、厚道宽容等现代村民应有的基本道德品质,既是村民个体依据一定的道德行为准则行动时所表现出来的稳固的倾向与特征,又是他们社会行为的内部调节机制。这些层面的道德准则或修养,在新乡贤群体整体上有更多的体现。他们是乡村道德观念的卓越实践者和道德规范的忠诚守护者,具有良好的道德示范作用。

调查发现,两镇新乡贤的主要组成人员以长期居住于乡村的"五老一能"为主体,其中的"五老"主要包括老党员、退休的老村支书记、老村主任以及城乡退休老干部、退休老教师、退伍老军人、"大老执",再加上"一能"乡村能人,他们都是自愿服务村民、服务社会的志愿者,因此,在他们身上富含传统美德因子的社会公德、职业道德、家庭美德、个人品德都有较多的体现,其道德操守较之于一般村民具有较高标准,进而受到村民普遍认可甚至敬仰、服从。主要体现在以下三个方面:

年龄居长、德高望重、人缘良好。课题组在丰县梁寨镇和贾汪区耿集办事处的调查结果显示,新乡贤群体的平均年龄超过六十七岁,与其主要构成人员"五老"的基本特征相符合。在中国农村的特殊视域下,长者不仅意味着德高望重、经历丰富、见识广博、有充足的经验解决日常生活中遇到的问题、能够较

① 参见乔惠波:《德治在乡村治理体系中的地位及其实现路径研究》,《求实》2018 年第4 期。

为稳妥地处理一些不常出现的重大突发事件,还意味着他们与本地方大多数村民或因血缘姻亲等亲属关系,或因工作往来等交往关系存在并保持着一定的联系,并且由于年龄居长,他们往往在这些联系中占据着主导地位,人缘关系熟稔,人脉良好。这一特征在仍然保持着部分传统秩序的苏北乃至中国更北方的广大农村中体现得尤为明显。

职身特殊、堪为表率、认同度高。新乡贤中的退休老干部、退休老教师、退伍老军人主要是因其先前职业的特殊性而受到群众的普遍认同,从而参与到新乡贤队伍中来。他们文化程度相对一般村民较高,知晓党和国家的政策以及法律法规并能自觉践行。老党员、"大老执"、乡村能人由于其特殊的身份在本地方德高望重,同样受到村民的认同。农村党员一般是参与管理农村事务、解决邻里矛盾纠纷的积极分子,具有良好的表率作用。农村有威望有能力的"大老执"以及靠劳动经营致富的乡村能人本身就能力突出,较之常人敢于任事、刚毅决断,兼且处事公允、回馈乡里,极易获得村民群体的支持和拥护。同时,对身份的高度自我认同感也要求这些新乡贤以较高的道德标准要求自己,提高自身道德修养,秉持良好的道德品质。

热心公益、服务社会、引领示范。新乡贤良好的道德品质不仅惠及自身,更重要的是其存在本身即对本地方全体村民具有潜移默化的道德引领和示范作用。"日与善人居,如入芝兰之室,久而不闻其香,即与之化矣。"①新乡贤大多是年长的贤达人士,却将本该颐养天年的时间志愿投入繁杂的乡村事务,不索取分文报酬,甚至大多是倒贴钱的状态。作为"政府的好帮手、群众的贴心人",随着矛盾纠纷的化解,其高尚的道德品质流传开来,更为人知,道德示范作用明显。尊老敬老是中华民族优秀的传统美德,年事较高的新乡贤本就是广大村民理应尊重优待的对象。其热心公益、助人为乐、与人为善、讲信修睦、守法守正等优良品质既是传统品德的集中体现,也是新时代中国特色社会主义核心价值观的具体要求。调研过程中发现,丰县梁寨镇碑刻的"梁寨镇个人品德榜"上载有"乡贤人员名单"和"好人名单",这既是对新乡贤个人品德的充分肯定,也是对新乡贤道德示范作用的典型彰显。俗话说,"家有一老,

---

① 《孔子家语·六本》。

如有一宝"。乡村有新乡贤,对农村集体群众道德感的警示和道德素养的提升具有不可估量的长远意义。

第二,新乡贤主动参与道德教化,行为"村则"。具备良好道德品质的新乡贤对乡村德治体系和能力的提升不仅体现在静态的道德示范作用上,还体现在新乡贤主动参与道德教化的一系列动态过程中。道德教化是指用道德对人进行教育感化,使人形成稳定的道德观念,导人向善的过程。新乡贤参与道德教化,主要是通过行使"大宣传""大倡导"等基本职责的途径展开的,发挥着道德宣传和劝善止恶的功能。主要表现在以下几个方面:

"大弘扬"传统美德。新乡贤进行的"大宣传"内涵十分丰富,既包括对优秀传统道德的宣传教育,又包括对社会主义核心价值观的宣传发扬。其形式也丰富多样,其中最典型的是宣传榜样模范人物。首先是宣传中国传统的优秀道德文化。优秀传统道德是中华文化的重要组成部分,是构建乡村德治体系的重要本土资源。服民以道德,渐民以教化。优秀传统道德在历史上长期以来扮演着道德教化的重要角色,其影响延续至今而经久不衰。在梁寨镇渊子湖省级湿地公园内,展现中华传统文化精髓之"孝道"的"二十四孝"以石雕配文的方式沿路呈现,其多为先贤或乡贤动员的村民捐助,向参观游览的群众宣传了传统道德。新修复的程子书院,更是新乡贤宣讲传统道德、宣传新乡贤等社会志愿者和梁寨好人的重要场所。新乡贤在宣传倡导中华优秀传统道德文化的过程中,专门取其精华去其糟粕,对照传统道德文化中的哪些因素是与当今社会主义核心价值观相匹配的,是反映时代需要的而将其保留延续下来继续发扬光大,而把那些不合时宜的反映封建社会等级观念、封建迷信以及各种封建道德成分予以有效剔除。那些体现男女平等、家庭和睦、诚实守信、勤俭节约、自强不息、邻里和谐、孝亲敬长、尊老爱幼、互助有爱等现代家庭伦理道德得以继续宣扬发展;那些礼貌待人、济困扶危、言而有信、助人为乐、互相谦让、拾金不昧、保护环境、遵纪守法、见义勇为、爱护公物等社会公德得以继承发展;那些涉及正直诚实、谦虚厚道、善良有爱、守信宽容等现代乡村公共道德精神得以大力提倡。由此可见,对社会主义核心价值观和现代伦理道德的宣传,是新乡贤的中心工作。

"大宣传"文明道德。当代文明道德以社会主义核心价值观为主导,主要体现为社会公德、家庭美德、个人品德、职业道德、行业道德等多个方面。新乡贤在"大宣传"过程中,通过宣传"感动中国人物"、各行各业的奉献者们的光荣事迹,让村民深刻体会当代文明道德的具体内涵。同时,在反复接受道德模范精神洗礼的过程中,其行为模式和趋向也会不自觉受到影响和熏陶。除引入典型事迹外,新乡贤还注重通过文艺创作传扬道德文明。贾汪区耿集办事处乡贤艺术团自编自演小品、快板等大众喜闻乐见的文艺作品,向村民传播家庭和睦、邻里和谐等道德观念。

"大倡导"劝善止恶。如果说"大弘扬""大宣传"的作用是道德传承、弘扬和宣传,是让村民明白什么是传统道德、社会公德、家庭美德、个人品德,知道道德有哪些内容,那么"大倡导"的作用就是劝善止恶,告知村民什么该做、什么不该做。新旧时代转型,不良旧习俗未破除,新的不良风气形成,共同形成了诸多乡村积习积弊,特别是婆媳关系紧张、不赡养老人、铺张浪费、重利轻义、搬弄是非、露富逞强等不良习惯,新乡贤组织在倡导抵制浪费和不良习惯等方面取得的成效显著。除了前述新乡贤移风易俗、抵制铺张浪费的诸多作为外,新乡贤对农村其他不良习惯如打骂公婆、不孝敬老人、赌博酗酒、露富逞强等也实施道德教化。新乡贤走街串巷、登门做工作,牵头制定规范,对农村恶俗予以废止,禁止赌博,并且对露富逞强的行为予以批评教育,督促改正。

需要指出,道德规范的实施,尽管不能依靠国家强制性来矫正失德失范行为,但必要的社会压力机制形成社会强制,是必不可少的;否则,就不存在所谓的道德规范性。新乡贤在组织、动员和实施道德规范的必要社会压力机制方面具有先天的优势。诸如,依靠自己的特殊身份和威望对不当言行进行批评、干预和制止,有效动员社会舆论压力,或者采取拒绝主事、让严重失德失范者身处窘境、失去脸面等方式劝善止恶。新乡贤倡导的移风易俗和劝善止恶活动在农村实质推进,落实到农村生活的各个角落,对农村不良习惯的纠正、引导人们崇德向善具有极大的促进作用。

第三,新乡贤助力培育良好乡风,德化"村体"。乡风即乡村的习俗风尚,是乡村文化的重要载体,与一地的道德文化传统密切相关。良好的乡风有助于现代化乡村治理体系和治理能力的有效提升,是乡村德治的基本表现,为乡村振兴发展提供软实力支持。乡风文明建设是乡村振兴的灵魂。乡风文明既是乡村振兴的重要保障,也是产业兴旺、生态宜居、治理有效以及生活富裕的重要促进要素。乡风文明建设作为乡村精神文明建设的传统文化根源,在乡村振兴发展的各个环节发挥着提纲挈领的精神引领作用,始终是乡村建设的精神文明灵魂所在。① 它体现为良好的民风村体。在苏北乡村,村中有头脸的村民,特别看重"村体"即自己居住村庄在周边村庄居民中的社会评价。因为它影响到本村村民在周边村庄的社会交往能力乃至婚配关系。新乡贤在乡风文明建设过程中通过兴办公共事业、捐资助人等方式在本地方培育自觉进行善行义举、增进公益、乐于助人、有爱互助的和谐氛围,助推良好乡风的形成。

兴办公益事业,提升社会公德。历史上优秀的乡村几乎都有公益慈善的传统和机制,比如传统的义庄、善堂、义仓以及集资修建文脉建筑、庙宇等一系列具有公共价值的项目。② 现代乡村有别于古代自然经济下抵御风险能力较差的传统村庄,且土地所有制和意识形态发生了根本性变化,因此一些传统公益项目已经失去了存在的必要性和可能性,但在新时代乡村,教育、互助、生态环境、文化设施等方面公益事业仍需要大力发展。调研过程中发现,贾汪区耿集办事处设立了教育促进会,充分重视传统文化的继承和学前教育的推广,建设了国学馆、桑元幼儿园以及柳元幼儿园,为本地方文教事业贡献力量。耿集第一批乡贤郭计忠是当地所评选的"四大感动人物"之一,自费建成文化大院,供村民免费读书看报学习;汪恒远在每年春节前组织人员无偿写春联。梁寨镇新乡贤在倡导捐助办学、优化环境方面同样成果显著。梁寨镇渊子湖省级湿地公园的建成有赖于党员、干部、新乡贤、村民的共同努力和慷慨解囊。数年来,梁寨镇党员、干部、在乡和离乡乡贤、村民共计每年筹得捐助款都高达1000万元,湿地公园在没有政府投资的情况下即告建成,其内大多数建筑物、雕像和树木也都是捐助所得。今天的渊子湖省级湿地公园风景优美,自然元素与文化元素交融、相得益彰,已经成为村民进行文化活动和日常散心

---

① 参见丁立江:《乡风文明是乡村振兴重要的动力源》,《学习时报》2019 年 4 月 24 日。

② 参见汤敏:《慈善对于乡村振兴至关重要》,见 https://baijiahao. baidu. com/s? id = 1595511917043868680&wfr = spider&for = pc,2022 年 6 月 25 日访问。

的极佳场所,是梁寨镇乡村公益事业的重要体现。新乡贤积极倡导、从事和参与的这些公益事业建设,有效促使了善行义举、增进公益的高尚社会公德的形成。

倡导助人为乐,助推友爱互助。倡导助人为乐、捐资助人、扶危济困,是新乡贤德治功能的又一重要体现。捐资助人古已有之,汉末名士度尚等八人能以财救人,时人嘉许,称之"八厨",急公好义,海内共望。① 可见社会对捐资助人的行为予以极高的褒奖,对于热心慈善的人予以道德上的肯定和支持。两镇新乡贤具有较高的道德修养,能够倡导和带头捐款,募集善款用于资助特殊主体、扶危济困,增进友爱互助的良正乡风。贾汪区耿集办事处成立了慈善会,下设募委会、救助办、敬老院和社会主义大学堂,募集资金 35 万元,捐助贫困生 200 余人。从 2014 年至今,梁寨镇每一个考取本科大学以上的学生都可以获得社会捐助 3000 元的奖励,家庭困难者依据具体情况另有特别资助,这在一个经济发展状况一般的苏北乡镇,堪称是一种了不起的善举。

形成志愿服务品牌,争当乡风建设"排头兵"。新乡贤组织作为全天候的志愿者组织,具有身份、威信、热情、时间、成效等独特的优势,成为乡镇志愿服务者队伍的典型代表。新乡贤这一志愿者组织,不仅与其他乡村志愿者组织形成竞赛,而且内部也有争先创优的强大动力,成为两乡镇乡风文明建设的"排头兵"。例如在梁寨镇陈光庄村,有一位闻名遐迩的新乡贤,名叫王文彬,二十余年倾力推进乡风文明建设。王文彬,男,汉族,1933 年出生,丰县梁寨镇陈光村人,原为东北某矿务集团煤炭工人,20 世纪 90 年代初退休,返乡陪伴在家务农的女儿一起生活。他热爱乡村生活,古道热肠,与村民打成一片。村民有难事,他主动帮忙;村民有矛盾和纠纷,他积极化解。20 年来,他利用自己拥有近十间平房的院落,自掏腰包,前后办起了收藏法律等书籍近 1 万册的农民读书屋、法治宣传栏、新闻报纸精华选编栏(在调研组拜访他时,已经选编至 1829 期)、中小学生校外学习辅导基地等服务村民的公益事业。他的家,成为广大村民最喜欢去的"人场"。在他品德贤良、热心公益事业等美德

① 参见《后汉书·党锢传序》:度尚、张邈、王考、刘儒、胡毋班、秦周、蕃向、王章为八厨。厨者,言能以财救人也。

行为的影响下,该村成为梁寨镇有名的文明村、守法村和文化村,风清气正,纠纷稀少。村民多遵法守正,谦让随和,重学崇文,先后有两位村民子弟考入北京大学,一人考入其他名牌大学后现在美国留学。同时,村民也普遍比较富裕,安居乐业。王老也获得了各种各样的奖励和荣誉称号,如徐州市优秀共产党员、徐州市普法达人、江苏省普法达人入围奖、全国"五五"普法中期先进个人、江苏省关心下一代先进工作者等等。耿集乡贤协会副会长宋克义,兼任乡贤艺术团团长,曾任耿集中心中学校长,拥有较高的音乐、书法和文学素养,近年来一直热心新乡贤"大宣传""大弘扬""大倡导""大实践"活动,连续几个春节都牺牲与定居北京的儿子一家和爱人团聚机会,坚守岗位,率领新乡贤做好春节期间的宣传活动。调研中,两镇干群都承认,新乡贤是化解矛盾促和谐、甘愿付出促文明的表现突出的志愿服务者。

四、两镇新乡贤法治化、参与式协同治理与乡村现代法治体系、法治能力建设的蓬勃发展

人民是依法治国的主体和力量源泉,人民是最重要的用法主体。虽然新乡贤不是乡村法定的执法和司法力量,但却是能够有效推助法治体系和能力建设的重要新生力量。因为,新乡贤不仅高度认同法治建设,带头守法守正,宣传法律和法治方略,强化乡村法治观念,依法独立或会同其他用法主体调解矛盾纠纷,而且可以通过德治和村规民约制定、实施,促进国家法律的社会内在化,完善乡村法治的规则体系基础。

第一,新乡贤高度认同法治,带头守法守正。新乡贤作为农民优秀代表,品德贤良,守法守正,具有较多的法律知识、较强的法治意识,是乡村坚定认同乡村社会治理法治化目标的社会群体。[①] 2016 年 3 月进行的梁寨镇乡贤制度问卷调查(三)Q1,调查新乡贤对乡村社会治理法治化目标的认可程度。问题是:"您认同中国乡村治理应走向法治化这种说法吗?"该问题收回有效问卷101 份,选项设计和新乡贤选项情况如下表。

---

① 参见訾从进、齐林:《新乡贤的法治认同和法律意识》,《江苏师范大学学报》(哲学社会科学版)2016 年第 4 期。

梁寨镇新乡贤对中国乡村治理应走向法治化的认同情况表

选项	人数（人）	百分比（%）
非常认同	83	82.2
认同	18	17.8
不认同	0	0
说不清楚	0	0
合计	101	100

该统计表表明,梁寨镇新乡贤对法治高度认同。梁寨镇乡贤指导委员会会长负责人表示,乡贤首先应做带头守法的模范,守法守正,才能服众,调解社会矛盾;在处理纠纷时,乡贤重视用乡情和家庭情感感化人,但更讲究在法律的基础上讲明是非,明法明理,村民才服。因为"只有重视和强化法律在维护群众权益、化解社会矛盾中的权威地位,才能引导和支持人们理性表达诉求、依法维护权益,才能获得村民的真正认同"①。耿集镇乡贤协会负责人也均表示,"在乡村,法治社会秩序和纠纷合理解决的根本保障,乡贤的优势在德治,但根本标准和底线还是法治,新乡贤必须认同并主动自觉服务法治,优先宣传法律法规,依法化解乡村各类社会矛盾,做法治的助力实践者"②。他们认为,耿集乡贤的"四大员"角色定位,即矛盾纠纷调解员、社情民意监督员、法律法规宣传员、平安建设网格员,每一样都与法治建设有关,都要求新乡贤学法、宣法、尊法、守法,学会用法,承担起助力法治的角色。

第二,新乡贤热心普法和法治宣传。新乡贤以宣传党和国家的政策法规为己任。两乡村各村的法治广场建设和法治宣传都离不开新乡贤的参与。前述王文彬老人长期自费购买大量法律书籍、定购大量法治报刊的事迹就是乡贤普法和法治宣传的典型代表。他自办"农家书屋"20余年,总是坚持每天剪报,并将报纸按照报道的内容分门别类分为党和国家重要时事、法令政策、重大新闻、资料信息等诸多栏目,自制浆糊粘贴成对开10多版的剪报,张贴在宣

① 菅从进、齐林:《新乡贤的法治认同和法律意识》,《江苏师范大学学报》(哲学社会科学版)2016年第4期。
② 江必新、戚太雷:《习近平法治社会建设理论研究》,《法治社会》2022年第2期。

传栏内,供村民学习。他还经常抽空和镇关工委的同志一起到学校宣传《中华人民共和国未成年人保护法》和《预防未成年人犯罪法》,王文彬以一个共产党员的光荣职责和对青少年的无限热忱,倾情关心下一代和普法工作,取得了骄人的成绩。他被江苏省关心下一代工作委员会、江苏省精神文明建设指导委员会评为"全省关心下一代工作先进工作者";先后被授予"江苏省四五普法先进个人""全国'五五'普法中期先进个人""第三届徐州市法治人物",在他的带领下,村里10余位退休老干部和老教师自发加入了他的普法队伍,光庄村多次受到省、市、县的表彰。① 并获得了"国家级普法先进个人"。耿集更是成立了新乡贤法治文化艺术团,编排了一批有感召力的普法和法治节目,深受村民喜爱。在耿集镇法治"三深入"(即深入村居、深入企业、深入学校)中一直发挥着重要的作用。

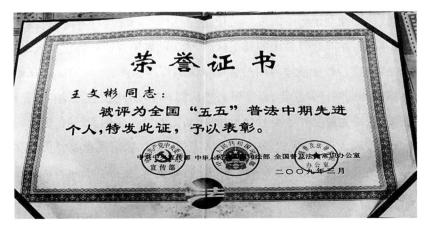

王文彬获得中央宣传部等部门颁发的普法宣传荣誉证书

第三,新乡贤以法律为底线有效化解大量社会纠纷。两乡镇建设新乡贤的基本初衷是为了化解当时多发的社会矛盾纠纷,构建和谐文明乡风。事实证明,新乡贤很好地胜任了这一任务。"作为矛盾纠纷调解员的新乡贤,凭借'人熟、地熟、事熟、村情熟'的优势和为乡亲们所信任的地位,对村镇和村庄邻里出现的各种纠纷矛盾能够及时妥善地化解协调处理。这种协调化解村庄

---

① 参见《丰县梁寨镇,八旬老人王文彬当选第三届徐州市"法治人物"》,中国丰县网,见 http://www.221700.com/article//article_25426.html,2018 年 2 月 5 日访问。

快板 《新<宪法>颂歌》

创作人：耿集乡贤协会宋克义

合：

打竹板、笑开颜，普法工作来宣传。依法办事是底线，千万不可越法权。法以百姓为本源，

民以宪法大为天，学法懂法使用法，和谐社会乐无边。

甲：国家不分大和小，立法才能治理好。万法之母是宪法，依据母法制子法。

乙：行政法、刑诉法，劳动争议仲裁法，教师法、律师法，国家公务员管理法。

丙：森林法、草原法，还有土地管理法，专利法、合同法，反不正当竞争法。

丁：物权法、药品法，矿产资源管理法。水法、税法、种子法，还有文物保护法。

甲：婚姻法、继承法，消费者权益保护法。电力法、环保法，保守国家秘密法。

乙：收养法、教育法，未成年人保护法。妇女权益保障法，还有行政复议法。

丙：审计法、统计法，税收征收管理法。建筑法、价格法，个人独资企业法。

丁：劳动法、工会法，还有安全生产法。商标法、广告法，环境影响评价法。

甲：禁毒法、警察法，还有行政处罚法。公路法、消防法，野生动物保护法。

乙：选举法、代表法，村民委员会组织法。各种法律都是法，法治社会法连法。

丙：立法法、程序法，民族区域自治法。条条款款为百姓，社会地位大提升。

丁：根本大法是宪法，大法小法都是法，生活工作离不了它，宪法又开新枝花。

甲："八二宪法"为底版，五次修正更完善。确立新时代、新理念，民族复兴能实现。

乙：调整总体布局点，还有第二个一百年。依法治国更突显，政通人和绽新篇。

丙：坚持加强党领导，全过程方能落实好。执政为民谋福祉，百姓生活乐陶陶。

丁：国家主席责任大，领导核心全靠他。新的任期新修定，顺应民心忏豪情。

甲：监督机制有人管，监察委员会来承担。贯彻落实不走偏，千秋事业长发展。

乙：法治文化进万家，乡村风气变化大。五个文明一起抓，社会生态不须夸。

丙：爱国统一结战线，团结群体更广泛。和平发展大道宽，互利共赢世贸图。

丁：倡导核心价值观，"五爱"公德涵盖全。国家履新公务员，依宪就职宣誓言。

甲：宪法国家根本法，建国立制全靠它。与时俱进修宪法，利己利民利国家。

乙：宪法点亮心中灯，人人做事有杆秤。弘扬宪法很重要，法律意识要记牢。

丙：宪法春雨润心田，胜似教化和宣传。法驻我心心不负，洁身自好有尊严。

丁：华夏儿女心向党，恪守宪法斗志昂。有法必依执法严，法护百姓才平安。

甲：习近平、新时代，中国特色有未来，新思想、新征程，中华民族复兴梦。

合：宪法修定我点赞，宪法威严大无边，宪法指航好驾帆，政治清明响晴天，

嗨一嗨一天！

上纠纷矛盾的方式,可以认为是广义上的人民调解。"①这种处理乡村中熟人熟事的化解方式在乡村社会治理中发挥了不可替代的治理效果,与一般的派出所所进行的行政调解,或者县域派出法庭的司法调解,抑或是政府部门派出机构司法所调解委员会等狭义上的人民调解是存在不同之处的。新乡贤调解对村镇各种矛盾纠纷能够实施靶向治疗,对症下药甚至标本兼治,避免了单纯的官方处理可能出现的案结事不了的窘境。他们基本上能够做到案结事了,

---

① 顾君炜:《人民调解的六大实战技法》,《人民调解》2022 年第 6 期。

息事宁人,往往能够促使纠纷矛盾当事方复归于好的良好结局。实现有效打破社会矛盾化解的"最后一公里"障碍的魔咒,因此,新乡贤的乡村矛盾纠纷化解术有时具有官方处理的不可替代的地位与优势,在某些条件下,可以有效化解乡村社会出现的棘手社会矛盾纠纷,避免了来自司法和政府机构的无力感与现实的尴尬。

　　新乡贤化解乡村矛盾纠纷诸多优势,并不与乡村法治建设有碍,相反它依然建立在法治的原则上,是法治以"接地气""近人情"的方式落地体现。两镇乡贤都把依法调解作为乡贤化解乡村矛盾纠纷的基本原则之一。如梁寨镇把乡贤调解的基本原则明确为坚持党的领导原则、坚持协助补位原则、坚持平等自愿原则、坚持依法调解原则,要求新乡贤调解工作不能违背国家法律、法规和政策,而是将它们作为主要依据,再发挥新乡贤特有的熟悉、权威、道德和情理感化等优势。耿集更是把新乡贤在办事处层面的场所放在了办事处法律服务所,将新乡贤的调解组织和功能定位为人民调解的重要体现和协助力量。调研组发现,两地都把是否合法作为新乡贤化解社会矛盾成功的一个标准。因此,乡贤在调解纠纷、化解矛盾的过程中,常常请教司法所、律师等专业人员法律与政策含义,把对法律的理解与阐述讲解融入在情理感化之中,情理的感化建立在法律与政策的基础之上,真正做到以法律为基础"晓之以理",同时"动之以情",而不是"和稀泥"或"吓(恐吓)诈(使诈)糊(糊弄)鲁(动粗)愚(愚弄)"。经过认真统计和梳理发现,《耿集乡贤调解故事会》1—3 期收集的20 余起调解成功案例,无一不是把法律、法理放在首位,依法调解纠纷、化解矛盾、维护相关当事人正当法律权益的案件,涉及的法律法规主要有《民法总则》《土地管理法》《婚姻法》《继承法》《侵权责任法》《劳动法》《反家暴法》《消费者权益保护法》《产品质量法》《行政处罚法》等十几部法律调整的社会关系,体现出新乡贤是乡村中重要的用法力量。

　　在乡村社会治理过程中,需要加强和提升法律在化解社会矛盾与维护群众权益中的基础地位,支持和引导乡村百姓理性表达诉求、依法维护权益,解决好乡村群众急难需要迫切解决的各种具体利益问题。在农村实现法治,与城市相比有劣势,但也有自己的优势。劣势是农民文化素质总体上仍然较低,一些生活条件和风俗习惯落后,懂法律的人少,高层次法律人才更远离乡村乡土;而且村民自身守法能力和用法能力不足,尤其是用法能力。但农村群体意识强,民风较淳朴,多数人还是"讲老理、要面子"的,因此,让认同法治并懂得一些法律知识的乡村社会主体作为民间用法力量,发挥应有作用,可以有效地制止、矫正一些违法行为,从而快速推进乡村法治。

新乡贤作为民间的用法力量发挥调解矛盾纠纷的作用,是一种新型的乡村用法力量。一般来说,发生在乡镇的调解力量可分为四类,即行政调解、司法调解、狭义的人民调解和广义的人民调解。首先,行政调解,是指"由我国行政机关居中主持,通过耐心劝解以及说服教育的途径或方式,在轻微刑事案件或者民事纠纷中,由当事人在行政当局调解的基础之上自愿达成协议,从而解决纠纷的一种制度形式,也称为政府调解"①。在乡镇,派出所作为最主要的行政调解主体,对于一些违反治安管理的民间纠纷,因其案件情节相对轻微,在遵循双方自愿的前提条件下,可以通过调解快速地解决问题,但是派出所的工作人员往往对村民的身份情况以及纠纷状况缺乏清晰了解,而且缺乏与村民沟通的技巧,这有时会导致行政调解难以发挥应有的作用。其次,司法调解,也称诉讼调解,"是我国民事诉讼法规定的一项重要的诉讼制度,是当事人双方在人民法院法官的主持下,通过处分自己的权益来解决纠纷的一种重要方式"②。但是,在农村,一方面,多数乡镇缺少派出法庭;另一方面,民风比较淳朴,多数纠纷不会求助于司法机关解决,司法的主动介入更不具有可操作性,因此,司法调解在乡村基本上没有"用武之地"。再次,狭义的人民调解,又称诉讼外调解,"是指在人民调解委员会的居中主持之下,依照国家的法律、政策及社会普遍遵循道德规范,对纠纷当事人进行说法释理、阐述政策、说服规劝,促相互之间达成互相谅解的情境,在双方自主自愿情况下,达成调解协议,从而解决纠纷矛盾的一种化解争议的过程与活动"③。在乡镇,人民调解是指村民委员会下设的调解委员会或调解委员,他们对村民矛盾纠纷的

---

① 王聪:《作为诉源治理机制的行政调解:价值重塑与路径优化》,《行政法学研究》2021 年第 5 期。

② 张超、杜玉华:《司法调解的正当化基础、体系矛盾与改革》,《东华大学学报》(社会科学版)2021 年第 4 期。

③ 张超、杜玉华:《司法调解的正当化基础、体系矛盾与改革》,《东华大学学报》(社会科学版)2021 年第 4 期。

调解往往力不从心,出力不讨好;对村民与村组织及其干部的纠纷调解更是缺乏应有的中立性。① 最后,以新乡贤调解为主的广义的人民调解,又可称村民调解。新乡贤作为村民中的一员,他们在化解矛盾、处理社会纠纷、反映村民愿望的过程中,坚持依法调解的基本原则,恪守国家法律和乡情,往往效果良好。因为这样,把问题处理得比较公正合理,久而久之赢得村民的信任,一方面逐步塑造了自身在村民中间的威望;另一方面,使得国家法治与德治体系及其内容在乡村得以最大限度实现。如果他们不考虑国家的法律规定和精神,不顾人之常情,欠缺依据和道理拿出调解的意见,或者倚老卖老、以势压人,新乡贤将很快失去威信,为村民所厌弃。客观来说,乡贤的这种"民间司法"或用法,追求"明辨是非"的程度确实弱于国家司法。但是,随着社会不断发展和时代变迁,乡村传统家法族规的衰微和现代法律意识的增强,使新乡贤通常会恪守国家法律,至少会遵守国家法律的基本精神和原则,而不去违反国家法律的禁止性和强制性规定。新乡贤对法律的适用是以具有指导性、指引性和自主选择性的"软性"法律规范为主,而对具有"硬性"的法律规则,虽然没有直接适用的权力,但却具有提醒当事人意识到行为违法不当和国家的强制压力的能力,更具有提供相应社会压力的能力,促使当事人依法承担相应责任,取得受害人的谅解。在处理乡村矛盾纠纷的过程中,新乡贤往往与基层司法、执法人员合作运用法律解决问题,这更体现了法治化思维在民间的合理适用。因此,新乡贤调解作为一种有效的调解形式,其以国家法为基础,将国家法与乡规民约创造性融合与转化,更好地兼顾地方风俗情理和道德,形成特定乡村地区独特的调解模式,使其在乡村矛盾纠纷问题的解决中能够脱颖而出,效果明显。

第四,新乡贤积极参与乡规民约的制定与实施,将国家法律的基本精神和规范内在化于乡村社会。"在村民自治制度被确立为我国乡村的民主自治的主要法律制度后,广大乡镇党政组织逐步开始重视村规民约的建设,使之作为配套性的规范在乡村村庄广泛实行。"②与《村民委员会组织法》的落实不到

---

① 参见刘广登:《新乡贤与乡规民约的良性构建》,《民间法》2016 年第 1 期。
② 刘广登:《新乡贤与乡规民约的良性构建》,《民间法》2016 年第 1 期。

位的状况相类似,所谓的村规民约在多数乡村地区也是徒具形式。从走访调研来看,一般是在乡镇党委政府主导之下制定,或者由乡镇党委政府指令村"两委"直接制定,制定出来以后直接在乡村公报栏上予以公布形成。有的地方乡村是由县民政部门统一制定好直接下发给村庄或者村委会直接予以张贴。其内容和形式高度统一,许多内容脱离农村实际,内容和形式上不接地气,缺乏农民的真正认同。以梁寨镇为例,在新乡贤组织成立最初的一段时间,新乡贤对村规民约的了解程度和重视都不高。2015 年 9 月对梁寨镇乡贤制度问卷调查(二)Q7,是直接调查新乡贤对村里是否存在村规民约的认知情况的问卷设计。该问题收回有效问卷 102 份,选项设计和新乡贤选项情况如下表:

梁寨镇新乡贤对本村是否存在村规民约的认知情况表

选项	人数(人)	百分比(%)
1. 有	53	51.96
2. 没有但正准备制定	35	34.32
3. 没有制定的打算,因为制定有难度	4	3.92
4. 没有制定的打算,因为它不重要	0	0
5. 没有制定的打算,因为村民不会认同	0	0
没有给出选项的人数	10	9.80
合计	102	100

这说明,当时将近一半的梁寨镇新乡贤对本村有村规民约的情况不太清楚,或不能给出肯定的答案。由此可见,长时期内村规民约并没有在村民中深入人心。与此相对应,村规民约在乡贤解决农村矛盾纠纷中可作为依据的分量也比较低。梁寨镇乡贤制度问卷调查(二)Q6,是直接调查新乡贤在解决农村矛盾纠纷方面主要依据哪些因素的问题设计。该问题收回有效问卷 102 份,选项设计和新乡贤选项情况见下表。

梁寨镇新乡贤在解决农村矛盾纠纷方面主要依据因素考量情况表

选项	选择情况	排序情况									排序份数统计
		1	2	3	4	5	6	7	8	9	
1. 乡邻情感	82	20	12	8	5	6	4	5	5		
2. 乡贤的威望	63	8	15	5	7	3	6	4	3		
3. 法律	81	20	22	13	6	2	2	2			
4. 村规民约	36	4	6	10	6	2		1	2		
5. 传统伦理道德	68	1	6	10	14	15	1				78
6. 党的政策	79	18	13	10	9	7	5	2			
7. 家法族规	9			1	2	2	2		1	1	
8. 主事一定要公正	83	6	5	15	9	13	8	5	2		
9. 镇干部、村干部意见	32	1		3	11	3	3	4	1	1	

从此表可以看出,当时只有 35% 的梁寨镇新乡贤把村规民约作为处理矛盾纠纷的依据,而且,考量程度较低。在参加排序的 78 人中,只有 4 人将其放在为第一要考量的因素。

随着新乡贤参与乡村自治的增多,运用村规民约规范村民行为,移风易俗和实现特定的自治事务的管理,成为一种内在的社会需要。因此,两镇乡贤组织在镇党委政府的支持下,相继动员村民制定一些规范具体社会事务、具有较强操作性的村规民约。这些村规民约的主要特点:一是主要涉及的是乡村具体治理事务,微观性具体性比较强,必须体现提供明确具体的、可操作性的日常乡村治理与群众遵守的行为规范,这些行为规范是国家法律所难以具体予以规定或者涉及的,是乡村民众进行"乡村立法"的重要方式。二是这些村规民约虽然主要涉及乡村事务,具体而确定,但是在制定的过程中需要将国家法律的基本精神、主要规范的原则充分体现在条文的字里行间,将国家层面所倡导的社会价值与法治的精神理念转化为村民内心的认同性规则,将国家法治的主要精神和法律原则所体现的核心价值观内在化于乡村社会。如果我们以法社会学的立场与观点、从广义上的法律视野出发,完全可以认为村规民约是国家法制的有机组成部分和一定意义上的完美补充,属于广义的法治国家、法治社会建设必须予以重视的乡土性法律规则,具有类法律的基本地位。同时我们也可以认为,这种"乡村性立法"也是实现国家法律在乡村社会的创造性转化、创新性发展的一种思路,使得国家的刚性法律规则在乡土社会获得一种社会的内在性认同与自觉遵守,转化为乡土社会的一种辅助国家法律实施的协同性、柔性社会规则,使之具有更大的社会韧性与执行性。在与耿集镇新乡贤协会副会长宋克义访谈时,他认为,村规民约可以有效提升广大村民的规则意识,村民遵守村规民约,也就可以更好地遵守国家法律。

近两年,两镇乡贤积极主导多种乡规民约的制订和有效实施。两乡镇的村规民约都分别从关心集体、热爱环境、树立良好乡风村风民风、积极履行国家规定的各项法定义务、学习科学文化、注重安全生产、爱国爱党遵纪守法、热心公益爱护公物、提倡社会公德等方面入手,规定村民在日常生活中的一些行为准则,倡导乡村民众积极参与生产生活,禁止违法乱纪现象、禁止一切不符合社会主义核心价值观的行为、不符合社会精神文明的行为以及违犯社会公德的行为。两乡镇的《红白理事会章程》和其他具体规范,则是为了破除婚丧嫁娶的铺张浪费、愚昧落后的陋习,积极发挥红白理事会在婚丧嫁娶中的作用,做到婚事新办,丧事简办,倡导文明、健康、科学的生活方式,促进美丽乡村的形成与发展,构建精神富足物质富足的社会主义新村庄。自《红白理事会章程》以及相关的乡规民约规范制定以来,这两个村庄文明节约之风、勤俭节约以及村庄的各种之前的不良习惯、不良行为有大幅度的减少,人们之间的虚荣心得到有效治理,更加踏踏实实过日子、搞生产,两乡镇红白事铺张浪费、胡乱攀比的现象得到有效遏制,治理成效较为明显。

第四节　梁寨镇与耿集镇新乡贤主体参与乡村治理与法治实践的思考及启示

一、合理扩大新乡贤主体范围

新乡贤组织对乡村治理能力现代化的提升和促进作用有目共睹,已经成为乡村治理体系中不可或缺的重要力量,为进一步发挥新乡贤组织的协同治理作用,进一步提升乡贤在"三治合一"治理体系现代化建设中的不可替代功

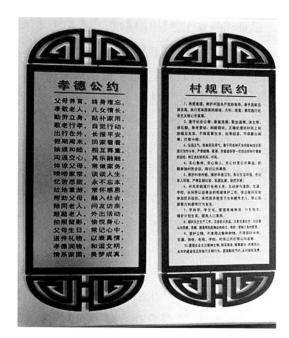

2019 年 11 月 5 日拍摄于梁寨镇

2019 年 11 月 5 日拍摄于梁寨镇

2018 年 11 月 13 日拍摄于耿集文化广场

能,首先要做到合理扩大新乡贤的主体范围。当前新乡贤在广大农村的存在和发展状况仍然处于起步阶段,新乡贤数量相对较少,身份相对狭隘,他们的服务理念和服务能力与村庄发展现实需要之间仍有差距。因此,扩大新乡贤主体范围主要可以从新乡贤成员扩大和素质提高两部分着手。

（一）强化新乡贤组织成员结构扩大和优化问题

梁寨镇与耿集镇新乡贤组织的成员目前主要由"五老一能"构成,其最大的特点是能服众、有热心。新乡贤能服众的主要原因是,他们德能兼备且热心公益事业,在本地乡村社会具有较高的社会声望。逐步形成一定村落范围的村民对他们言行的广泛认同与认可,再者由于他们均是乡村各行各业的品质能力较高的精英人士,做事公平公正、光明磊落,深得乡民内心信服。因此,村民在遇到矛盾纠纷或者什么不顺心的事时愿意倾听他们的意见建议,易于接受他们的规劝与所讲的各种道理,容易接受来自本村本庄德高望重各路贤达的矛盾化解与调处。增加新乡贤组织成员的数量与规模必须要遵守其发挥作用的基本逻辑,成员必须有道德有能力并且乐于为乡村治理与发展热心付出,要不然的话,即使增加了人员数量,扩大了人员规模,也未必能够实现预期的治理效果,反而有害于通过长时间努力已经打造的新乡贤的正面形象,从长远来说可能反而不利于新乡贤治理事业的继续开展与乡村整体治理能力的有效提升。在此基础上,结合新乡贤具体实践遭遇的困境和总结出的经验,才能探讨新乡贤成员结构的优化问题,进一步提升新乡贤在乡村治理体系现代化中发挥的作用。

1. 扩大新乡贤组织的人员构成与规模

目前两镇新乡贤主要由"五老一能"人员所组成,"五老一能"在两地乡村建设与社会治理、法治建设等方面产生了积极的治理效果,对于稳定乡村社会关系与促进社会和谐,起到了重要作用。但随着时代发展,建设社会主义新农村与乡村振兴的现实需要,不应仅仅局限于"五老一能",或者说,应对"五老一能"的含义作与时俱进的新拓展,完全可以超出其语义所指的原有范围。究其原因,"五老一能"是学者研究对新乡贤成员既有的职业身份现象时所作的总结,而不应成为新乡贤的前提条件。在扩大新乡贤队伍的过程中,仍应遵循最根本的实质标准,对有意加入新乡贤组织的个人进行个体综合评价,其中道德品质应当是新乡贤的强制性标准,而能力则是多方位的,可以根据农村具体情况进行适当调整。例如,有学者将医生也纳入乡贤队伍中来,①因为在其研究所调研的具体农村样本中,有医生在农村生活且加入了该地方的新乡贤组织,成了一股不容忽视的力量。这充分表明各地新乡贤组织的建设应该因地制宜,充分发掘既有人才,丰富新乡贤组织的人员组成。社会工作者、技术人员、具有一技之长的手艺人等都可以被接纳为新乡贤组织的一员。一句话,凡是有益于乡村建设,愿意参与乡村治理与发展中来的各类乡村贤达人士,无论在乡抑或不在乡居住,均应该通过不同的形式与途径将其予以接纳,通过不同的法制化体制与方式使之能够最大限度地释放出对于乡村治理与发展的资源效应。

仅依靠乡村在场新乡贤的"五老"贤达人士,其人员数量毕竟是不足的,不能有效满足新乡贤组织成员人数扩大的乡村治理的现实需求,因此重点还

①　参见应小丽:《乡村振兴中新乡贤的培育及其整合效应——以浙江省绍兴地区为例》,《探索》2019 年第 2 期。

是在于让守法守正的农村社会中的各类能人充分参与到新乡贤组织中来，增加新乡贤组织中的"一能"成员相对数量。经济文化能人的概念是相对宽泛的，不应过于局限。经济能人主要是指在乡村中有一定的经济头脑，在各行各业中有一定的建树，自己的经济条件、家庭条件确实不错，在家庭经济发展过程中确实有一技之长，同意愿意共享自己的致富之道。应当认识到，在农村积贫积弱日久的现实状态下，脱贫之于小康远比富裕更具有广泛性和实践性，更加扎根农村、贴近群众。文化能人的理解应该是较为宽广的范围，也不应过于狭隘，不应仅仅局限于其对乡村文化发展做出卓越贡献，还应包括通过各种途径宣传文化艺术、乡村道德、技术学习、法治知识等各方面的文化知识的各路文化型人才。因而，对于经济文化能人的理解主要是那些人品优良，愿意在经济上帮助他人实现富裕，帮助他人在乡村经济发展中在投资理财、农产品种植、农林牧副渔等方面出谋划策、提供信息咨询、经营之道、管理之道，以及在乡村文化传承、乡村教育、乡村社会知识获得提供渠道与路径的各类贤达人士。简言之，要调动一切有利于乡村治理与社会发展的新时代的各类乡村贤达人士，无论其是在场新乡贤抑或是不在场新乡贤，也不论这些贤达人士所从事的职业状况，只要是有利于乡村治理、乡村发展的各类职业中的贤达人士均可以包容性引入新乡贤序列，使之成为新时代建设社会主义新农村的有生力量，使之在乡村振兴的新时代背景下充分发挥自身的职业优势，带动乡村治理、法治与经济社会发展，在乡村振兴的各个层面发挥应有的作用。

2. 优化新乡贤组织成员的年龄、性别结构

课题组在梁寨镇和耿集办事处两地调研过程中发现，两地乡贤协会在成员结构上最突出的表现是成员基本由男性构成且平均年龄超过60岁，年龄偏大、性别单一情况比较明显。这一情况从新乡贤组织建立之初便已存在，并且可以预料到将长期存在下去。但为了新乡贤组织更加适应农村治理的现实需要、促进矛盾纠纷的有效化解调处、得到更多村民的认同与积极支持，更好地延续传承与长期发展，不断优化新乡贤成员年龄构成、增加新乡贤组织中年轻人的数量以及优秀妇女的数量已经成为急切之需。梁寨镇乡贤在访谈中指出，女性一般表达能力较强，农村中妇女维护邻里关系，热心帮忙，解决纠纷，特别是在某些男性不便干涉的场合，能够起到极大的作用，一样在干实事。耿

集办事处新乡贤也说明,部分新乡贤随着时间的推移,年事已高,腿脚不便,客观原因造成其不能再深入参与到乡贤协会事务中。年轻人和女性同胞加入到新乡贤组织中,有利于全方位提升新乡贤组织的整体效能,充分发挥新乡贤的各方面作用,促进农村治理体系进一步完善。适当提升"一能"人员在新乡贤组织构成中的实际比例是优化成员结构的主要路径与障碍克服的主要方法。新乡贤组织作为社会组织,在党的领导下要团结群众,让更多的人参与到乡村振兴中,助力农村发展。简言之,新乡贤乡村治理不应过多局限于年龄结构、性别结构等不相关因素的干扰。新乡贤的主要使命在于在各个方面促进乡村治理和谐与乡村的经济社会发展,在这个层面上,其年龄问题、性别问题不能成为阻碍新乡贤队伍壮大的拦路虎。在传统的乡村治理中,一般强调年龄因素、性别因素,有知识、有文化、有干部经验或者社会经验的成年男性往往是乡村的贤达人士,在乡村公共事务的处理上往往具有主见,有能力、有威信。但是在现代社会,除了重视新乡贤的社会治理经验,更加重视现代化背景下新乡贤能够运用新的技术、新的资本、新的理念、新的管理、新的方法、新的价值观与新的行为方式去引领乡村民众的健康生活。这些资源往往掌握在对新知识接受快、领悟强的年轻人手中,因而,在新时代那些热衷于乡村治理与发展的年轻人可以被吸收进新乡贤的队伍。他们像候鸟一样,虽然平时在外打工或者经商或者从政等从事其他职业,但是,他们心系家乡发展,一样可以通过不同途径为家乡治理与发展建言献策或者提供不同方面的资源以帮助家乡发展。此外,女性也是半边天,新时代的女性在知识的掌握、价值观的引领以及其他各方面能力上不亚于男性,积极引进女性新乡贤适时参与新乡贤组织中也是新时代的当务之急。

(二)提高新乡贤组织成员各项素质

实践中往往较为重视"官乡贤""富乡贤",而忽视"文乡贤""德乡贤""技乡贤",实在有违乡贤文化之本章。① 新乡贤应当是农村广大群众中素质特别是思想道德素质较高的人。唯其如此,才能符合新乡贤的角色定位,即"政府

---

① 参见季中扬、胡燕:《当代乡村建设中乡贤文化自觉与践行路径》,《江苏社会科学》2016年第 2 期。

的好帮手,群众的贴心人"。否则,纵使短时间内在农村能取得较好的经济效益,也不利于乡风文化建设,从根本上有害于农村治理能力提高和治理体系的完善。因此,道德模范是新乡贤组织中不可缺少的重要成员。在此基础上,还要进一步自觉提高新乡贤的素质。这既是由新乡贤"大宣传""大调解""大倡导""大能量"的基本职责所决定,也充分彰显新乡贤本身的先进性。新乡贤向乡村村庄广大乡村民众宣传国家法令与政策、移风易俗、解决纠纷、榜样人物、带头守法扬善,先要自己全面掌握国家法令政策的真实含义与具体运用,充分了解先进人物的各种榜样事迹,在乡村事务的解决中具体践行法律法规与国家政策的具体规定,有效带动乡村民众遵守法令,充分领会运用国家各种涉农政策规定,培育乡村社会向上向善的整体氛围,建设新时代的社会主义新农村,实现乡村振兴发展。易言之,推动乡村治理与法治以及经济与社会发展是需要各方面不同领域的新乡贤广泛参与的。那些对于乡村政治、经济、社会、生态、治安、法治、文化、道德净化、环境改善、群众健康等方面有益处的各行各业的贤达人士,都应该成为乡村治理与发展的新乡贤努力争取的对象。新乡贤对于那些感怀乡土情怀,有回馈乡土热情,热心于乡村治理与发展,奉献乡土的各类乡村贤达人士是持开放性、包容性态度的,这是新乡贤组织构成以及素质需求的基本面。此外,通过不同的方法与途径,不断提高新乡贤的能力与素质,也是两镇新乡贤面向未来需要解决的长远问题。通过对新乡贤进行一定程度的各类培训,以便提高其对国家政策、农村政策与法律知识以及涉及乡村发展的各类农业、商业、技术知识是极有必要的。

二、持续加强新乡贤主体的法治文化和法治协同能力建设

(一)通过对接式普法提升新乡贤的法律素养

新乡贤作为农民优秀代表,高度认同法治,带头守法守正,是乡村坚定认同乡村社会治理法治化目标的社会群体。新乡贤在处理纠纷时,应该重视用乡情和家庭、家族情感感化人,通过道德情理晓之以理,动之以情,但更应讲究在法律的基础上讲明是非,明法明理,村民才服。目前来看,乡村地区的法治建设依然任重道远,要进一步加强乡村地区法治建设的内涵,不断丰富乡村地区法治建设的内容与方式,丰富乡村民众的法治知识,提高乡村民众的法治能

力与法治涵养。在乡村,尤其要加强法律在化解社会矛盾中的权威地位以及维护群众权益、支持和引导人们正确理性表达诉求、依法维护权益,解决好群众在乡村治理中涉及的各种切身利益问题。这是乡村地区当前乃至长远来说在法治方面需要加大投入的重中之重,通过不断广泛深入的法治精神的培植,使得国家法治及其精神、规则深入乡村民众的内心信仰与日常实践。新乡贤主体是乡村民众的精英,他们掌握新知识、新技术、新理念等新鲜事物的能力较一般民众强,应该充分发挥这一群体在推进法治建设方面的积极效用。新乡贤主体是在乡村生产生活中用法频率较高、用法事务较多的村民群体,其过去在相当长时间对乡村法律治理事业起到了重要促进作用,但由于各种因素的影响,也存在诸多不足,因而,对新乡贤群体进行适当的素质提高与加强,特别是对之法治素养与法治能力的提升是必要之举。新乡贤群体是对乡村法治极具建设性的用法力量,应当通过普遍有效的直接衔接的方式提升新乡贤的用法能力,有效推进乡村地区各种用法力量的快速成长。在乡村,问题导向是衔接制普法的有效方法,也就是直接向新乡贤和乡村民众传播他们日常生活中经常要用的各类法律知识,这些知识分为婚姻家庭方面的;乡村土地承包经营权和财产权方面的;借贷和经济合同方面的;民事侵权方面的;促进农业发展和政府法律责任方面的;法律纠纷解决程序方面的;乡村多发刑事犯罪方面的。这些方面的法律知识,确实与乡村社会生活关联度较强,是规范乡村经济和社会生活,或解决相关纠纷所常用的。[①] 通过大量的生动活泼的贴近乡村生产生活案件的讲解,以及灵活多样的案件题材,通过农村村民们易于接受、乐于接受的乡村文学、乡村喜剧、农民相声、乡村影视等多种形式与渠道润物细无声地使之深入人心。通过对接式普法做到有的放矢,切实解决农民生产生活中迫切需要的法律文化知识,提高新乡贤及乡民解决身边法律问题的能力。

(二)持续强化新乡贤主体协同、协作立法与制定各种乡规民约的水平与能力

新乡贤是乡村社会群众的先进代表,他们绝大部分来源于农民,在品质、

---

① 参见菅从进、齐林:《新乡贤的法治认同和法律意识》,《江苏师范大学学报》(哲学社会科学版)2016年第4期。

知识与文化及能力上又优于一般乡村民众,在法治建设实践过程中,他们往往能够对于乡村法治的症结更加感同身受,能够通过自身的途径将这些法治不足之处向不同层级的立法部门表达。因而,我们应该用好新乡贤主体这个乡村立法的咨询人角色。新乡贤是乡村立法与乡村政策的咨询人,只有我们的乡村事务立法者深入农村,与乡村各类新乡贤进行广泛的沟通调研,了解他们对于乡村立法、乡村政策、乡村治理各项政策的实际实施状况的真实反馈,才能有针对性地进行乡村的各项法律的立改废,不断完善乡村的法律源头治理。正是在这个意义上,我们应该建立各个立法部门与乡村新乡贤的对接制度机制,形成常态化立法与政策的双向对接沟通,实现自上而下与自下而上的立法协同。此外,从诸多地方乡村现存的乡规民约制定情况来看,多是在上级党委和政府部门的指导和直接出面下,由乡镇党委政府人员主导,村"两委"配合制定,直接或仅仅通过农民的形式上确认予以公布的,内容和形式高度统一,许多内容脱离农村实际,内容和形式上都不接地气,缺乏农民的真正认同。因此,进一步强化新乡贤在制定乡规民约过程中的主要作用,强化新乡贤乡规民约创制的协作协同能力,以便于充分发挥其作为乡村社会用法主体的现实作用。耿集镇郑庄村的《红白理事会章程》是一次乡村新实践,其内容主要涉及红白事办理过程中应该遵循的主要原则、红白事办理的共同遵循以及这些事务理事的处理程序,这些规定语言清新通俗易懂,便于理解。倡导喜事新办、丧事简办、勤俭节约的理念,以及孝道文化中的厚养薄葬的新风尚,引领教育乡村民众在各类乡村喜事丧事中注重文明乡风的养成,勤俭节约、简约生活不铺张浪费、不攀比、奢靡虚荣、耍大牌。此外,"要发挥乡规民约的作用,除了制定乡规民约,更重要的是将国家法律的基本精神和规范内在化于乡村社会,同时要获得村民的普遍认同,让乡规民约走进村民的家中,有效回应村民需求,从而化解矛盾纠纷,实现运用具有法律属性的乡规民约处理民间纠纷,推行移风易俗的最终目标"①。

(三)法律应明确确认新乡贤组织协同乡村治理的主体地位

"新乡贤组织不是乡村法治的被动治理对象,而是党和国家推进乡村社

---

① 刘广登:《新乡贤与乡规民约的良性构建》,载《民间法》,厦门大学出版社 2016 年版,第 17 辑。

会治理法治化的同路人,是推进乡村法治秩序的全心认同者和重要生力军。"①新乡贤属于具有人望,谙熟地方习惯法和村情民情、擅长化解矛盾纠纷,在乡村拥有地位和权威,是对乡村秩序的维护极有价值的民间杰出人士。② 作为中国乡村法治建设的基本内生性力量,新乡贤在乡村治理法治化的进程中,各方面有效产生了带头示范、润物无声、春风化雨、稳定持久、潜移默化的多重效用,在法律宣传中恰到好处、能够做到对症下药,全面推进乡村治理情景化、有效化、精准化、精细化以及自觉化水平。然而,新乡贤及其组织中的法律地位在当前的乡村治理体系中尚未规定。虽然在最近几年的党和国家的一些政策文件中在相关段落表述上明确支持新乡贤文化建设,提出新乡贤治理的价值,但是如果能够通过国家法律在中国特色社会主义现代化乡村治理体系中明确新乡贤作为的重要协同主体地位,则是最佳思路。比较可行的方法是通过《社会组织法》中明确新乡贤组织的乡村社会公益性组织的法律地位,待时机成熟时,通过制定一部真正意义上的《村民自治法》,将类似新乡贤的各类乡村公益性组织统一纳入到《村民自治法》的范畴,使之成为村民委员会的协同主体地位的法律组织,或者是村民自治组织的辅助组织、扩展性组织的性质或者是与村民委员会相并列的乡村服务性社会组织。也可以通过地方立法的方式,在条件成熟的地区明确新乡贤这种社会地位和性质。

三、完善与优化法治机制,适当促进离乡乡贤"在乡化"

随着我国近些年来城市化进程的迅猛推进,农村人口大量地涌向城市,向城市集中聚集,城乡二元化结构在流动性城乡关系中逐步走向分化,而在这些向城市集中聚集乡村流失人口的比例中,大多都是从乡村出去的精英人士和知识分子,这就造成了乡村社会的人力资源以及其他各类资源处于不稳定状态,其中最重的人力资源出现大范围普遍欠缺的状况。随着我国乡村政策的改善,乡村社会各方面建设得以实现新的发展,乡村环境以及人们的生活水平

---

① 菅从进、齐林:《新乡贤的法治认同和法律意识》,《江苏师范大学学报》(哲学社会科学版)2016年第4期。

② 参见高其才:《桂瑶头人盘振武》,中国政法大学出版社2013年版,第1—5页。

得到了较大的提高。其中一部分原来离开乡村出去打工创业的人员,外出闯荡在各行各业取得成功的各路贤达人士有回乡常年定居的经济条件和心理愿望。在种种情况下,通过乡村的政策措施适当促进"离乡乡贤"的在乡化、在场化,鼓励遥居于乡土之外的各类新乡贤反哺农村变成一种较为现实的路径。根本原因在于这些新乡贤加入在乡乡贤或作为在乡乡贤的协同者,他们在一定程度上为乡村发展与振兴带来经济、政治、文化、技术等各方面的实用资源,从而助推乡村社会治理的现代化进程。

（一）"离乡乡贤"回村有利于充实乡村文化

具有良好道德、相关科学文化知识背景的离乡新乡贤返乡居住,可以在科学、文化和法律知识方面充实乡村新乡贤,强化乡村的文化氛围,提升乡风文明,形成传统乡贤文化、在乡新乡贤文化和离乡新乡贤文化合力,给广大村民和乡村治理带来更大的实惠。新乡贤道德文化应主要集中体现于充分发扬光大乡村的现代文明和人文发展,在乡村社会自治、乡风民风淳化、道德伦理维系、乡村社会行为规范及充分激发人们的乡村集体价值观、乡土桑梓情怀与情感、维持乡村集体归属感、认同感等方面发挥重要的作用。离乡新乡贤回归故乡建设发展,可更好地对乡村中的后辈后进起到良好的引领效应,使"乡情"得到绵延不断的传承与维系。新乡贤回归的文化资源汇报,可以更好地丰富新乡贤长廊、新乡贤榜等文化载体,展示新乡贤公德、新乡贤事迹,讲好新乡贤故事。[①] 将新乡贤文化与新时代的社会主义核心价值观实现有机融合,真正使社会主义核心价值观中所倡导的主要理念、高尚品德等新的价值观在乡村得到全面有效落实执行。同时,返乡新乡贤具有更好的现代文明素质,可以更好地促使新乡贤文化引领现代化进程中的村风民风,促进乡土社会的新时代变迁与进步,更好地促进新乡贤在改革与发展中的乡村社会进程中实现继承创新、革旧迎新。他们在城乡的长期反复交融中体会到了现代文明的好处,在对优秀传统文化的吸收并从中提炼出符合当今社会主义新村庄、新时代要求的新理念内涵,从而实现促进乡村社会向上向善的长足发展。

要想将离乡新乡贤留在乡村,就必须完善与优化使之能够留下的常态化

---

① 参见卫启星:《乡村乡贤回归与善治研究》,《农村经济与科技》2019 年第 3 期。

合作机制,为离乡新乡贤创造有利于其发挥作用的物质技术条件与各类作用发挥的平台机制,如办公场所、活动场所等空间条件以及与之相配套的软环境条件。

(二)"离乡乡贤"回村可以带回一定的经济资源

在乡村振兴的大背景之下,乡村发展不能仅靠乡村的内部资源关起门来搞建设,借助外力是非常有必要的,因此我们要以开放的姿态迎接新乡贤的到来。创造有利于新乡贤引领并带动乡村新发展的好环境、好氛围、好条件。新乡贤作为乡村在外发展的各路能工巧匠以及各行各业的成功人士,多有较好的经济条件,属于当代中国的富裕群体。他们"返乡"时多携带一定的经济资源,如果鼓励或者要求他们在家乡对公共设施进行一定的投资,就能为村民带来诸多经济利益,并起到良好的带头示范作用。有的新乡贤甚至可以为乡村带来人才、资本、先进技术等经济资源。产业兴旺是乡村振兴的头等要事,没有乡村产业的有效振兴就无法有效聚拢人才。离乡新乡贤的有效回归,可以为乡村发展带回人力资源以及各类资本下乡,成就当地的产业。与此同时,乡村也将被注入现代市场经济理念,提高村民现代经济意识。通过源源不断扩展离乡新乡贤的队伍,激发他们将各种资源有效投入到家乡的产业发展、基础设施公益性建设、生态环境资源开发、旅游资源的开发等各种家乡的经济要素之中,从而激活乡村的存量资源,拓展乡村的生产效能,促进乡村经济的全面开花。因而,需要通过创造制度化条件,将在外新乡贤的这些资源有效地引入,常态化引入,形成日常的经济交流法治化、制度化流程,并提供与之相辅相成的平台条件。

(三)"离乡乡贤"回村可以带动中国特色政治法治文明建设

在可返乡新乡贤群体中,包括一些党政机关、司法机关、事业单位的离退休干部、知识分子或专业人士,他们可以通过自己的政治地位和素养、能力在乡村治理与社会发展中继续发光发热。他们主要通过三种方式发挥自己的作用,①首先,回乡参政议政,回归的新乡贤可以通过参与村民委员会三年一次换届选举,成为村委会成员,把村委会作为平台,从而带动村民乡民的发展、推

---

① 参见卫启星:《乡村乡贤回归与善治研究》,《农村经济与科技》2019年第3期。

动乡村的治理与建设。其次,这些新乡贤依法成立注册各类服务公益的新乡贤组织,在乡村治理的体系中以独立公益性法人的资格与形式发挥民主政治协商的社会功能与作用。如新乡贤议事堂、新乡贤工作中心、新乡贤理事会、新乡贤参事会、乡贤议事会、新乡贤工作室、新乡贤服务中心等组织的成立,使他们能够有效协助乡村基层党组织充分发挥领导核心作用,扩大乡村党组织的社会影响面。与此同时,他们还发挥着作为乡村辅助性公益组织的协商议事的作用。最后,新乡贤个人主动自觉或以新乡贤组织委派的形式广泛参与乡村治理。

当然,必须承认,离乡新乡贤返乡虽然会带回很多资源,但也可能存在过多地汲取和占用村民资源的问题。因此,对于离乡新乡贤返乡居住应采取规范管理制度。一方面,基于国家城市化的需要,与国家二线以下城市对农村户口人员开放迁入不同,乡村应不允许已经落户城市的新乡贤群体重新在乡村落户,应仅允许他们在乡村长期租用农民房屋居住,但应允许他们进行提档升级的改造,或者租用村民宅基地或公共土地建造无产权的房屋居住,通过市场或契约的方式,允许保障他们离开乡村或离世后,获得相应收益主体的补偿;同时,在坚持鼓励新乡贤回归遵循自愿原则的基础上,实行个人申请、乡镇政府依条件允许进行资格审定的原则,有序鼓励具有良好政治素质和经济实力的人士返乡,而不是"大开门"接纳所有愿意返乡的城市群体。同时,要努力打好"情怀牌",使新乡贤真正感受到被尊重和需求,从而激发他们回归的热情。总之,实现离乡新乡贤回乡振兴乡村的要求,既不增加乡村压力,又能为乡村带来切实的利益。在我国乡村二元体制具备彻底终结条件时,再实行完全开门接纳的制度或政策。

第五章　新乡贤产生的内在机理及其对乡村社会法治建设的价值

第一节　新乡贤产生的内在机理与主体价值追求

一、新的历史时期中国农村新乡贤产生的内在客观机理

（一）新的历史时期乡村经济发展对新乡贤的呼唤

曾有学者专门选取了中国部分地区,以特定的时间段——春节前后人口流动状况为划分标准进行了人口调研。调研区域分别是:东部山东潍坊、东北吉林四平、中部河南南阳和湖南衡阳、西部四川南充和陕西渭南,以春节期间在农村的人口作为对象,分析了 2017 年和 2018 年春节前后农村人口空间分布变化状况,共计 209 万个样本。调查数据指出,接近一半农村人口选择外出。从 2017 年及 2018 年春节前后数据来看,已有接近一半的农村人口选择外出,2018 年春节后农村人口外出比重最高为 49.48%,2017 年春节后为48.9%,总体来看农村外出人口比重接近一半,这部分人口常年离开农村,常住地也在城市,并统计为城镇人口。① 从两年的比重变动来看,农村外出人口比重在稳定中保持了缓慢增长态势,我国城镇化整体上还处于上升态势。当前,农村人口向城市转移仍然是基本趋势,但是,这种人口转移是务工式短期转移,实际进入城市长久定居仍然是一个长期性难以解决问题。② 由于农村向城市的单向流动,造成了乡村的空心化、原子化等农村问题,这是乡村人员

① 参见范毅:《从大数据看农村人口流动》,见 http://www.360doc.com/content/19/1207/12/32862047_878041842.shtml,2022 年 3 月 30 日访问。

② 参见中国民主促进会:《在全国政协十二届二次会议上的提案——关于改革人事聘任养老保险制度促进农民工合理流动的提案》,开明出版社 2014 年版,第 268—269 页。

结构的主要问题。从研究数据来看,2017 年和 2018 年春节后,被调研地区农村新增外出人口占春节前农村常住人口的 10.17% 和 10.95%,外出势头持续。从农村新增外出人口的流向来看,新增外出人口更倾向于留在本地或者附近城市发展创业,约四成人口是留在本地,比农村外出人口总体情况高八、九个百分点。而农村新增外出人口流向一线城市的比重约为 9%,比农村外出人口总体情况低约 6 个百分点,而且占比较上一年下降了近 1 个百分点。同期,被调查地区返乡人口占春节前外出人口,包括在本地级市以外的常住人口比重分别为 11.98% 和 12.39%,返乡人口占比略有提高。从外出人口返乡来看,超过 75% 的人口是回到农村,其中,约 15% 是回到本地县城,约 8% 是回到地级市市区。从两年调研数据分析得知,返乡人口比重下降了 0.45 个百分点,滞留县城和市区的比重提高了 0.34 个和 0.12 个百分点,总体稳定。另据国家卫生健康委员会发布的《中国流动人口发展报告 2018》指出,2010—2015 年流动人口增长速度明显下降;全国流动人口规模从 2015 年起从此前的持续上升转为缓慢下降,提出我国流动人口规模正在进入调整期。2015 年全国流动人口总量为 2.47 亿人,2016 年全国流动人口规模比 2015 年减少 171 万人,2017 年流动人口总量为 2.44 亿人。① 这些数据表明,虽然随着改革开放的发展进程,我国最大规模的农民工进城打工现象持续多年,但是由于城乡差别,特别是各类对于城乡人口二元化结构体系下各类公共服务的不均衡,如工作、就业、住房、医疗、教育、养老等方面一直未能实现根本性解决,城市与乡村仍然存在较大的机遇差别与福利差别,能够定居于城市的人口从总体上进展缓慢。这就决定了在相当长的一段时间段内,农村仍然是寓居我国相当多人口的重要场域。乡村的存在和发展是新乡贤能够存在和发展的物质基础与时空载体。这些年来,我们国家提出建设社会主义新农村战略以及乡村振兴战略,这是新时代建设农村、发展农村的长远战略举措,推行社会主义新农村与乡村振兴战略意在建立一个更加和谐美丽的新的农村生活环境,这也是新乡贤在农村地区大展身手的重要政策环境。

---

① 参见新版《中国流动人口发展报告》,见 https://www.sohu.com/a/284707882_162422,2022 年 3 月 20 日访问。

2018 年中央一号文件指出,建立有效激励机制,以乡情乡愁为纽带,吸引支持企业家、党政干部、专家学者、医生、教师、规划师、建筑师、律师、技能人才等,通过下乡担任志愿者、投资兴业、包村包项目、行医办学、捐资捐物、法律服务等方式服务乡村振兴事业。研究制定管理办法,允许符合要求的公职人员回乡任职。吸引更多人才投身现代农业,培养造就新农民。加快制定鼓励引导工商资本参与乡村振兴的指导意见,落实和完善融资贷款、配套设施建设补助、税费减免、用地等扶持政策,明确政策边界,保护好农民利益。发挥工会、共青团、妇联、科协、残联等群团组织的优势和力量,发挥各民主党派、工商联、无党派人士等积极作用,支持农村产业发展、生态环境保护、乡风文明建设、农村弱势群体关爱等。实施乡村振兴"巾帼行动"。加强对下乡组织和人员的管理服务,使之成为乡村振兴的建设性力量。中央一号文件提出的这些支援乡村建设的人员,本质上就要调动新乡贤全面参与到乡村治理与社会发展过程之中。以乡情乡愁,主要针对的是对家乡有情怀、对乡土有感恩之情的社会各类贤达人士,他们出生于乡村,从乡村走出去成为各行各业的佼佼者,他们自身取得一定成绩之后,不忘初心,不忘根本,想方设法通过各种渠道、各种方法反馈家乡,致力于乡土的经济与社会发展,促进了各地乡村的繁荣发展。

社会主义新农村建设、乡村振兴的政策安排以及与之相适应的法律《乡村振兴促进法》已经颁布,并在此基础上从上到下作了全面的初步的部署,这些政策与乡村振兴的各地具体实践,在很大程度上推动了乡村各类人才的回流。加之全国各地乡村为了本地乡村经济社会发展,加快新农村建设,做了有利于乡村振兴发展的本地的相关公共政策的协调配置,尤其是在倡导新乡贤的回归,为新乡贤创造条件回乡创业发展,参与乡村治理,在乡村建设的各个方面作了相应的政策安排。乡村的经济社会发展呼唤新乡贤返回家乡,回归乡土,通过不同形式与渠道在乡村实现就地创业、就地发展。这些年来,总体上乡村走出去的优秀乡村人才确实不少,他们主要是青壮年人口。但是,在城市真正立足的只是一部分,有绝大部分是不得已而离开农村到城市挣钱、打工或者创业,甚至有的旅居海外谋生发展。在乡村地区有一定资源与政策的地方,那些乡村优秀人才仍然愿意就地就业,就地发展,那些在外面有一定成就的乡土杰出人士,总想以一定的形式回馈家乡,这是由他们的乡情乡愁而驱动的内在心理需求与价值追求。从宏观环境来说,国家的乡村宏观发展政策以及相应的法律、法规的配套颁布与实施,加之全国各地重视乡村的振兴,辅之以相应的政策与各项保障措施,这一点是促进人才回流的重要原因。新乡贤是新时代乡村振兴的关键力量,新乡贤的诞生与发展壮大是实现乡村振兴的重要基础。通过盘活乡村现有的存量资本诸如土地、生态资源、旅游资源、渔业资源、矿业资源等,将之与新乡贤带回来的外来资本诸如资金、技术、管理、人才等资源相对接,从而实现对本地乡村资源的有效开发,激活乡村资源的潜在能力的释放。一方面有效提高本地新乡贤参与本地乡村发展的激情;另一方面号召在外新乡贤通过各种途径返乡或者以其他形式投入乡村建设发展,从而实现共建共享共治的乡村美丽家园的梦想。正是在这样的背景之下,那些有志于家乡建设繁荣发展的本地与外地新乡贤,积极参与乡土治理与经济发展。一句话,乡土社会的经济发展、国家宏观政策支持以及促进乡村建设的法律制度的不断健全等因素的影响之下,使得新乡贤有了施展才华的机会与空间,这是社会主义新农村建设、乡村振兴发展的直接外部推动力。

(二)新时代基层政权对新乡贤的认同与扶持

"各级政府高度重视培育新乡贤精神。宁乡县历任领导关注乡贤力量对乡村社会的作用,广泛联系乡贤,征求乡贤对乡镇治理的建议、探讨乡镇发展良方等。"[1]目前来看,浙江上虞、德清,广东云浮,江苏梁寨、耿集,云南印江,福建清流,等等,全国各地新乡贤如雨后春笋般兴起,这个过程一方面是各地有着原有的人文历史基础,同时,也是各地基层党委政府的高度重视与顺势而为的结果。在很大程度上可以认为,各地基层党委与政府高度重视并采取相关政策措施推进新乡贤的成长以及新乡贤组织的建立是新乡贤主体在全国各地得以迅猛发展的外在动因。

基层政权对新乡贤的认同与支持主要表现在:(1)诸多市县或者乡镇专门制定了促进乡贤发展的政策措施。如凤阳县黄湾乡多举措开展"新乡贤"评选活动;广德县制定与下发第一届"新乡贤"评选活动的通知;广西在全省

---

[1]　陈访柔、刘建荣:《培育新时代的乡贤精神——以湖南省宁乡市为例》,《中国乡村发现》2018年第3期。

范围内开展新乡贤的培育与发展工作,广西乡村风貌提升三年行动厅际联席会议办公室《关于印发加快培育乡村新乡贤理事会发挥新乡贤引领示范作用助力乡村风貌提升的指导意见》的通知,在全省范围内全力推进新乡贤的发展工作,加大乡贤人才的整合力度。南陵县作了《关于进一步加强新时代乡贤工作的实施意见》的制定与实施,推动新乡贤的相关工作。类似全国范围的很多省市都在乡村问题上下了功夫,在推进新乡贤的脱颖而出以及为新乡贤在乡村治理与促进乡村发展方面创造相应的条件,总体势头很好。(2)基层政权如市县、乡镇为新乡贤的发掘与组织的成立提供了物质技术条件。目前来看,全国诸多乡村地区的基层乡镇在为新乡贤诞生与壮大过程中提供了物质条件方面的支持。包括提供办公场所、协助新乡贤建立规章制度与工作机制、设置新乡贤广场、新乡贤图书室、新乡贤光荣榜以及相关的工作技术条件,与此相关的新乡贤的对接培训以及与新乡贤治理相关的法律机制。(3)诸多省份与县市对在外新乡贤回归家乡,帮助家乡治理,发展乡土经济、提高乡土的法治文明、精神文明,改善家乡环境,提高乡土民众的生产生活水平创造了配套性条件,为他们扎根乡村、参与乡村治理与乡土产业发展提供便利性条件,创造相应的便利性措施,这些都是实现乡村振兴,重振乡村各类人才的基础性举措。只有留得住乡贤,特别是把对乡村发展有带头作用的各类的优秀新乡贤吸引到农村,并且长期将其人力物力财力以及相关的其他各类资源投入乡村发展,就一定能够带动乡村经济振兴。这些有利于新乡贤参与乡村治理的各类举措本身是对新乡贤的一种重要认可与强力支持。政策扶持与制度支撑,辅之以必要的物质条件保障,是全国各地重视新乡贤的基本体现。简言之,全国各个地方乡村重视新乡贤的作用发挥,提供便利条件,对新乡贤促进乡村治理和谐与发展的认同认可与积极支持,是新乡贤得以发展顺利的重要条件。

(三)新时代农村村民对新乡贤的期待与渴望

考察全国各地的新乡贤诞生的基本逻辑,我们发现,起初新乡贤的出现是零星的,有的是出于对传统文化的保护视角,逐步从对传统乡贤文化的挖掘转向对现代新乡贤的发掘与培育,如浙江上虞即典型例证。有的是一开始就有政府的影子,是政府在乡村地区开展理论联系实际,开展群众路线过程中发现进而促成新乡贤的制度化崛起,如江苏丰县的梁寨镇以及贾汪区的耿集镇等地方。其他地方大多也是从零星的乡村好人好事,地方和事佬、"五老一能"以及个别在外企业家回馈乡里、修建家乡基础设施、对家乡捐资助学以及各种奉献乡里的活动开始。归纳起来,新乡贤诞生的原初逻辑主要还是新乡贤内心深处的乐于助人,行善四方的人文情怀。新乡贤的特点表现在多个方面,日常生活中主要是乐善好施,助人为乐,行善乡里,在家庭里表现为良好的家风,如新时代的好公婆、好儿媳、好女婿、好妯娌等,村里的好邻居、热心人,他们扶危济困,以嘉言懿行垂范乡里,是乡村民众的乡望所在。

　　由于新乡贤是来自民间,在道德觉悟与行动能力上又高于一般村民,其通过在乡村事务中的利他行为而获得村民们的普遍认可。这是新乡贤得以存在与蓬勃发展的群众基础。在乡村事务中,有时村委会或者乡镇干部无法解决的问题,通过新乡贤予以协调,反而在某些情况下容易化解矛盾纠纷,很快修复了乡村社会关系,新乡贤的存在对熟人社会的乡村矛盾的调处确实是不可或缺的。此外,新乡贤中的一部分人由于在外创业,取得成绩后也有回馈家乡、感恩桑梓的愿望,他们通过各种途径投资于家乡的基础设施与经济社会发展,在各个方面促进乡村治理和谐与群众生活水平提高等等。他们的家乡情怀,以及报效家乡的壮举无疑会对乡村民众形成较高的的感染力。他们有的是医生,乡亲们找到不厌其烦地帮助看病或者寻医问药;他们有的是教师、文化人,在对乡民文化传承塑造积极健康的乡村文化上不遗余力,并且活跃了乡村的文化氛围,对于乡民们形成良好的精神文化生活意义重大;他们有的是法治知识与实践能力高手,善于通过法、情、理全面纾解乡村各种社会矛盾,为乡村社会和谐创造有利条件。简言之,新乡贤们由于德高望重且在各行各业能力出众,在家风维系、邻里和谐、社会治理、文化传承、经济致富、技术指导、乡民健康与后代教育等等各方面能够行为世范,堪称乡土的杰出人士,贤达能人,因而,能够获得乡民们的普遍认可与认同。新乡贤的诞生与成长与乡民之间形成了鱼水关系,一方乡民对他们的认可与认同是新乡贤们得以存在的最深厚的民意基础、社会基础。

　　(四)在场乡贤与不在场乡贤的储备来源多元化

　　在场新乡贤与不在场新乡贤划分的根据在于新乡贤是否长期居住于乡

村,持续性在场为乡村事务身体力行。改革开放以来,国家政权经历多轮改革,在乡村地区表现在基层政权的职能转变,由原来的汲取型转变为服务型。汲取型主要是为了适应尽快在一个农业国建立起工业化强国的现实需要,在相当长一段时间内是通过农业、农村、农民的巨大付出予以实现的。2006 年农业税改革以后,各种税费相应减少,不仅如此,政府开始更加注重乡村的公共服务。在国家政权对乡村的影响上,由原来的一竿子到底的一大二公人民公社化计划管理模式,转变为家庭联产承包责任制以及与此相适应的村民自治管理模式,基层民主与自治空间得以发展。加之在社会经济体制上的市场化改革,推动了乡村的结构性利益调整,以及人们价值观念的新变化。正是在这样的背景下,乡村社会发生了诸多变化,一部分人员继续以农耕为主,辅之以附近打点零工;一部分人员直接将手中耕地予以转包,直接进城或者到外地打工创业,人们的收入来源与观念也随着发生变化。在面对乡村新变化的日常场景下,乡村人员构成主要是坚守田地的"50 后""60 后"人员,"70 后"青壮年要么基于考学原因、要么基于外出谋生等原因不再局限于土地。乡村社会的主要矛盾一般体现在田地纠纷、邻里纠纷、婆媳等家庭纠纷、承包权纠纷等传统纠纷,当然,在不同的乡村地区由于资源结构的不同,人员构成的差异,可能造成的乡村纠纷类型存在一定差异。但是,有一个共同点是乡村纠纷大概率是熟人之间的纠纷,主要由那些对彼此熟悉的、对法律也比较熟悉的乡村和事佬出面予以协调,大家都比较信任。一部分外出人员自己发达了,总想着回馈家乡,回家乡带领乡亲们致富或者投资乡土,感恩初心与桑梓情怀,因而也成为乡民中口碑较好的乡村表率。那些文化领域、医疗健康领域、乡村老干部以及在管理方面、技术方面等各方面有优势的、对家乡有热情的贤达人士,汇集成了新乡贤的一股洪流,他们共同为乡土发展与社会治理稳定发展传承贡献力量。简言之,多元化的新乡贤来源、多元化的新乡贤服务为新乡村建设发展提供了源源不竭的动力,他们带领乡民们共奔富裕前程,在服务他人的过程中成就了自己,成为一乡之民望。

　　一言以蔽之,在新时代乡村振兴的主题背景下,国家的城市与农村发展宏观战略需求加之乡村经济社会发展的现实需要,以及乡村社会民众对于新乡贤的渴望与认同、新乡贤自身的积极有为等因素,共同促成了新时代中国农村诞生新乡贤的内在机理的逻辑展开。

二、新时代中国农村新乡贤参与乡村治理、法治建设的主观机理与主体价值

总体上来看,新乡贤的出现及其参与乡村治理、促进法治建设的主观机理是有迹可循的,主要表现在内心的道德观与家国情怀。

（一）新乡贤参与乡村治理、法治建设的公益心与服务热情

从全国各地乡村新乡贤参与乡村治理与发展的各项实际事迹进行考察后我们发现,他们共同的外在表现是充满公益心与为他人服务的热情,在为家乡为他人服务过程中实现自身的满足感、幸福感。以助人为乐为行动准则与内心标准。他们在乡村治理过程中积极参与,在各个方面建言献策,积极行动,以自身行为带动乡村治理的良性运作;以自身资源投身乡村经济社会发展;以自身掌握的法治知识文化协助乡民依法维权;简言之,他们在乡村治理与社会经济发展的各个领域,积极投入智力资源、财力资源、技术资源、管理资源等各种资源,为乡村的法治建设、经济建设、社会建设、文化建设、生态文明建设等各个方面奉献自己的公益心与投入服务激情。这是他们基本的行动逻辑,也正是这一点造就了新乡贤的德字为先的核心要义。新乡贤的"德"就是体现在家庭美德,乡村公德,爱家庭,爱家乡,体现的正是新乡贤在新时代的乡土情怀。新乡贤们通过行动诠释了这种以德为先的基本内涵,也正是新乡贤们以德为先,泽被乡里,奉献他人,将为家乡发展的公益之心与服务热情填满在乡村治理建设的一方土地上,使得新乡贤之光熠熠生辉。

（二）新乡贤参与乡村治理、法治建设的家国情怀

对于新乡贤而言,我们更多的需要通过调研与访谈走向他们的内心世界。新乡贤们以德为先、乐于奉献,并非是想博得美名。他们大多数实实在在、本本分分为家乡献计献策,甚至有的经济上并不是很富裕,仍然愿意倾囊相助,为乡民自掏腰包,筹建农村图书室等各类乡间平台,为村民文化娱乐提供空间。有的生活拮据,但是愿意为贫困学生捐资助学。有的常年在外打工创业,本身发展地步履维艰,仍然愿意为家乡献智献资。有的虽然身居海外,仍然心怀报效桑梓之情,通过各种渠道反馈家乡。有的虽然收入不怎么高,但是他们

长期默默奉献乡里，为相邻排忧解难，调节矛盾，为乡村发展出谋划策。有的长期为乡村教化不辞辛劳，通过各种形式教育乡民，提高民众的文化素质。总之一点，新乡贤们参与乡村治理与发展，几乎没有自身独立的利益诉求，以为家乡为乡土治理发展为荣，这些体现的正是浓浓的家国情怀。

（三）新乡贤参与乡村治理、法治建设的个人价值与社会价值实现

1. 存在感

存在感所体现的是个体或者说是人类对自身存在及其现实状态的一种判断及自我认知，是根据个体的世界观、人生观、价值观并与他人的对比中所产生的差异，而在个体主观心理上所表现出来的一种对自身肯定或否定的精神或认知行为。存在感是一种典型的心理诉求，即在生活的社会关系中体现自身的存在及其重要性。改革开放四十多年以来，总体上老百姓的生活出现了较大的变化，温饱问题已经解决。当前，全国人民奔走在全面建设社会主义现代化的新征程上，在农村地区也出现了翻天覆地的变化，乡村民众的生活水平总体上得到了改善，人们的物质生活质量得到了不断提高。在这样的背景之下，人们的价值观念也有了新的变化，不再局限于为了生存而拼死拼活，在精神文化上的追求更高。新乡贤，作为农村中的先进分子与群体，他们一般物质条件相对优越，文化层次上相较于一般村民较高，对自身的认知与定位有一定的思考。不论是在乡乡贤还是在外乡贤，总想着在自己富裕起来以后，帮助后富乡民富起来，在乡民出现困境时助人摆脱困境，他们立足乡村或者心系乡村，在乡村的经济、环境、社会、文化、生态等涉及村民生产生活的方方面面奉献爱心，参与治理，慷慨投资或提供资源、各类商机等等。他们的所作所为不求回报，没有利益诉求，更多的是心理上的安慰与精神上的满足感。新乡贤们通过奉献自己的智慧与财力等资源，获得的主要是自身对社会的价值体现，已经超越了一般人的利益追求最大化的经济人范畴，他们更多的是伦理人、道德人，这就是新乡贤精神。这从全国各地的新乡贤乡村壮举中得到充分体现，他们捐资助学、扶危济困，投资家乡不求回报，他们以极大的热情帮助村民解决各种矛盾，不厌其烦进行乡村普法、乡村文化教育、乡民素质提升等等，都是免费无偿的，不领一分钱。通过访谈我们感受到，新乡贤们通过奉献自己的智慧与热情，追求的正是那种心理上的满足，一种存在感的社会价值认知。

2. 荣誉感

全国各地乡村情况各异,东部大多数乡村地方相对富裕,有的乡村集体经济较为发达,有的乡村民营经济较为发达,西部乡村普遍经济比较落后,经济结构比较单一,主要还是以农业农耕为主,农闲时节外出打工。各地的乡村资源结构也有较大的差异,有的乡村主要依靠土地耕作,有的有一定的自然资源,有的靠发展乡村工商业,有的靠发展乡村服务业旅游业,等等,不同的资源禀赋也会影响乡村的具体利益结构及其分配形式。而在此基础之上,乡村社会形成不同的价值观以及与之相适应的观念形态。现代市场经济社会信息社会,对不同地域的乡村影响程度有所不同。越是交通条件比较好一点的乡村地区,外出人员比较方便,与乡村社会形成便捷的交流条件,交通相对闭塞的乡村地区,乡村人员与外界交流相对较少,观念上会受到传统因素的影响相对就大一些。对于传统农业为主型乡村而言,乡村中的那些退休五老人士,包括老退休干部、老教师、老军人、老党员、乡村耆老等,他们更加热衷于通过发挥自己的余热,为所在家乡做些力所能及的事情,如运用法律知识、道德伦理积极协调村民之间的矛盾,宣传社会善德,倡导社会主流价值观,活跃乡村文化,等等。对于商业氛围或者经济较为活跃的一些乡村,其发展已经出现社区化、城市化,这些地方的新乡贤人士更多地将精力放在如何发展经济、企业营收等事务上,如何引进外资、技术、管理、人才以及涉及的乡村公共事务上面等等。简言之,这些新乡贤在不同地区的乡村通过不同途径、不同方式、不同方面的乡土奉献,促进乡村的治理和谐与建设发展,在此过程中自身没有多少利益诉求,为的是家乡更美丽,实现奉献家乡的社会价值。基层党委政府与乡村民众对于他们的行为是持正面积极评价的。来自基层党委与政府的积极引导以及乡村社会民众的认同、认可,恰恰是新乡贤们奉献乡里的动力所在。为了激发新乡贤们奉献乡村的热情,全国基层党委政府以及乡村社会通过自己的方式对新乡新的贡献进行奖励,赋予名誉头衔等措施手段,使得新乡贤们更加有信心、有热情为乡村服务。如江苏梁寨镇,对新乡贤进行荣誉编号,每位新乡贤一个编号,直至死后这个编号也不再用于他人,伴随终生。常德市定期评比最美新乡贤,三亚定期评选十大新乡贤,等等,通过新乡贤的先进事迹评选,激发新乡贤的奉献热情同时宣传新乡贤的先进事迹。另外,通过新闻报纸采访、新

媒体采访、电视台专题报道等各种形式宣传新乡贤的美德与参与乡村治理与
发展各项事务,带动更多的人参与乡村治理与乡村建设。通过各种机制与平
台宣扬新乡贤的嘉言懿行,使得新乡贤们的付出为广大乡民所知晓,自身也获
得一定的满足感与荣耀感。当前的新乡贤普遍不具有官方身份,不享有相应
的福利待遇,要激发乡贤的积极性和主动性,必须以多种方式赋予他们成就感
和荣誉感,让他们更有动力扎根乡村,以优惠政策、服务政策和生活政策铺平
乡贤报效桑梓之路。① 概言之,新乡贤参与乡村治理,更多的动机在于获得精
神上的满足,而没有物质利益上过多诉求,这是他们的服务乡村的主要心理
定位。

3. 责任感

责任感从本质上讲,是对利益的一种积极态度。在利益观上既要求利己,
又要利他人、社会与国家,当自己的利益追求同国家、社会和他人的利益相矛
盾时,主动以国家、社会和他人的利益为优先考量。对于人们的价值观而言,
人只有有了责任感,才会有正确的利益认知与权衡,才能具有驱动自己一生都
勇往直前的源源不断奋斗激情,才能在工作中、在事业的奋斗中感受到需要做
的事情的方向,感受到自我存在的价值和意义,才能在实现自我价值中实现社
会价值,真正得到社会与他人的信赖和尊重。正是在这个层面,责任感体现的
是一种自觉主动地做好分内分外一切有益事情的某种精神状态或价值追求。
责任感与人们的普通心理情感所不同的是,它所体现的恰恰是一种社会道德
心理的范畴。责任感对于新乡贤来说,更多体现的是一种乡土情怀,是一种愿
意为家乡发展主动奉献的心理追求与价值体现。通过访谈,我们了解了大多
数新乡贤服务家乡的热情正是来源于一种为家乡兴旺发达的责任感。他们在
家乡搞投资创业,并不是仅仅让自己富起来,而是在自己富起来的同时带动乡
亲们实现致富的目标。他们帮助村民解决调解矛盾纠纷,不辞辛苦对双方多
次串户进行明法释理,目的在于乡民之间重归于好,不取分文。他们致力于
乡村环境改善,主动参与村庄卫生清洁,任劳任怨。他们为了建设美丽乡

---

① 参见唐辉、唐云:《新乡贤在乡村振兴中作用的彰显和重构——以崇州市凡朴生活圈为
例》,《中共合肥市委党校学报》2020 年第 2 期。

村,主动捐资铺路架桥;他们得知村上困难群众主动帮助解困,或经济援助、或帮助家庭解决其他生计之困,他们热心于乡村的文化习俗、传承发展等等。所有这一切,都是凭着一种为家乡发展的一种情怀,一种感恩,一种回馈,一种责任感。因而,通过对新乡贤的行动逻辑进行考察,我们发现责任感正是新乡贤为乡土社会贡献自己的智慧与能力的一种普遍的心理追求和社会价值情怀。

4.使命感

人作为一个家庭、团体、社会或国家、民族的成员,就负有对家庭、团体、社会和国家、民族的某种使命、义务与担当,因而,也就有对他人和社会履行这些义务的道义或法律责任。马克思、恩格斯指出:"作为确定的人,现实的人,你就有规定性,就有使命,就有任务。至于你是否意识到这一点,那是无所谓的。这个任务是由于你的需要及与现存世界的实际联系而产生的。"①易言之,人类个体与整体的使命是实际并客观存在的,他们的存在不以人们的主观意志为转移,不论我们是否愿意或者接受这种客观存在,这一使命始终存在,并伴随着人的一生,这就是人生的宿命。人们越是能够感知到它的存在,意识到自己的使命,越能主动的、能动的实现自己的内在价值追求,越能够实现内心自由与外在自由。新乡贤主体是在广大乡村中的精英人士,他们对乡土怀有极大的热忱,无论在场或者在外,他们都心系乡村,服务乡村,贡献乡村,实际上他们内心深处是带着一种使命与担当,他们就是希望自己生于斯长于斯的乡土能够好起来,是一种朴素的桑梓情怀。因而,他们通过各种方式、各种途径、各种渠道汇集资源、技术、管理、资金、智慧等,治理家乡,建设家乡,在某种意义上是一种内心使命感的召唤。他们兢兢业业,任劳任怨,带领乡民创业或始终如一坚守乡村文化传承、道德教化育人或进行法治乡村建设、生态乡村建设、环境整治等乡村各项事业,都是为着振兴乡村的理想。简言之,使命感是新时代新乡贤们孜孜不倦、热忱投身于乡土建设与发展的重要源动力。

---

① 《马克思恩格斯全集》第3卷,人民出版社1960年版,第329页。

第二节　新乡贤主体参与乡村治理与
法治建设的实际效用与影响

一、新乡贤主体在农村治理中普法的实际效用与影响

（一）新乡贤对于中国乡村普法的价值与功能

法治价值实现的根本之道在于人民的广泛知晓并自觉遵守。乡村法治建设的根本目标的实现必须依赖于乡村民众对于法治的普遍信仰与遵守，因而，法治的力量实际上是人民的认同，而不仅仅是法治自身所蕴含的暴力。只有当人民认同了法治，知道法治能给自身的利益带来切实的保护，更重要的是当他们的合法权益受到侵害时，能够获得相对低成本的法律保障，他们才会相信法治是有用的。否则，我们无论在理论上对法治阐述的如何天花乱坠，最终如果不能对他们的利益实现真实的法律保障，也不会赢得人民群众的心。可见，如何赢得法治在人们内心的确信与真诚的信仰才是法治的最高境界。在中国乡村社会进行普法，我们面临着诸多挑战。原因：一是乡村生产力状态呈现多层次性，社会的经济发展不平衡，乡村民众之间的利益结构出现多样化，法律的适应性不足。二是乡村社会中，人们的文化程度总体上较低，对于法律的理解呈现碎片化、功利化等明显特征。在这种情况下，对于法治的宣传需要通过切实的实例以及与乡村民众切身利益相关的法律适用的具体实践的展示，才能从感性角度直接唤醒人们对法治的理解与尊重。三是法律制度本身的刚性有余而柔性不足，导致处理社会矛盾时候的不灵活，不能完全适应乡村社会熟人特点的乡民关系，在某种意义上阻碍法律的普遍有效实施。四是涉及乡村法治的法律制度对于乡村社会关系的调整总体上趋于被动，法治的前瞻性特别是对乡村经济社会发展的引领性不足。乡村法治既需要解决那些鸡毛蒜皮的小事也需要在宏观战略上引领乡村经济社会发展的法治前瞻性作为有效支撑。五是过去相当长一段时间对于普法的方式过于单一，缺乏立体化普法方式，效果有限。普法从来不是单靠向乡村民众进行法律的讲解，而是要通过不同的方式与路径使得法律的精神与法的规则理念内化于乡民的内心，这才是乡村法治推行的基本态度与目的。

　　习近平总书记强调,要推进法治社会建设,依法防范风险、化解矛盾、维护权益,加快形成共建共治共享的现代基层社会治理新格局。我们要适应时代要求,坚持和发展新时代"枫桥经验",创新群众工作方法,运用法治思维和法治方式妥善解决涉及群众切身利益的矛盾和问题。① 这就要求:一是做到运用法治思维、法治方式推进乡村经济社会发展的持续稳定健康前进。尤其是要通过综合性立法,推进乡村的战略性发展。乡村的治理与发展是整个国家治理体系和治理能力现代化的基础环节,运用法治这一治国理政的基本方式推进乡村治理体系与治理能力的现代化发展是国家法治与社会法治的战略性基础举措。2021 年颁布实施的《乡村振兴促进法》是这一法治乡村建设的开创性动作。二是加强涉及农业农村农民的法律制度的建设。切实围绕乡村法治的中心问题,围绕乡村的经济社会发展中的突出问题进行针对性立改废相关法律法规规章,研究通过制度完善有力地推动乡村经济社会全面发展。三是推进以法治为主的多元化乡村矛盾解决机制。乡村的情况是复杂的,立法与执法应根据乡村的实际情况在各个方面形成以法治为最后手段支撑的多元化解决机制。乡村各类纠纷与矛盾具有自身的特殊性,其解决需要通过多元化路径与方法予以应对。面对乡村熟人社会的特点,法律刚性有余柔性不足,容易导致赢了面子输了里子。所以,促进法治为最后手段的多元化矛盾化解机制是乡村法治的基本立足点。乡村更多的是需要通过容法、情、理、习俗、乡规民约等多元化的化解矛盾的资源凭借,从而解决乡村社会关系的和谐与秩序。四是乡村普法需要形成乡村民众的全面参与基本格局。法治的主体是人民的真诚信仰与实际参与。因而,乡村的普法目标需要达到的人人懂法、人人用法、人人信法,就必须使乡村民众能够全面参与到乡村的法制实践中,只有人人参与法治建设才能在实践中深刻感悟法律给乡民带来的实实在在的公平正义。因而,普法过程中的共建共治共享是实现乡村法治的根本之道。简言之,乡村法治依然任重道远,面对中国乡村建设的复杂场景,我们一方面需

---

　　① 参见白少康:《坚持在法治轨道上推进国家治理体系和治理能力现代化》,《人民日报》2021 年 3 月 2 日。

要在全国范围内进行一般性立法,寻求乡村治理与发展的一般特点基础之上进行立法执法司法,也需要在中观战略上、微观战略上使得不同地区的法治建设与实施与当地的具体情况相适应。乡村普法需要解决问题是谁来普法、如何普法、普什么法等重要问题,实现乡村法治建设目标的最大化效益。

传统的普法实践主要依赖于官方的单向宣传与乡民的定向接收,实际上未必真正接受,普法带有极大的应付性、机械性,而且成本极为高昂,效果却并不显著。因而,必须转变思路。转变思路的根据在于要对乡村的实情进行实事求是的一番调查,权衡乡村普法的主要障碍、困境与出路。这就是说,在乡村普法必须根据乡村特有的具体因素进行全面考量,包括区域性乡村的生产生活特点、经济状况与结构、乡村的资源禀赋、乡村民众的教育程度、文化水准、重点需求以及普法方式路径的反思等等,这些都是在乡村普法过程中必须充分考虑的可能制约普法效果的各种因素。这其中一个最为重要的关键点是需要找准普法的"同盟军"与普法的对象性具体需求,这是两个极为重要的考量因素。传统普法依靠政府投入专门财政经费,由政府官员进行法律宣讲、材料分发、法治广告宣传等等,事实证明,这种方法效果并不显著。原因有三:一是法治宣传并不等于普法,普法是要民众真诚建立起对法治的信仰与践行法治,有事用法。法治宣传并不能做到入脑入心,有时徒具形式,实际效果不佳。二是普法不能单靠政府一家包打天下,事实证明,效果并不明显。普法必须进行全民动员,人人参与,人人实践,才能构建起法治实践的良好氛围。政府一家单打独斗,在普法的路上走得不远也走不长。三是传统普法没有具体目标群体,针对村民进行不分差别的"一刀切"式的普法宣传,不能够依托乡村具体矛盾与具体案件针对性进行,产生的效果主要停留在说教而不是内心感悟与深刻认同。

这其中最主要的问题是政府的独木难支与乡村普法队伍建设的滞后。新乡贤主体是蕴藏在乡村的较为庞大的队伍,是积极有为的群体。党在新时代进一步贯彻群众路线,尤其是在基层的工作实践中与人民群众打成一片,践行从实践中来到实践中去的工作准则,找到了乡村工作的基本规律,形成了党委领导、政府主导、公众参与、社会协同、法治保障、科技支撑的新思路,形成了共建共治共享的新格局,铸就了以自治为基,法治、德治两翼齐飞一体推进的乡村治理新模式,发掘了蕴藏在广大乡村、治理乡村、服务乡村的新乡贤主体。诚如前述,新乡贤主体及其文化既是中国千百年来的历史传承,更是中国特色社会主义新农村建设背景下的新发展,是对传统的超越与创新实践。新乡贤参与乡村治理与发展,不仅对于乡村经济创新发展是一种巨大的资源,而且对于乡村法治建设与社会稳定是一种独特的优质资源,加以协同合作,是推进国家法治与乡村法治融合发展的必由之路。新乡贤参与乡村法律治理,在促进乡村稳定发展方面的优势是明显的,是极为有价值的乡村法治建设队伍。这些价值效用主要体现在:一是新乡贤具有超越于一般行政官员的特殊身份,他们来源于乡民,本身不具有官方身份,有时可以减少抵触心理,易于交流,便于矛盾纠纷的协调化解。行政官员有时容易引起误会,如谁家有关系有背景,容易怀疑其办事有偏向、不公正。而新乡贤来源于乡民,经常与乡民打交道,平时更多的与乡民生活在一起,对彼此的情况比较熟知,对于纠纷或者矛盾的由来与发展状况比较了解,因而更容易根据事实的是非黑白对错进行有效的斡旋或者调解。这是其天然优势,一般政府官员是不具备这种矛盾纠纷的化解优势的。二是新乡贤的知识背景较之于一般民众要高,特别是大多具备现代思维,较为理性,掌握较多的法律知识与科学文化知识,又比较谙熟人情世故。因而,在乡村事务的处理过程中,能够依据当时当地的乡规民俗、村规民约动之以情,晓之以理,辅之以法,从而最终实现矛盾纠纷的民间化化解策略,避免了通过行政调解或者司法诉讼的刚性有余而柔性不足之弊端,又排除了熟人熟事而可能造成的乡村社会关系的过分撕裂,有利于乡村相邻关系的长期稳定和谐,达到了法治追求的法律效果与社会效果的统一。三是新乡贤在乡村法律服务、乡村法治建设、乡村关系维护方面善于将国家法制与乡村村情相结合,实现国家法制在乡村地区的创造性转化。他们将国家促进乡村经济发展的法律制度与政策措施以及促进乡村治理与稳定的各类法律规则通过地方化语境、乡土化方式融入乡村的实际状况。通过因时因地制宜创造出适合当地的乡规民约,更好地使得国家法律制度接地气,便于乡民理解使用。新乡贤通过乡土化语言与生动的案例、具体事件的处理适用,将国家法律的规则与精神润物细无声地播散在民众心间,这种效果是一般的法律宣传、普法宣传所不具备的乡土优势。正是由于新乡贤的这种身份上的优势、知识背景思维方式上的优势、工作环境与方式上的优势,处理乡村矛盾纠纷问题法治效果、社会效果上的优势等方面的存在,使得新乡贤往往能够成为乡村稳定发展的减阀器,实现矛盾不上交,就地处理效果好,能够达到在基层最大限度消化矛盾,息事宁人的政治社会效果。正因如此,新乡贤主体是乡村法律治理的中坚力量,发挥新乡贤群体的法治参与积极性,最大限度提高法治在乡村的应用的广度与深度,使得法治在乡村地区深入人心。

(二)新乡贤主体用法对乡村社会矛盾协调化解的实践意义

新乡贤主体在乡村的法治效用,主要通过新乡贤对于国家法治的理解以及在乡村实际矛盾纠纷的处理过程中予以实现。一方面,新乡贤们通过自筹经费自办法律书屋或者在乡镇政府的协助下创办法律图书室,便于群众学习法律知识。通过编排法治节目,广场法治广告,定期法治讲堂讲法等方式予以实现法治宣传。另一方面,通过具体的矛盾纠纷事件的处理以及在具体事务处理中的国家重要法律法规的政策解读,让民众充分参与其中,理解法治于自身权益保护的真切感受,现身说法更能说明法治的现实价值与实际意义。

1. 乡村社会矛盾、纠纷的一般特点

土地纠纷频现。土地纠纷近些年来成为乡村矛盾纠纷的主要类型之一。土地是乡村社会最重要的资源,民以食为天,而食以地为源,因而,农民历来对土地有极为深厚的自然感情。随着社会主义新农村建设的持续推进,乡村振兴的全面展开,农村土地资源价值普遍攀升,尤其是乡村与城市相近的地块价格出现上涨的态势。在这种情况下,土地资源成为乡村社会的一块肥肉,乡村开发中围绕土地问题而发生的矛盾纠纷近年来呈上升趋势。① 土地矛盾纠纷的主要表现是:(1)征地拆迁纠纷。由于农民对《土地管理法》、征地拆迁法律法规以及地方政策不了解,部分地区基层干部在征地过程中违规操作、滥用职权、超越职权、程序不规范等,导致乡民经常为保护自身的合法权益,诸如征收的实际面积、征地补偿价格、征地补偿标准、征地中的强制执行措施、征地过程中的行政侵权、征地收后的后续社会保障等问题与当地政府产生矛盾。(2)土地承包流转纠纷。依据《中华人民共和国农村土地承包法》(2018)(以

---

① 参见于建嵘:《农村群体性突发事件的预警与防治》,《中国乡村发现》2007年第1期。

下简称《土地承包法》）规定，土地承包权 30 年不变且不得随意调整，这导致人口变化与土地分配不相一致、不相匹配的状况时有出现；此外，由于家庭人口的流动也经常导致土地分配的纠纷；土地流转中流转双方经常因土地流转价格、土地经营方式用途变更以及流转方式、流转时限等问题发生纠纷。

干群纠纷时有出现。有些乡村地区干群关系态势紧张，农民对乡镇基层干部的信任度不高，在内心中对乡镇基层干部有一定抵触心理，工作上不配合或者消极抵触；乡镇有些基层干部认为农民兄弟不讲道理，觉悟不够高，不服从政府管理，甚至认为乡民中有刁民，办事采取威胁、恐吓手段。干群之间相互龃龉、相互反感、互不配合支持，导致乡镇等基层工作开展起来困难较多。有些乡村地区上访事件比较突出，出现访民堵路、示威、静坐甚至冲击党政机关等过激行为也时有发生。① 这种状况的出现在多数情况下是乡镇基层政府与民争利所造成的，这在土地征收征用领域表现突出。有的是因为滥用职权、超越职权，有的是不按法律规定办事，有的是程序违法，有的态度蛮横、工作敷衍等官僚主义所致。总体来说，乡村矛盾之中干群之间的关系矛盾纠纷占有一定的成分，是乡村矛盾类型的其中一种，需要引起重视。

邻里纠纷多发。邻里纠纷主要因农村建房、封建迷信、土地边界纠纷、占地纠纷、污水排放、相邻通行权纠纷、农业用水、采光、乡村借贷、相邻债务债权纠纷以及因为相邻之间其他的鸡毛蒜皮矛盾纠纷等原因造成。这些纠纷通过村邻相互之间互谅互让或者第三者从中斡旋调停、政府出面调解、司法诉讼，大多数情况下能够得以平息。但是，处理不好也会引发严重后果，甚至出现刑事犯罪，引发没完没了的上访等其他群体性事件。

家庭家族纠纷不断。家庭、家族矛盾纠纷始终是农村矛盾纠纷的主要类型之一，主要包括婚约财产、家庭暴力、老人赡养、婆媳关系、遗产继承、子女抚养、婚姻关系等各类纠纷。随着农村妇女经济地位的提升、外出打工面临的诱惑增多以及现代社会背景下人们思想的解放与信息交流的频繁，农村的离婚率也越来越高，在乡村社会因婚姻关系而产生的矛盾纠纷呈现上升态势。南方有些家族经常出现家族内部的各类纠纷，诸如财产纠纷、土地、投资等内部

---

① 参见于建嵘：《农村群体性突发事件的预警与防治》，《中国乡村发现》2007 年第 1 期。

家族纠纷以及各种交叉性纠纷。

其他纠纷、消费维权、公证、法律援助、环境纠纷、医疗纠纷、电商买卖纠纷等也会成为引发矛盾的重要方面。总的来说,随着现代社会发展,乡村也在不断产生新的变化,新的经济社会关系、新的利益状态与结构形式、新的社会结构形式以及人们思想文化观念、价值观的复杂化、差异化、多元化与严重分化,造成乡村各类矛盾纠纷复杂化。乡村中出现的矛盾纠纷呈现出一些新的特点,如主体的多元化、纠纷类型的多元化、矛盾纠纷平息的难度增大、导致矛盾纠纷的因素复杂化等等,所有这些,都需要在新时代认真研究与思考对策。

2. 新乡贤对于乡村社会矛盾协调化解的优势

如上所述,随着乡村的经济社会发展,乡村虽然总体上保持农业为主的经济形态,但是,城乡之间的关系在经济模式发展上逐步走向趋同或融合,市场经济已经在乡村地区大行其道,人们的价值观念也有了新的变化,城市人的思维观念与价值观念在乡村地区得到了广泛传播,这对乡村社会带来了巨大的冲击。在此背景之下,乡村社会出现的矛盾纠纷除了传统的类型之外,新型的社会矛盾也广泛出现,需要乡村社会与基层党委政府有效应对。正如笔者前述已经分析的,新乡贤由于其特殊的身份地位,在乡村社会矛盾纠纷的化解过程中有特殊重要的价值,因而,需要有效地整合这类资源,以投入对乡村社会秩序的维护,促进乡村社会的总体稳定。

新乡贤德高望重,有威信。新乡贤的核心品质在于德,由于做事讲德,不求回报,他们在乡村社会获得乡民群众的普遍尊重,在长期与乡民相处中树立了威信。他们心地善良,乐于奉献,愿意成就别人,乐于助人,把这种行为看成是一种对他人与社会的价值体现。在乡村的课题组调研中,发现这种实例不乏个案,如助人为乐的新乡贤鹿敏。

助人为乐,不求回报

2014 年 6 月 30 日早晨 5:30,刘新庄村村民祝志勋与本村张某及邻村赵某开车到盐城市大丰县千秋镇附近时,因大雾,十几辆车连环追尾,祝志勋所乘车辆被后车追尾造成全身瘫痪。我几十次下盐城帮祝志勋住院手术,术后在徐州康复治疗。协调盐城市公安局交通事故科重案大队大队长徐中丞,法院交通事故庭刘庭长来为祝志勋定残。最后得到100余万元赔偿,又化解了他与张某、赵某因交通事故所造成的矛盾。我用爱心与热心赢得祝志勋及他家人尊重与赞扬。得到村民的一致认可,我一分钱不要,没有吃他一口饭。有人问我,你图什么?我说谁家没有困难?谁能不碰到难处?只要我能帮上忙,我就会主动帮。①

新乡贤乡里乡亲,亲和性强。新乡贤本来大多与民众聚于同一地域,与乡民打成一片是新乡贤的群众基础优势,这一点一般的行政官员是不具备的。正是因为新乡贤们早晚与乡民们打交道,生活或者居住在一起,他们对乡村事务,家长里短的琐事碎事了如指掌。在遇到乡民之间有麻烦、有矛盾、有纠纷时便于从中调停、化解,有利于及时便捷地修正社会关系。新乡贤们基于地缘、血缘、宗族关系、乡土情怀等因素,在乡村治理过程中多少能够发挥自己的优势,体现矛盾纠纷解决情境的亲和力。新乡贤张信廷、王兴林家庭宅基地纠纷协调、占用道路纠纷调解是很好例证。

宅基地纠纷解决,家庭复归于好

我村王成礼两个儿子因宅基地起纠纷,大儿子王明建向王成礼要宅基地,准备给孩子建房,因宅基地少,要求父亲给一点地,二儿子与二儿媳妇不给,王成礼又向着二儿子二儿媳妇一家人,大儿媳妇一气之下回了娘家。经多人去叫都不回家,要和王明建离婚。后来经过我从中调解,反复做王成礼和他二儿子、二儿媳妇的思想工作,最终王成礼和二儿子二儿媳妇同意让出宅基地,问题得以解决,矛盾化解。②

---

① 访谈人:张兆成。与谈人:刘元华、鹿敏、张信廷等江苏丰县梁寨镇新乡贤。访谈时间:2017年12月8日。

② 访谈人:张兆成。与谈人:刘元华、鹿敏、张信廷等江苏丰县梁寨镇新乡贤。访谈时间:2017年12月8日。

建房占地纠纷

2016 年 3 月,我村翟效敏因建房扩建占用大路与王敬超家发生纠纷,经乡镇与县里城管队出面调解无效。后两家矛盾经村干部王兴林和新乡贤工作者闫传猛反复调解斡旋后,翟效敏同意把建房多占的土地让出,矛盾得以化解,两家又重新走上友好的道路。①

新乡贤认同掌握核心价值观,谙熟乡村习惯习俗,有说服力。他们热衷于参与乡村事务,对于乡村不良现象进行及时矫正,是乡村社会关系不良现象的"清道夫"。由于他们大多数经常居住于乡村社会,对乡村社会的各项礼俗比较熟悉,对于乡村的各种社会习惯比较了解。而且很多新乡贤自己就是"乡村百事通"、乡村"大老支",或者是"乡村和事佬",抑或是红白喜事的"掌柜"等等。他们一方面对现代社会的主流价值观抱以支持态度,并在乡村地区积极践行社会主义核心价值观,将之与传统乡村的优秀文化相结合,促进乡村形成良好的生活环境。新乡贤李明振就是典型例证。

树新风,倡节俭

我住梁寨镇赵楼村吴楼,几年来在镇党委与政府、村党支部的领导下,农村经济发生了很大变化。随着人民生活水平的提高,农村办事攀比比较严重,不自觉地就产生了诸多不必要的浪费,给部分生活收入低的群众在办实事上造成了不小的心理压力。人家都是这样办,我如果不这样办,显得很没面子。不情愿的跟着照办,结果打肿脸充胖子,造成了极大的经济压力,客观上也造成了浪费。比如说办喜事,从前只是头几天做几个菜,一家人和邀请的问事的掌柜在一起商量点事,看看怎么办比较圆满。而现在,头两天就得请五六桌,还都成席。有时考虑不周还办不圆满,这几桌席连烟带酒就得两三千元。办完事后,那一家都得多花四五千元左右,老百姓只能顺其自然

---

① 访谈人:张兆成。与谈人:闫传猛、王兴林等江苏丰县梁寨镇新乡贤。访谈时间:2017年 12 月 9 日。

地照做,没人出面阻止,给老百姓既造成了负担又造成了浪费。我回家后,是从2014年底了解到了这种情况,我听了大家的意见,95%以上的人表示不满,但是没办法。在文正儿子办喜事请客时,大家伙都叫我干我们队里的大老支,对我很支持,当时我感到为难。我和在座的家长说叫我干可以,我要改一改办事请客浪费这件事。第一,头几天不请客,宴请不铺张浪费,相对统一规格;第二,帮忙不给成盒烟;第三,大老支帮完忙,临走不要烟酒。当时都得到了大家伙的同意,都非常赞成我的提议。一年来我是这样说的,也是这样做的。我们队里办事每一户经常请我去监督掌事,节省了不少的资金,受到了我们村民的高度评价和大力支持。我感到很高兴。有人问我,你到底图的啥? 不要被帮忙的主家请客,不要烟酒,我说就图的为民办好事,让大家省几个钱,大家心情舒畅,我心情舒畅。今后我一定继续听从党的指挥,服从新乡贤办公室的安排,全心全意为人民服务,发挥自己的余热,为一方百姓做好事,做实事,做一名名副其实的中国共产党党员。①

新乡贤掌握基本法律知识,知法用法能力突出。新乡贤在现代乡村社会中不同于传统乡贤的一个重要特色是具备现代思维,其中最重要的包括民主、法治、人权、平等、尊严、公平正义以及诸多现代价值理念。这使得新乡贤相较于一般的乡村民众在思想层面上略高一筹,相较于传统乡贤更具备了现代性。特别是在新时代乡村社会治理的过程中,能够自觉地运用法律思维、法律方式综合道德伦理、乡规民俗以及乡村社会的情理、习俗习惯等知识与经验,对乡村社会矛盾进行有效化解,这是新乡贤的重要价值所在。如新乡贤王后立就是典型例证。

化解矛盾在基层

在2015年的春天,我黄楼村二组村民李召侠、孙会群两家因建

---

① 访谈人:张兆成。与谈人:李明振等江苏丰县梁寨镇新乡贤。访谈时间:2019年8月9日。李明振是一名退休回乡的老干部、老党员,热心助人,在乡村里享有较高的威望。

房宅基地矛盾纠纷激化,吵闹甚至打架,看势头要闹出大的事故。得知后,我们急忙从侧面先了解事情发生的根源与经过。先掌握第一手资料,经过对周边邻居走访与调查分析,找出问题的切入点去帮助解决。我们先邀请双方的亲戚们以及和双方当事人关系都不错的人去做双方的思想工作。然后我们便亲自登门向他们讲清邻里关系的重要性和如果矛盾激化走向极端的利害关系。开始他们双方各自摆他们的理由,互相指责对方。然后我们就实事求是地亲临现场查看,以政府颁布的宅基地与土地证书为依据,进行实际土地丈量,进行公开、公正地以证书上标明的数字为依据,依法进行处理。同时,向他们双方摆事实讲道理,以情以理以法,使问题得到充分的解决。最后双方都作出让步,最终签订了书面协议,两家关系得以缓和,恢复了正常的关系。①

总的来说,新乡贤能够通过自身的经验、阅历,结合其所掌握的现代民主法治知识,在乡村社会矛盾出现时,在充分地进行调查研究的基础上,能够娴熟地利用情、理、法相结合的方式来去解决各项矛盾纠纷,是乡村社会知法、尊法、守法、用法的主要力量主体。全国各地的乡村法律治理实践表明,新乡贤是基层党委政府与乡村群众值得信赖的进步力量,是乡村社会的重要和谐因素与资源,应该予以重视并充分发挥其在普法实践、乡村法治建设实践中的重要作用。

二、新乡贤参与乡村法治促进了国家法治与民间法治的相互融合

新乡贤在乡村治理中学法、尊法、守法、用法等行为,进一步促进了国家法治与乡村法治的相互融合发展,这是新乡贤在我国乡村法律治理建设中的重要价值所在。新乡贤对于国家法治与社会法治、乡村法治的关系作用是全方位的。这表现在立法、执法、普法及矛盾纠纷化解的方方面面。只有全面挖掘与把握新乡贤的这种实际作用,才能对新乡贤对乡村法律治理的实际效用产

---

① 访谈人:张兆成。与谈人:王后立等江苏丰县梁寨镇新乡贤。访谈时间:2019 年 8 月 9 日。

生客观地评估,并最大限度发挥新乡贤的这种特有价值功能。

（一）新乡贤对国家法治基本属性的把握

法律的治理是所有治理中最有效的治理,是治国理政的基本方略,制度化治理的最佳路径。我国社会主义法治凝聚着我们党治国理政的理论成果和实践经验,是制度之治最基本最稳定最可靠的保障。实行社会主义法治,坚持全面依法治国,是推进国家治理体系和治理能力现代化的必然选择。[①] 法治,就其本质而言,它不仅仅在国家层面是治国理政的基本方略,它在社会层面更应该成为人们生产、生活的一种基本方式,一种有序生产、生活方式的基本遵循。在经济生产生活领域,法治提供了一系列生产、交换、流通、消费的经济规则与制度;在政治领域,法治提供了规范国家权力的基本架构与权力运行的一系列机制;在社会治理领域,法治提供了一整套维护社会稳定和谐的规则与制度体系;在文化精神领域,法治提供了关乎文化传承与发展的基本规则及其体系;在生态环境领域,法治围绕了人们生存环境的改善确立了一系列保护生态的规则与制度体系。简言之,法治为人们在政治、经济、社会、文化精神领域各个方面提供了可以遵循基本规则。对于整个国家与社会法治而言,乡村法治无疑是处于基础性地位,乡村法治的基础地位是否牢固决定着整个国家与整个社会的法治大厦是否牢固。而乡村法治是否牢固的标准是什么? 应该参考哪些要素? 这些是需要考量的问题。笔者认为,这些因素应该包括:一是事关乡村的立法是否全面反映了乡村的实际情况,是否贴合乡村的实际情况,是否反映乡村各个领域的基本规律。二是乡村的执法与司法是否能够得到乡村民众的较高的配合与支持,特别是乡村基层政府的执法规范化程度、基层乡镇政府执法的效果及其在民众间的评价效果如何。三是乡村民众对涉及农村的法律、法规的认同及其程度,以及涉及乡村矛盾时人们首先考虑的用法的频率及其程度。四是乡村是否建立起初步的人人信仰法律、人人相信法律、形成公平正义的乡村法制人文环境,也就是乡村的法治的氛围如何。五是当乡村出现事关经济社会发展的公共事务时,或者事关乡村社会矛盾纠纷的处理时,人们

[①]　参见白少康:《坚持在法治轨道上推进国家治理体系和治理能力现代化》,《人民日报》2021 年 3 月 2 日。

运用法治思维、法治方式解决问题,运用国家法治精神的能力及其程度。六是乡村社会,运用法治思维与法治方式引领经济社会发展的法治队伍及其处理乡村经济社会矛盾纠纷的能力及其程度如何。以上这些因素很显然基本上构成了乡村法治建设、乡村法律治理的主要考察指标,在这些因素中一个最重要的因素之一是乡村社会的用法能力及其队伍的构建。

从根本上讲,乡村社会的用法主体应该是全体乡村民众,只有全体乡村民众的用法能力得到全面提升,整个乡村的法治水平与能力才能得到提升。但是,从目前的乡村实际情况来看,人们普遍的教育水平与文化程度确实不高,乡村社会的常住人口主要是妇女、儿童、老年人居多,文化层次比较高的青壮年人口不占主导地位。一部分是"两栖"人口,附近城里打工,经常回家的一部分人;一部分是常年在外打工或者创业,节假日回家看看;一部分甚至是在海外谋生,多年不回家乡的状况。当然,全国各地乡村人口的分布状况千差万别,具体到哪一个乡村情况又是特殊的。在通常情况下,在乡村的常住人口就是用法的主体人口。但是由于各种原因,几千年的封建文化传统不良影响、人情社会关系的侵袭、乡村的居住状况、教育与文化层次以及乡民个人是原子化的存在,他们自觉主动用法的状况不是很乐观。正是在这样的背景下,多年来,单靠乡村基层政府一家单打独斗的普法宣传实践,效果总是浮在水面上,未取得普遍性、实质性成效。乡村出现各类型问题纠纷首先考虑到的仍然是找熟人、找关系,甚至通过上访、缠访等方式追求法外效果的现实状况并未从根本上得以全面扭转。近些年来,新乡贤作为乡村社会的先进分子群体,他们在乡村经济社会发展中脱颖而出,成为协助基层党委政府乡村法治实践的重要社会力量,也是乡村社会面民众解决纠纷矛盾的主要求助对象之一。

前已述及,从新乡贤的内涵、属性及特征方面全面阐述了新乡贤在乡村地区的实际存在及其现实表现。新乡贤在乡村自治、民主与法治方面有其独特的优势。新乡贤认同国家法制的基本精神,对于现代社会的市场交易规则《民法典》以及行政法、刑事法律规范的常用条款比较熟悉,特别是对于涉及乡村社会主体的相关农业法律、法规以及涉农的国家政策比较了解。他们善于将国家法律的基本规定在日常的乡村生产生活中灵活运用,对于化解乡村社会的各项矛盾纠纷有自己的基本套路与经验。新乡贤对于国家法治的把握主要体现在:(1)新乡贤是国家与地方立法的咨询员。新乡贤作为乡村地区的先进分子,乡村社会的经济、文化、法制精英,他们对经济、文化、法律知识比一般民众要了解的多,在地方立法中,可以充当地方立法的咨询员。它们能够将自己对乡村社会的问题洞见通过较好的语言表达或者书面表达的方式来与地方立法部门进行沟通协作,是地方立法过程中进行调研立法需要重点参考的意见之一。(2)新乡贤是乡村法治的宣传员。他们通过地方化语言以及乡间喜闻悦见的形式讲法治种植在乡村民众的心里,起到润物细无声的效果。(3)他们是乡村矛盾纠纷的调解员。他们乐于奉献,经常性应民众的需求运用法律知识与经验帮助乡村群众解决各种矛盾纠纷,效果显著。(4)他们是基层乡镇政府执法的助理员。基层政府在征地拆迁、土地征收以及处理其他涉农棘手性事件过程中,常常要借助于新乡贤从中做思想工作,他们能够运用法治方式、运用法律知识对矛盾纠纷进行分析利弊得失,从而有效协助基层党委政府推进地方性国家政策的顺利落实。(5)他们是乡村自治的引领员。新乡贤主体在乡村地区的组织化、法治化,可以成为乡村自治的重要力量,是村民自治的重要内容与补充。新乡贤组织既可以是现行村民委员会组织的一个辅助型组织,也可以是在乡镇党委领导下的与其并驾齐驱的相对独立型乡村社会组织,承担起乡村自治的自身职责。(6)新乡贤是国家法治与乡村法治融合的"工程员"。新乡贤在乡村地区对于乡规民约的制定与执行过程中扮演着重要角色。如何将国家刚性法治的不足进行有效克服,有赖于新乡贤在乡村法治推行中进行坚持不懈的帮扶实践,在具体矛盾问题的解决中推进乡民对国家法治的理解与认同。更重要的是在于将国家法治的基本精神和乡村法治的现实情况进行有机结合,制定出符合乡村发展特色的乡规民约、行业发展章程,从而在乡村地区督促实行,促进国家法治的乡村有效落实。

(二)新乡贤谙熟乡规民约等地方规则的属性

　　新乡贤群体作为乡村社会的特殊群体,他们长期主要居于乡村,对乡村社会的各项礼俗、文化、乡村群众的生产和生活习惯,总体上比较了解,特别是那些居于自然村的新乡贤,他们对于本自然村的历史,那是如数家珍,对乡村中张家长、李家短的各类乡村琐事可谓是了如指掌。熟人熟事是新乡贤所处的基本生活氛围与乡村环境。此外,为了更好地促进乡村发展,维护乡村秩序,现代乡村对于村里的公共秩序与善良风俗非常重视。通过考察我们发现,现代乡村大多制定了属于自己的乡规民约,如笔者所调查的梁寨各村落、耿集各村落、马庄村等地方。① 此外,全国各地很多乡村都有自己的乡规民约,但都大同小异。

江苏省贾汪区马庄村村规民约

黟县宏潭村《村规民约》

---

① 本课题组于 2021 年 10 月 29 日应贾汪区司法局邀请,共同对马庄村自治、法治、德治进行调研,对马庄村的新乡贤治理进行调研。

耿集镇乡规民约分了五部分,有点特色,分别是:美丽家园、治安安全、村风民俗、邻里互助、婚姻家庭,将乡规民约内容类型化表述。

　　在现代乡村治理过程中,新乡贤积极参与乡村社会规范的制定与执行,是一种积极的力量。有的地方新乡贤直接领衔自主制定乡规民约,协助基层党委政府与乡村民众实现乡村自治。前已述及,新乡贤由于具有较高于一般乡村民众的现代价值观与现代精神理性与各类专业方面的知识文化,是各行各业的乡村精英,他们能够更好地了解国家的法律以及相关政策。同时,由于它们的地缘、血缘、宗族以及对乡情的较为熟悉,能够较好地将国家的法治精神与原则与乡村实际相结合,制订出符合乡村民众现实需求的各类规约,这些规约对于规范乡民的行为,倡导积极的乡村生产生活方式,促进乡村社会关系和谐、乡村环境生态的保护等乡村公益事业是极为有益的。正如上述图中所显示的乡规民约内容,如马庄村的村规民约内容中,及时将社会主义核心价值观直接在村规民约中予以规定,倡导乡民们践行社会主义核心价值观,摒弃不合时宜的落后价值观,这是值得肯定的。还规定倡导乡民们遵纪守法、和谐乡里、关心公益,践行公益,爱护环境、依法服兵役、安全生产、反对封建迷信等等,这些均是反映了乡村群众的现实需求,将国家的法治精神与乡村追求健康的群众生活有机结合,是村规民约典范。又如宏潭村《村规民约》用四字箴言表达了对乡村美好生活秩序的倡导。"热爱祖国、热爱宏潭、热爱公益、志愿服务、保护环境、珍爱自然。……树立新风、摒弃陋习、美化家园、健康生活。"这些规定朗朗上口,便于记忆背诵,便于理解,便于行动践行,体现了新时代社会主义新农村的健康风貌。新乡贤主体与村民委员会、乡村民众一道制定的乡规民约,将国家的法律精义与社会主义核心价值观蕴含于乡村规范之中,促进乡村的软法之治,对于构建乡村的良好秩序是有极佳价值的。

新乡贤们不仅谙熟乡规民约,而且对于家风、族风、地方习俗、宗教以及乡土人事关系礼俗往来等方面也是较为了解的。有些地方习俗与习惯本质上成为乡土群众遵守的"软法"规范,在某种程度上起着对乡村社会关系的调节作用。新乡贤在乡村矛盾纠纷化解过程中融合国家法治与乡村习惯习俗、村规民约,有利于国家法治的地方性转化与地方性乡土规则的辩证性国家吸收。

(三)新乡贤是嫁接国家法治与乡村规则的引渡人

《中共中央关于全面推进依法治国若干重大问题的决定》指出,法律的权威源自人民的内心拥护和真诚信仰。孟子说:"徒善不足以为政,徒法不能以自行。"[①]易言之,国家的当政者光有善心而不是去做实际的行动,是不可能实现或者达到仁政的基本目的的;国家仅仅是制定颁布法律,而不是下大力气去进行有效地推广,有效地去实施,书面上记载的法律文本与静态的条文是不可能自动去实施实现法治的目标的;这里说明国家要将书面上的法律文本转化为现实法治秩序就需要有专门宣传法律、实践法律的人,人的因素在法治生成、法治发展、法治实践中是起到首要作用、决定性作用的。关于人与法的关系,荀子更加彻底,荀子认为"有治人,无治法。羿之法非亡也,而羿不世中;禹之法犹存,而夏不世王。故法不能独立,类不能自行,得其人则存,失其人则亡。法者,治之端也;君子者,治之原也。故有君子则法虽省,足以遍矣;无君子则法虽具,失先后之施,不能应事之变,足以乱矣"[②]。前已述及,国家的法律除了有很多专有概念和不易理解的条文语句,有时刚性有余而柔性不足,有

---

① 孟轲:《离娄篇上》,《孟子》,方勇、李波译注,中华书局 2020 年版,第 128 页。
② 荀子:《君道篇》,《荀子》,方勇、李波译注,中华书局 2020 年版,第 189 页。

时在地方化实践过程中还存在诸多不适应性,这就需要一个国家法治与地方文化、习俗、传统等当地民众的规则之间的糅合、融合的过程。而新乡贤由于知识上的优势、经验上的丰富,特别是与乡民保持千丝万缕的联系,一句话,他们的特殊身份和优势,使得他们能够运用自身的感悟与地方化的语言和形式,将国家法律规定润物细无声地传达给普通百姓,有利于乡村百姓以喜闻乐见的形式得到理解与教育。新乡贤的特殊性在于其本身是平民百姓,身无官位,但是其品质与见识、经验、阅历等又高于一般民众,这种优势使得他们能够在乡村法律治理实践中将国家法治很好地在基层民众中予以践行,而且普通乡村百姓乐于求教于他们,这就促进了国家法治在乡村地区的实施效果。乡村社会涉及的婚姻、家庭、养老、继承、邻里关系的调整,土地资源、空间资源、矿产资源、生态资源、环境资源等各种乡土资源的产权调整与资源分配,都需要通过依法进行规制,这需要基层党委与政府在政策与法律上进行有效指导,需要乡村中熟悉国家政策与法律法规知识的贤达人士的协助帮扶,需要通过乡村中的内部规约进行有效约束,新乡贤在此过程中可以发挥其中介人角色、引渡人角色。徒法不足以自行,这是法治昌盛实施持续的基本规律,良法善治必须借助于出色的政法队伍,新乡贤正是来自乡间的民间政法队伍,他们能够与乡村其他基层自治组织协调配合,在基层乡镇的党委政府领导之下积极推动法治的乡村落实。所以,从乡村法治的长远发展计,单靠基层乡镇的司法所几个公职人员搞乡村普法、乡村法治是远远不够的,必须将孕育于乡村的各类有志于乡村和谐与发展的贤达人士组织起来,构建起以新乡贤为主体的乡村民众普遍参与的法治乡村共同体,这样更利于国家法治在社会主义新农村的生根发芽,茁壮成长。

三、新乡贤法律治理促进了乡村法治秩序与社会的稳定和谐

民主与法治是现代社会统治与自我治理方式的最伟大的发明,其中法治是现代民主政治最稳定最可靠的形式。法治是制度化治理中最具优越性的治理模式,其通过具有特定逻辑结构的规则实现对人们行为的规范。这种规则之治是被人类近现代社会所证实的并被普遍接受的政治与社会治理模式。在我国推进国家治理体系和治理能力现代化进程中,法治也被官方与民间一致

认为是国家治理与社会治理的最佳方式。法治在国家治理与社会治理的各个
领域得到了全面的重视,乡村社会治理中法治也得到了初步的落实。新乡贤
作为乡村法治建设的重要参与者扮演着重要角色,他们德高望重,深得村民认
同,在乡村法治的运作过程中起到了重要作用,为乡村社会法治秩序的维持与
乡村社会和谐稳定作出了重要贡献。下图为本人 2018 年 11 月 13 日在贾汪
区才沃村调研时所拍摄,其中才沃村新乡贤工作平台与机制建设良好。其专

才沃村新乡贤工作室章程

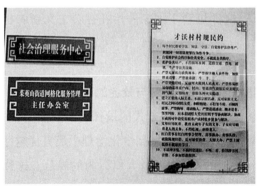

才沃村村规民约等

门制定了《新乡贤章程》将新乡贤定位为:矛盾纠纷调解员、社情民意监督员、法律法规宣传员、平安建设网格员等四大员角色,同时对新乡贤的职责进行了比较详细的规定。特别是才沃村的《村规民约》,该规约通篇以乡村法治为主导,对于乡村矛盾纠纷的处理主要寻求党员联系户或者新乡贤出面解决,很有特色,为才沃村社会治理作出了积极贡献,多年治安表现出色,无刑事案件发生。

四、新乡贤法律治理实践促进了农村地区法治生成与民间法律文化传承

新乡贤的法律治理实践在乡村地区是一种有益的探索。笔者在相关章节已经阐明了一个基本观点,那就是乡村治理的实践如何要取得持续性的较优效果,一定是各方面综合要素的有机组合及其最大限度的发挥作用。乡村人、财、物、资源、环境的要素加上制度的要素,如果能够得以很好地发挥作用,乡村社会将得以持续健康发展。因而,乡村社会的经济社会发展除了要在宏观方面找准方向,有一个基本的顶层设计框架,还需要在具体制度上、组织体制上、具体乡村发展内容上是否契合人民群众的现实需求上下足功夫。农村地区法治文化的一个重要的特点是法治与德治、法律与道德相辅相成,没有截然的界限,德法相融比较明显,有时甚至不予区分,都直接起着调节行为的作用。《村规民约》里面的规定内容看上去有诸多道德倡导,实际上也是国家法治的重要内容与补充,乡村的法治建设很多是与文化建设、道德建设融为一体的。如他的家庭、家族、家风、子女教育就涉及婚姻关系、赡养关系、继承关系等各类现代法律关系事项的范畴,相邻关系既涉及乡村公德也涉及乡邻法律关系,乡村的公共基础设施的爱护管理涉及社会公德公益心也涉及法律上的保护等问题。乡村普通群众的法治观念是蕴藏在传统的法律文化的潜移默化之中,杀人者死、父母之仇不共戴天、尊老爱幼、扶危济困、邻里守望相助等等朴素的法治文化道德观念在乡村地区尤为盛行。乡村地区法治建设的主要任务是进一步通过各种形式与途径将传统的优秀法治文化得以传承,与此同时,倡导社会主义新时代的核心价值观指导下的新法治文化理念与法治价值,润物细无声地引领乡村民众与时俱进从不自觉到自觉地践行社会主义法治文化与法治价值。通过实践调研发现,梁寨镇各村落、马庄村、耿集镇等乡村以及全国各地乡村地区做得各有特色,乡村法治建设与民间法治文化正得以蓬勃发展。

在实践中,我们调查发现,新乡贤对于乡村法治建设与民间法律文化的传承与发展所起的作用确实效用明显。由于这些新乡贤大多相当于乡村志愿者,他们不分年龄,大多有一个热爱公益的心,有的是退休还乡者、有的是乡村当地热心人、有的是乡村文化爱好者等等。他们不拿政府与百姓一分钱,自愿为乡村各类建设发展服务,为的是在服务中发挥余热或者是在服务中体现个体价值与社会价值。在乡村法治生成与传承创新中,他们走向宣传法治前列、践行法治前列、以各种乡村群众易于接受的文化形式与方式将法治播散于乡村土壤,逐渐构建起乡村法治的壮阔图景。

江苏徐州市贾汪区的马庄村多年来定期开展平安法治文化会演、法治宣讲、法治公益、法治文化艺术节、反邪教法治宣传、禁毒法治宣传、扫黄打非法治宣传等法治文化活动、普法活动、法治进家户活动等等各类法治公益活动,效果显著。本村多年来实现零治安案件、零刑事犯罪。

　　马庄农民乐团长期主持乡村优秀文化宣传与演出、乡村法治文化建设活动，获得中宣部等中央和国家相关部门的荣誉奖励。马庄村的村规民约体现新时代社会主义核心价值观，其《红白理事会章程》淳朴民风，不铺张浪费的节俭风尚。

第六章　新乡贤参与农村治理的法治化组织体制与运作机制构建

第一节　构建新乡贤法治化组织体制与运作机制的必要性与条件

一、构建新乡贤法治化组织体制与运作机制的必要性

绍兴市上虞区委统战部(2016)指出,从相关地域实践层面来看,成立新乡贤参事会,主要基于以下三方面的考虑:一是乡村社会的治理任务出现新的变化,工作的内容与任务越来越多越来越重。近年来,"五水共治"、"三改一拆"、社会维稳、农房确权登记等急难险重任务越来越多,村级工作压力越来越大,村"两委"班子精力有限,在农村治理中投入相对不足。二是农村"空心化"现象越来越突出。农村人才、资金等外流,农村普遍出现青壮外出、老幼留守的窘况。破解这一难题已成为农村社会管理的重大课题。村民委员会"行政化"现象明显,承担了大量的行政事务。农村成为传统宗族力量等势力的主要集聚地,治理难度越来越大。三是新乡贤在参与乡村治理中具有独特优势。他们在忠孝仁义礼智信方面仍然固守传统,在助村兴学、扶危济困、热心公益、助人为乐等传统文化观仍影响着群众生产生活,乡村精英中大批成功人士,尤其是那些外出奋斗多年的各行各业的贤达人士与精英分子都有叶落归根、反哺家乡的强烈心理动机与深层心理愿望。与村"两委"班子相比,乡贤所处的位置相对超脱,在品行、威望、资金等方面又具有一定的优势,在参与乡村治理中能够发挥独特的作用。① 龚毓烨(2019)认为,"在实际的地方治理

---

① 参见绍兴市上虞区委统战部:《发挥统战优势,激活乡贤资源》,见 http://www.qxzh.zj.cn/art/2016/3/1/art_1228991174_41715738.html,2022 年 4 月 5 日访问。

过程中,新乡贤非村籍身份无法获得选举权和被选举权,缺乏合理的身份认定、相关法规的不完善对新乡贤参与乡村治理的新型社会治理方式负面影响更大。"①唐辉、唐云(2020)指出,要发挥新乡贤在乡村振兴中的作用必须抓好顶层设计,建立健全新乡贤治理的制度性设计。一方面,要建立健全新乡贤建设体制机制。及时出台乡贤工作的相关意见,在乡镇一级设立乡贤工作服务中心,在村一级设立乡贤工作服务站,确保相关工作专人专职。另一方面,要建立健全新乡贤激励保障制度。②从全国各地的新乡贤运作实践状况并结合学界的相关观点来看,新乡贤主体的体制与机制构建的现实必要性及其体现出的问题是真实存在的。其主要表现在:首先,乡村经济社会发展出现新情况,需要更多更好地均衡化公共服务。随着乡村经济社会发展,人们的生产生活需求出现新的变化,乡村的公共服务在新时代事项日益繁多,不再局限于传统的事项与范围。乡村治理环境、乡村经济结构状态、社会结构状态以及相应的矛盾状态、乡村经济以及乡村环境生态、乡村的空间整治、乡村教育、乡村养老、乡村医疗、乡村各类社会保障、乡村旅游、乡村电商等乡村事项都出现了一些新的特点,需要根据新时代的状态予以更好地解决,更好地应对,公共服务的需求大量增加。其次,现有的乡村组织如村民委员会、妇联、青年团、工会等乡村社会组织由于各种原因运转不灵或者乏力。村民委员会由于长期以来自治性不足,行政性有余,已经成为乡镇党委政府的下属附属性乡村末梢执行单位,承载着较多的行政性事务,对于乡村的自治性事务处于基本无暇顾及的尴尬境地。工青妇等组织在乡村地区由于各种原因,这些年来作用发挥不足,在乡村治理中的优势没有充分体现。这一切导致乡村的社会组织服务跟不上乡村社会内部自身的实际需求,有些事务、有些矛盾就大概率转移上交,造成乡镇党委政府在精力有限的状况下疲于应付各种上访事项。再次,新乡贤主体作为新型主体有参与乡村公共事务的热情与愿望。无论是本村的那些耆老还是退休返乡的老干部、老教师、老军人、老医生等各行各业的热心贤达,都想为乡村建设尽一份心,通过各种途径渠道助力乡村发展。这种情况下构建一个有利于他们发挥作用的平台机制就显得格外重要。这是乡村创建新乡贤法治化体制机制的现实背景。

此外,在新乡贤体系创制过程中,也出现了其他一些现实中的问题急需解决。如有学者提出的新乡贤非村籍身份问题如何在制度上予以解决?新乡贤的体制在基层治理中如何进行合理构建?运作机制如何?新乡贤的组织内部构成,外部关系上在制度上如何搭建,形成怎样的机制?这些问题需要根据新乡贤在各地的乡村治理实践中的现实需求进行具体的考量,一定不是千篇一律的。新乡贤法治化体制与机制的构建需要回答的主要问题:一是为什么要构建这样的体制与机制,即构建的必要性问题。二是构建新乡贤法治化体制与机制的现实基本条件如何?三是如何构建合理的、法治化的新乡贤体制机制,以使之长时间地制度化地服务于乡村治理与社会经济社会发展。

(一)构建新乡贤法治化组织体制与机制是推进农村基层民主法治建设的组织保障

《中共中央关于构建社会主义和谐社会若干重大问题的决定》提出,社会公平正义是社会和谐的基本条件,制度是社会公平正义的根本保证。必须加紧建设对保障社会公平正义具有重大作用的制度,保障人民在政治、经济、文化、社会等方面的权利和利益,引导公民依法行使权利、履行义务。① 在社会主义新时代,不断完善人民的民主权利保障制度,丰富与发展人们的各项具体权利并加以严格保护,是进一步巩固和发展人民当家作主的政治地位的基本要求与必然途径。中国的民主政治与法治建设必须走坚持党的领导、人民当家作主和依法治国的有机统一的基本道路,在政治制度与政治实践的各个层面,只有依法实行民主选举与决策、民主参与与表达、民主与监督,积极稳妥地推进政治与社会体制的不断改革与发展,健全与丰富民主形式与制度体系,实现社会主义民主政治的法治化、制度化、规范化、程序化,最终才能够从根本上全面有效地保障人民的各项具体权益,将人民的民主权利落到实处。在广大

---

① 参见《中共中央关于构建社会主义和谐社会若干重大问题的决定》,《人民日报》2006 年 10 月 19 日。

农村地区,要实现人民当家作主,其基本任务就是要通过一定的制度形式实现广大乡村农民当家作主。《中华人民共和国村民委员会组织法》(以下简称《村委会组织法》)是新中国探索农村地区村民自治的有益尝试,其在几十年的乡村治理实践中取得了一定的成效。《村委会组织法》对于推进中国的乡村治理实践与促进乡村民主法治发展起到了重要作用,直至目前这一制度依然是推进基层民主的基本制度,并处于不断的完善发展之中。与此同时,新乡贤治理实践在全国多处农村地区具有深厚的历史渊源、社会基础、人文传承并全面铺开,新乡贤在社会主义新时代的乡村治理实践中取得了不错的成就,对于促进乡村的经济发展、社会稳定、文化传承、民主法治等方面起到了重要作用。正是在此意义上,推进新乡贤治理的制度化,构建新乡贤治理的法治化体制以及与之相适应的运行机制很显然是实现其在乡村社会治理常态化的必然选择。新乡贤治理必须从个别化、个案化、零散化走向普遍化、制度化、规范化,这就需要走组织化路线。易言之,在广大已经具有新乡贤治理历史传统与现实基础的乡村地区,我们需要在法律上、政策上引导新乡贤走向组织化发展道路,只有走组织化发展路径,构建各具特色因地制宜的新乡贤法治体制与运作机制,才能使得新乡贤的社会治理产生制度化实践的积极效果,否则,没有稳定的法治组织体制与机制保障,新乡贤治理也只能表现为自发性、零散性、随意性,其治理效果也会大打折扣。正因如此,我们可以认为,新乡贤法治体制与机制是推进农村基层民主法治建设的组织保障,是实现乡村社会治理、实现乡村社会稳定的一项重要的基础条件。新乡贤法治体制机制的创建是对新时代村委会组织以及其他乡村社会组织能力不足的一种重要补充,适应了乡村的现实需求与实际状况。

(二)构建新乡贤法治化组织体制与机制是实现农村竞争性政治民主的有益尝试

农村的民主法治发展是整个中国民主法治发展的基础环节,没有农村的民主法治发展就没有整个中国的民主法治发展,没有农村的民主法治现代化就没有整个中国的民主法治现代化。农村地区民主形式不该只有一种模式,目前《村委会组织法》在各个地方成效不一,原因是多方面的,其中一个重要方面就是制度本身的适应性还处于摸索与发展阶段,另外就是实践中的诸多不适应性及条件问题依然没有解决。① 我们没有理由在农村只固守一种民主方式或形式上单一的思维模式、治理模式与发展形式,而应该在农村推行民主形式上的百花齐放。只要是有利于农村社会生产力的全面解放与发展,有利于党和国家在基层的政策与法律能够得到更好地执行,更好地有利于基层民主与村民自治的有效实现,有利于社会主义农村的民主法治发展,有利于社会主义农村的社会和谐与稳定的民主形式或模式,应该全面支持与放开搞活。我国在城市民主法治发展的过程中可以有各种协会自治、社会团体自治、商会自治等各种社会组织自治,在农村也完全可以不限于《村委会组织法》所限定的村民自治形式,应该让各种有利于基层治理与乡村民主政治法治发展的民主模式竞相发展,百花齐放、不拘一格。在乡村和基层治理过程中引入并发展竞争性乡村政治、乡村民主、乡村法治是民主发展的现代潮流与趋势。各种乡村社会组织在中国共产党的有效领导之下,应得到全面健康发展,发挥其在基层社会治理与法治实践中的各自重要作用,最大限度地促进乡村社会的民主法治,构建起有利于乡村民主政治与社会和谐局面。正是在这个意义上,有目的的鼓励和支持乡村地区各类社会组织有序发展,是实现乡村竞争型社会民主的有益尝试,是促进乡村多样性民主法治发展活力的必然选择。新乡贤组织的法治化构建以及其运作机制的制度化运行,是乡村社会竞争性民主的有益实践。基层民主的发展以及基层自治的落实有赖于在基层唤起民众的民主参与热情与自治的热情,通过各种不同的乡村社会组织的有序有活力的运行,将乡村民众的民主实践与民主诉求在各类不同社会组织中得以有效实现。而这种民主热情与民主诉求的实现需要基层党委的有效领导与促成,通过基层党委的有效领导、引导、指导,使得类似新乡贤社会公益性组织能够在乡村地区健康发展,成为乡民实现自我治理、自我发展的新载体、新平台。

---

① 参见邓大才:《中国乡村治理——从自治到善治》,中国社会科学出版社 2019 年版,第 38 页;党国英:《村民自治是乡村民主政治的起点吗?》,《战略与管理》1999 年第 1 期;党国英:《中国乡村民主政治能走多远》,《中国国情国力》1999 年第 3 期;冯仁:《村民自治走进了死胡同》,《理论与改革》2011 年第 1 期等。

（三）构建新乡贤法治化组织体制与运行机制是适应农村差异化发展现实的必然选择

我国农村东部、中部、西部、南部、北部等各个地方生产力发展水平存在较大的差异性，各个地方的经济发展水平与经济发展层次也存在很多差异性，各个地方的历史状况与现实状况、历史文化传统、风俗传统、民族文化、宗教状况、乡村群众的心理状况、民主意识与法治认知水平等诸多方面都存在较大的差异。特别是乡村的客观现实，包括人口状况、乡村经济形态、土地状况、乡间风俗、地方人文、民众民族分布、地形地域特点状况千差万别，在这种情况下强制性推行某一种基层乡村治理模式，很显然是不客观现实的。实践证明，这些年村民委员会基层治理体制并不是在全国大部分乡村地区取得预期性成功的最佳制度模式，甚至在诸多地方徒具形式，这不得不引起我们的重视。这也从另外一个方面说明，任何一种治理模式，作为上层建筑的组成部分必须适应现有的经济基础以及与此相关的其他现实条件的框架性制约。邓大才认为，村民自治需要诸多现实条件的成就，其中包括利益相近、地域相近、文化相连、规模适度、群众自愿等方面的条件具备，否则难以形成有效的自治实践。[1] 笔者完全同意这一观点，实际上这也印证了马克思主义关于生产力与生产关系、经济基础与上层建筑的辩证关系原理。面对中国乡村东南西北中各个地方的差异化现实，很显然不能走单一的基层民主治理的道路，而应该根据各地乡村的实际情况发展多样化的、差异性的民主法治道路。允许新乡贤组织因时因地制宜地发展是一个不错的选择，目前来看，不少地方乡村治理有非常丰富的新乡贤文化资源、经济资源、社会资源、智力资源、治理资源以及相应的历史传承，我们应该抓住这个机会构建因地制宜的新乡贤法治化治理体制以及与之相适应的法治运行机制，这样才能使得新乡贤作为一种组织化的乡村社会组织能够在乡村长期稳固并对乡村民主法治建设起到正面积极的治理效应。

（四）构建新乡贤法治化组织体制与运行机制是最大限度彰显新乡贤价值与功能的可靠载体

新乡贤在中国的广大农村地区有较大的存量，他们大多散落在乡里民间，

---

[1]　参见邓大才：《中国乡村治理——从自治到善治》，中国社会科学出版社 2019 年版，第 28—57 页。

有的是在乡乡贤,有的是回乡乡贤,有的是本地的在外工作但与家乡保持千丝万缕关系的乡贤,有的是外地的融入本地对本地产生归属感情的乡贤。他们涉及各种不同的职业身份和不同的政治、经济、社会地位,但是都有共同的特征,都有较大的热心投身于乡村公共事务、公共事业,而不计较个人得失。问题在于如何最大限度发掘和发挥这些分散在民间各个角落的各类乡贤?这才是构建新乡贤法治体制与运作机制的核心价值所在,也是需要解决的问题所在。正是要通过构建一个让乡里民间各类乡贤发挥作用的平台,才能更好地将分散的各种新乡贤实现有序聚集,发挥新乡贤人力资源的最大价值与优势。易言之,通过构建新乡贤的法治化组织体制与运行机制,为新乡贤们有效有序参与乡村事务,实现乡村治理,促进乡村法治建设提供一个载体,从而最大限度发挥他们在各行各业的智力优势、资源优势,更加充分地实现新乡贤的价值与功能。在浙江,乡贤联络簿、虞商联谊会、台州市三门县章氏宗亲联谊会、广东章氏联谊会、湖州市德商会、宁波北仑农村的"乡贤驻堂"制度、德清县的乡风评议队等等新乡贤组织,在地方与乡村经济与社会发展中的各个层面发挥了重要作用,这些平台与组织为新乡贤发挥作用与体现其价值创造了重要条件。此外,浙江省相关地方通过党政部门构建乡贤工作领导小组模式,在乡村构建乡贤理事会、乡贤参事会等模式充分发挥乡贤的乡村治理作用。[1] 在地方乡村治理中,通过高标准选贤认能,从新乡贤申请人员的品德与能力、贡献实况、是否有热心与公益心以及乡村群众认可度等多个维度制定新乡贤标准,把符合基本标准的本地人与新本地人以及在外本地人等各行各业成功典范与精英贤达人士纳入新乡贤范畴。通过党建引领,建立党委统一领导、政府具体负责、统战部门牵头协调的乡贤工作领导小组,定期会商会办新乡贤工作中遇到的问题,形成工作合力。[2] 广东省各地广泛开展荐评工作,强化激励机制,对为本乡本土作出贡献的各类新乡贤典型给予褒奖,对新乡贤企业在土地、税收等方面给予政策优惠。广东云浮、增城、南粤等地农村积极发展乡贤理事

---

[1] 2001 年成立的上虞乡贤研究会,是我国最早以"乡贤"含义创设的区域性民间文化学术社团,研究会的百余个会员整理出了数百位乡贤名人的资料,出版《上虞乡贤文化》,编撰《上虞名贤名人》《上虞孝德文化》等书籍,被人们誉为上虞乡土文化的"110"。

[2] 参见颜安:《全国各地发挥新乡贤作用的好做法》,《重庆日报》2021 年 10 月 20 日。

会,发挥乡贤群体的社会作用,弘扬新时代乡贤文化,运用传统文化资源创新社会管理,产生了良好的社会效果。① 广东省乡村地区通过建立乡贤理事会、乡贤参事会等组织,为新乡贤群体提供施展才华的平台,鼓励乡贤回乡参与乡村事务、投资基础设施和公共服务项目。探索引导各类新乡贤依法参与乡村社会治理与乡村振兴事业,发挥乡贤在新农村经济文化、社会生态环境保护与建设、化解调和乡村各类社会矛盾与纠纷、在乡村地区广为发展公益慈善事业中的特殊效能。同时,在乡村诸多地区广泛开展寻找新乡贤、学习新乡贤活动,组织创作一批反映新乡贤文化的文艺作品,讲好具有地域特色的新乡贤故事。② 在山西各地也有大量的新乡贤组织,如运城市成立了新乡贤文化促进会、阳城市乡贤理事会等,通过公益启动与乡贤助推、社会联动与文化内驱,配备乡村的文化产业,并通过不同途径将媒介、文创与金融等支撑体系予以统合,实施一批推动美丽乡村建设和农村文化产业发展的公益性项目。在县市级层面,从制度架构上,为新乡贤打造干事创业的平台。这些新乡贤组织为地方的经济社会发展作出了特殊贡献。又如四川眉山等地通过单独组建、多村联建、跨村联建方式组建村级新乡贤理事会,立章程、明责任、建台账,赋予新乡贤知情权、建议权、监督权;采取选拔一批回乡担任村干部、推荐一批担任第一书记、聘请一批担任振兴顾问、发展一批成为党员等办法,依托新乡贤工作室、新乡贤工作站,引导新乡贤参与乡村治理,引领发展。③ 一句话,正是通过各地构建不同形式的新乡贤组织体系及其运行机制,才使得散落于乡土内外的各类新乡贤得以通过平台载体更好地发挥其贡献乡里的聪明才智,最大限度发挥了新乡贤的人力资源优势,更充分地体现和发挥他们的社会价值与功能。

二、构建新乡贤法治化组织体制与运作机制的基本条件

构建新乡贤的法治体制与机制很显然是需要一定的基本条件的,没有一

---

① 参见张艺:《乡贤文化与农村基层治理——以广东云浮乡贤理事会为例》,《广东行政学院学报》2015 年第 5 期。

② 参见颜安:《全国各地发挥新乡贤作用的好做法》,《重庆日报》2021 年 10 月 20 日。

③ 参见姚永亮、陈健:《四川洪雅 792 名新乡贤成为乡村振兴生力军》,见 http://www.ms.gov.cn/info/5579/1049849.htm,2021 年 5 月 10 日访问。

定基本条件的成就,就无法建立起新乡贤所需的法治体制及其运作机制。纵观现实的新乡贤实践状况以及学界的一些观点,笔者认为,构建新乡贤法治体制与运作机制需要的基本条件包括:一是现实的必要性,即构建新乡贤法治体制与运作机制的现实必要性。二是现实的可能性,即构建新乡贤法治体制与运作机制的现实可能性。三是构建新乡贤法治体制运作机制的法理基础。四是构建新乡贤法治体制与运作机制的制度依据与政策依据。五是构建新乡贤法治体制运作机制的物质条件。目前来看,这几个方面均已经基本具备,新乡贤法治体制与机制构建在理论上与实践上已经基本没有障碍。

第一,关于构建新乡贤法治化组织体制与运作机制的必要性问题。这个问题在上述笔者已经从四个方面进行了较为详细的论证,在此不再展开。需要注意的是,我们在理解乡村问题时需要从乡村的实际情况出发,搞清楚乡村一些实际背景状况。伴随改革开放及市场经济向纵深方向发展,在国家力推城镇化进程的宏观背景下,城乡二元结构的鸿沟进一步拉大,乡村社会出现了一些新问题。这些问题主要表现在:农村地区社会精英不断流失,农村空壳化现象进一步加剧;基层乡镇治理权威与治理能力日趋不足,引发各种上访及社会不稳定现象;原有的乡村治理格局村"两委"由于其自身政治法律地位的尴尬,在乡村治理现代化背景下日益疲软;等等。在乡村利益格局的不断变动过程中,旧的治理体制治理乏力与新的治理体制尚未形成的形势下,乡村治理出现更多的不确定性,乡村社会的稳定发展将何去何从?这很显然已经成为乡村治理面临的新挑战。正是在这种复杂的乡村治理背景下,在全国诸多地方出现了一种区别于传统治理群体的新乡贤治理现象,这些新乡贤逐步在乡村社会治理格局中脱引而出,有可能成为新的乡村治理明星。①

在近几十年的乡村发展中,乡村社会的利益结构出现新情况。一是利益主体结构多元化。利益结构多元化是农村阶层利益关系变化的基本特征,他们分别处于不同的利益位阶,并且存在着彼此依赖和共享的利益关系,由此而

---

① 参见张兆成:《论传统乡贤与现代新乡贤的内涵界定与社会功能》,《江苏师范大学学报》(哲学社会科学版)2016 年第 4 期。

构成了纵横交叉的多元阶层利益体系。① 这些利益群体或者说阶层主要包括:农业劳动者阶层;农民工人阶层;个体工商户阶层;私营企业主阶层;集体企业管理者阶层;农村社会管理者阶层;乡镇党政管理阶层等。② 这些利益主体之间在乡村时空背景之下相互博弈,构成乡村利益社会关系的主要主体,并在不断发展变化的动态图景中不断循环涌现淡出。二是主体之间利益差距逐步扩大。利益差距是社会中各类利益主体之间利益关系的外在表征和体现形式。乡村社会的利益差异主要表现为乡村不同主体之间经济收入差别的持续扩大。由于乡村社会各主体之间与生产资料、生活资料组合的属性与方式程度上有差异,以及所从事的职业与生产方式不同,收入分配形式体现不均衡,因此,乡村社会各阶层主体的经济利益实现状态与程度也呈现出明显的差异。③ 三是利益对立矛盾冲突加剧。乡村社会中各利益关系主体由于各自在生产生活中追求的利益以及实现利益的方式途径上的差异,在不同利益主体之间不断发生利益的交换、摩擦甚至冲突与对抗,实际上构成了一种相互联系、相互对立冲突而又相互制约的动态社会利益关系结构。利益冲突是社会中不同的利益主体基于相互之间利益上的差别和矛盾而产生的与此紧密联系的利益纷争或利益争夺。④ 随着利益差别的扩大,利益对立也渐趋明显,在这过程中不同利益主体之间利益矛盾日渐突出。

　　正是在乡村基层社会治理新的时代变革背景下,在乡村传统矛盾与新矛盾交织的新时期,一个具有中国传统内在生命力的新型社会组织体逐步生成。以新乡贤为典型的现代乡村治理之士应运而生,承担起新时代农村社会治理力量不足的新任务。易言之,在传统治理格局走向疲软,摇摇欲坠,走向风雨飘摇之际,新乡贤的出场并很快扮演后乡村自治时代背景下的能动角色,为乡村自治实践带来了新的希望。同时,新乡贤的出场以及新乡贤治理格局的初步形成也逐步为乡村治理理论创新提供和创造了新的学术增长点。

---

① 参见宋卫琴:《农村主体多元化利益冲突的法律调控》,《法治时空》2010 年第 7 期。
② 参见吴惠芳、朱启臻等:《论农村阶层利益结构与农村社会稳定关系》,《中国农业大学学报》(社会科学版)1999 年第 3 期。
③ 参见胡同恭:《现时期农村利益关系及其调节研究》,《现代经济探讨》2007 年第 1 期。
④ 参见赵震江:《法律社会学》,北京大学出版社 1998 年版,第 250 页。

第二,关于构建新乡贤法治化组织体制与运作机制的现实可能性问题。2000年以后,国内诸多乡村地区兴起了乡贤文化,这首先让我们想到了浙江省上虞地区,广东省云浮地区等地乡村是乡村乡贤文化的首创者,在全国范围内率乡贤文化保护、传承、宣传、研究之先锋。在此基础之上各个地方乡村出现了新乡贤的治理实践,这些新乡贤主体有的直接参与乡村治理,有的间接参与乡村治理。新乡贤们的积极作为,在乡村的经济、政治、社会、文化、生态文明建设、精神文明建设等各个方面产生了广泛而积极的效用,引起了国家层面与社会层面人们的普遍重视。新乡贤治理由起初的个人行为、个体行为逐步在许多乡村地方呈现演变为组织化、集体化行为,由新乡贤的个体参与乡村治理逐步走向新乡贤的组织化运作实践,这是新乡贤治理实践的又一次较大的发展历程。在全国乡村诸多地方,都在探索适合与本地的新乡贤治理法治化路径。新乡贤组织化发展、法治化路径走向与各个地方党委政府的重视程度与相关的行动、政策措施密切结合。易言之,新乡贤的治理实践已经在各个乡村地区走向了自觉的实践探索,并形成了具有地方乡村特色的一些治理模式。新乡贤的乡村治理实践已然成为现实并在诸多地方由星星之火变成了燎原之势。

第三,关于构建新乡贤法治化组织体制与运作机制的法理基础问题。构建新乡贤法制体制与运作机制的法理基础问题需要考虑以下几个问题:一是对于治理理论的全面理解。关于治理与治理理论在本课题的相关章节已经作了较为详细的阐述。在有关治理与法治的理论基础上,法理基础上,我们需要理解的关键点是,如何在乡村实现更好的治理?单一的治理还是多元的治理?这些问题实际上不单纯是理论的问题,而且是实践的问题。从理论上来讲,传统治理是单向治理,体现出更多刚性,治理效果不佳,容易出现信息闭塞,矛盾对抗,严重的话可能导致社会崩溃,秩序混乱;而且单一治理由于无法满足社会多元的现实需求,在现代社会几乎难以为继。多元治理强调非单一中心治理,避免了单一治理的一些弊端,对于利益结构多元化的社会需求有来自多中心的回应性,使得治理更具柔性与回旋空间,在现代民主化社会中体现了民主治理的诸多优势。简言之,多元治理、多中心治理、协同治理、协商治理等现代治理理论由于体现了现代社会的民主价值关怀,有其较为深厚的民主价值基础,因而,能够成为国家治理与社会治理的选择青睐对象。在我们国家特别重视社会主义民主的今天,在乡村地区推行基层民主是我们多年来的实践,并取得了卓有成效的成就。《村委会组织法》《居委会组织法》及其实践就是基层民主实践基层自治的典范。近些年来,由于各种原因,村委会作为乡村地区的自治组织其行政性趋向过浓,承接了过多的乡镇行政事务,自治性明显不足。其他乡村社会公益性组织尚不健全,作用发挥未能充分显现。在此背景下,新乡贤主体作为新型主体成为乡村自治的重要角色之一脱颖而出,弥补了乡村治理的主体不足、动力不足及现实困境。这在法理上为多中心治理提供了某种可能,有望形成以基层党委为核心的,村委会、新乡贤组织以及其他组织协同、乡村民众广泛参与的新的乡村治理格局。由此观之,新乡贤法治体制与运作机制的构建与发展有着现代民主治理理论的充分支撑。新乡贤法治体制与运作机制的构建更是国家治理体系和治理能力现代化的理论的题中之义。乡村治理体系与治理能力现代化是整个国家治理体系和治理能力现代化的基础环节。乡村治理需要构建自己的一套治理体系,这套治理体系切合于乡村的实际需求,是多元治理协同治理理论的实践化制度形态。二是对于法治的理解。法治是治国理政的基本方略,是制度之治最可靠的手段,现代法治本身蕴含着民主价值、人权保障、平等自由等现代社会的价值观。法治意味着规则之治,制度之治,是一种排除任意性的治理模式,一种有序化的治理形式与制度体系模式。对于法治理论的科学认知是新乡贤法治体系与运作机制构建的制度理论根基。一切体现国家或社会治理实践的事实与规律最终均需要通过法制化的途径将之予以模式化、固定化、进行充分的凝练,提取出其规律性的认识,在实践的基础上形成制度化模式、法治化模式,才能形成长久治理,制度化治理,形成治理的长久效应,也就是实现法律的治理。正是在这个意义上,我们可以认为,新乡贤法治体制与运作机制的构建是实现治理法治化的基本举措,是新乡贤主体走向法律治理、规则之治、制度之治的当然选择。关于这个问题也有学界的不少精彩观点,如吴铭(2014)指出,无论从传统还是从今天来看,农村社会治理的中心问题是乡村的再组织,如果只有新乡贤而没有乡村再组织,那么新乡贤必将由于没有赖以发挥功能作用的制度平台和体制保证,从而导致乡村治理的危机。新乡贤应当从乡村自治的再组织进程中自然产生,并在主流政治的认可与协调配合下建立和成长。① 正如两宋时期的旧乡贤产生于科举时代乡村自治的进程之中,新乡贤也应以新时代的乡村再组织作为新的制度基础。概括地说就是,在乡村治理的困局之中,一方面,需要乡镇党委政府的治理能力继续充实、提升发挥应有的公共职能与作用;另一方面,需要对村民自治这一乡村治理组织的体制机制实行适当改造,或者在村民委员组织等乡村社会组织之外,尽快形成能够对乡村社会提供补充性公共服务、拓展性公共服务的平行性、竞争性、公益性乡村社会组织。使之能够为乡村治理与乡村振兴事业发展提供更多更好的服务,充分有效发挥起乡村社会公共性组织的社会化功能,拓充乡村公共服务需求不足的现实困境。很显然,新乡贤主体的崛起,是新时代社会主义新农村建设中的新事物、新模式、新思维、新举措、新机制、新路径。

第四,关于构建新乡贤法治化组织体制与运作机制的制度依据与政策依据问题。新乡贤的制度性出场并在乡村社区等各个层面充分发挥其社会治理的功用,必须实现走法治化与规范化、组织化与制度化、程序化与规则化的基本路径。由此决定,在新乡贤推进乡村治理的实践过程中,其组织化、法制化、程序化、规则化、制度化建设需要一定的法律与政策性支撑,否则,难以在名义上走顺,难以在乡村治理实践中予以充分展开。从我国社会组织法治的现实状况与发展趋势观察,我国有关社会组织法律法规体系仍然处于起步环节。很显然,这与我们推进国家治理现代化,推进社会发展和谐的战略要求仍然存在较大的差距。庆幸的是,我们国家在推进政社分开,促进社会发展方面已经有了较为明确地目标,这在党的十八大、十八届三中全会、十八届四中全会等重要会议上已经逐步成为基本共识。目前,有关社会组织法律性文件主要包括:《社会团体登记管理条例》(2016 年新修订)、《社会组织登记管理机关行政处罚程序规定》(民政部令第 44 号)、《社会组织评估管理办法》(民政部令第 39 号)、《民政部关于社会团体登记管理有关问题的通知》(民函[2007]263号)、《关于印发〈社会团体年度检查暂行办法〉的通知》(民社发[1996]10号)、《社会组织评估管理办法》(2010 年民政部部务会议通过),这几个法规

---

① 参见吴铭:《新乡贤的制度基础》,《21 世纪经济报道》2014 年 9 月 18 日。

与规章、规范性文件主要涉及社会组织的成立、运行管理以及对之出现问题进行的约束性规范,目前来看需要及时更新扩展。此外,《民办非企业单位登记暂行办法》(民政部令第18号)、《民办非企业单位年度检查办法》(民政部令第27号)、《基金会管理条例》(国务院令第400号)等相关法规与规范性文件,这几个文件主要涉及的是民办非企业的有关管理运行规范问题,目前也是较为老旧,不能有效适应新时代新情况的挑战。总的来说,这些有关社会组织的法规、规章规范性文件是社会组织发展的主要法律与制度政策性支撑。新乡贤主体作为在广大乡村地区出现的新的治理模式与实践形式,作为新时代乡村治理的乡村社会力量和新兴事物,其要得到建立健全并长期发生效用,必须通过现实充分的法律制度予以支撑,并由相关的政策性措施予以配套实施。只有通过法治化、规范化、制度化运作才能使得新乡贤主体的主体地位与行为方式更为规范与持久地产生社会治理的最有效果。从目前全国各地的普遍做法经验来看,在新乡贤治理实践做得比较好的成熟的地方,基本上实现了对不同级别与类型的新乡贤组织进行了社会团体法人登记,明确了相关的法律地位。此外,在国家层面上从2014年的中央一号文件至2018年的中央一号文件,对于创新新乡贤文化、实现新乡贤治理一直给予肯定与积极支持态度。2021年《乡村振兴促进法》在法律上为乡村人才振兴提供了支持。在涉及新乡贤主体的体制建设与机制设置等方面,各地也有相应的政策措施,这些政策措施为新乡贤法制体制与运作机制的构建提供了具体的行动指南。如2012年广东省云浮市印发的《关于培育和发展自然村乡贤理事会建设的指导意见》及2021年江西省吉安市永丰县三坊乡《关于印发加强新乡贤工作同心共促乡村振兴实施方案》便是最好的例证。

广东省云浮市以及江西省吉安市永丰县相关乡镇涉及新乡贤法治体制与运作机制的地方性政策措施,这些政策措施对新乡贤法治体制与运作机制构建的指导思想、组织原则、组织架构、法律地位、新乡贤的业务章程、新乡贤的职责义务、工作内容、工作机制、经费筹集与保障、监督保障等方面做了各自具有特色的相关规定,为当地新乡贤平台的搭建、新乡贤组织的法治化体制的创制、相关工作机制的构建创造了政策性条件与保障措施。类似这种情况,在全

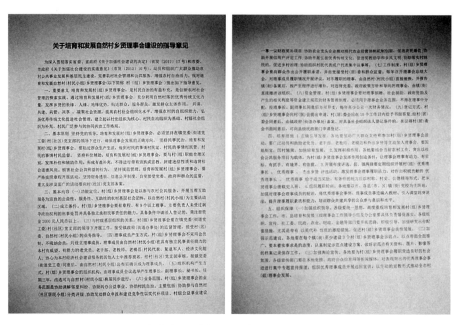

广东省云浮市 2012 年 10 月印发
《关于培育和发展自然村乡贤理事会建设的指导意见》

国的各地乡村地区在不同程度上受到了重视,并有了相应的政策支持。简言之,新乡贤法治体制与机制构建的基本法律制度依据与政策依据,从中央到地方基本上没有太大的障碍,具备了创制的基本制度与政策条件。

第五,关于构建新乡贤法治化组织体制与运作机制的物质技术条件问题。新乡贤法治体制与机制构建很显然是需要一定的物质技术条件保障的。这些物质技术条件包括不同层面的办公场所、组织办公机构设置、基本的办公用品配置、基本的办公经费筹集与保障等等。虽然新乡贤自身基本是无偿自愿地带着热心投入到乡村治理与发展中去,但是,其基本的办公条件还是需要具备的。这些物质条件的配备主要可以考虑以下途径:一是办公用房。在乡镇层面,由乡镇党委与政府解决整个乡镇的新乡贤联系点办公室,作为新乡贤日常的指导办公地点。乡镇层面可以成立新乡贤乡镇级理事会,具备条件的以法律程序在民政部门进行登记,取得社会团体法人的主体地位。在行政村层面,可以构建本乡村的新乡贤村级理事会,具备条件的可以依法经登记成为社团法人。自然村根据情况成立新乡贤自然村(组)工作站,一般不作为独立的社会团体法人进行登记。各不同层级的新乡贤组织之间是一种指导与监督关系,相互之间人事上与财务上没有隶属关系。不同层面的办公场所由乡镇党委出面直接协调本乡镇、行政村以及自然村提供相关的办公场地。二是新乡贤的办公条件可以通过乡镇政府适当补贴或者通过新乡贤自己众筹、捐赠等途径予以实现,新乡贤组织获得的一切各类物质配备只能用于办公开支,一切经费来源实行公开的会计制度,一律不得用于对新乡贤的劳务报酬开支。概言之,新乡贤的办公场所、办公条件、办公经费保障等各项物质技术条件是新乡贤法治体制与机制构建的一项基础性内容,这些基础性内容可以通过各种渠道与以满足。

第二节　全国范围内新乡贤参与农村治理的主要法治化组织模式

一、浙江省上虞区:"新乡贤文化治理火车头+共谋共建共治共享"模式

浙江省绍兴市上虞区于 2001 年率先在全国成立了第一家以新乡贤文化为主题的民间性质的社会公益性服务组织,即浙江省上虞区乡贤研究会。十几年来,以"挖掘故乡历史、抢救文化遗产、弘扬乡贤精神、服务上虞发展"为宗旨,将乡贤文化建设与推进社会主义核心价值观相融合,与乡村治理相结合,有力地助推了当地经济社会和精神文明建设。[1] 通过整合民间力量传承乡贤文化,弘扬历史文脉留住乡贤根基,搭建传播阵地渗透乡贤元素,建立交流机制凝聚乡贤情感。[2] 制定《关于培育和发展乡贤参事会的指导意见》,选择丰惠镇双溪村、盖北镇镇东村等作为试点,各地成立由 40 多人组成乡贤参事会,推进基层治理"共谋、共建、共治、共享"的工作格局,简称乡村社会治理的新乡贤"四共模式"。

第一,新乡贤的组织形式与平台建设。上虞地区有着浓厚的乡贤文化氛

---

① 参见潘立峰、余彩龙、杨琴:《发挥好新乡贤文化的积极作用——以浙江省绍兴市上虞区为例》,《中国乡村发现》2021 年第 3 期。

② 参见陆孙杰:《弘扬乡贤文化,培育社会主义核心价值观践行土壤》,绍兴文明网,见http://zjsx.wenming.cn/whsx/201506/t20150605_1768602.html,2022 年 4 月 5 日访问。

围与传统,绍兴市委以新时代的"枫桥经验"为基本标准与模式,依靠乡村广
大农民的力量,推进该地区乡村的乡村治理体系与治理能力的现代化。一是
有关新乡贤组织的性质与宗旨。绍兴市把乡贤参事会纳入全市社区社会组织
培育发展范畴,确定乡贤参事会的宗旨和业务范围是:公益性、服务性、互助
性、地域性、非营利性的基层民主协商和村民自治组织,以参与农村经济社会
建设、公共服务,提供决策咨询、民情反馈、监督评议及开展帮扶互助服务等为
主要业务范围。区级层面建立了乡贤研究会,在民政部门登记注册,目前已吸
收会员 230 余名。二是新乡贤组织成立方式。凡是具备条件申请法人登记
的,在征得乡镇政府书面同意后,按社会团体登记程序向所在区、县(市)民政
部门申请登记。对暂不符合登记条件的可以申请备案,经村党组织同意后,报
乡镇政府备案。新乡贤可以暂时以个体身份进行活动,待时机成熟时,申请法
人登记,开展新乡贤组织各项活动。三是组织成员范围确定。绍兴市在对新
乡贤充分理性认识的基础上,加强乡贤组织培育发展广度与深度。①拓展乡
贤范围。突破传统乡贤定义,丰富现代"新乡贤"概念的内涵外延。以"贤"
"德"为前提,培育发展三类乡贤,主要包括:在家乡贤,即品德、才学为乡人推
崇敬重的本土精英,如当地老党员、老干部、老教师、复退军人、道德模范等;不
在家乡贤,即因求学、致仕、经商而走入城镇的外出精英,如在外企业家、社会
工作者、经济文化能人、教育科研人员、返乡走亲机关干部等;外来乡贤,即在
农村创业建设,愿意奉献智慧力量的外来生产经营、管理人员等。②加强沟通
联络。创建绍兴乡贤信息库,组织人员开展专门的乡贤普查,全面收集和掌握
外出乡贤名单、工作单位、联系电话等信息资料,并根据村籍、行业、区域等对
乡贤进行分类管理。实行乡贤走访制度,在乡贤相对集中的地区成立乡贤联
谊会,加强经常性的沟通与定期性的联谊活动。组织镇、村两级定期举办新乡
贤恳谈会,共同商量家乡建设与发展的各项重要事务。③实行分类组建模式。
按照"成熟一个、发展一个"原则,推动条件成熟的镇、村建立乡贤组织,并探
索三种组建模式,分别为:"一村一会"模式,即每个行政村单独成立乡贤参事
会,由会员大会选举产生参事成员,参事成员会议选举产生会长、副会长、秘书
长;"会分会"模式,即以乡镇为单位成立乡镇乡贤参事会,下辖村设立分会;
"乡贤顾问"模式,即乡贤人数在 5 人以下的行政村设立村乡贤顾问。乡镇普

遍构建成立乡贤研究分会,村、社区普遍建立起了乡贤参事会以及乡贤传承基地。在乡村治理与乡村社区的具体实践过程中,提倡并乡村社区中品质与能力突出且热心公益的乡村社区人士参加新乡贤组织,经村党组织按照规定程序予以审核确认后得以参与乡村各类公益性活动。乡贤参事会的基本体制是在乡镇党委领导下以及乡镇政府、村委会及村民的普遍全方位监督基础上得以成立。在此过程中需举产生新乡贤理事会的相关成员以及主要的骨干主持人员、日常的运作机构与负责人员。在运作的具体规则与规范上,建立新乡人员的履职承诺制度规则以及新乡贤组织运行的财务管理制度规则、新乡贤组织运营过程中的涉及乡村治理事务的信息公开制度与规则以及新乡贤做大决策、公共服务中的评议监督制度规则等等。在新乡贤开展工作过程中,针对工作的需要对之进行常规性的各类技能性培训、实地考察调查问题研究问题能力培训、专题研究能力引导、法治与道德文化培训。一句话,通过各种途径与形式对新乡贤的工作能力与素养进行持续性的关注、提振,并通过各种交流机制在村委会、乡镇党政机关等组织中进行建设性的交流。

第二,新乡贤的主体的制度建设。2015 年绍兴市政法委专门发布《关于培育和发展乡贤参事会的指导意见》(绍市政法[2015]4 号)针对性进行培育乡贤参事会。健全乡贤参事会工作机制,严格按照章程开展活动,完善内部治理结构,坚持财务透明、信息公开,自觉接受党委、政府和群众监督。重大及涉及面广的活动报乡镇备案。促进乡贤组织规范发展:一是规范管理。明确乡贤参事会是公益性、服务性、互助性、地域性、非营利性的基层民主协商和村民自治组织。规定乡贤参事会在乡镇党委、村党组织的领导下开展工作,接受乡镇政府的监督管理和村民委员会的业务指导。二是明确职责。确立乡贤参事会参与农村公益事业、化解邻里纠纷、传播先进文化、促进村民自治等 4 大主要职责,以及组织慈善公益活动,开展扶贫济困活动、积极引智引才引资,助推农村经济社会发展等 7 方面具体职责。三是注重引导。组织开展优秀理事长、优秀理事、模范乡贤、杰出乡贤等评选活动,探索以本乡村主题曲目、乡村历史传统、乡村先进人士功德榜、乡贤祠等形式记录乡贤事迹。在乡村治理中的探索试点公益事业实名制,最大限度激发本村乡贤的奉献热情与爱心激情。推行优秀新乡贤任乡镇长顾问以及定期进行与村干部乡干部进行常态化交流创新机制,通过多样化路径为新乡贤创造各种实现一展才华的机会与平台,为他们实现自身价值创造相对理想氛围与条件。目前,全市共有1209名外出乡贤回乡担任村干部,其中25人担任村党组织书记或村委会主任。

第三,新乡贤组织的物质保障措施。绍兴市基层党委政府对乡贤参事会的支持力度较大,区、镇两级财政落实必要的保障经费;探索建立了荣誉激励机制。新乡贤组织通过广泛募集,设立了新乡贤公益基金,积极推动上虞文化教育事业、文明卫生事业、养老互助事业、乡村大病救助事业及五水共治等乡村各个领域的突出问题治理。

第四,新乡贤主体的主要工作内容及功能效用。一是发扬光大传统乡贤文化、促进乡村文明延续,弘扬新时期社会主义核心价值观。上虞新乡贤组织以挖掘传统乡贤文化为主要内容,以本地的新乡贤人文道德力量宣传发扬为核心,全面树立上虞地区的乡贤文化形象与品牌。通过乡情乡贤等文化纽带,实现对在外虞籍乡贤的广泛联系,通过海内外乡贤的人力财力智力实现为家乡发展添砖加瓦。借助乡贤事迹、乡贤故事、乡贤文化遗产、弘扬乡贤的价值与精神追求。通过对上虞地区历代传统乡贤、现代乡贤事迹及其嘉言懿行的提炼,结合当代新乡贤人物的家乡奉献事迹,在城市乡村的各个角落做好乡贤文化宣传。如在路重点路道与城市广场、纪念场所和各类主题文化公园或者各类景区等地,以弘扬乡贤、歌颂先贤、宣传乡贤为主题,开展形式多样的宣传文化教育活动,以耳濡目染的方式实现了便利了群众对乡贤文化的感悟。在山河水道、自然景观、文化景观、主题公园、文化广场、重点湖景以及城市建筑中以景观灯、路牌、楹联、雕塑、碑刻多重形式镶入乡贤文化元素,实现乡村社区民众以及市民对乡贤文化、乡贤精神的缅怀与继承创新。与此同时,还通过用乡贤名字对市内与乡村社区的重点亭台楼阁、道路桥梁进行命名,建立上虞名贤名人展厅及相关配套设施充分展示商誉乡贤的风采,至今已展示720余位上虞名贤风采。自2011年起,全区主题教育活动均把宣传乡贤事迹、传承乡贤精神作为重要内容。如"虞舜论坛""市民讲坛"和"虞舜电视讲堂"中定期举办乡贤主题讲座,大力发扬"虞舜精神""东山精神""曹娥精神"等乡贤精神。在文化礼堂中开展"乡贤精神进礼堂乡贤爱乡作贡献"主题教育活动，开辟乡贤长廊、设立乡贤榜和善行义举榜，邀请乡贤作事迹报告，推出以乡贤为主题的文艺展演。① 通过设立"新乡贤培育青蓝工程"，从而保证上虞人才资源的各方面有效交流，深度加强了乡贤们的认同感、集体感、归属感、荣誉感，乡贤精神、乡贤事迹、乡贤记忆、乡贤文化在虞籍学子中间得到了有效培植。"探讨'慈善孝贤'文化的传承和新生代乡贤的培育，培育'青蓝工程'依托丰厚的上虞乡贤文化资源，以老带新、以贤传贤，让乡贤文化深植于年轻一代心中，推动上虞乡贤文化发展，激发爱国爱乡的热情。"②二是反哺乡村经济，促进富裕乡村建设与振兴发展。广大在外乡贤虞商通过牵线招商引资，在参与家乡建设中发挥了重大作用，自2013年以来共引进各类回归项目145项，到位资金近117亿元，乡贤经济位居全省靠前。在杰出乡贤的带领下，虞籍乡贤纷纷出资回报家乡。涉及各种奖学金、助学金。如浙江舜杰集团分别出资300万元和100万元，设立"舜杰奖教奖学基金"和"舜杰励志助学基金"，奖励优秀教师和贫困学子。"截至2018年6月，全市已登记注册社会组织3678个，备案城乡社会组织10432个。其中，已建立村级乡贤参事会1832个，占行政村总数的84.9%，发展会员20918名；累计募集各类资金23447.7万元，发放困难户慰问金4809万元，提供决策咨询6222条，收集村情民意15913条，化解矛盾纠纷5555起。"③三是积极参与乡土治理、促进乡村社会和谐。上虞乡村治理推进自治法治德治三治合一，以德治为基础，法治作保障，实现村民自治的目的。结合农村工作重点，以推进乡村治理现代化为载体，以协同共治为抓手，为乡贤参事会发挥作用创造条件，不断激发其履职积极性、主动性。①参与农村公益事业。倡导经济条件比较宽裕的乡贤对乡村经济条件较差确有困难的群众进行帮扶，倡导对家乡的文教事业、公共基础设施的修缮、道路桥梁的整治、公共生态环境的改善等乡村公益事业进行投资或者捐

---

① 参见潘立峰、余彩龙、杨琴：《发挥好新乡贤文化的积极作用——以浙江省绍兴市上虞区为例》，《中国乡村发现》2021年第3期。
② 袁伟江：《浙江上虞推动乡贤文化发展》，《人民日报》2019年11月25日。
③ 绍兴市民政局：《绍兴创新发展"枫桥经验"积极培育乡贤参事会提升农村治理水平》，见http://www.ailab.cn/html/491578.html，2022年4月5日访问。

助。如上虞区共成立乡贤出资的公益基金 50 余个,基金本金总额达近 5 亿元;袍江开发区孙端镇吴融村新乡贤参事会通过每年定期开展对贫困学生的捐资助学活动,弘扬新乡贤对于家乡后辈的热心于爱心。②坚持和谐乡里,通过常态化机制调处化解邻里矛盾纠纷。探索建立乡贤调解室、乡贤接待室、乡贤法律援助室,试点设立乡贤帮扶组、"乡贤老娘舅",利用乡贤声望,发挥亲缘、人缘、地缘优势,协助化解矛盾纠纷,促进农村和谐稳定。如诸暨市店口镇 20 余个由乡贤组成的民间调解组织近三年参与矛盾纠纷调处 1000 余起,调处成功率达 97%。其他乡镇区如柯桥区马鞍镇组织乡贤参与信访接待,在镇信访接待中心专门设立新乡贤工作站、新乡贤接待室、新乡贤工作室等机构。③促进乡风民风好转。推动乡贤组织积极投身"美丽乡村""平安绍兴"建设等中心工作,全方位的发动新乡贤带头清理各种违法违规的乡镇建筑或者建筑构配件,创建文明之星家庭、五好家庭、庭院街道整洁示范区、门前三清典型户等。在乡镇社区尝试成立由新乡贤乡村社区文明指导组,常态化开展乡风文明、生态环境保护、家门口卫生环境整治等的指导督查工作,发挥新乡贤的引领示范作用,体现了乡村社区新乡贤组织的自我管理、自我教育等各方面功能的完善发挥。

二、广东省云浮市:"组为基础,三级联动模式"

广东云浮在全国范围内首创了"组为基础,三级联动模式"。2014 年,广东省云浮市委市政府出台了《关于培育和发展自然村乡贤理事会建设的指导意见》,在乡镇、行政村、村民小组,构建三级理事会基本治理结构体系,积极吸纳散居在乡村的老党员、复退老军人、老干部、老教师以及乡内外云浮籍的各类经济技术文化能人,以及其他贡献乡村的各类贤达人士。由此构成新乡贤主体成员。"在乡村经济治理上,为带动农村整体发展,实现农业规模化经营,流转农村土地、整合农村人力资源,新乡贤理事会参与协调公司和农户间的利益关系,促进了农村农业发展与地方生态环境保护。"①

---

① 崔佳慧、王生章:《困境与出路:乡村振兴视阈下乡村治理模式新探索——基于地方新乡贤治理经验》,《厦门特区党校学报》2018 年第 4 期。

在乡村治理的具体实践中,乡贤理事会直接在乡镇党委领导与村委会、村民的监督之下得以成立,选举产生新乡贤组织结构体系。构建了新乡贤的履职制度、会议制度、财务管理制度、培训制度、新乡贤的文化传承制度、荣誉激励制度等各项涉及新乡贤治理的相关制度,为推进新乡贤乡村治理提供了制度化条件。主要的法治框架体系与运作机制、制度包括:

(1)政策文件依据。"广东省云浮市在省委省政府《关于加强社会建设的决定》(省发〔2012〕17 号)和市委市政府《关于加强社会建设的实施意见》(市发〔2012〕10 号)的基础上"[1],动员和组织广大群众推动农村公共事业发展和基层民主建设,完善农村社会治理和公共服务,增强农村自治活力。

(2)基本定位与宗旨。在云浮市培育和发展村(组)乡贤理事会,乡贤理事会组织是村民自治的有益补充,是创新农村社会管理的探索实践。通过培育和发展村、组乡贤理事会,充分利用自然村落的优秀传统文化力量,发挥乡贤的亲缘、人缘、地缘优势,贴近群众,服务群众,激发群众主体作用,通过共谋、共建、共管、共享,凝聚社会资源,提高农村社会组织化水平,增强农村的自组织能力,弘扬优秀传统文化促进社会管理,建立起以村党组织为核心、村民自治组织为基础、村级社会组织为补充、村民广泛参与的协同共治的乡村治理体系。

(3)构建新乡贤法治体制机制的基本原则。一是坚持党的领导原则。培育和发展行政村、自然村乡贤理事会,必须坚持在镇党委(街道党工委)村(社区)党支部的领导下进行,确保理事会发展的政治方向。二是坚持民事民治原则。培育和发展村、组乡贤理事会,要贴近群众生产生活,做到村民的事情村民定、村民的事情村民管、村民的事情村民监督。三是坚持补位辅助原则。培育和发展村(组)乡贤理事会,要与村(组)职能合理区别,发挥补位和辅助作用,形成有益补充,不得进行带有宗族或宗教、封建迷信性质和违背社会道德风尚、损害社会公共利益的行为。四是坚持规范管理原则。培育和发展村(组)乡贤理事会,要严格按照章程开展活动,坚持财务透明、信息公开制度,

---

① 张露露、任中平:《乡贤理事会对我国农村治理能力现代化的推进——以广东省云浮市为例》,《南阳师范学院学报》2015 年第 8 期。

自觉接受党委、政府和群众的监督,重大及涉及面广的活动要向村(社区)党支部备案。

(4)法治化治理的主要内容与制度体系。一是新乡贤组织的功能定位。村(组)乡贤理事会是以参与农村公共服务,开展互帮互助服务为宗旨的公益性、服务性、互助性的农村基层社会团体,以自然村(村民小组)为主要活动区域。二是新乡贤组织的成立条件。包括一部村组乡贤理事会章程、有九个以上理事、新乡贤人员中无被剥夺政治权利记录,未受到过刑事处罚,具备独立承担民事责任的能力,具备条件申请法人登记的,需注册资金2000元人民币以上。三是新乡贤组织与村级基层组织的关系。行政村、村民小组乡贤理事会要在镇党委或者街道党工委或者村、社区党支部的领导下开展工作,接受镇政府或者街道办事处的监督管理,接受村、街道居委、自然村或者村民小组的业务指导。四是新乡贤理事成员产生方式与条件。行政村、村民小组设立乡贤理事会理事成员,不专门设立理事会机构。理事成员由自然村或者村民小组进行推荐提名,这些乡贤人员的在法律上的基础条件是具有独立民事责任能力,限制民事行为能力以及无民事行为能力者不予推荐。在道德上的条件是,这些人员在本村有威望、有能力,在乡民中得到较高度的认可,有一定的社会声望。在人员范围上主要包括:老党员、老干部、老教师、老模范、村民代表、复退军人、经济文化能人以及热心为本村经济社会建设服务的其他人士。这些人员经行政村或者街道社区党支部予以审核确认,然后报乡镇镇党委或者街道党工委核实同意后,由自然村或者村民小组在自然村或者村民小组村民范围内予以公布后确认,村民们普遍无异议后始能成为乡镇级别的新乡贤理事会的正式理事成员。五是新乡贤组织机构产生方式。行政村、村民小组的新乡贤理事会的组织机构,由理事成员会议选举相应的组成人员,包括理事与秘书等,其任期通常情况下是三年,改选时间可以自然村或者村民小组换届同步开展。六是新乡贤组织的主要业务范围。村组理事会主要业务范围主要包括兴办公益事业以及协助化解乡邻纠纷、拓展补充村民自治。具体内容包括:"一是协助参与自然村或者社区居民小组分类评级;二是协助发动群众申报和建设竞争性以奖代补项目、村级公益事业建设、一事一议财政奖补项目;三是协助农业龙头企业推动现代农业经营体制机制创新,促进……以及协助组织村民代表或户代表集中议事等。"①七是新乡贤组织的主要工作制度。履职承诺与监督制度。行政村、村民小组乡贤理事会实行向本村或者村民小组范围内村民的履行新乡贤职责的书面工作承诺,签名按手印,与此同时,随时接受村委会、居委会或者社区和乡村民众的质询;创制年度评议监督检查制度。每年定期召开理事会总结大会、述职大会并开展工作上的批评与自我批评工作会议,有乡村群众对理事成员履职情况以及在岗期间的各项治理活动进行口头与书面多种形式的现场评议;新乡贤理事撤换制度。对不履职的理事,由自然村或者村民小组直接予以撤换,并报告乡镇或者街道党支部核实备案后,按产生程序进行增补;新乡贤理事会的撤销制度。对那些在工作过程中违背党的路线方针政策的新乡贤组织,由乡镇或者街道党支部或者支委会直接撤销。八是新乡贤组织的资金管理制度。行政处或者自然村的新乡贤组织要对来自政府、社会、理事会成员以及社会各界的捐赠资金及由此产生的资金利息包括其他各类财物,建立起有效的财务管理制度与财务登记开支制度,所有的财物只能用于乡村社或者社区的公共治理事业上。具体的经费与财务开支程序需由理事长、副理事长审核同意后予以支取发配。建立起定期的新乡贤组织的财务公开制度与群众的财物监督规范制度,每月每季度每年定期进行财务审计与公开,接受社会全面监督。九是新乡贤组织的登记制度。村(组)乡贤理事会向村(居)委会提出申请,村(居)委会应在 10 个工作日内给予书面答复;经村(居)委会同意后,由镇政府(街道办事处)备案。对具备社会组织法人登记条件的,在征得村(居)委会书面同意后,可向县级民政部门申请登记。

（5）新乡贤人员的培育措施。一是正确引导发展。各地要发动广大群众支持和参加村(组)乡贤理事会活动。要广泛动员和鼓励老党员、老干部、老教师、老模范和外出乡贤等主动加入理事会。要因地制宜,因村施策,加快培育发展。二是发挥积极作用。各地要结合农村工作,突出以社会公共服务项目为载体,为村(组)乡贤理事会发挥作用创造条件,让理事会理事有动力、有目标、有抓手、有境界、有依据。三是开展年度优秀新乡贤评选。县、镇两级要

<hr>

① 陈泳诗:《协商治理在改善人居环境中的实践探析——以 X 县"三清三拆三整治"行动为例》,《安徽农业科学》2019 年第 22 期。

定期组织开展村(组)优秀理事长、优秀理事、杰出乡贤评选活动,激发理事会所有理事成员的工作激情与奉献热情。对作出积极贡献的优秀理事长、优秀理事给予适当奖励。有条件的地方应以村歌、村史、公德榜等形式,把新乡贤理事人员的公德载史入册。四是组织新乡贤人员的常态化培训提升。各地要以市、各县(市、区)镇(街)党校为主阵地,加强对理事会理事成员的轮训,将优秀理事会成员的事例、理事成员事迹编入教材、引入课堂进行现身说法实现感性化教学效果,持续性提升理事履职素质和能力,培训广大乡村地区群众和社区民众的共建共享的公众参与意识和水平。

(6)新乡贤的组织保障。一是加强新乡贤的组织化领导。"各级要统一思想,高度重视培育和发展村(组)乡贤理事会工作,市、县培育和发展三级理事会工作领导小组及办公室要具体负责督促落实。各级组织、宣传、社工委、民政、农业、财政、金融等部门要开拓思路、积极引导,加强研究出台配套措施,尤其是带有以奖代补性质的激励措施,促进行政村、村民小组乡贤理事会良性发展。"①二是加强新乡贤组织的示范建设。各地要在每个镇(街)至少建设 3 个村(组)乡贤理事会示范点,以点带面全面推广。要本着实事求是的态度,认真制定示范点建设方案,做好示范点有关资料、图片、影像等的档案记录保存工作。三是加强新乡县业绩的舆论宣传。各地要为村(组)乡贤理事会履职营造良好的社会氛围。各级宣传部门要在本地党报、政府公众信息网等新闻媒体,对表现突出的优秀理事会事迹进行集中专题宣传报道,组织优秀理事成员开展巡回宣讲,以生动的宣教形式推动全市村(组)理事会发展。

三、贵州省印江市:"1+X"模式

"为改变少数民族聚居区经济面貌和实现地方治理加快向现代化转型,印江土家族苗族自治县于 2015 年试点先行,根据《社会组织登记管理条例》原则,经民政部门备案批准,在峨岭街道上槽村成立乡贤参事会试点。"②"1"

---

① 张露露、任中平:《乡贤理事会对我国农村治理能力现代化的推进——以广东省云浮市为例》,《南阳师范学院学报》2015 年第 8 期。

② 崔佳慧、王生章:《困境与出路:乡村振兴视阈下乡村治理模式新探索——基于地方新乡贤治理经验》,《厦门特区党校学报》2018 年第 4 期。

是指村委会组织,"X"是指新乡贤组织、农村电商组织、农村专业合租社组织以及农户等。

第一,新乡贤组织基本定位。新乡贤组织作为村委会组织的补充性拓展性组织,在乡村治理中负责村"两委"的协调、辅助工作,在实践中探索出了"1+X"模式,这种模式体现为:"村'两委'+新乡贤+农村电商+农村合作社+农户"①。在实践中体现为以村支部委员会、村民委员会组织为主导,以新乡贤组织为补充性拓展性组织、辅助型组织,共同参与乡村社会治理。在乡村社会治理中基层党组织始终处于总揽全局的地位,其他包括村民委员会、新乡贤组织等乡村各类组织进行多元化的自由组合,在乡村经济社会事业中发挥协同治理的作用。印江治理"1+X"模式在乡村社会治理的内容上包括,实现传统农业经济发展、现代农业与市场化经营、网络化运作、电商化运营以及不断推广新技术等等;在道德文化发展上,既大力弘扬传统的优秀乡贤文化与价值观,同时,更加重视新时代新乡贤的品质与优秀事迹宣传,将社会主义核心价值观融入到乡村法治德治文化之中;在乡村文化治理、法治建设、德治建设中创新性发展社会主义新乡村文化;所有这些举措与制度性创新对于充分满足农民对农村经济社会发展、有序的乡村政治和社会参与、现代化的法治平安乡村建设、和谐稳定团结的乡村秩序、优秀道德文化的新时代传承以及美好的生态环境维护与发展的多重需要。

第二,新乡贤主体创建的基本制度。一是建立新乡贤信息资源库。新乡贤人员的推荐、选取工作,由村"两委"牵头广泛联系本地籍的在外各类德能全备的贤达人士,在此基础上建立新乡贤的资源信息档案库,全面筛选地方上具备条件的各路乡土优秀人士。从乡村实际出发,以行政村、自然村为基本单位,建立乡贤信息资源档案存储库,"将户籍或者原籍在本村或在当地有姻亲关系,以及那些政治上有觉悟、经济上有实力、社会上有影响,热心'三农'工作的贤达人士挖掘出来"②,通过 QQ 群、微信群、手机短信平台等信息化网络化新媒体新媒介,定期、不定期地向新乡贤们宣传家乡各行各业的发展变化情

---

① 崔佳慧、王生章:《困境与出路:乡村振兴视阈下乡村治理模式新探索——基于地方新乡贤治理经验》,《厦门特区党校学报》2018 年第 4 期。

② 刘文军:《群贤聚力　反哺家乡》,《铜仁日报》2015 年 12 月 27 日。

况,向他们定期通过微信公众号、微信朋友圈、抖音平台以及其他网络平台、各类纸质媒介予以精准寄送,实现对在外游子的信息即时传送,使得各类人员感怀家乡的治理事业进步,乡村群众的生活水平变化提升,乡村的文化文明新变化以及乡村焕发新面貌的美好状态。二是新乡贤乡镇党委领导、村"两委"、村民监督制度。乡贤会组织设会长、副会长、秘书长等基本职责岗位,乡贤会接受乡镇党委领导、村"两委"及村民监督。三是新乡贤主体的主要运行制度。主要包括制定新乡贤各类资金、财务的管理使用开支制度、新乡贤活动申报制度、新乡贤参与村务服务的各类监督制度、新乡贤的年度季度月度核评估制度、工作保障制度、奖励机制与制度、新乡贤文化建设制度、新乡贤奖励表章制度等等。

第三,新乡贤组织成立机制与主要工作内容。一是新乡贤组织的依法成立。严格依据《社会团体登记管理条例》组建新乡贤组织,参与新乡贤组织的基本原则是:要拥有积极的奉献精神;要完全出于自觉自愿,而不需要自我勉强或勉为其难,它是一个志愿性组织。二是新乡贤身份资格的获取程序。新乡贤资格的取得是采取组织推荐和个人申请两种方式,如村民小组推荐、村委会组织推荐、十人以上村民联名推荐或者毛遂自荐等形式予以实现。推荐的人选需要经过行政村党组织或者街道社区党支部会议等党组织的审核同意、乡镇党委或者街道党委予以复核的程序,审查后如没有政治问题,向所在乡村范围内进行公示,各方面无异议后正式吸纳为新乡贤会的资格会员。三是内部结构机制的形成。新乡贤全体会员通过民主选举的程序与形式产生该组织的领导机构与日常工作机构及相关工作人员,不断健全新乡贤的标准化工作机制。四是领导体制与监督机制。新乡贤组织接受乡镇或者街道人民政府或者其办事处的监督和领导,并以新乡贤参事会的名义,参与乡村社会治理和协助乡村自治组织开展工作。五是构建专业服务小组制度。乡贤会组建社情民意联络组、创业致富指导组、纠纷调解化解组、乡风文明督导组、慈善公益服务组。

应该说,"1+X"模式是适合印江乡村治理的比较好的治理模式,自从"1+X"模式创建以来,印江相关乡村经济社会发展、社会治理、乡村法治、社会矛盾、文化发展等各个方面均取得了显著成效。

四、江苏省徐州市丰县梁寨镇:"五位一体"治理模式

长期以来,梁寨镇党委政府非常重视群众工作,密切联系群众,推出了诸多群众工作的新思路新方法。如全面推行网格化管治理,组织全镇近150名机关干部包村驻片,全体村干部配对包挂,实现了对全镇20个行政村、近1.6万户居民的联系全覆盖。以"一张连心卡、一辆流动车、一个日记本、一个信息网"为载体,形成了新形势下完善乡村治理机制的工作思路。倡导白天"走""干""讲",晚上"读""写""想",积极推进"有事好商量"协商品牌,促进矛盾化解,促成村庄发展,提高群众参与度,实现从村庄"小治理"到区域"大治理"的转变,推动各项工作由相对封闭向有序开放、单边灌输向双方互动转变。在推进干部工作法过程中,为了进一步发动群众参与,扩大社会治理的广度与深度,梁寨镇党委政府推动了新乡贤制度建设与实践范式。

第一,新乡贤人员主要构成。梁寨新乡贤组织建设源于梁寨镇党委政府在乡村治理过程中的新发现、新思路、新举措,他们通过一定时间的乡镇干部挂村实践发现,这样一来吃不消,需要尽快最大限度地发动动员那些热心于乡村事务的各类乡村社会贤达共同参与乡村社会治理。于是在这样的背景下由老党员、退休干部、退伍老军人、退休老教师、乡村老医生等"大老执"牵头自发成立志愿队伍,服务乡里村民,作为政府力量的有效补充,解决了诸多乡村社会各方面力量有所不逮的棘手乡村事务。

第二,新乡贤基本框架体系。丰县梁寨镇以新乡贤为乡村社会治理事业的基本依托,"有效整合各方面的积极力量,形成了党委政府牵头、村'两委'干部有效推动、党员、干部、新乡贤协助,五位一体的基层治理体系"[1]。

第三,新乡贤基本工作制度。梁寨镇新乡贤在实践中探索出了"一卡、一记、一车、一网"的工作制度,在联系村民过程中创造出了"走村串户工作法",在乡村社会治理中得到了较为广泛的赞誉,治理效果明显提升。

第四,新乡贤选拔制度与基本建制。(1)设立新乡贤工作室。"梁寨党委于2015年公开选拔新乡贤,由各村设立乡贤工作室。同时,设立在乡镇党委

---

① 张兆成:《论新乡贤出场的法治基础、治理体系与运作过程——一种法社会学视阈下的乡村治理新路径探微》,《江苏师范大学学报》(哲学社会科学版)2021年第4期。

梁寨镇乡贤调解工作基本原则

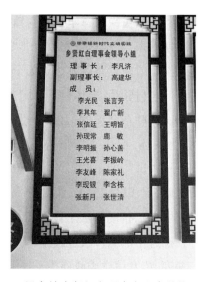

梁寨镇乡贤红白理事会人事结构

梁寨镇红白理事会章程

梁寨镇红白理事会制度

领导下的新乡贤工作指导委员会统一指导乡贤工作。"①目前,梁寨镇成立了乡贤理事会,20 个行政村都建有乡贤工作室,具体来讲,人员配备上,每个行

① 崔佳慧、王生章:《困境与出路:乡村振兴视阈下乡村治理模式新探索——基于地方新乡贤治理经验》,《厦门特区党校学报》2018 年第 4 期。

政村配有七、八名新乡贤,全镇专门从事乡贤工作共计近150人。梁寨镇新乡贤在工作服装、工作编号以及工作各项标准上进行了统一化标注化配备,以功德牌、功德碑、各项荣誉称号等形式表彰新乡贤在乡村治理中的各项具体业绩。(2)培育新乡贤文化,促进新乡贤治理。梁寨镇全力培育乡贤文化,从全镇退休老干部、老党员、老教师中推选近360名"新乡贤",充分发挥他们"人熟""事熟""村情熟"的特点,用他们德高望重的优势,促进家庭小矛盾、邻里小纠纷就地化解。(3)主要工作职责内容。乡贤们活跃在村庄治理的各个方面,乡间地头、凉亭书社、文化广场、街坊邻里乡间到处是他们活动的身影。他们通过宣传党和国家的乡村政策、有效化解调处调解乡村社会村民之间的矛盾、广泛多渠道收集民意、在乡村社会中提倡移风易俗,已经成为镇党委和政府推进乡村治理工作的重要帮手。

梁寨镇红楼村乡贤工作室

　　第五,新乡贤组织的运作机制。在组织运作及制度建设上,梁寨镇党委政府在乡镇一级设立了新乡贤工作指导委员会,并建立了新乡贤的值班制度以及新乡贤日常运作的工作经费基本保障制度等,这些制度的建立健全对于指导与推进各乡村的新乡贤治理工作提供了基础性条件。有梁寨镇党委政府出面协调,在镇设立新乡县联系点,各村委会设立新乡贤工作室或者新乡贤工作

梁寨镇新乡贤员"六大角色" | 梁寨镇"五位一体"乡村治理新格局架构图

梁寨镇新乡贤调解室工作制度 | 梁寨镇新乡贤调解室岗位职责

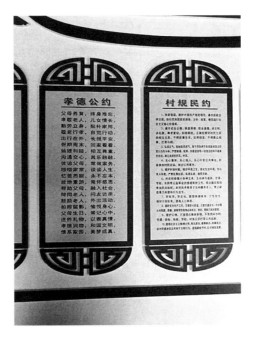

梁寨镇新乡贤参与制定的孝德公约、村规民约

站,实行坐班轮休制;此外,对于其他不愿坐班的新乡贤人员实行灵活的工作制度,他们随时游走在乡村的各个角落,收集民情民意,服务乡村公益。梁寨镇各个村落在新乡贤推选、新乡贤理事会的日常运作、到具体的每一项治理活动,都具有现代组织的法治化、规范化、公开化、民主化、便民化、制度化、程序化的基本属性。

五、江苏省徐州市贾汪区马庄村:"党建+新乡贤"模式

（一）马庄基本情况

马庄村隶属于江苏省徐州市贾汪区潘安湖街道办事处,地处徐州市东北郊二十五公里处,西临一零四国道七公里、京福高速公路三公里,东靠二零六国道五公里,南濒京杭大运河四公里、京沪高速铁路徐州站十八公里、观音机场五十公里处,地理位置优越。现有五个村民小组,村民近三千人,耕地四千一百亩,一百一十六名党员,村党委下设七个党支部,十六家核心企业。多年来,马庄村在强化基层党建的同时坚持以党建引领社建,充分尊重保障发展村

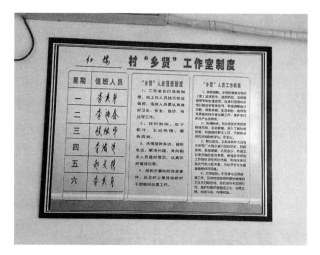

梁寨镇红楼村"乡贤"工作室制度

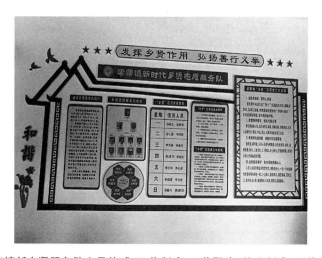

梁寨镇新乡贤服务队人员构成、工作制度、工作职责、值班制度、工作目标

民自治,不断提升基层民主自治水平。创新三治合一的科学载体,建立并完善了规范、科学、高效的村民自治机制,充分释放了乡村"微自治"活力,为马庄村发展产业经济、优化人居环境、促进乡风文明提供了有力保障。马庄村共获得国家级奖项40余项、省市级100余项,先后被表彰为"全国文明村""全国民主法治示范村""中国十佳小康村""中国民俗文化村""全国综合减灾示范社区"等荣誉称号。以基层民主自治为支撑,马庄村走出了一条党建引领、乡

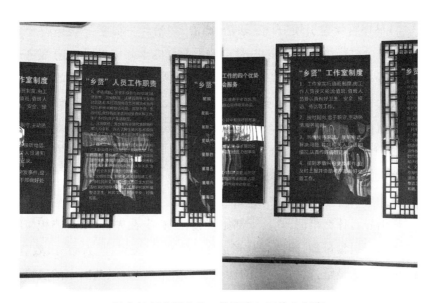

梁寨镇新乡贤人员工作职责与工作室制度

梁寨镇新乡贤人员组成与年度工作目标

风润村、旅游富民的乡村振兴新路子。2017 年 12 月 12 日,习近平总书记来到马庄村调研,对马庄村坚持发展村民自治、探索乡村振兴新路径所取得的成果给予了充分的肯定。

（二）马庄村党建引领"自治、法治、德治"三治合一制度

马庄村全村经济、政治、文化、社会建设取得的丰硕成果,归结于常年开展的六个坚持,它们分别是:坚持以党的形象影响人,坚持用先进的文化教育人,坚持依法治村规范人,坚持用竞争的机制激励人,坚持用党的宗旨服务人,坚持用马庄精神鼓舞人。一是坚持用党员的形象影响人。一个村庄建设的好坏与否,党员干部是关键,所以在乡村社会治理过程中,多年来凡是在治理事项上要求群众做到的,那么就要求乡村的广大党员干部优先带头做到;凡是在乡村治理中的要求群众不做的事,那么对于广大党员干部来说就必须带头予以禁止。村里号召什么事情,党员干部始终领在前、走在先,群众就能积极响应号召与容易被引领带动,因此全村形成了"党风正、民风淳、人心齐、效益增"的良好局面。二是坚持用党提出的社会主义法治理念,以及国家的法律制度规范人。人管人管不住、关键靠制度,马庄村结合国家的有关法律法规,制定了《村规民约》等适合村情实际、易操作的"小立法",村章制度前村民人人平等,任何人不搞特殊。每月 20 日为全村"社会主义教育日"、每年 11 月为"法治教育精神文明宣传月",集中村民上大课,大家充分讨论、共同研究村子的发展,每次重大决策和建设不是哪个人说了算,必须通过村民代表大会的讨论。马庄村已经连续成功进行了多届村委会的换届选举,保证了村民的政治生活,村民对村里的民主理财、宅基地审批等工作都很清楚,做到透明清楚,群众心平气顺。三是坚持用党主张的社会主义国家先进文化教育人。建设新农村,必须要培育"有文化、懂技术、会经营"的新型农民。马庄村重视新农村的文化建设,1988 年组建马庄农民乐团,30 多年来乐团实现了"跨江进京、漂洋过海"的目标,先后演出 8600 余场次,多年来形成文化产业,达到了以文养文。农民乐团带动全村文化事业的发展,升旗仪式、周末舞会、农民运动会等搞的红红火火,使群众在自编自演、自娱自乐的群众文化中受到潜移默化的教育,更重要的是"文化搭台、经济唱戏"促进了全村各项事业的发展。四是坚持用竞争的机制激励人。1989 年马庄村对全村工农业各单位、每家每户实行了"家庭档案制管理",对每户对执行国家政策、村规民约、规章制度、完成生产任务、参加社会活动等项打分登记,作为年终等各项评优的依据。村民自我管理、自我约束、自我提高,全村户户争当星级文明户、人人争先进。五是坚持用

党的宗旨服务人。村委会不断提升对乡村民众的服务水平,加大对乡村公益事业的人力物力财力智力方面的全方位投入,通过各种渠道拓展路径改善提升村民的物质和文化生活档次,坚持用党的宗旨服务人,具体体现在让群众已实现了"四化、六通、十个有"上,包括网络宽带通、秸秆气通等,使村民人人共

马庄村党建文化长廊

享社会主义新农村建设的成果。六是坚持用"马庄精神"鼓舞人。马庄人自己的精神,即"一马当先的勇气,跃马扬鞭的速度,马不停蹄的毅力,马到成功的效率"。在日常的工作中,全体党员干群时刻用"马庄精神"衡量、鞭策和鼓舞自己,去掉了农民的自卑感,增强了建设社会主义新农村新型农民的自信心和自豪感!

(三)马庄村"党建+新乡贤"等多元乡村组织的民主决策与会议协商制度

多年来,马庄村坚持走乡村民主道路与法治化治理道路,村民自治、民主自治的基础上走出了一条比较健全的马庄村自治组织和协商会议制度模式。马庄村的制度结构模式是:以村党委为领导核心党群议事会为议事载体、村民委员会为执行主体、村监督委员会为监督主体以及新乡贤理事会等各种乡村组织参与下的"一核多元"领导体制与运行机制。以参事制(6名参事列席村重要会议)、票决制(村代会决策)、双票制(干部、群众双向评分的村干部监督制度)为主体的三制模式作为日常决策的重要程序机制。乡村组织主要包括:村党委、村民大会、村民代表会议、村民委员会(另设6名参事)、村民监督委员会(由"民主理财会"发展而来)、村民小组(村委会下设)、村民理财小组、乡贤工作室、乡贤协会、大佬执理事会、平安志愿者协会、五老协会、红白理事会、协商民主议事会议小组(市、区政协设立了政协委员联系点)、社会治安综合治理领导小组、民事调解小组、乡风文明理事会、环境卫生监督小组、民兵(下设护旗队)、共青团、妇联、工会、马庄村法治文化艺术团、马庄农民乐才、民俗文化表演团(文化建设办公室、新时代文明实践办公室负责马庄文化建设)、马庄经验宣讲团、名嘴宣讲队、马庄新时代文明实践站及六支志愿者服务队:党员志愿服务队(85人)、民兵志愿者服务队(235人)、文艺志愿者服务队(36人)、青年志愿者服务队(18人)、巾帼志愿者服务队(212人)、乡贤志愿者服务队(12人)等。根据村庄事务类型开展各类会议。会议形式包括:党群议事会、村民大会、村民代表会议、村民小组会议、村民理财小组会议、乡贤会议、协商民主议事会议。

(四)新乡贤参与下的"三制模式"决策机制

马庄村积极探索以参事制、票决制和双票制为主体的"三制"模式,开发了大数据信息平台,有效地提升了村民对村级事务的知情权、参与权、决策权

马庄村新乡贤参与下的乡村治理小分队

和监督权,为实施乡村振兴战略最大限度地凝聚了民心。一是以新乡贤"参事制"强化村民对村务管理的参与权,民主管理有载体。在村里选出6位德高望重的新乡贤村民作为参事,由村委会发放聘书,任期两年。每季度参加村"两委"定期举办的情况通报会,列席村重要会议,走村串户、开展调研,联系、代表群众参政议政,被誉为村"两委"的"智囊团"、群众的知心人。2017年以来,全体参事共参与完成公厕改建、废弃矿坑填埋、河道管护等重大事项决策13项,全程介入项目监督。二是以"票决制"强化村民群众对村务决策的表达权,民主决策有基础。坚持村民自我管理,组织成立"小人大"——村民代表大会,每10户选出1名村民代表,凡是村级重大事务,涉及群众切身利益的重大事项、重大决策,须经"小人大"讨论票决通过并公示。"每月召开村民会议,大到村组干部选举、村组建设规划,小到先进模范评选,都让群众参与和体验,不断提高群众的主体意识。"[1]全村包括老年补贴、垃圾收运、太阳能沼气站建设等在内的20多件重大村级事务都通过票决制进行。每月25日的"民主理财日"逐笔上墙公示各项集体财务收支。三是以"双票制"强化村民对村级干部的考评权,民主监督有实招。实行"干部和群众联合考评、上级和基层联动打分"的"双票制",

---

① 沈和、卢爱国、饶立胜、刘啸、时准:《以人民为中心的强村典范——徐州市马庄村的创新实践与启示》,《红旗文稿》2018年第12、16期。

对村干部的工作态度、工作能力、工作业绩和社会反响等方面实行双向式考评机制,测评分作为村干部奖惩、任用的重要依据,列入干部的个人档案。

（五）新乡贤参与下的马庄村法律治理多元化图景

近年来,马庄村严格落实普法规划,创新普法载体,丰富普法形式,将法治文化演出融入民俗文化表演、各类节庆活动,也将它们变成一种旅游资源,精神变物质,为乡村振兴提供新的动力。马庄村法治建设表现在多方面:一是加强法治文化阵地平台建设,强化法治宣传的渗透功能。马庄村先后投资 800 万元建成"法治图书馆、法治文化广场、法治文化礼堂等公共法治文化设施。开辟法治宣传栏,开设'法律超市',建设村民法治学校,开设法治书画室,开通村法律顾问微信群"①,让百姓随时可以"找法"。开展法治赶大集、法治大家讲、法治猜灯谜、播放法治电影、发放马庄法治香包等,让村民在娱乐中学到法律知识,已经成为马庄村精神文明建设的亮点品牌,受到村民普遍欢迎。二是组织村庄文化艺术新乡贤能人会聚,开展法治文化巡演,强化法治宣传的熏陶功能。2016 年,在苏北第一支"农民铜管乐团"——马庄农民乐团的基础上成立了马庄法治文化艺术团。马庄法治文化艺术团不仅是法治文化表演团、法律法规"宣传员",还是政策理论"解读员"、时事政治"宣讲员",是深受欢迎的"百姓名嘴"。本着"出精品、有特色、接地气"的创作原则,精心编排创作出法治文化节目 20 多个。小品《横子与愣子》、快板《赞普法》等在全市法治文化会演中广受赞誉。习近平总书记视察马庄村时,在村法治文化礼堂观看了宣讲十九大精神的快板,称赞节目"编得好、演得好",鼓励他们为丰富村民文化生活多作贡献。2016 年以来,艺术团深入贾汪区乡镇、企业、村居、军营、学校开展法治文化巡演 52 场次,为群众送上了一道道丰富的法治文化大餐。三是固化法律知识培训,强化法治宣传的宣教功能。邀请本乡本土的新乡贤律师、法律服务工作者共 14 名,组建普法讲师团,每月通过"村民法治学校"为村民上"法治课",将法律法规从书本上"请"出来,送到农民身边,每年培训1000 余人;通过村"金马之声"广播和《金马周刊》村报,把普法内容、先进事

---

① 张爽:《创新"四位一体"的基层社会善治"马庄经验"》,《中国社会报》2021 年 1 月 29 日。

迹结合中华民族的传统美德、社会公德进行宣传；把每月的 20 日定为"社会主义法治教育日"，25 日定为"帮教会议日"，每年的 11 月定为"精神文明法治宣传月"，全面开展普法教育和精神文明建设教育。

马庄村法治文化会演

马庄村村民集体观看扫黑除恶法治专题栏目电视

（六）乡贤引领，以良好法治、德治培育向善向上民风

发挥乡贤工作室、大老执理事会作用，创新网格化治理模式，用社会主义核心价值观教育提升农民。以德治村，继承和发扬中国传统文化和美德，鼓励和引导群众尊德重教，继承发扬光大中国的优秀传统道德文化，笃信社会主义核心价值观，营造良好的乡村文明风尚与乡村康健的道德文化氛围，以中国的国家文化、乡村特色文化与自身的乡村文明发展历史熏陶乡村百姓，通过文化与文明最终实现驱动经济社会建设，全面带动乡村发展。一是健全新乡贤组织。调查中了解到，贾汪区区司法局孙浩副局长对笔者讲解了当初成立马庄村新乡贤理事会组织、新乡贤工作室的相关过程。目的是通过组织化的办法充分调动退休老干部、老教师、老医生、老退伍军人、老乡村党支部书记以及老村长、老党员以及乡村长期居住的德高望重的民间老族长等人群的积极因素和力量，充分发挥他们的乡村熟人熟事的优势，协助乡村社会治理。在此过程中，挂牌成立村新乡贤工作室、新乡贤理事会，制定与完善新乡贤参与乡村治理的各项规章制度并进行法治化运作，引导新乡贤全面参加乡村治理中的各项工作，包括法治文化宣传、乡村的纠纷矛盾化解协调处理、乡村传统道德文化传承、新时代社会主义核心价值观的践行、乡村文明风尚的形成与维系等等。这些工作的开展有效地缓解了乡村基层司法行政量的某些困境与不足，扩大了法治与经济建设的幅度与范围；此外，新乡贤们的道德引领以及在乡村社会矛盾纠纷、乡村治理事务中的出色表现，在某种程度上也是促使了乡村民众对国家法治与乡村各类政策的积极支持，打通了公共法律服务的任督二脉，找准了乡村法治事业与治理事业的金钥匙。新乡贤组织成立后，"经常深入村社农户、田间地头，宣传党的方针政策，及时帮助群众思想上解惑、精神上解忧、文化上解渴、心理上解压，做到小事不出组，大问题不出村"①。2016年以来，马庄村的9名乡贤为社区居民开展法律知识讲座48场，发现并及时处置矛盾纠纷隐患213起，对口帮教潘安湖街道社区矫正对象8名。二是制定村规民约。先后制定了《红白理事会章程》《家庭档案管理办法》《马庄村村规民

---

① 沈和、卢爱国、饶立胜、刘啸、时准：《以人民为中心的强村典范——江苏省徐州市马庄村的创新实践与启示》，《中国发展观察》2018年第16期。

约》等 21 项 150 条操作性强的规章制度。村规民约从家庭孝道文化中的孝顺父母、尊老爱幼到村庄中的履行村务等各个方面具有涉及,可谓无微不至。用大家都认可的"马庄规矩",有效引导村民遵法守礼、崇德向善。打造零打架斗殴、零无理上访、零烟花爆竹、零死角垃圾、零黄毒赌、零无事酒、零封建迷信、零无证驾驶等"八零"村庄。如今,马庄村成为徐州市唯一的两届"全国文明村",被多家新闻媒体誉为"华夏文明一枝花"。三是突出家风传承。自"1986 年起,对全村农户实行'家庭档案'管理,每年按照家庭和睦、环境卫生、遵纪守法、好人好事等情况分项给每户打分。2004 年起,村里每年拿出 10 万元按评比积分进行奖励兑现,以评比激发村民道德力量,实现村民自我监督、自我提高"①。先后开展了"家风隽永　德润马庄"家风巡回展,"好家风　伴我行"传统家训体验、"干部立家规、党员正家风"等活动;评选"十星级文明户""守法道德模范户";评比出"十佳好儿媳""十佳好婆婆"最美家庭;选树"优秀巾帼志愿者"夏莉、"最美贾汪人"张传佑、"当代孟母"胡树芳、"十佳青年"孟国栋等模范典型,设立"贤孝榜"等。鼓励和引导群众讲道德、尊道德、守道德,将法治建设融入家风家规,以家风正党风促政风带民风,以德治促法治,以法治促自治。营造良好的乡村文明风尚,打造马庄文明美德品牌。目前,全村文明家庭达到 548 户,占全村家庭的 86%。

第三节　新乡贤参与农村治理法治化组织 体制构建涉及的主要内容

一、新乡贤参与农村治理的法治化组织架构探索

(一)新乡贤的组织形式

组织形式所要解决的问题是以怎样的体系或者系统结构形式来将人力资源进行聚合,从而产生组织所欲追求的目标。新乡贤的组织形式所要解决的是将新乡贤人员以怎样的结构体系进行组合,从而达到新乡贤组织所要达到

---

① 沈和、卢爱国、饶立胜、刘啸、时准:《以人民为中心的强村典范——江苏省徐州市马庄村的创新实践与启示》,《中国发展观察》2018 年第 16 期。

马庄村新乡贤"大老支"在协调化解乡村群众矛盾

马庄村新乡贤人员构成与规章制度

马庄村新乡贤值班表

马庄村新乡贤四大员作用

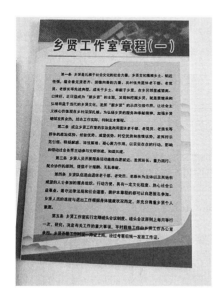

马庄村新乡贤工作室章程

的社会公益性目标追求。新乡贤组织作为乡村社会的重要治理主体,定位为一类社会性、公益性组织,其组织形式应该服从预期实现社会公益的基本目标。从全国各地乡村社会的新乡贤组织结构观察来看,新乡贤的组织形式并非千篇一律,而是不拘一格的,这主要是由各地新乡贤组织的主要治理目标所决定的。从目前各地的组织形式来看,主要有"乡贤理事会""乡贤参事会"形式,如德清在广泛征求村民意见基础上,经过党员大会讨论通过,东衡村成立了由村民推选的乡贤参事会,成员都是在村民中有威望、有才能的人。①"新乡贤作为一种在广大乡村社会初步发展起来新的社会治理主体,它们的模式不一,各有特色。"②他们无论是以"乡贤理事会"③、"乡贤参事会"④、"乡贤工作室"⑤,还是以"乡贤驻堂制度"⑥、"乡间党外民间工作室"⑦等组织形式,都以不同形式参与到农村公共事务中,致力于乡村社会治理。概而言之,新乡贤主体在实践中的具体组织形式不能一概而论,而应该根据不同地区、不同乡村的治理实况以及经济与社会发展的客观状况进行决定。目前来看,可以根据各地乡村的具体实际,进行两类新乡贤组织的构建:一类是综合性新乡贤组织;一类是单一性新乡贤组织。综合性组织涉及乡村治理与发展内容广泛,其组织目标主要包括:经济性功能、社会性功能、政治性功能、文化类功能等等。相应地,在组织设置的时候就需要考虑发挥新乡贤的各自特长,如经济管理类乡贤、技术类乡贤、治理型乡贤、文化艺术类乡贤、法治型乡贤等等进行内部构成

① 参见袁艳:《德清给村两委配"智囊团"——乡贤,村务好帮手》,《浙江日报》2014 年 12 月 11 日。

② 靳业葳:《新乡贤组织的制度设置与治理机制创新》,《财经问题研究》2017 年第 10 期。

③ 毛国民:《缘人情顺人性之农村社会治理模式创新研究——以云浮市自然村乡贤理事会建设为例》,《南方农村》2014 年第 4 期。

④ 袁艳:《德清给村两委配"智囊团"——乡贤,村务好帮手》,《浙江日报》2014 年 12 月 11 日。

⑤ 陈庆跃:《建立乡村乡贤工作室为群众排忧解难》,《农民日报》2015 年 9 月 11 日;石培明、张道平:《三千名乡贤解民忧——江苏丰县"乡贤工作室"开创乡村治理新模式》,《中国县域经济报》2015 年 7 月 30 日。

⑥ 王婷:《嘉言懿行垂范乡里——浙江弘扬乡贤文化综述》,《浙江日报》2015 年 5 月 21 日。

⑦ 黄磊、欧阳思伟:《以德治村有乡贤——万载党外民间人士助推乡村治理转型侧记》,《宜春日报》2015 年 8 月 29 日。

的分组与分门别类进行设置。综合性组织内部可以再进行具体区分,形成不同类别不同层级的新乡贤工作队、新乡贤工作组、新乡贤工作站等等。单一性新乡贤组织则侧重于某一方面的目标,组织目标相对单一。如构建新乡贤治理型组织,则主要侧重于乡村社会的治理,主要涉及乡村社会矛盾纠纷、乡村社会稳定和谐等事务上。如构建生态环境保护型新乡贤组织,则组织目标主要就是致力于乡村社会生态环境保护,聚集的新乡贤人员主要就是乡村生态环境保护方面的人员。

简言之,新乡贤组织的构建形式取决于组织体需要实现的组织目标,中国乡村社会状况千差万别,我们不应提供某种单一的答案或者模式,而应该根据各地乡村的具体乡情因时、因地、因事而制宜,这才是科学的态度。尊重各地乡村民众的首创精神,在此基础上进行适当的科学引导,以最大限度实现乡村治理的效用为根本指针与标准指南。

(二)新乡贤的组织机构设置、功能定位

通过实地走访调研以及对其他各地的考察,结合全国各地新乡贤报道来看,目前实践中推行得好的地方,大多通过为新乡贤创造专门的工作环境和工作场所,使之得以制度化、规范化、常态化运作。如江苏丰县梁寨镇新乡贤实践中专门建立了乡镇级别的新乡贤工作指导委员会、乡镇范围内成立了新乡贤理事会,行政村一级构建了新乡贤工作室,自然村设立新乡贤工作站,这些机构设置充分发挥乡贤在乡村治理中的积极作用,逐步形成规范化制度。"乡贤工作室"是丰县梁寨镇新乡贤在乡村治理方面的创新之举。该县在每个行政村设立"乡贤工作室"。[1] 另外,全国各地根据当地乡贤开展工作的需要,设立了相应的乡贤工作场所或办公机构,为乡贤参与乡村社会治理提供了必要的工作条件。如浙江上虞地区新乡贤治理实践也搞得有声有色,而且在国内是比较早的一批新乡贤治理实践范例。正如前述相关章节所言,浙江上虞新乡贤治理实践中在机构设置方面也是别具特色。上虞新乡贤组织设置了三级层次由新乡贤参与下的乡村矛盾化解机构。分别是在区级矛盾调解中心

---

[1]　石培明、张道平:《三千名乡贤解民忧——江苏丰县"乡贤工作室"开创乡村治理新模式》,《中国县域经济报》2015 年 7 月 30 日。

设立新乡贤调解工作室,乡镇街道矛盾调解中心设立新乡贤工作室 20 个,村社矛盾调解中心设立新乡贤品牌工作室 215 个,吸纳了 1560 名乡贤加入调解组织。

在社会主义新农村建设的新时代,面对新时代乡村振兴、乡村治理中的新形势、新情况、新问题,探索在乡村地区成立新乡贤组织,有效发挥与整合新乡贤的力量、资源,全面推进我国乡村治理现代化,已成为当前与今后一段时间内乡村战略性发展的迫切需要。新乡贤组织在内涵与基本宗旨的定位上应该是:新乡贤参事会是以参与农村经济社会发展建设、公共服务,提供决策咨询、社情民意反馈、监督评议,促进乡村社会和谐,开展邻里互助为宗旨的公益性、服务性、互助性、地域性基层民主协商和村民自治组织。组织人员构成与基本设置:新乡贤参事会的成员应是本村或姻亲关系在本村以及投资创业在本村或虽不在本村居住,但是以各种形式与方式支持本乡村经济社会发展的品行好、有声望、有影响、有能力、热心社会工作的人士。新乡贤人选资格认定与入会,由村党组织推荐或本人自荐申请或十人以上书面推荐,经由乡镇党委调查审核同意后,经在全村公示期满群众无异议后,方可入选。新乡贤理事会的会员大会选举产生会长、副会长、秘书长。

(三)新乡贤的主要职责

从全国各地新乡贤治理实践的观察来看,新乡贤的职责在各地的章程中均有所体现,大同小异,各有侧重,不是千篇一律的。我们目前所要做的事,是在定位新乡贤主体的职责时不能与乡村中已有组织如村民委员会组织等其他组织的职责出现严重重叠,从而避免有限社会资源的严重浪费。新乡贤组织相对于现有的乡村社会组织在功能与作用上表现为一种补充性、扩充性、并行不悖的关系,而不是完全替代,也替代不了。目前乡村最主要的自治组织就是村民委员会,村民委员会名为自治,实际上更多地承载了乡镇党委政府的行政任务,行政性远超自治性。鉴于这样的现实以及村民委员会的自治职能发挥的严重不足,新乡贤组织的诞生发展才有客观空间,其发挥自己的职责才有现实的社会基础。正是在此意义上,新乡贤的职责定位应该是尽量排除或者减少与已有乡村组织之间的职责重复。依据《村委会组织法》(2018)第七、八、九、十条的规定,村委会的主要职责包括:一是人民调解、治安保卫、公共卫生与计划生育。二是支持和组织村民发展本村经济,承担本村生产的服务和协调任务。三是"管理本村属于村农民集体所有的土地和其他财产,引导村民合理利用自然资源,保护和改善生态环境"①。"四是尊重并支持集体经济组织依法独立进行经济活动的自主权……合法财产权和其他合法权益。五是宣传宪法、法律、法规和国家的政策……开展多种形式的社会主义精神文明建设活动。"②六是支持服务性、公益性、互助性社会组织依法开展活动,推动农村社区建设。教育和引导各民族村民增进团结等。七是遵守并组织实施村民自治章程、村规民约……接受村民监督。从目前《村委会组织法》对村委会的职责定位以及各地乡村村委会自治实践来看,村委会有关乡镇分派的各项乡村行政任务基本上是能够完成的,诸如对本村集体经济的支持、自治章程的制定、村规民约的执行、治安保卫任务、人民调解任务等,但是这些任务在实践中落实时有时是相对圆满的,有时是打折扣的,对于纯属村庄的公共事务则有时束手无策或力有不逮。从各地新乡贤主体的职责定位考察来看,农村及农村社区新乡贤组织基本职责应该定位在:一是积极引智引才引资,助推农村经济社会发展;二是参与本村公共事务治理,为村"两委"、乡镇党委政府提供决策咨询;三是促进社会主义乡村法治与德治建设,协调邻里纠纷,促进社会和谐,推动建立健全、实施村规民约,维护公序良俗,促进乡村治理和谐与发展;四是弘扬中华优秀传统文化,倡导新时代社会主义核心价值观,促进乡风文明;五是收集了解村情民意,反馈群众意见建议;六是组织慈善公益活动,开展奖教助学和扶贫济困等活动等。以上六个方面的职责基本涵盖了新乡贤的在社会主义新农村建设时期的主要职责,是新时代实现乡村振兴的现实需求。新乡贤的职责既不能过多,也不能过少,而是应该根据新乡贤组织的现实目标实现的必要性与现实的可能性进行考量,各地乡村情况可以有所差异与侧重。

二、新乡贤参与农村治理的法治化组织体制构建原则探索

(一)党的领导原则

新乡贤组织的构建遵循党的领导原则是不言而喻的。这从实践调查现场

①　依据《村委会组织法》(2018)第七、八、九、十条的规定。
②　依据《村委会组织法》(2018)第七、八、九、十条的规定。

考察得到的现场感知是非常震撼的,尤其在梁寨镇新乡贤治理实践、马庄村新乡贤治理实践考察以及耿集镇新乡贤治理实践范例考察中所体现的情况是明显的。全国各地新乡贤治理实践基本上也是循着这条路线予以推行,如浙江上虞、广东云浮新乡贤、贵州印江新乡贤治理实践等等。梁寨镇新乡贤治理实践的推行一开始就是在梁寨镇乡镇党委政府的推进下、关怀下一步一步完善发展的。梁寨镇党委协调镇政府、村支部、村委会以及各路乡村贤达人士,成立了新乡贤组织开展乡村治理与公共服务。耿集镇与马庄村更是开创了"党建+新乡贤"的治理模式与发展形式,尤其是耿集镇在新乡贤治理实践中开创的"党建+新乡贤"治理模式还是比较早的。新乡贤组织创制的过程中,乡镇基层党委的协调引领是重要关键,可以为新乡贤主体的法治化创造良好的政治基础。此外,在新乡贤组织中的人员构成上党员的比例占有较大比例,那些老教师、老支书、老干部、老军人以及回乡的优秀企业家、各行各业技术骨干,党员比例也不低。新乡贤组织中通常情况下需要建立新乡贤党支部。这也是各地乡村实践中的常规做法。"中国特色社会主义最本质的特征是中国共产党领导,中国特色社会主义制度的最大优势是中国共产党领导。"①"党政军民学,东西南北中,党是领导一切的,是最高的政治领导力量。"②在乡村社会治理的实践中,贯彻党的全面领导自然毫不例外。

依据《中国共产党农村基层组织工作条例》(2019)第二条、第九条第三款及第六款规定,乡镇党的委员会(以下简称"乡镇党委")和村党组织(村指行政村)是党在农村的基层组织,是党在农村全部工作和战斗力的基础,全面领导乡镇、村的各类组织和各项工作。"必须坚持党的农村基层组织领导地位不动摇。领导乡镇政权机关、群团组织和其他各类组织,加强指导和规范,支持和保证这些机关和组织依照国家法律法规以及各自章程履行职责……民族宗教等工作。"③中共中央、国务院《关于加强基层治理体系和治理能力现代化

---

① 庄德水:《党内法规解释的规范性分析及完善思路》,《求实》2022年第1期。

② 林晖、胡浩、丁小溪、高蕾:《"党政军民学,东西南北中,党是领导一切的"——"十个明确"彰显马克思主义中国化新飞跃述评之一》,见 https://www.ccps.gov.cn/zt/sgmqxlt/202202/t20220224_152946.shtml,2022年7月13日访问。

③ 《中国共产党农村基层组织工作条例》(2019)第二条、第九条第三款及第六款规定。

耿集镇"党建+新乡贤"治理模式新乡贤党支部

建设的意见》在第二部分完善党全面
领导基层治理制度部分提出,要完善
党建引领的社会参与制度。坚持党建
带群建,更好履行组织……培育扶持
基层公益性、服务性、互助性社会组
织。"支持党组织健全、管理规范的社
会组织优先承接政府转移职能和服务
项目……有效服务群众。"①概言之,加
强党在乡村治理中的领导地位,发挥
党在基层社会治理中的统揽全局、协
调各方的领导核心作用,是由党的性
质以及乡村经济社会发展的现实需求
决定的。因而,在乡村新型组织的创
制与发展,应该在基层党委的领导之

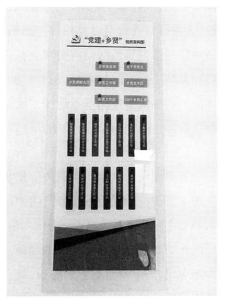

耿集镇"党建+新乡贤"治理模式
组织架构图

①　《中国共产党农村基层组织工作条例》(2019)第二条、第九条第三款及第六款规定。

下有序开展各项工作。党的领导原则应该是乡村社会组织成立与发展的一项基础性政治原则,也是一项法律原则。

（二）民主法治原则

民主法治是现代国家与社会的基本价值观。中国共产党从诞生之日起就把为人民争民主、获自由、得解放作为自己不懈的追求与努力的方向,直至今天,已经在民主的道路上探索实践了上百年时间。致力于基层民主建设,带领广大人民实现真正民主,扩大人民民主权利,深化民主内容,一直是我们党在基层社会治理过程中始终不渝的奋斗目标。现阶段,基层民主取得了丰硕的成果,《村民委员会组织法》《居民委员会组织法》等基层民主自治的法律颁布与实行,推动了基层民主实践的法治化,基层民众的民主权利得到了进一步保障与落实。新乡贤治理实践以及作为乡村新型社会公益性服务组织的新乡贤组织法治化构建,毫无疑问应该遵循现代民主法治的基本原则,践行现代社会的民主法治基本价值观与民主法治原则。新乡贤对于乡村重要事务的参与与建言献策,践行民主原则,充分反映民情民意,最大限度形成民情民意的公约数,为乡镇党委政府以及相关方面提供优质的决策咨询意见,惠及乡村民众。新乡贤的治理实践活动需要建立在基本法治精神、原则的基础上开展乡村的各项具体工作。法治乡村,是乡村振兴的基本内容之一。简言之,新乡贤法治体制的创制需要遵循基本的民主法治原则与精神,民主法治原则精神贯穿于新乡贤法治体制与运作机制的全过程、全方位运行之中。

（三）效率便民原则

效率便民原则是新乡贤法治体制构建的一项基本原则。新乡贤主体法治化组织构建应该立足于新乡贤组织的社会性、公益性、互助性基本法律定位。新乡贤组织作为社会性公益组织,在乡村社会治理、公共服务、经济发展、生态环境保护等各方面的工作应体现便民有效率原则。作为社会性组织,其成员均是志愿者,本身没有干部身份,其宗旨是服务,因而,以便民效率作为服务原则能够更好体现社会性组织的优越性。新乡贤组织本身不是行政机构,不是衙门,因而,其设置应该是扁平化的、简单便捷的。如在行政乡镇范围内设立新乡贤理事会,各个行政村、自然村设立新乡贤工作站、新乡贤工作室直接面对群众,便于提供服务,便于尽快反映社情民意,解决乡村治理中的各类事务。

新乡贤人员本身来自乡民,服务于乡民,在家门口工作室或者工作站就可以接待村民,或者便于直接到乡村调查了解核实各类事务情况,以便协调各类事务矛盾纠纷。因而,新乡贤法治体制设置的效率便民原则应该是一项重要原则,它服从于新乡贤组织的性质与服务宗旨。

(四)尊重首创精神

前已述及,新乡贤组织的法治化构建不应该是千篇一律的,而应该是不拘一格的,具备一定的灵活性,最大的根据是要贴近各个乡村地区的地情、乡情、村情,因时因地因事而制宜。因而,各地乡村新乡贤组织的具体模式创制应该实事求是,从实际出发,根据各地的自身条件决定是否构建以及如何构建,乡村民众的首创精神需要予以尊重。应坚决杜绝乡村治理中的不加区别一拥而上的盲目做法,避免形式主义,侧重内容特色,充分尊重各地乡村民众的创造性精神,尊重农民的意愿,顺应各地新乡贤发展的现实状况予以考量是否成立相应的组织体制以及组织体制的内部构成与职能划分。在制度的创建或生成问题上,我们既不能主观主义、拔苗助长,也不能不加引导而信马由缰。基层社会治理中,遵循社会治理的一般规律,尊重各地乡民的利益诉求与愿望,根据各地的现实条件进行体制性构建,是新乡贤主体法治化路径应该遵循的一项基本原则。

三、新乡贤组织的人员结构组成

(一)新乡贤产生的标准、条件

新乡贤的人员构成主要是在乡村的退休老党员、老干部、老教师、村民中德高望重者、致富带头人、文化能人、村民小组长等。如东衡村的乡贤参事会,由村"两委"干部、老村干部、党员代表、村民组长等19人组成,他们在村"两委"支持、指导下,发挥各自优势,义务为村庄发展出谋划策,并在沟通民情、推进建设、监督村务方面发挥作用。① 湖北省鄂州市华容区推进发展乡贤在乡村地区治理中的作用,通过鼓励支持农村一些老干部、老党员、老村民、老退伍军

---

① 参见袁艳:《德清给村两委配"智囊团"——乡贤,村务好帮手》,《浙江日报》2014年12月11日。

人、老教师担当起协调员、"和事佬",充分发挥农村文明建设的"桥梁"作用。①
以实地考察所取得的数据,江苏丰县梁寨镇新乡贤构成为例如下表所示。

梁寨镇新乡贤的基本身份和职业状况的调查情况

新乡贤身份和职业	人数(人)	百分比(%)
曾任村干部	44	50.6
一般乡民	33	37.9
退休工人、教师、干部	10	11.5
合计	87	100

从江苏丰县梁寨镇新乡贤构成状况来看,梁寨镇乡贤的整体身份和职业
状况良好,这些退休工人、教师、干部以及曾经担任村干部的相关人员占据乡
贤的比例较高,达到了 62.1%。从调查走访得知,丰县梁寨镇组织村里德高
望重、熟谙村务、办事公道、为民服务、群众信服的老党员、老干部、老教师、老
农民等"大老支",在村中帮助料理红白喜事,调处民间纠纷,协调乡村事务,
取得了良好的治理效果。② 从课题组调研走访情况来看,马庄村、耿集镇的各
个村庄在新乡贤的身份与职业构成上大同小异,但是每个村落在具体不同职
业人员的比例上有一定差异。从全国各地的乡村新乡贤人员情况来看,东中
西部地区有一定的差异性。如东部地区的浙江、广东等地,其经济类乡贤、技
术类乡贤、文化类乡贤所占的比例就比较高,这些地方比较重视乡村的经济发
展。而中西部地区乡村中,其新乡贤构成中有的地方治理类新乡贤比例较高,
经济类乡贤比例不足。简言之,各地乡村具体情形不一。但是有一点,在新乡
贤的标准与条件上应该有一个最基本的准则需要遵循。那就是"贤""乡"
"新"。一是"贤"。"贤"要求的是道德标准,强调新乡贤的热心与奉献精神、
利他精神。新乡贤参与乡村治理不领取任何报酬,完全是志愿者,这就需要其
本质上的利他与奉献,因而"贤"字为先,体现的是尊之以德。二是"乡"。
"乡"强调的是新乡贤人员的空间因素与心理因素,体现在居住地与乡情上。

---

① 参见陈庆跃:《建立乡村乡贤工作室为群众排忧解难》,《农民日报》2015 年 9 月 11 日。
② 参见韩虹婷:《期盼农村乡贤工作室多起来》,《乡镇论坛》2015 年第 28 期。

易言之,新乡贤的重要定位在于其本身主要居住于所在乡村,便于经常性为乡土服务,这就是在乡乡贤。此外,虽不在乡村长期居住,但是也有乡情,通过不同方式与渠道贡献于家乡,是谓不在乡乡贤,他们共同构成新乡贤的人员范围。三是"新"。"新"强调的是新时代、新条件、新风貌,与"旧"相对。新乡贤的"新"主要体现在新时代新的政治、经济、社会、文化条件,新的价值观,新的行为方式等等,对传统社会条件下的乡贤有着本质区别。关于这一点,前文相关章节已经阐述详尽,此不赘述。简言之,新乡贤的标准只有符合这些基础条件才能当选。

概言之,新乡贤选任的基本标准应该是一致的,有最基本的准则性标准。但是,其在乡村社会各地的具体构成状况取决于各地基层党委的总体规划与乡村社会的现实需求。

（二）新乡贤组织的规模、单位人数、相应工作岗位的设置

各地乡村的新乡贤组织的规模、单位人数、相应的工作岗位的设置需要根据具体情形而定。自然村层级是最贴近百姓生活的一级,需要考虑的是村人口状况、经济状况、环境治安状况等因素进行权衡。社区型乡村新乡贤规模要根据乡村社区的具体状况进行考量,如社区大小、社区的现实需求、社区新乡贤志愿者的状况等因素。简言之,新乡贤组织的规模、单位人数以及相应工作岗位的设置要与所在地方的乡村状况或者乡村社区的状况等各种因素相匹配,没有具体的定数要求,主要看各地乡村具体条件是否成就。

第四节　新乡贤农村治理法治化运行机制构建涉及的主要内容

一、新乡贤组织与人员产生机制探索

根据笔者与课题组的调研,综合全国各地乡村新乡贤组织与新乡贤人选产生机制来看,总体上有较多的相同之处,但是也有一定的差异。如《中共息烽县委关于开展"新乡贤回归工程"助力乡村振兴的实施意见（试行）》（息党发〔2020〕11 号）专门对新乡贤的成立与新乡贤的资格选拔进行了规定。在新乡贤的成立问题上指出,设立县、乡（镇、街道）、村三级乡贤会,乡贤会设会

长、副会长、秘书长和会员,并按程序报县民政局登记管理备案。县民政局负责规范引导县级乡贤会,乡(镇、街道)社会事务办负责规范引导乡(镇、街道)及村级乡贤会开展工作。在新乡贤的选拔机制上指出,坚持"自下而上"的评选原则,采取群众推荐、组织举荐、专家组评审相结合的多样化方式评选新乡贤。评选出的新乡贤要具有代表性、广泛性、结构性。乡(镇、街道)级乡贤会成员从村级乡贤会成员中荐评产生,县级乡贤会成员从乡(镇、街道)级乡贤会成员中荐评产生。评选过程要公平、公正、公开,广泛听取有关部门和群众意见,接受新闻媒体和广大群众的监督,确保评选出的新乡贤在群众中有较高认可度。① 又如中共三坊乡委员会《关于印发加强新乡贤工作同心共促乡村振兴实施方案》规定了新乡贤组织的领导机制、成立机制与新乡贤人员的产生机制。一是领导机制。按照县委统战部关于乡贤工作部署的总要求,乡贤联谊组织在乡党委的领导下成立和开展工作,在政治上、思想上、行动上与党中央保持高度一致,充分凝聚乡贤力量,成立乡贤联谊领导小组。二是新乡贤组织成立机制。三坊乡贤联谊会由乡统战委员兼任常务副会长,各村建立三坊乡贤联谊会分会,由村支部书记或副书记兼任常务副会长。同时加强乡贤联谊会与分会组织规范化建设,制定和完善乡贤联谊组织章程,明确权利和义务等,建立健全工作规则、运行机制和管理制度。乡贤联谊组织实行入会自愿、退会自由原则,尊重乡贤个人意愿。乡贤联谊组织理事会或常务理事会应定期换届。各村乡贤联谊组织负责人员名单要报乡党政办备案。三是新乡贤人员产生机制。各村通过群众推荐、本人申请或组织推荐,由乡党委进行入会资格审查,建立各村乡贤名册并报党政办。规范认定程序,严格把关。② 又如马庄村由村支部出面协调成立了村级的新乡贤理事会,余姚市陆埠镇乡镇党委出面协调成立了镇一级层面的新乡贤理事会。③

① 参见《中共息烽县委〈关于开展"新乡贤回归工程"助力乡村振兴的实施意见〉(试行)》(息党发〔2020〕11 号),见 http://www.xifeng.gov.cn/zfxxgk/fdzdgknr/lzyj/xfwj_5620263/202011/t20201110_65138875.html,2022 年 7 月 16 日访问。

② 参见《永丰县人民政府——关于印发加强新乡贤工作同心共促乡村振兴实施方案》,见 http://www.jxyongfeng.gov.cn/xxgk-show-10205018.html,2022 年 7 月 16 日访问。

③ 参见《"群贤归来,陆力同心",陆埠镇新乡贤理事会成立了!》,见 http://www.yy.gov.cn/art/2022/1/5/art_1229137383_59039770.html,2022 年 7 月 16 日访问。

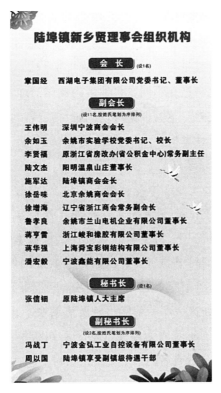

余姚市陆埠镇新乡贤理事会组织机构

概言之,全国各地新乡贤组织成立机制及其新乡贤人员选拔资格认定机制在总体上都是在基层党委、党支部领导之下进行,具备负责部门可能有点差异,如有的是由党委统战部具体落实,有的是由党委办公室具体落实。在新乡贤的资格认定机制上也有较为严格的程序机制约束。笔者认为,新乡贤组织作为乡村地区的社会性、公益性组织,其成立机制应该依法按照《社会团体登记管理条例》程序标准履行相应的手续,自觉接受基层党委的领导,按照新乡贤章程选出自己的会长、副会长、秘书长人员,机构具体人数根据不同层级的新乡贤组织的工作需求进行合理设定。上下不同层级的新乡贤参组织机构之间的关系是指导与监督关系。新乡贤人员资格认定机制上,奉行本人自愿申报或者组织推荐或者十人以上书面推荐乡村群众推举,有不同层级的党组织进行审核或者会同专家进行审核,通过后予以公示,公示期满具备法律效力。

二、新乡贤人员的工作机制探索

新乡贤的工作机制实际上需要回答的是新乡贤日常如何开展乡村治理服务工作的问题,实际上就是在乡村治理过程中与乡村不同社会主体接触的问题及其机制化、制度化。这在不同乡村地区的具体治理实践中可能有所不同,但是,总体上有相似之处。笔者根据实地调研,结合各地乡村中新乡贤开展工作的实践,做一些探索性分析。

(一)乡村群众的联系点

由于新乡贤与新乡贤组织本身扎根于农村,并通过在每一村庄设定固定的工作场所如新乡贤工作室、新乡贤工作站来开展工作,从而成为乡村群众的经常性联系点。通常情况下,村里面群众有什么家长里短或是鸡毛蒜皮的纠纷都会到乡贤工作室请村里的新乡贤出面帮助斡旋调处。一般情况下,诸如婆媳不和、夫妻闹矛盾等家庭矛盾和邻里纠纷、土地纠纷等乡村常见的矛盾处理大多通过新乡贤调处这一环节就能得到圆满解决。正是在此意义上,新乡贤工作室等常设工作场所就成为乡民日常矛盾纠纷解决的首要联系点和去处。它们本身设在自然村或者行政村,贴近乡村群众生活场所,便于乡民造访,及时地寻找新乡贤出面协调化解各类矛盾纠纷。

(二)主动介入乡村事务

乡贤工作室一般设有比较完备的工作组织体系与相应的制度规范,以便于开展日常的各项乡贤社会活动。通过对江苏丰县梁寨乡贤工作室调查发现,其组织体系初具形态。

上图中成员的基本格局和组成是清晰明确的,通常由会长牵头开展日常的乡贤工作,在具体工作中开展相应的日常事务处理。与此同时,乡贤工作室各位成员之间都有相对分工,处理和接待来访群众。

从乡贤工作室工作人员之间基本分工来看,乡贤日常工作开展已经初步形成制度化、规范化操作状态,这也为日常乡村事务处理奠定了良好的协调基础,从而使得乡贤日常治理工作有条不紊。

(三)乡镇政权的联系人

通过实地考察得知,徐州丰县梁寨镇下辖 20 个行政村,村村建立起了"乡贤工作室",98 个自然村,每个村至少有 1 名管事的"大老支",目前全镇乡贤人数已达 102 名。① 乡贤工作室起到上传下达的重要作用,一方面,通过乡贤工作室处理大部分乡民间的各种社会事务;另一方面,对民情民意进行及时的整理,并分门别类及时向村委与乡镇党委汇报,从而将大量乡村事务处理在最基层。作为乡镇政权的联系人,他们的主要职责内容如下表所示。

梁寨镇新乡贤工作室工作职责基本制度

一、基本宗旨	为了全面掌握和准确分析社情民意,深入群众之中,与群众打成一片,做到"民有所呼、我有所应,民有所求、我有所为"。认真落实化解责任,及时解决群众反映的问题,特制定民情民意促进会工作职责制度。
二、排摸民情	通过各种途径方式收集民情民意,充分调查了解群众的家长里短,了解乡村各个方面的情况动态变化,全面了解乡村治理过程中的群众反映的紧急需要解决的各项问题,分清轻重缓急,建好"民情台账"。
三、制定预案	将在乡村治理过程中收集到的各类型问题进行类型化梳理,如涉及乡村治理问题、乡村群众民生问题、招商引资问题、基础设施危旧翻新问题、特殊群众照顾问题,以及乡村生态环境保护问题等等,进行分门别类的予以登记管理。整理归档后定期上交到镇党委会与乡镇政府部门,进行讨论落实责任人、处理意见和整改措施。或者根据情况是否紧急,立刻通过电话予以口头先行提交。
四、定期恳谈	每周每月定期集中召开民情恳谈会,形成常态化机制。对群众反映的问题进行如实准确记录,并进行及时反馈解决。当场不能解决的,一周之内予以回复。

　　梁寨镇新乡贤在最近几年的乡村治理过程中取得了较好的成绩,对当地基层社会治理与社会稳定做出了重要贡献。作为乡镇党委政府的联系人,协调了诸多承上启下的乡村事务。从全国各地新乡贤治理实践状况来看,各地乡村无论是乡贤理事会、乡贤参事会等模式治理,大都采取了相应的或类似的组织形式,并订有相应的规章制度与之相适应。

　　概括地说,新乡贤组织在广大乡村地区的日常治理实践中充当着乡镇治理与基层村委会治理的拓展与延伸,是基层治理的有效补充,在乡村治理中承

---

　　① "大老支",徐州丰县、沛县一带对那些料理村中红白喜事主事人的一种称呼。能被称为"大老支"的人,多是村里威望高、口碑好的长者,熟谙村中事务,说话有分量,处事公正公平,为村民所信服。有人对村里的"大老支"这样描述:每当村里有红白喜事之日,便是他至尊无上之时。多少号人由他呼来唤去,他却忙而不乱,指挥若定,牛气哄哄的神态和那些电影导演相比,差别只是身上少了件满是口袋的马甲。逢到这种场合,官再大的干部,腰再粗的老板,都摆不起谱来。

担承上启下的重要角色功能。在新乡贤的乡村治理实践中,逐步形成了一些基本的工作方法与机制。如:(1)信息调查与反馈工作法。信息调查与反馈工作法主要表现在新乡贤人员本身是乡村社会的生活中的一员,他们在生产生活中就起着信息搜查员、社情民意收集员的角色,信息调查与反馈工作法并不需要新乡贤刻意组织人员去乡民家中进行调研,他们在日常生产生活中将看到的、听到的、了解到的事实情况进行搜集,反映出乡村中的各类问题,在新乡贤会议上进行研究解决,将矛盾或者问题解决在村庄。如果涉及通过新乡贤自身能力无法解决,则协调村委会出面进行处理解决,同时,将涉及问题情况向乡镇党委进行汇报。(2)矛盾纠纷协调化解法。矛盾纠纷化解法本质上是一种对乡村矛盾纠纷的协调、斡旋化解的思路方法。矛盾纠纷的协调化解不是建立在明确的谁是谁非基础之上的法律判断,也不是要分出道德高低的裁断,当然在此过程中离不开动之以情、晓之以理、辅之以法,其所追求的结果是息事宁人,消除矛盾的社会效果,这是由熟人之间矛盾纠纷解决的特殊情境所决定的。熟人之间矛盾纠纷的解决往往需要顾及双方的面子,多数情况下不需要通过法律途径的刚性予以实现,而是通过新乡贤从中迂回斡旋、调停,最终实现双方的互谅互让、息事宁人的结果。(3)串门促和工作法。这种方法也是新乡贤在乡村矛盾处理纠纷解决中经常运用的方法,它是新乡贤通过对矛盾的双方单独的背对背做工作,往返多次穿梭于双方家门,对双方的讨价还价进行耐心协调,最终形成双方都能够接受的结果。促和,在多数情况下主要针对的对象是家庭内部矛盾或者家族内部矛盾,如婚姻关系,劝和不劝离;父母子女关系,劝和不劝闹;亲戚关系也是劝和不劝闹等,这是新乡贤处理特殊性质矛盾纠纷的常用方法。(4)坐堂问诊工作法。坐堂问诊,借用的是医疗术语,实际上是指新乡贤遵循值班制度,在值班、坐班期间,村民有事到新乡贤工作室或新乡贤工作站求教于新乡贤,新乡贤接待并予以处理协调的一种常规方式。

　　新乡村事务的处理方法与方式没有定式,也不应该严格规定某种定式,否则,反而是不符合乡村实际的,是不便于乡民各项问题解决的。因而,就新乡贤的工作机制而言实质上不应有固化的形式,大体遵循乡村田间地头的处理方式即可。当然,有些发达地方,乡村已经社区化,应该考虑运用处理社区性问题的常用方法,如遵循国家法治、社会公德以及社会公约约定的方式方法予以协调解决。

三、新乡贤的法治保障机制探索

新乡贤的法治保障机制所要解决的是为新乡贤热心奉献,贡献乡村提供某种法律条件与保障措施。这些法治保障措施是全方位的。主要包括:一是新乡贤主体的法律地位保障机制。新乡贤的主体保障机制是一个重要机制,新乡贤组织要获得生存发展,需要从社会筹集资金或者接受社会捐助、新乡贤自我捐助等途径予以已解决。这是新乡贤组织赖以生存的物质基础,这就需要新乡贤组织取得法律主体资格,有专门的账户与资金管理制度,便于保障新乡贤组织得以持续行为乡村提供各类服务。此外,只有法律上的主体地位明确以后,其为乡民服务才有主体上的名实。二是工作条件的法治化保障机制。工作条件主要包括办公条件、办公场所、机构设置等。新乡贤的办公条件需要通过制度化、法治化的规章制度予以保障,如必要的办公用品、交通差旅、出差饮食补助等日常履职开支。三是新乡贤主体与其他主体衔接的关系机制法治保障。需要构建法治化规范化的不同乡村主体之间的协调衔接机制,新乡贤主体与乡镇党委政府、村委会、乡村其他社会组织相互之间建立起畅通的沟通协作机制,这是保障乡村治理有序的法治化措施、制度化措施。四是新乡贤开展工作的制度保障。这些制度保障主要包括:经费制度保障机制、会议制度机制、议事程序机制、调查制度机制、工作档案制度机制、信息反馈制度机制等等。五是新乡贤生活上的制度化保障机制。在日常的新乡贤服务中,新乡贤虽然没有劳动报酬,但是,可以根据劳动需要保障最低限度的出差时的饮食补助、交通补助,对于没有经济收入的或者其他经济上困难的新乡贤热心志愿者,可以根据新乡贤组织的经费条件保障最低限度的生活补助。对退休返乡、城市返乡的新乡贤志愿者根据其需要可以考虑提供配套性的规范化制度化保障机制。如医疗保障、居住保障等便利化保障机制,从而便于他们安心服务乡村。

简言之,新乡贤乡村治理实践中,需要通过一系列的法治化机制、制度,对其乡土服务过程中的类型化问题予以规定,破除一些不必要的后顾之忧。

四、新乡贤的责任机制与退出机制探索

新乡贤组织作为乡村的社会性公益性组织,其成员本质上都是志愿者,是只做公益没有报酬的。他们的职责义务就是按照章程的规定,真诚地为乡村事业与乡村百姓提供力所能及的服务。在一些情况下不按照章程提供服务或者新乡贤个人在服务过程中利用公益性组织进行违法犯罪,应该承担相应的法律责任。同时,按照新乡贤组织的章程予以清退、清除。新乡贤承担的责任除了法律法规的各项作为社会组织的成员责任,还需要承担新乡贤章程规定的相关责任,这些责任主要包括清理清退或开除新乡贤身份。一些地方的新乡贤实践指导意见和相关规范已经注意了这个问题,构建新乡贤的责任机制与退出机制对新乡贤有序合法合理开展乡村社会治理实属必要。如永丰县提出,建立乡贤退出机制,对群众满意度差、涉嫌违纪违法的乡贤,可由乡贤会理事会研究提出取消会员资格意见后,报乡党委同意确认。[1] 息烽县新乡贤指导意见提出,实行退出机制,对无法正常履职、履职不到位、群众满意度低的新乡贤,应由乡贤会劝辞或经乡贤会集体研究提出取消会员资格意见后,报县民政部门备案。涉嫌违纪违法的,报纪委部门和相关部门追究违纪违法的新乡贤的相关责任。[2]

① 参见永丰县人民政府:《关于印发加强新乡贤工作同心共促乡村振兴实施方案》,见http://www.jxyongfeng.gov.cn/xxgk-show-10205018.html,2022 年 7 月 16 日访问。
② 参见《中共息烽县委〈关于开展"新乡贤回归工程"助力乡村振兴的实施意见〉(试行)》(息党发〔2020〕11 号),见 http://www.xifeng.gov.cn/zfxxgk/fdzdgknr/lzyj/xfwj _ 5620263/202011/t20201110_65138875.html,2022 年 7 月 16 日访问。

第七章　新乡贤参与农村治理法治化创新与乡镇法治、乡村自治、法治的兼容性发展

第一节　新时代中国农村法律治理主体体系、问题与出路

一、新时代乡村法律治理研究概况

乡村治理一直是学界与实务界关注的重要课题。近年来相关研究成果丰硕,主要包括:一是有关乡村治理的基础理论研究。[①] 代表性成果如乡村治理的"社会基础"(贺雪峰 2020),"历史与现状"(徐秀丽 2004),"根基与变迁"(徐勇 2018),"生存与治理逻辑"(李洁 2017),"自治与善治"(邓大才 2020),"术与道"(陈锋 2016),"现代化"(张英洪、饶静 2019),"空心化"(朱道才 2016),"文化资源"(刘锋等 2018),"农民思想意识"(龚上华 2015),"社会资本与公共服务"(党国英 2013),"模式"(吴业苗 2007)以及"后乡土中国"(陆益龙 2017),"新乡土中国"(贺雪峰 2013)等相关著作 160 余部。二是有关乡

---

① 代表性成果如贺雪峰论述了乡村治理的"社会基础",徐秀丽阐述了乡村治理的"历史与现状",徐勇探讨了乡村治理的"根基与变迁",邓大才论述了乡村治理的"自治与善治"问题,党国英阐述了乡村治理的"社会资本与公共服务",等等。参见贺雪峰:《乡村治理的社会基础》,生活·读书·新知三联书店 2020 年版;徐秀丽:《中国农村治理的历史与现状》,社会科学文献出版社 2004 年版;徐勇:《乡村治理的中国根基与变迁》,中国社会科学出版社 2018 年版;邓大才:《中国乡村治理:从自治与善治》,中国社会科学出版社 2020 年版;党国英:《农村治理、社会资本与公共服务》,中国社会科学出版社 2013 年版。

村治理的制度研究。① 代表性成果如"制度建设与社会变迁"（周庆智 2016），"乡镇治理与政府制度化"（赵树凯 2018），"中印村社制比较"（施远涛 2018），"党建与治理法治化"（王乃波、姜中才 2020）等。三是有关乡村治理的实证研究。② 代表性成果如"千村调查"（贺小刚 2020），"乡村振兴"（李建军等 2020），"枫桥经验"（汪世荣 2018）等。四是有关乡村治理的组织、体系、体制研究。③ 代表性成果如"农民组织化"（石磊 2005），"从元格局到组织参与"（乔运鸿 2017），"农村宗族与治理"（肖唐镖 2008），"乡村治理体系"（郭元凯、谌玉梅 2019），"乡村中介组织与治理结构改革、体制创新"（杨嵘均 2011），"乡村关系重构、体制改革与振兴"（周庆智 2019），"激活村民自治体制"（桂华 2019），乡村治理体制的"构建"（吴理财 2007），"层级及变迁"（项继权 2008），"变迁及创新"（黄博、朱然 2015），"历程·特质·展望"（高其

---

① 代表性成果如周庆智阐述了乡村治理的"制度建设与社会变迁"，赵树凯阐述了乡村治理的"政府制度化"，施远涛探讨了乡村治理的"制度转型"，王乃波、姜中才论述了乡村治理的"党建与治理法治化"等。参见周庆智：《乡村治理：制度建设与社会变迁——基于西部 H 市的实证研究》，中国社会科学出版社 2016 年版；赵树凯：《乡镇治理与政府制度化》，商务印书馆 2018 年版；施远涛：《历史、制度与乡村治理现代化转型》，中国社会科学出版社 2017 年版；王乃波、姜中才：《共建共治共享：基层党建格局与基层治理法治化》，党建读物出版社 2020 年版。

② 代表性成果如汪世荣乡村治理的"制度供给"及"治理实践"，贺小刚探究了乡村"治理的实况"，李建军等阐述了"乡村文明"与"乡村发展"等。参见汪世荣：《"枫桥经验"视野下的基层社会治理制度供给研究》，《中国法学》2018 年第 6 期；贺小刚：《村落治理与中国农村创业现状：千村调查》，北京大学出版社 2020 年版；李建军：《传承与创新：广东乡风文明建设研究》、《治理与和谐：广东农村社会发展研究》，南方日报出版社 2020 年版；汪世荣：《"枫桥经验"：基层社会治理的实践》，法律出版社 2018 年版。

③ 代表性成果如石磊论述了"农民组织化"，乔运鸿探讨了乡村"社会组织参与"，肖唐镖探讨了乡村"宗族治理"，郭元凯、谌玉梅阐述了乡村"治理体系"，杨嵘均探讨了乡村治理"改革创新"，周庆智、项继权、毛斌菁论述了乡村治理的"改革与转型"，高其才阐述了乡村治理中的"村规民约"等。参见石磊：《乡村行政改革：体制内与体制外的联动——中国的乡村治理与农民组织化问题探讨》，《中国行政管理》2005 年第 9 期；乔运鸿：《乡村治理——从元格局到农村社会组织的参与》，中国社会出版社 2017 年版；肖唐镖：《当代中国农村宗族与乡村治理》，中国社会科学出版社 2008 年版；郭元凯、谌玉梅：《组织振兴：构建新时代乡村治理体系》，中原农民出版社、红旗出版社 2019 年版；杨嵘均：《论农村社会中介组织对乡村治理结构改革的影响及其体制创新》，《南京农业大学学报》（社会科学版）2011 年第 4 期；周庆智：《改革与转型：中国基层治理四十年》，《政治学研究》2019 年第 1 期；高其才：《通过村规民约的乡村社会治理》，湘潭大学出版社 2020 年版；项继权、毛斌菁：《要素市场化背景下乡村治理体制的改革》，《华中师范大学学报》（人文社会科学版）2021 年第 2 期。

才、池建华 2018），"重构"（王晓娜等 2020），"改革"（项继权、毛斌菁 2021），
"创新"（曲延春、李齐 2014），"现代化改革"（邹农俭等 2021），"体制改革及
指导思想"（李艳 2021），"政策实践反思"（肖唐镖 2020）等。五是有关乡村治
理机制研究。① 代表性成果如"内生性治理机制"（沙垚 2021），"互联网+党建
机制"（宗成峰、朱启臻 2020），"新乡贤"治理机制（李卓燃、曲政 2019，陈婉
馨、苏全有 2018），以及乡村治理机制的"问题"（甘庭宇 2014），"关键"（李乐
平、韦广雄 2015），"探析"（彭智勇、王文龙 2006），"构建"（康晨 2016，徐勇
2007），"创新"（王晓莉 2019），"完善"（胡成胜 2014）等。六是有关乡村多元
主体共治研究。② 代表性成果如多元共治下的"生态环境"（温暖 2021，张志
胜 2020），"一核多元"（万小溪 2021），"合作社"（王生斌 2020），"法治化体系
构建"（符登霞 2019），"治理创新轨迹"（梅长青、李达 2019），"制度化选择"
（宋仕平等 2015）等。目前看，已有研究涉及乡村治理的基础理论、制度建设、
实证内容、多元化、组织体制、治理机制等多方面，这些为我们的进一步研究提

---

① 代表性成果如沙垚的乡村"内生性治理机制"，宗成峰、朱启臻的乡村"互联网+党建机制"，李卓燃、曲政的"新乡贤"治理机制，甘庭宇的"转型机制"，李乐平、韦广雄的"治理机制改善关键"。参见沙垚：《人神交流：一种内生性的乡村治理机制——基于陕北小村"抬楼子"的民族志考察》，《当代传播》2021 年第 5 期；宗成峰、朱启臻：《"互联网+党建"引领乡村治理机制创新——基于新时代"枫桥经验"的探讨》，《西北农林科技大学学报》（社会科学版）2020 年第 5 期；李卓燃、曲政：《"新乡贤"参与乡村治理机制探讨》，《农业经济》2019 年第 6 期；甘庭宇：《转型时期的乡村治理机制问题》，《农村经济》2014 年第 11 期；李乐平、韦广雄：《保障和实现村民自治权是改善乡村治理机制的关键——以广西河池市"党领民办，群众自治"模式为例》，《农业经济》2015 年第 2 期。

② 代表性成果如宋仕平等的"多元共治与制度选择"，王雷雨的"多元共治体制构建"，梅长青、李达的"多元共治与治理创新"，张志胜的"多元共治与治理模式创新"，刘红岩的"多元共治逻辑与规律"，温暖的"多元共治与环境治理"，杜智民、康芳的"多元共治与路径构建"等。参见宋仕平、秦瑛、徐静：《多元主体共治：乡村社会治理的制度化选择——基于宜昌市仓屋榜村"一二五"治理模式的分析》，《青海民族大学学报》（社会科学版）2015 年第 4 期；王雷雨：《系统论视角下乡村多元共治体系的构建》，《江南论坛》2018 年第 4 期；梅长青、李达：《多元主体共治：新时代乡村治理创新的主要轨迹》，《云南行政学院学报》2019 年第 1 期；张志胜：《多元共治：乡村振兴战略视域下的农村生态环境治理创新模式》，《重庆大学学报》（社会科学版）2020 年第 1 期；刘红岩：《乡村多元共治的内在逻辑、运行规律与发展趋向——以首批 20 个典型案例为对象的分析》，《中国发展观察》2020 年第 22 期；万小溪：《一核多元共治　打造乡村治理江阴样板》，《江苏农村经济》2021 年第 5 期；温暖：《多元共治：乡村振兴背景下的农村生态环境治理》，《云南民族大学学报》（哲学社会科学版）2021 年第 3 期；杜智民、康芳：《乡村多元主体协同共治的路径构建》，《西北农林科技大学学报》（社会科学版）2021 年第 4 期。

供了丰富的参考。当然也有些许不足:一是研究视角较为单一。从政治学、社
会学、行政学、管理学视角研究乡村治理的成果居多,而从法学的视角研究乡
村治理的成果相对较少。二是研究方法较为单一,交叉研究不多。目前主要
侧重于理论分析、制度分析、实证分析等单一方法,跨学科研究、交叉研究相对
不多,将规范分析与实证分析相结合的成果较少。三是侧重于某一方面研究
较多,而综合性研究相对较少。如单纯研究乡村治理的体制、乡村治理机制的
成果较多,而将乡村治理体制、机制与法治等几者有机结合做整体性研究的不
多。① 因此,多学科、多视角、交叉型、整合型研究有望成为乡村治理研究新的
学术增长点,从立体法律关系理论视角出发,探究"多元共治背景下乡村治理
法治体制机制的健全与优化"显得更具价值。

二、当前乡村各类治理主体的法律地位与现状

(一)乡镇党委与乡镇政府法律主体地位

根据《中国共产党章程》(以下简称《党章》)第三十条至第三十四条规
定②,《中国共产党基层组织选举工作暂行条例》第二条规定③,《中国共产党
农村基层组织工作条例》第二条、第四条、第八条、第九条等条款规定④,凡是
有正式党员三人以上的,都成立了党的基层组织,分别设立党的基层委员会、
总支部委员会、支部委员会。乡镇的党的基层委员会属于党在乡镇设置的基

---

① 涉及"乡村治理"篇名的核心期刊以上高级别论文中国知网收集 1179 篇,"乡村治理体
制"论文 10 篇,乡村治理机制 15 篇,涉及"乡村治理体制机制"论文尚付阙如,仅综述 1 篇。目前
相关研究仅 1 篇,参见杨园争:《中国乡村治理体制机制的演变历程及发展特征》,《河北农业大
学学报》(社会科学版)2021 年第 2 期。

② 《中国共产党章程》(2017 修改)第三十三条:街道、乡、镇党的基层委员会和村、社区党
组织,领导本地区的工作和基层社会治理,支持和保证行政组织、经济组织和群众自治组织充分
行使职权。

③ 《中国共产党基层组织选举工作暂行条例》(中共中央 1990 年 6 月 27 日印发)第二条:
本条例所称的党的基层组织,是指工厂、商店、学校、机关、街道、合作社、农场、乡、镇、村和其他基
层单位党的委员会、总支部委员会、支部委员会,包括基层委员会经批准设立的纪律检查委员会。

④ 《中国共产党农村基层组织工作条例》由中国共产党中央委员会发布,自 1999 年 2 月
13 日起实施。随着农村改革发展和形势任务的变化,该条例已经不能完全适应新的要求和实践
需要,党中央决定予以修订,《条例》(2019 修订)于 2019 年 1 月由中共中央印发,共十章四十八
条,自 2018 年 12 月 28 日起施行。1999 年 2 月 13 日中共中央印发的《条例》同时废止。

层党组织,其主要职责是:学习马列主义理论以及党的路线、方针、政策和决议、党的基本知识,学习科学、文化、法律和业务知识……2017 年新修订的《中国共产党章程》于第三十三条第一款增加了党的基层委员会的新职能即加强对乡镇社会治理工作的领导。2019 年新修订的《中国共产党农村基层组织工作条例》第九条第六款也作了同步完善,突出了乡镇党的基层委员会的社会治理职能。

依据《中华人民共和国地方各级人民代表大会和地方各级人民政府组织法》(中华人民共和国主席令第 33 号,以下简称《地方组织法》)第五十四条至第五十八条、第六十条等条款的规定①,地方各级人民政府是地方各级人民代表大会的执行机关,是地方各级国家行政机关。乡镇人民政府是乡镇人民代表大会的执行机关,是我国最基层的行政组织和行政机关,具有行政主体的机关法人地位。其主要职责是:(一)执行本级人大的决议和上级国家行政机关的各项决定、命令……(七)办理上级人民政府交办的其他行政事务。② 由此可见,乡镇政府是我国整个行政机关体系的末梢神经,是基层社会治理的制度化、法治化的公共组织体系,在基层治理中履行重要职责。

(二)村级法律治理主体——村支部与村委会法律地位

村党支部法律地位及职能。依据《中国共产党章程》(2017 修正)第三十条和第三十一条、《中国共产党支部工作条例(试行)》(2018)第二条、第四条、第五条等以及《中国共产党农村基层组织工作条例》(以下简称"党农村基层组织工作条例")(2019 修订)第五条、第八条等规定,中国共产党在农村地区广泛建立了基层党组织,特别是在乡村上建立了党的支部,这些党的支部是

---

①　《中华人民共和国地方各级人民代表大会和地方各级人民政府组织法》(中华人民共和国主席令第 33 号),根据 2015 年 8 月 29 日第十二届全国人民代表大会常务委员会第十六次会议《关于修改〈中华人民共和国地方各级人民代表大会和地方各级人民政府组织法〉、〈中华人民共和国全国人民代表大会和地方各级人民代表大会选举法〉、〈中华人民共和国全国人民代表大会和地方各级人民代表大会代表法〉的决定》第五次修正。

②　《中华人民共和国地方各级人民代表大会和地方各级人民政府组织法》第六十一条:乡、民族乡、镇的人民政府行使下列职权:(一)执行本级人民代表大会的决议和上级国家行政机关的决定和命令,发布决定和命令……(四)保护各种经济组织的合法权益;(五)保障少数民族的权利和尊重少数民族的风俗习惯;(六)保障宪法和法律赋予妇女的男女平等、同工同酬和婚姻自由等各项权利;(七)办理上级人民政府交办的其他事项。

党的基础组织,是党在社会基层组织中的战斗堡垒,是党的全部工作和战斗力的基础,是党在乡村执政的基石。① 党支部承担着党的基层执政的重要职能,概括起来主要包括:"宣传和贯彻执行党的路线方针政策和党中央、上级党组织及本村党员大会(党员代表大会)的决议等。"②

村民委员会的法律地位与职能。依据《中华人民共和国村民委员会组织法》(2018 修正)(以下简称《村民委员会组织法》)第二条规定③,村民委员会是我国农村村民实现自我管理、自我教育、自我服务的基层群众性自治组织,依法行使法律赋予的自治权,具备法律主体资格。根据《村民委员会组织法》(2018 修正)村民委员会具有以下职能:"一是负责人民调解、治安保卫、公共卫生与计划生育等工作……三是宣传宪法、法律、法规和国家的政策,教育村民遵纪守法,促进村际和谐等。支持社会组织依法开展活动,推动农村社区建设等。"④

村民会议的法律地位与职能。依据《村民委员会组织法》(2018 修正)第二十一条、第二十二条规定,"村民会议由本村十八周岁以上的村民组成,村民会议由村民委员会召集。十分之一以上的村民或者三分之一以上的村民代表提议,可以召集村民会议。召开村民会议,应当有本村十八周岁以上村民的过半数,或者本村三分之二以上的户的代表参加"⑤。根据《村民委员会组织法》(2018 修正)第二十三条、第二十四条规定,其主要职责:"一是审议村委会的年度工作报告,评议村委会成员的工作;撤销或者变更村委会或村民代表会议不当的决定。也可以授权村民代表会议实施此类事项。二是讨论决定本

---

① 按照党的文件精神,基层党组织的主要性质可以表述为:一是党组织的基础;二是开展党的活动的基本单位;三是党在社会基层组织中的战斗堡垒;四是党联系群众的桥梁和纽带;五是党在社会基层单位的政治核心。

② 依据《中国共产党章程》(2017 修正)第三十条和第三十一条、《中国共产党支部工作条例(试行)》(2018)第二条、第四条、第五条等以及《中国共产党农村基层组织工作条例》(以下简称《党农村基层组织工作条例》)(2019 修订)第五条、第八条等规定。

③ 《中华人民共和国村民委员会组织法》(2018 修正)第二条:村民委员会是村民自我管理、自我教育、自我服务的基层群众性自治组织,实行民主选举、民主决策、民主管理、民主监督。

④ 依据《中华人民共和国村民委员会组织法》(2018 修正)第二条规定。

⑤ 依据《村民委员会组织法》(2018 修正)第二十一条、第二十二条规定。

村享受误工补贴的人员及补贴标准及从村集体经济所得收益的使用等等。"①

村民代表会议的法律地位与职能。依据《村民委员会组织法》(2018 修正)第二十五条、第二十六条规定,人数较多或者居住分散的村,可以设立村民代表会议,讨论决定村民会议授权的事项。"村民代表会议由村民委员会成员和村民代表组成"②,村民代表在村民代表会议中所占比例以及妇女代表所占比例均有明确规定。村民代表的产生方式以及村民代表的任期问题也作了相应规定。村民代表会议不是常设性的村级行政机构,而是临时性村级事务的决策组织形式,主要适用于一些人数较多或者居住分散的村庄。依据《村民委员会组织法》(2018 修正)第二十四条、第二十七条规定,其主要职责:一是可以制定和修改村民自治章程、村规民约;二是行使村民会议授权的所有事项,即行使《村民委员会组织法》(2018 修正)第二十三条、第二十四条所规定的所有授权事项。

(三)乡村工青妇组织法律主体地位

乡村工会组织的法律地位与职能。从目前的农村经济发展的现状来看,在一些发达地区,其乡镇企业、集体经济发展较为突出,存在农村地区的工会组织,它们也是乡村治理特别是涉及乡村社会治理中有关农民工劳动关系协调治理的重要力量。依据《中华人民共和国工会法》(2009 修正)(以下简称《工会法》)第二条规定,工会是职工自愿结合的工人阶级的群众组织。《工会法》第三章对工会的权利义务进行了全面规定,主要包括:一是有权要求纠正企业、事业单位违反职工代表大会制度和其他民主管理制度的行为……

乡村青年团的法律地位与职能。依据《中国共产主义青年团章程》(2018 修正)(以下简称《共青团章程》)规定,"中国共产主义青年团是中国共产党领导的先进青年的群团组织,是广大青年在实践中学习中国特色社会主义和共产主义的学校,是中国共产党的助手和后备军"③,这表明了青年团的政治法律地位,青年团是社团组织,接受中国共产党的直接领导。依据《共青团章

---

① 根据《村民委员会组织法》(2018 修正)第二十三条、第二十四条规定。
② 依据《村民委员会组织法》(2018 修正)第二十五条、第二十六条规定。
③ 依据《中国共产主义青年团章程》(2018 修正)总则第一条予以规定。

程》(2018修正)第二十二条、第二十四条规定,①乡村应该建有共青团基层组织,负责乡村青年的各项工作。其职能:一是组织团员和青年学习党的理论与专业知识……五是对入团的青年进行各项教育等等。

乡村妇女组织的法律地位及职能。依据《中华全国妇女联合会章程》(2018修正)(以下简称《妇联章程》)总则规定,②中华全国妇女联合会是中国共产党领导下的群团组织,属于社团组织的一种,直接归属于党的领导。依据《妇联章程》(2018修正)第二十五条、第二十六条及第一章一至九条的规定,乡村普遍成立妇联组织,其名称为妇女联合会。其职能:一是组织引导妇女学习党的路线方针政策……六是关心妇女工作生活,发展公益事业等。

(四)乡村其他社会组织

乡村其他社会组织主要包括:一是宗族组织,宗族组织又被称为家族组织,在中国,长期以来形成了以血缘关系为主导的兼具地域性的家族、宗族组织结构形式,这些宗族组织是乡村社会最基层的组织形式。宗族组织的功能首先是协作功能,其次是政治功能、社会功能,其在组织、协调农村社会关系以及教育和文化等诸方面有独特作用。在中国近代及以前的乡村治理中,宗族组织曾作为一种组织和机制发挥了极其重要的社会影响。在一些农村地区,宗族组织在社会主义制度形势下继续存在并成为调节、参与乡村社会治理的积极力量。二是宗教组织,我国是一个多民族国家,在宪法上奉行宗教宽容政策,人民有宗教信仰自由,广大乡村存在着佛教、道教、基督教及局部地区存在着伊斯兰教以及其他教派,这些宗教组织在地方社会发展中起到一定的社会调节作用,对于净化社会环境以及社会稳定发展有一定积极意义。三是新乡贤组织,乡贤是中国传统社会发展中在广大乡村较为普遍存在的一类民间贤达人士,随着时代发展,现代新乡贤在社会主义制度体系下重新焕发出生机,

---

①　《共青团章程》(2018修正)第二十二条规定:企业、农村、机关、学校、科研院所、街道社区、社会团体、社会中介组织、人民解放军连队、人民武装警察部队中队和其他基层单位,凡是有团员三人以上的,都应当建立团的基层组织。

②　《中华全国妇女联合会章程》(2018修正)总则规定:中华全国妇女联合会是全国各族各界妇女为争取进一步解放与发展而联合起来的群团组织,是中国共产党领导下的人民团体,是党和政府联系妇女群众的桥梁和纽带,是国家政权的重要社会支柱。

成为新时代乡村民间组织的重要类型之一,其表现形式如新乡贤理事会、新乡贤参事会、新乡贤工作室等,其性质属于民间自治性组织,由于其社会功能与作用,在中国乡村地区得到政府与社会认可,成为新时代乡村社会治理的重要力量。四是其他各类文化、文娱组织。各类文娱组织如文化馆、乡间唱团等组织在乡村地区广泛存在,对于活跃乡村文化等方面有一定的积极作用。

三、我国农村治理主体组织体制、机制健全与优化的现实路径

乡村社会治理法治体制机制的健全与优化,一方面需要创新理论思维,通过与时俱进的法治理论——立体法律关系理论进行指导,另一方面需要通过在法治化、制度化体制与机制创新上实现一系列突破。

（一）农村治理主体法治体制、机制健全与优化的新思维

传统法律关系理论认为,法律关系的内容是权利与义务①。此说法将很多本属于法律调整的社会关系排除出了法律领域,既无法准确反映私法的现实情况,又使法律关系理论难以被拓展到公法领域,还使传统法律关系理论显得过于单薄。美国法学家霍菲尔德在权利义务关系之外,增加了特权与无权利、权力与责任、豁免与无权利三对关系,使法律关系的内容变得丰满起来②。霍菲尔德认为:"下面这种公开或默认的臆断往往是清晰理解、透彻表述以及正确解决法律问题的最大障碍之一:一切法律关系都可约简为'权利'与'义务',此类范畴甚至足以胜任分析诸如信托、先买权、第三方担保'未来利益'及公司利益之类最为复杂的利益。"③进而主张法律关系结构非传统的单一结构,而是一种复杂结构。立体法律关系是对以往传统法律关系理论的新突破,它是一种将法律关系现实还原的客观逻辑法律关系,而不是传统理论那样,将现实中的法律关系简单理解为一种法律关系结构。立体法律关系是建立在对现实社会关系中可能出现的法律关系类型状态,诸如权利与义务、权力与责任（职权与职责）、特权与无权利、豁免与无权利以及各种请求权、作为或不作为

---

① 参见张中秋:《论传统中国的法律关系》,《政法论坛》2018 年第 2 期。

② 参见陈锐:《法律关系内容的重构:从线性结构到立体模型》,《法制与社会发展》2020 年第 2 期。

③ ［美］霍菲尔德:《基本法律概念》,中国法制出版社 2009 年版,第 26 页。

资格或法律地位的全面客观的法律评估。这是对以往人们所理解的线性法律关系结构、单一法律关系结构、平面法律关系结构的反思与超越,实现了在法律关系领域包括公私法领域法律关系体系与结构关系及其内容的丰富与发展。

立体法律关系理论为我们在公法领域分析党的领导法律关系、各类公共行政法律关系、社会组织体法律关系提供了全新的分析视角。这种新思维主要体现在:我们不仅在一般私法领域内分析各类平权型法律关系主体之间的复杂关系,包括主体法律资格与地位、主体结构法律关系以及相互之间存在的以行为为桥梁而形成的以权利与义务为核心内容的关系体系,而且可以在公法领域对公权力主体内部法治结构关系以及相互之间法律关系进行成功地立体化、网络化分析。乡村治理领域属于典型的以公法为主的混合型治理领域,这就需要我们借助于立体法律关系理论对乡村治理过程中的法律治理主体、法律治理结构、法律治理的权利义务关系内容体系及其程序机制等方面进行全面分析,方可对其形成相对客观理性的认识。乡村治理中最稳定与可靠的治理手段就是法治,通过法治化、制度化手段完善乡村社会治理结构、丰富治理内容、完善治理清单、规范治理程序、提高治理质量,是乡村治理的主线,通过法治实现乡村治理的各方面保障是法治乡村的应有之义。正因如此,完善与发展依靠法治来保障的"党委领导、政府主导、社会协同、公众参与"的体制与机制是乡村社会治理的核心与关键。在此层面上,细化并丰富完善发展乡镇党委领导的法律关系主体体制、结构、机制,乡镇政府的行政治理法律关系体制、结构、机制,各类社会组织主体的法律主体治理体制与结构、机制,乡村民众参与下的法治主体结构与机制以及与此相关的丰富的治理内容体系是乡村社会治理的重要挑战。而这其中,乡村各类法律治理主体体制机制的不断健全与优化,实现内外合理结构性体制机制的持续完善发展很显然是其核心与关键。

(二)不断推进农村多元治理主体法治化组织体制健全与优化

乡村治理主体法治体制的科学配置是实现乡村有效治理的基本前提。这就需要做到以下几方面:首先,是党对乡村治理主体的领导体制的法治健全。党对乡村领导体制的法治健全是推动乡村社会治理有效健康发展的基础工程,在所有乡村政治与社会组织中,作为执政党的中国共产党基层组织是否有力量,能否整合各方面的力量投入乡村社会治理,关乎乡村社会治理的全局。这就要求不仅在党内法规中明确党的基层组织乡镇党委及村支部在乡村社会治理中核心领导地位,而且需要进一步细化包括在《村委会组织法》及乡村各类社会组织章程中,基层党组织的领导范围、领导事项、领导机制、领导方式及支持与保障乡村社会各类治理主体实现民主治理等法律事项,从而确保基层党组织乡镇党委及党支部对乡村一切社会组织的领导法律地位得到充分落实,做到于法有据,实现操作性更强的制度化运作。① 这是新时代习近平总书记提出的治国新要求,即"必须适应国家现代化总进程,提高党科学执政、民主执政、依法执政水平,提高国家机构履职能力,提高人民群众依法管理国家事务、经济社会文化事务、自身事务的能力,实现党、国家、社会各项事务治理制度化、规范化、程序化,不断提高运用中国特色社会主义制度有效治理国家的能力"②。其次,是厘清乡镇政府作为最基层国家行政组织法律主体与乡村自治组织的法律关系。乡镇一级政府的主要职能是提供公共服务,其与乡村基层群众自治组织之间的关系除了公共服务法律关系之外,乡村基层群众自治组织是独立的法律主体,因而,在法律制度健全与优化上就必须实现自治主体的人、财、物的相对独立性。这才能为包括村委会在内的各类乡村社会治理主体创造相对自主的治理空间。再次,是各类乡村治理主体相互之间的法律关系。在基层乡镇党委、村党支部的领导之下,各类治理主体相互之间形成一种平等、包容、相互配合、支持、监督的法律关系。易言之,包括村委会及新乡贤组织、其他各类乡村社会组织相互之间在乡镇党委及村党支部的领导之下形成一种平等基础上的法律主体关系。

(三)不断健全并优化农村治理多元法治主体间的机制协同

第一,改进和完善基层党组织对乡村治理主体的领导机制。乡镇党委对乡镇政府的领导主要侧重于组织领导、思想领导、政治领导,这是党内长期形

---

① 《中华人民共和国村民委员会组织法》第四条:中国共产党在农村的基层组织,按照中国共产党章程进行工作,发挥领导核心作用,领导和支持村民委员会行使职权;依照宪法和法律,支持和保障村民开展自治活动、直接行使民主权利。

② 《习近平谈治国理政》第一卷,外文出版社2018年版,第104页。

成的惯例领导方式,这种领导是直接的法律约束机制。即一方面应将乡镇党委、村党支部对本地区的工作和基层社会治理的"领导""支持""保证""指导""规范"等予以机制上、程序上的细化,以及实体权利义务内容上的清单化而不是笼而统之。再者,乡镇党委、村党支部对乡村自治性组织的领导机制与方式应去除对其组织内部事务的干预,将对乡村自治性治理主体的领导真正做到确保坚持正确的政治立场的前提下,充分激发村民通过基层群众自治组织和其他社会组织参与乡村社会治理的积极性。① 总之,乡镇党委、村党支部对乡村自治性治理主体的领导机制有必要实现法治创新,从而满足基层治理体系与治理现代化的现实需求。②

　　第二,改进与完善乡镇政府与乡村自治性治理主体的关系机制。乡镇政府与包括村委会在内的乡村自治主体之间的关系应是一种法律上的协作关系,彼此之间具有独立的法律人格,相互处于法律上的平等地位,除了业务上的指导之外,乡镇政府没有对乡村自治性主体具体内部事务过度干预的权力。例如,乡镇政府与村委会关系应在法治上创新机制:首先,进一步明确乡镇政府对村委会的指导、支持、帮助的法律关系内容清单。乡镇政府与村委会之间的这种指导、支持、帮助法律关系的内容需要进一步明确,通过具体的列举性法律技术处理,以实现它们之间指导法律关系内容、支持法律关系内容以及帮助法律关系内容的具体化与可操作性。其次,进一步明确乡镇政府与村委会在乡村治理事项上的关系是一种相互平等法律关系,在业务上是相互支持、平等协作关系,优化相互联系的平台合作机制。再次,完善监督法律机制。《村委会组织法》第三十一条、第三十六条赋予了乡镇政府对村委会自治组织的行政命令权,这样规定稍显笼统。乡镇政府与村委会对于乡村治理事项范围的事项应该是相互配合、支持的关系,一般情况下应尽量减少乡镇政府对村委会行政命令的事项与范围,从而确保《村委会组织法》的立法目的得到充分实现。③

———————

　　① 参见于淼、于学江:《解决村委会侵害村民合法权益的对策》,《农业科技与信息》2019年第24期。

　　② 参见俞可平:《沿着民主法治的轨道推进国家治理现代化》,《求是》2014年第4期。

　　③ 《中华人民共和国村民委员会组织法》第一条规定:为了保障农村村民实行自治,由村民依法办理自己的事情,发展农村基层民主,维护村民的合法权益,促进社会主义新农村建设,根据宪法,制定本法。

因而,可以通过立法进一步明确乡镇政府在哪些情况下可以对村委会实施行政命令。① 最后,乡村各类自治性治理主体之间的协调配合法律机制的形成。乡村内部各种内生性力量是实现乡村治理的有效资源,各种内生性乡村社会治理主体是符合乡土人情,根植于乡间的本土化资源,对于乡村社会治理产生了积极作用,对于乡村社会的稳定和谐至关重要。包括村委会、各种民间组织如新乡贤组织、乡间和事佬组织、各种红白理事会组织等是乡村开展自身治理的积极因素。为了实现乡村治理的协同效果,应在不同的治理主体之间实现相互补充、信息共享的新治理机制并使之规范化、法治化。各种不同乡村治理主体之间的协同治理需要在法治化的框架和机制上运行,从而避免乡村治理过程中的各种乱象,减少不同治理主体之间的不必要的资源内耗,将有限的乡村治理资源集中用在营造美好乡村的事业上。

(四)通过法治方式推进农村多元治理主体间治理资源的合理配置

推进乡村各类治理主体治理资源的合理配置需要在制度上着力,针对不同类型的现实状况进行分类提供制度性支撑。如对于中西部相对不发达的乡村地区,由于其集体经济薄弱,甚至有些地方没有集体性收入,乡村治理资源极为匮乏,有效、持续的乡村治理无从谈起。这就需要国家通过具体的法律制度对乡村包括村委会在内的自治性治理主体进行必要的扶持,特别是对其开展乡村治理事务提供必要的制度化经费支持。通过制度设计与法治保障,使得一些乡村治理主体除了通过自身的威望、运用一定的文化资源、社会资源以及在群众中的威望参与乡村治理、提供公共服务,而且能够使得这种治理状态得以持续发挥作用。包括村委会在内的各类乡村自治性治理主体的经费纳入县级以上地方经费保障机制中,由其根据工作需要与业绩表现提出相应的预算,经过县级人大常委会审查批准,交由县级政府执行经费划拨,不再受制于乡镇政府,放开放活乡村各类自治主体的筹资渠道,为营造充满活力的乡村治理创造制度性物质保障条件,这是乡村社会治理有序开展、持续健康运行的基本法治条件。

---

① 《中华人民共和国村民委员会组织法》第三十六条第二款规定:村民委员会不依照法律、法规的规定履行法定义务的,由乡、民族乡、镇的人民政府责令改正。

（五）持续推进农村治理法治主体内部体制、机制的健全与优化

乡村各类治理主体在新时期推进有效治理①，一方面需要外部条件的民主法治氛围，减少外部的不当干涉，实现各类乡村自治性治理主体的独立自主运作；另一方面，更需要有内部科学合理的制度安排与运作机制的协调一致。因而，不断地完善与改进乡村治理主体内部的体制、机制就成为极为重要的法治选项。一般而言，乡村治理主体内部体制、机制的安排应着眼于减少治理失灵与治理低效。以村委会这样的群众性自治组织为例，其体制与机制之所以在实践中出现扭曲，权力异化，甚至时而侵害村民利益的现象，归结到最直接的一点，就是其缺乏一个内部科学协调的法治运作体制机制。这主要表现在村民会议、村民代表会议经常性大权旁落，而村委会作为日常性治理组织权力过于专横，加之在制度设计中村委监督机构不力，因而，总体上就出现村委会独断专行，村委会的独断专行表现为村主任的权力随意性，乡村中各种侵犯村民利益的问题无不由此所导致。正因如此，构建一个强有力的科学治理体制、机制就成为必要。对公共权力的制约和监督，是任何法治形态的基本要义。只有约束好公权力，国民的权利和自由才有可能充分实现。通过法治科学配置权力，将权力关进制度的笼子里，为权力的行使设定正当目的及合理基准，使违法或不当行使权力的行为得以及时有效纠正，使受公权力侵害的私益得到及时赔偿或补偿。② 实现合理的权力分工与制衡应该是包括村委会在内的各类组织实现有效治理的内在要求。村委会等群众性自治组织应进一步完善其议事决策权力、执行权力与监督权力的内部构造，构建一种议事决策—执行—监督三权分工，相互制约的法律治理机制。如《村委会组织法》中应明确村监督委员会与村委会居于平等地位，形成强有力的监督制约力量，监督委员会主任及委员的选举、任职与村委会主任及其成员的任职遵循同样的法定选举程序，他们共同向村民会议负责。与此同时，进一步强化村民会议作为决策机构的地位与机制，构建村民议事会这样的常设机构，作为议事机构。当然，各类乡村自治性治理主体内部体制机制不必千篇一律，应根据行动有力、服务

---

① 参见邓大才：《"四位一体"构建有效的基层治理体系》，《国家治理》2021 年第 37 期。

② 参见江必新：《习近平法治思想的逻辑体系与理论特征》，《求索》2021 年第 2 期。

效率与效果为根据,做出法治化的内部构建与优化。

(六)持续提高农村治理中各类治理主体的法治治理能力与水平

乡村治理体制、机制的优化一方面要在机构设置、资源配置、制度供给与完善、机制协调上下功夫,但是,最终要落实到"软件"上,那就是人员素质的优化上,特别是对于乡村各类治理主体的治理水平与治理能力的提高。① 这主要应通过以下途径实现:一是不断提高乡镇党委、村支委等党的基层组织、群团组织的依法领导、依法行政、依法治理的能力,通过制度化的培训机制保障这些治理主体治理水平与能力的持续提高。二是推进乡村法治工程制度建设。在乡村社会组织与乡民中间形成良好的民主氛围,在社会主义核心价值观的指引下,通过综合运用国家法律、道德习惯、乡规民约等各项制度资源与非制度资源实现治理整合,形成各方协同、步调一致的治理格局。简言之,在乡村治理体制、机制构建与优化过程中,人的因素始终是决定性因素,这一点不容忽视。三是通过具体治理案例、典型制度,持续提升乡村治理主体与乡民的法律治理水平。法治思维与法治手段是法治国家、法治政府、法治社会的基本方法与路径,乡村治理应通过典型的法治治理案件指导性制度的推广,实现乡村治理主体法治治理能力与水平的提高。

《关于加强和改进乡村治理的指导意见》和《关于全面推进乡村振兴加快农业农村现代化的意见》②指出,建立健全党委领导、政府负责、社会协同、公众参与、法治保障、科技支撑的现代乡村社会治理体制,以自治增活力、以法治强保障、以德治扬正气,健全党组织领导的自治、法治、德治相结合的乡村治理体系,构建共建共治共享的社会治理格局,走中国特色社会主义乡村善治之路。③ 乡村治理与振兴发展的目标是善治,④即实现"产业兴旺、生态宜居、乡风文明、治理有效、生活富裕"。为此,必须健全与优化乡村治理的常态化体

---

① 参见张嘉凌、董江爱:《国家资源输入提升乡村治理能力的运作逻辑分析——以山西兴县农村发展合作总社为例》,《中国行政管理》2021年第9期。

② 中共中央、国务院:《关于全面推进乡村振兴加快农业农村现代化的意见》,《人民日报》2021年2月22日。

③ 中共中央办公厅、国务院办公厅:《关于加强和改进乡村治理的指导意见》,《新华日报》2019年6月。

④ 参见俞可平:《走向善治》,《理论学习》2017年第4期。

制机制,核心是进一步健全与优化"党委领导、政府负责、社会协同、公众参与"的多元共治、协同共治的法治体制与机制。在法治理论上运用立体化、网络化法律关系主体构造论、法律关系实体内容权利义务清单论、法律关系程序内容机制协同论新思维为乡村治理主体体制机制完善发展提供分析工具。通过法制化手段,科学合理的厘清乡镇党委、村党支部治理、乡镇政府治理、包括村委会在内的各类乡村社会组织治理与乡村群众参与等多元共治主体之间的法律关系体制机制,并健全优化、细化各自主体内部与相互之间的法律规则与制度、实体性法律关系内容、程序性法律关系内容,确保多元主体内部与相互之间的治理协同。

第二节　新乡贤主体的制度性出场及其在农村法律治理体系中的地位

一、新乡贤主体制度性出场的内涵与意义

新乡贤主体的制度性出场本质上就是指新乡贤参与下的乡村治理从零星状态走向组织化道路,从新乡贤人员的个别性行为走向规模化行为,从无序化散兵游勇状态走向法制化、制度化状态。新乡贤主体的制度性出场也就是新乡贤治理实践在乡村地区、乡村社会实现法治化、规范化的过程与状态。

新乡贤的制度性出场需要完成新乡贤主体的法治化、规范化、制度化,新乡贤运作机制的法治化、程序化、规范化的过程,新乡贤主体乡村治理内容的法治化、规范化,以及新乡贤治理效果符合法治化乡村治理的基本目标。新乡贤从主体到运作过程的法治化构建、法治化机制创制以及内容的法治化规范化,本质上就是完成了新乡贤的制度性出场。新乡贤制度性出场解决的是新乡贤参与乡村治理的长远性、战略性问题,是使得新乡贤参与乡村治理的效果能够长期发生作用,意义重大。

新乡贤制度性出场的价值与意义是全方位的。关于新乡贤参与乡村治理的价值与意义,在前述相关章节已有阐述,此不赘述。新乡贤的制度性出场与新乡贤的出场区别在于一个是组织化行为,一个是非组织化行为。新乡贤参

与乡村治理行为在全国各地乡村均有表现,这从全国各地的新乡贤实践中可以轻松获知。但是,新乡贤的制度化治理实践是明显不一样的,它是无意识的零星的新乡贤治理实践的升级版、制度版。新乡贤组织的成立创制首先在组织上、公共治理实践上实现了体系化突破,是对新乡贤个体与个体性治理行为的质变。而在此基础上,对新乡贤组织进行法治化、制度化、规范化型构,则完成了新乡贤组织的法治型创新,制度性型塑,规则性规制。其意义与价值是非凡的。这主要表现在:

第一,是其组织性的架构,提供了新乡贤乡村治理的平台,有利于调集新乡贤的各种治理性资源,实现资源聚集的经济社会效果。组织性架构具有明显的优越性,有利于将东西南北中的新乡贤经济资源、治理资源、管理性资源、技术性资源、文化资源、人力资源、知识产权专利智识资源等各类资源实现组织与平台聚集,从而最大限度促进乡村各类资源的优化组合,有序化推动乡村经济社会发展,为乡村的规划与实践发展提供资源清单。

第二,是新乡贤的制度化型构,规范化运作,为新乡贤乡村治理实践提供了长远战略性制度支撑,有利于新乡贤治理实践的常态化开展,持续性发挥效用。新乡贤治理的制度化出场与一般零星的个别化治理的重要优势在于避免了随意性,实现了组织化、制度化治理与长远治理,对于乡村的有序化治理、公益性长远发展注入了稳定的法治体制机制保障。

第三,是新乡贤治理的法治化、制度化出场,其本身是乡村法治建设的一部分,有利于有效推进乡村法治的健康运行。乡村法治是一个全面的治理系统、制度系统、法治系统,各类主体的自身法治化构成了整个法治系统一部分。新乡贤治理的制度化出场实际上是完成新乡贤组织的自我法治建设、制度建设、规范建设的第一步。

二、新乡贤主体制度性出场的法治价值

把新乡贤制度性出场的法治价值拎出来专门阐述,意义何在? 笔者认为,制度性出场的新乡贤治理在法治上意义重大。主要表现在:一是新乡贤的制度性出场,体现了乡村法治建设的有条不紊。乡村法治建设是整个国家法治建设、社会法治建设的基础环节。我们正在推进国家治理体系和治理能力现

代化,其中特别强调法治是治理体系与治理能力现代化的根本之策、基本道路、治理之基。在乡村社会治理与乡村经济社会发展的问题上,乡村法治的推进是乡村治理体系与治理能力现代化的基本方式与必由之路。乡村法治的要素主要包括:乡村治理主体的法治化,乡村治理主体运行机制的法治化,乡村社会经济发展各方面内容体系的法治化、规范化、制度化。而新乡贤的制度性出场恰恰体现了乡村法治中自组织法治的充分发展,这是乡村法治建设的重要体现。二是新乡贤制度性出场,表明新乡贤在乡村社会的治理走向法治化。新乡贤组织可以通过相对制度化的方式更好地为乡村发展与社会稳定提供服务。新乡贤组织可以更好地成为地方法治的咨询人,政府决策的辅助人,乡村矛盾的协调人,社情民意的收集人,法律纠纷的化解人,乡村法治的普及人,组织化运作、制度化运作的新乡贤集体可以与乡村村委会及其他乡村社会组织携手创制乡规民约、监督督促执行国家法治以及村规民约的切实落实,成为乡村法治的积极推动有生力量。组织化、制度化出场的新乡贤治理实践行为的示范、引领与监督,相较于新乡贤个人的法治行为在乡村的影响力要更加强劲,成为促进乡村法律治理的重要支撑性力量。

三、新乡贤组织在农村社会治理体系中的基本定位

新乡贤组织在乡村社会治理体系的基本定位,应从其组织的基本属性、主要功能和其成员的工作目标、角色定位以及其与乡村其他组织之间的组织目标等方面进行全面考量。

（一）新乡贤组织的基本属性:既是志愿者组织又是村民自治的扩展性组织

就其基本属性而言,新乡贤组织是村民社会组织的一种,属于志愿者组织,也是村民自治体系的扩展补充性组织。新乡贤不是党委和政府招聘或征用承担某种乡村治理事务的专职工作人员,而是相应乡镇党委组织的动员和号召,在党委和政府的支持下成立的志愿服务于乡村治理和村民群众的组织。它的成立,是以新乡贤成员长期以来已经在很大程度上从事着相应服务工作为基础的,如调解村民矛盾、主事乡邻红白喜事、带领乡民创业、协同传承乡村文化等。新乡贤组织的建立,使这种志愿服务更加组织体系化、更加文明规范

有章法、更加与党和政府治理工作协同化、更具有权威性，因此，可以有效扩大服务领域、对象和规模，形成更好的社会效果，获得村民群众的支持和认可，也使得新乡贤人员更具有责任感和荣誉感。正是基于这种志愿者组织的性质，耿集镇、梁寨镇乡镇党委政府及村"两委"组织，仅为新乡贤协会、工作室提供必要的办公场所、工作设备，为主要管理人员提供非常有限的通信误餐补贴，并不给任何新乡贤发放任何劳动报酬。实践中，新乡贤获得的一些物质设备、奖励和有限的统一服装，也是相关单位、企业或个人捐赠的，有些是新乡贤们自我捐助的。调研中发现，两乡镇新乡贤组织的负责人和不少新乡贤人员都对自己的志愿服务者身份有明确的认识，一再表示：我们不能要政府的报酬，一要报酬就"变味"了，老百姓就不认同我们了。需要指出，不要说新乡贤中的致富能手，许多新乡贤人员因是乡村退休干部、老师，绝大多数人有较好的退休收入待遇，一般村民、党员也多儿孙绕膝、生活无虞。因此，他们积极开展志愿工作的动力，也绝不是为了增加自己的收入，而是甘于奉献，发挥余热，行善造福于群众。可以说，由"五老一能"人员组织的新乡贤组织，是乡村社会志愿服务热情最高、服务时间最有保障、最易有效组织动员起来、服务内容较为广泛的志愿者组织。

在很大程度上，新乡贤组织又是村民自治组织的扩展性组织，因为它所从事的活动，多属于村民自治活动的基本框架范围，体现了村民自我完善、自我发展、自我监督、自我管理、自我教育、自我服务的职能。它协助村民委员会办理本村的公共事务和公益事业，调解民间纠纷，协助维护社会治安，向人民政府反映村民的意见、要求和提出建议。[①] 可单独承担一些村"两委"委托处理或不能处理的村民自治事务。因此，我们不宜仅将村民自治组织仅限定在《村民委员会组织法》规定的具体形式，即仅限于村民委员会、村民会议、村民代表会议、村务监督委员会或者其他形式的村务监督机构。因为，凡是体现了村民自我管理、自我教育、自我服务的职能，不违背国家法律并得到乡村民众支持、乡镇党委认可的乡村社会组织，都具有村民自治组织的属性，可以看作是村民自治组织的扩展、辅助性组织、补充性组织。

---

① 参见《村民委员会组织法》第七条至第十条等条款。

（二）新乡贤组织具有优化农村治理体系的多元功能平台属性

第一，新乡贤组织是乡镇党委、村党支部（党总支）发挥领导动员能力、密切联系群众的重要渠道组织。如前所述，新乡贤组织是乡镇党委出于密切联系群众、解决乡村治理中民众期待解决诸多问题等自觉追求，动员特定群体成立的，并通过乡镇党委和村党组织领导运行的，其成员中党员占有很高的比例。实践中，新乡贤组织也一直充当着基层党组织密切联系群众、获悉民意民情、解决群众关心问题的有效中介和执行者的组织功能。

第二，新乡贤组织是乡镇政府转变管理和服务职能，提供更有针对性管理服务的协同性组织。诸多乡镇政府管理服务的事务，如乡村地方道路建设、公共设施建设和管理，土地、林木、水等自然资源利用和保护，生态环境优化，定点扶贫的有效落实，教育等公益事业的发展，社会治安的维护，调解和处理村民纠纷，化解干群矛盾，抓好精神文明建设，提倡移风易俗，反对封建迷信，破除陈规陋习，树立社会主义新风尚等等，都需要新乡贤组织的有效协同。实践中，新乡贤组织也有效地协同了乡镇政府这些管理和服务职能的落实，有效强化了乡镇政府为村民办实事、办好事的工作实效性。

第三，新乡贤组织是村民自治的有效辅助性组织。如前所述，新乡贤作为村民自治组织扩展组织和村民自愿组织的统一体，所从事的大量事务都是村民自治的事务，而且，这些事务多数也与乡镇政府一些重要管理服务事务有效对接和统一。如梁寨镇新乡贤组织确定 2018 年度工作目标为四大治理，即一是村边杨树林退林还耕治理，村边杨树林多年占用耕地，经济效果不佳，实现退林还耕需要村民们共同协力完成，为此由新乡贤带头对相关村民进行劝说，对村边的杨树进行砍伐，划分责任，有条不紊地推进还耕事宜。二是农村到处存在的废坑塘治理工作，废旧坑塘占了较大的乡村空间，长期以来未能发挥效用，反而浪费资源。由新乡贤门牵头实现乡村的空间整治，减少了单凭乡村政府的治理压力。三是农村卫生环境的治理，农村卫生环境一直是长期老大难问题，由新乡贤们领头提倡人人爱环境爱卫生的活动，倡导不随地扔垃圾的好习惯比单纯的政府标语口号宣传效果要好得多。四是婚丧嫁娶奢靡之风的治理，婚丧嫁娶办理是乡村常见的事情，然而近些年由于人们的生活条件出现较大的改善，手头比较宽裕，婚丧嫁娶办理过程中出现较为严重的铺张浪费与攀比之风,这造成了各方面不好的影响,搞坏了乡村的善良风俗与节俭风尚,新乡贤们身体力行加以劝导,效果明显。实际上这四点工作都是乡镇政府和村"两委"倡导多年但推动无力的村民自治事项,通过新乡贤组织和人员倡导、劝说和身体力行的推进,取得了明显的成效,体现了新乡贤参与乡村治理在诸多方面确实能够发挥积极的作用,其特殊贡献不可小觑。

第四,新乡贤组织也是乡村老党员干部和优秀村民发挥模范带头作用有效平台。许多乡村老党员干部信仰坚定,品德贤良,带头守法守正,对乡村社会公益事业有热情、有能力,愿意付出自己颐养天年的时间;许多优秀村民长期主事乡邻红白喜事,或帮助村民致富、救济贫困,古道热肠,乐于助人,更具有地熟、人熟、事熟的优势,享有良好的声誉和权威。在群众推荐和拥护的基础上,将他们组织起来,本身就是党和政府对他们的热情付出和社会声誉的进一步明确肯定、鼓励和鞭策。调研组在调研过程中,深深为一批新乡贤的忘我付出而感动。如梁寨镇乡贤王文彬、刘元华、陈茂喜等,耿集新乡贤耿德堂、宋克义等,都是热心公益忘我付出的典范,代表了新时代乡村老党员干部和优秀村民的风范。正是在他们的示范之下,两乡镇不断开展了"党员干部善待百姓,争做优秀共产党员"的评比活动,"善待他人,争做梁寨好人"评比活动,将优秀党员和村民名字上榜上墙,还刻在了石碑上。耿集在镇、村文化礼堂开辟新乡贤长廊、新乡贤榜,开展新乡贤结对助学、献计献策活动,成立新乡贤文化团,编排以新乡贤为主题的优秀文艺积木巡演,全面展示新乡贤风采,同时广泛开展"耿集好人""十大道德模范""十大文明之家"和"最美婆婆""最美儿媳"等评选活动。目前,两乡镇都形成了党员干部与群众、新乡贤和一般村民相互激励正能量的良好社会风气,通过典型示范,以古贤感化后贤,以前贤影响后贤,以老贤培育新贤,促进了新乡贤队伍的不断壮大。

(三)新乡贤具有在农村治理中发挥重要作用的工作目标和角色定位

可以说,新乡贤组织的基本属性和多功能平台地位,是由新乡贤成员在乡镇党委政府领导和支持下自我追求的工作目标和角色定位决定的。梁寨镇新乡贤将工作目标制度化为四个方面:一是当好风向标,宣传正能量。大力宣传党中央提出的"四个全面"的总方针,唱响主旋律,弘扬正能量。特别是要把党委政府规划的"梁寨小城市"宏伟蓝图和举措,宣传到家喻户晓。二是热情接待信访,切实化解矛盾。要做到群众倾诉耐心听,新发资料认真看,清晰归类,视情处理。新乡贤人员要学法、懂法、守法、用法,化解矛盾既有情又合法。三是调查研究新问题,创新农村治理思路。根据新形势,解决新问题,乡贤人员要与时俱进。把握老百姓所需、所盼,政府所倡、所为,让二者合拍,上下联动,齐心协力,打造新梁寨,是每个新乡贤人员面临的新课题。四是当好政府帮手,做老百姓的贴心人。新乡贤人员要不断提高思想觉悟,增强责任心,一言一行时刻和党委政府保持一致。关心群众,服务群众,抑恶扬善,匡扶正义,维护社会公德,树梁寨好人形象,唱情义梁寨新风。耿集新乡贤以"乡贤助和谐、乡贤为民生"作为总体目标,规定了十条具体工作制度:一是坚持法制为本,依法推动新乡贤发展。二是坚持新乡贤助和谐,新乡贤惠民生,发展新农村。三是坚持新乡贤服从领导听指挥,下级对上级负责制。四是坚持新乡贤注重学习修养、增强思想素质,提高业务能力水平。五是坚持新乡贤智慧,"用老百姓的法儿,平老百姓的事儿"。六是坚持乡贤规范化管理,完善选贤、用贤、维贤机制,增强乡贤活力。七是坚持新乡贤工作日不迟到、不缺岗、不喝酒。八是坚持新乡贤工作不怕苦、不怕累,敢作敢为。九是坚持新乡贤工作不为名,不图利,不谋私,爱心奉献。十是坚持新乡贤工作者每周一集中学习布局中心工作,每周五集中总结,查缺补漏。这些工作目标的制度化设定,尽管言词表达不尽规整,但语义平实明确,便于贯彻执行。

新乡贤在乡村治理体系中的作用,还表现为两乡镇对新乡贤人员的基本角色定位体现出来。梁寨镇新乡贤被确定为便民服务员、矛盾调解员、民意收集员、治安巡查员、政策宣传员、环境督察员等六大角色,履行矛盾调解、联络民意、政策宣传、文明巡防等四大职责。其矛盾调解职责为,积极参与各村居法律宣传、治安防范、法律咨询等平安创建活动,在本村范围内自觉开展治安宣传引导,积极调解信访问题、矛盾纠纷、生活纠纷,做好各类矛盾纠纷排查化解工作,维护本村的生产生活稳定;民意联络职责为,重返发挥乡贤民情联络作用,主动掌握、深入了解社情民意,积极做好群众工作,不断推进政府决策的科学化、民意化。政策宣传职责为,采取多样形式对青少年和广大村民进行党的历史、形势政策、思想道德、公民意识、助人意识、公益意识、先进文化等方面的宣传教育,积极改善社会风气和人际关系,为经济社会发展营造良好的环境。文明巡防的职责为,积极参与文明创建工作,引导村民自觉开展经常性的卫生大扫除活动,及时劝导不文明行为,维护村居环境整洁卫生、村风文明、村治平安、村情和谐。耿集新乡贤被确认为矛盾纠纷调解员、社情民意监督员、法律政策宣传员、平安建设网格员四大角色和职责定位。

纵观全国各地乡村在新乡贤的职能定位、工作目标方面虽然各有差异,各有侧重,但是总体上体现在如下几个方面:一是聚合资源,促进乡村经济发展;二是有益乡村社会治理,促进乡村和谐稳定;三是助推乡村法治建设,促进乡村法治生成;四是有益乡村优秀传统文化传承,倡导新时代社会主义核心价值观。

四、新乡贤主体制度性出场的法律地位

目前来看,学界对新乡贤主体的法律地位进行了一定的关注。如唐辉、唐云(2020)指出,法律法规是乡贤助力乡村振兴的重要保障,无论是新乡贤还是乡贤组织要获得村民的长期认可就离不开法律法规的保障。当前,县、市、区一级的乡贤组织普遍得到了民政局的认可,经过注册已经获得了法人地位,但乡镇一级的乡贤组织法律地位尚不明确,村一级更是无从谈起,乡贤组织游离于法律边缘并不利于乡贤地位的认可和乡贤作用的发挥。[①] 又如刘馥琳(2021)在调查新乡贤化解矛盾纠纷路径实证研究中指出,通常情况下新乡贤团体无须登记,仅作为一个团体组织挂靠在村委会之下,不属于村委会的内部机构,从这个角度看,其并不具有法律层面的主体资格,这就导致新乡贤与村"两委"之间的角色和职能界限模糊。新乡贤缺乏法律上的身份认证,影响了纠纷化解的效率和效果,不利于村民对新乡贤参与调解的认可和信任。[②]

---

① 参见唐辉、唐云:《新乡贤在乡村振兴中作用的彰显和重构——以崇州市凡朴生活圈为例》,《中共合肥市委党校学报》2020 年第 2 期。
② 参见刘馥琳:《关于充分发挥新乡贤化解矛盾纠纷作用的路径研究——基于 H 省六地的实证考察》,《智启雄安——第九届公共政策智库论坛暨乡村振兴与"一带一路"国际研讨会论文集》2021 年版,第 559—566 页。

新乡贤主体的法律地位的取得需要有现行法的依据,这一点前述在新乡贤组织构建的制度依据部分已经做了阐述。新乡贤的制度性出场需要完成的第一步就是组织成立的法律依据问题。依据《社会团体登记管理条例》(2016修订)(中华人民共和国国务院令第 666 号)第十条规定,凡是符合条件要求的,均可以依法申请成立社会团体。① 经过申请登记以后,取得社会团体的法律地位。易言之,新乡贤组织只有经依法登记以后才能取得社会团体的法律地位。

新乡贤主体的法律地位除了需要依法经登记在法律上取得认可,还需要在具体的乡村社会关系中得到乡镇党委政府、村委会、村民会议、村民代表大会等乡间其他社会组织的实际认可。在与其他乡村社会组织的关系中,新乡贤组织与它们处于平等地位,具有平等的法律地位。新乡组织成立并取得法律主体资格社会团体的资格以后,便于其按照法律地位开展乡村治理工作。如可以以社会团体法人的资格接纳来自社会各方面的捐赠款项,可以以社会团体的名义进行各项经费的筹集,可以以社会团体的名义进行乡村的各项公共服务,按照自己的章程参与乡村经济社会发展、法治建设的方方面面。新乡贤组织的制度性出场,使得其法律地位的体现是全方位的,不仅可以促进新乡贤组织以法定资格开展各项乡村治理活动,而且对新乡贤人员个人各方面也是有相对完善的法治化的规章制度保障。此外,新乡贤制度性出场的法律地位,不仅仅指新乡贤组织自身在法律上获得肯定的主体资格地位,更在于其在乡村与其他社会治理主体的关系中需要走向法治化对接机制与制度化运行轨道。正如张春华(2018)指出"要发展壮大现代乡贤,就要进一步拓展他们的成长空间,就需要从制度创新入手。通过一系列制度建设,规范农村社会组织的发展,并促进其与现代乡贤之间的对接,积极推动他们之间的互动与沟通,

---

① 《社会团体登记管理条例》(2016 修订)第十条:成立社会团体,应当具备下列条件:(一)有 50 个以上的个人会员或者 30 个以上的单位会员;个人会员、单位会员混合组成的,会员总数不得少于 50 个;(二)有规范的名称和相应的组织机构;(三)有固定的住所;(四)有与其业务活动相适应的专职工作人员;(五)有合法的资产和经费来源,全国性的社会团体有 10 万元以上活动资金,地方性的社会团体和跨行政区域的社会团体有 3 万元以上活动资金;(六)有独立承担民事责任的能力。社会团体的名称应当符合法律、法规的规定,不得违背社会道德风尚……

这样现代乡贤与其他农村社会组织和谐共生的共治局面才会出现并不断走向巩固,农村新的社区的公共空间才能不断得以创造"①。新乡贤的制度性出场只是新乡贤走向乡村治理的第一步,新乡贤制度性出场及其与乡村所有其他社会组织之间实现和谐共生的法律关系运行体系与机制,才是新乡贤制度性法律地位得以实现的正常状态。

第三节　新乡贤法治主体与其他法治主体之间的关系定位与构建

一、新乡贤法治主体与乡镇党委法治主体之间的关系

关于新乡贤法治主体出现以后,会不会出现新的利益阶层或者会不会导致乡村新的权力结构异化等问题,引起了学者的质疑。如崔佳慧、王生章(2018)指出,新乡贤虽然坚持党委领导,但由于村"两委"弱化,难以有效监督新乡贤,使得新乡贤行为导向具有较大自主性,容易出现权力异化的倾向,导致权力的合理性与合法性受到质疑,大众民主受到压制,且往往会由于治理目标的模糊而出现浪费公共资源、治理无效的结果。因此,出台有关新乡贤的职能、内涵等方面信息的政策与法规就显得很有必要。② 又如刘馥琳(2021)认为,对新乡贤缺乏规范的管理,无法进行有效监督,就会促使权力的异化。新乡贤是村"两委"干部之外参与乡村治理的精英分子,与村"两委"的职能混淆容易造成新乡贤实际掌握过多权力,在参与矛盾纠纷的解决中超越了与基层政府之间的主次关系,阻碍乡村法治化建设进程。③ 笔者认为,这个担忧实质上没有太大必要。从全国各地的乡村新乡贤组织成立过程来看,基本上都是在基层党委的领导之下、基层政府的支持之下有序开展的,基层党委对于各类社会组织的领导力是在加强而不是削弱。有的乡镇的党委对于各行政村层面

---

① 张春华:《缺位与补位:乡村治理中的现代乡贤》,《重庆社会科学》2018年第3期。

② 参见崔佳慧、王生章:《困境与出路:乡村振兴视阈下乡村治理模式新探索——基于地方新乡贤治理经验》,《厦门特区党校学报》2018年第4期。

③ 参见刘馥琳:《关于充分发挥新乡贤化解矛盾纠纷作用的路径研究——基于H省六地的实证考察》,《智启雄安——第九届公共政策智库论坛暨乡村振兴与"一带一路"国际研讨会论文集》2021年版,第559—566页。

的新乡贤组织实施直接领导,即便有的行政村党支部出现战力弱化现象,也不影响乡镇党委对新乡贤组织的领导与监督作用的实现。其次,新乡贤组织毕竟是一种社会性、公益性、服务性社会组织,其不存在公法上的制度性权力,不能对任何乡村社会主体实施强制性权力,其没有任何迫使他人按照自己的意志行事的手段,其所实施的行为是自愿性、公益性、服务性行为,没有权力异化或者打压大众民主的制度基础和现实物质技术基础,因而,这方面的担忧完全是多余的。再次,新乡贤的组织性质与属性、新乡贤的制度章程对新乡贤在乡村社会的定位是相对准确的,主要是针对现有乡村组织的治理不足而提供补位性服务、扩充性协助治理性服务、助推性经济社会发展服务、继承性乡村优秀文化服务、拓展性新时代社会主义核心价值观更新服务及延伸性乡村民主自治、法治、德治服务等。这些内容构成了新乡贤主体在乡村作为的主要范围,这既符合党在乡村的治理的基本宗旨,也符合乡村社会的现实需求。简言之,新乡贤参与下的乡村治理实践是有利于乡村的经济、政治、法治、社会、文化、生态、环境以及精神文明等各方面的发展的。新乡贤不可能形成一个新的乡村利益集团,放眼于乡村治理的这几年实践,这种担忧基本可以消除。

正是在这种背景之下,我们需要探讨的是如何制度化构建基层党委与新乡贤主体之间的政治法律关系,使得二者在乡村建设、乡村治理中得以相互协调、相得益彰,共同促进社会主义新农村建设的持续推进以及更好地促进新时代的乡村振兴与发展。

《中国共产党章程》(2017)第三十三条第一款规定,街道、乡、镇党的基层委员会和村、社区党组织,领导本地区的工作和基层社会治理,支持和保证行政组织、经济组织和群众自治组织充分行使职权。《中国共产党支部工作条例(试行)》第十条第一款①,《中国共产党农村基层组织工作条例》(2019)第

---

① 《中国共产党支部工作条例(试行)》第十条第一款规定,不同领域党支部结合实际,分别承担各自不同的重点任务:(一)村党支部,全面领导隶属本村的各类组织和各项工作,围绕实施乡村振兴战略开展工作,组织带领农民群众发展集体经济,走共同富裕道路,领导村级治理,建设和谐美丽乡村。贫困村党支部应当动员和带领群众,全力打赢脱贫攻坚战。

十九条第一款①等条款,均有条款规定对各类组织的领导权问题。总的来说,作为基层党委的乡镇党委、村党支部与乡村基层社会组织之间的关系总体上是领导、支持、保证关系。新乡贤组织是乡村地区新型的社会组织,是在基层党委领导之下构建创立的组织形式,坚持基层党委的领导既是各地组建过程中的基本事实,也是新乡贤的制度要求,新乡贤的组织原则与章程应充分体现这一基本原则。基层党委对新乡贤组织的作用发挥要保持领导、支持、保证关系。领导主要是政治思想、政治方向、组织上的三重体现,在政治思想上要确保新乡贤组织与党的基本路线保持一致,政治上确保新乡贤组织沿着乡村振兴的社会主义方向前进,组织上对于符合条件的新乡贤组织要建立支部组织,开展日常党支部各项工作。支持主要体现的是对于新乡主体的各项业务工作予以提供必要的条件与协调工作;保证是指由党的基层组织出面协调确保新乡贤组织的一切合法性业务行为的正常开展。领导、支持与保证需要在具体制度上予以规范,构建一个具体化的规范体系使这种领导、支持与保证得以具体落实而不走样。

此外,乡镇党委对新乡贤主体的监督也必不可少。乡镇党委对所属行政区划范围内的新乡贤组织负有监督职责。在新乡贤治理实践中,对那些可能偏离党的基本路线方针政策的组织或者个人行为应进行及时的纠偏,对于其违反《社会团体登记管理条例》规定的行为,可以建议登记机关或相关业务指导机关对之进行依法处理。另外,乡镇党委作为乡镇一级基层国家政权党的核心组织,在乡村社会治理中处于总揽全局的地位,应通过各种途径与手段确保乡村各类组织沿着党在新农村建设中的各项政策开展工作,确保各类乡村组织在乡村振兴的轨道上发挥积极作用。基层党委可以与乡村社会组织展开各类有利于乡村建设发展的合作事项,在乡村政治发展、乡村法治建设、乡村经济产业振兴、乡村文化传承创新、乡村生态环境保护方面、乡村精神文明建设等各个方面均需要进行有益的广泛的合作,形成乡村治理的合力。乡村基层度新乡贤组织之间可以通过制度化手段、规范化的方法将彼此之间的监督、

---

① 《中国共产党农村基层组织工作条例》(2019)第十九条第一款规定:坚持农村基层党组织领导地位不动摇,乡镇党委和村党组织全面领导乡镇、村的各类组织和各项工作。

合作予以形成常态化机制,推动乡村快速健康持续发展。

二、新乡贤法治主体与乡镇政府法治主体之间的指导、支持、合作、监督法律关系的构建

　　孙邦金、边春慧(2019)认为,政府治理主体与乡贤治理主体应该如何定位的问题,目前学术界提出了主从、辅助、弥补和替代等多种关系定位。学界对此还需要进一步凝聚共识,但在理论上必须清楚地指出,二者绝非相互替代、此消彼长的关系,而应是一种既博弈又合作的关系,乡贤权威的增大并不必然意味着基层政府权威的衰减。只是双方需要真正实现优势互补、良性互动的治理格局。① 从实践层面观之,他们之间的关系主要呈现在:一是乡镇政府对新乡贤主体的指导。乡镇政府与新乡贤组织之间的关系不是上下级关系,不是命令与服从关系,一句话,没有行政上的隶属关系,这一点需要搞清楚。在业务上,乡镇政府与新乡贤组织之间可以建立起指导关系,如在现代乡镇行政职能改革发展过程中,乡镇政府可以将一些纯粹社会公共事务向社会性、公益性组织进行转移,在此过程中,乡镇政府可以对基层自治性组织进行业务上的适当指导,以便于乡村自治性组织能够较好地承接社会性公共事务,更好地服务乡村。在日常的乡村治理与公共服务上,乡镇政府可以应新乡贤组织的需求,进行帮助指导。二是乡镇镇府对新乡贤主体的支持与合作。乡镇政府与新乡贤组织都是法人独立组织,一个是机关法人,一个是社会团体法人,在法律地位上二者之间是平等的。在有关乡村的公共服务上,二者之间有很多方面是有相似的功能的,当然一个是行政功能,一个是社会功能,有时乡镇政府出面不如乡村社会组织出面协调一些公务更加顺畅,二者之间还是有一定合作空间的。如乡村的拆迁、征地征收、乡村规划、乡村建设、乡村环境整治、空间整治,有时乡镇政府出面就是无济于事,反而需要类似村民委员会、新乡贤组织、德高望重的乡村贤达人士出面进行有效调停,才得以最终实现乡村行政目标。新乡贤组织的存在与发展在物质条件上、办公条件上有时需要乡

---

　　①　参见孙邦金、边春慧:《新乡贤参与乡村治理的功能再生与制度探索》,《广西师范大学学报》(哲学社会科学版)2019 年第 6 期。

镇政府提供最低限度的帮助,业务上必要的指导,乡镇政府在有些情况下也需要新乡贤组织与人员的帮助协调。在这种情况下,二者之间的相互支持与合作成为乡村治理与乡村建设发展的必然。三是乡镇镇府对新乡贤主体的监督。乡镇政府在与新乡贤共同致力于乡村发展过程中,有时需要负起监督职责。在一些由新乡贤承接政府的乡村公共事务中,为了保证公共事务的公共行政目标,需要对新乡贤组织事务完成的过程与结果进行适当业务监督。

概言之,乡镇政府与新乡贤主体之间应通过制度化、规范化的方法建立起相互关系运作的衔接机制,实现相互关系的法治化、规范化、制度化,实现相互之间的具体事务的可操作性。新乡贤组织不能成为村民委员会第二,演变成乡镇政府的下属单位,过多的承载来自乡镇基层政府的行政任务,那就失去了新乡贤作为独立自主的乡村自治社会团体法人的主体法律地位了,这一点需要注意避免。

三、新乡贤法治主体与村委会法治主体之间关系的法治化构建

新乡贤参与乡村治理,无法回避的关系是新乡贤主体与村委会、村支部之间关系的处理,两者之间法治化关系的建立与运行,是乡村法律治理的重要内容之一。

在有关新乡贤组织与村民委员会、村支部委员会之间的关系上,主要有如下不同的观点:第一种观点认为,新乡贤不必要成立专门的组织,或者即便成立组织,但是可以直接融入进现有的村支部委员会、村民委员会组织发挥作用。如丰宝宾(2020)认为,"新乡贤回归乡村治理的制度创制与现有'乡镇—村庄'层面的村庄两委制度、挂职制度等有序融合,不仅能够解决物质和荣誉激励问题,而且能够为新乡贤回乡提供多维度的制度身份。在国家治理体系特征的合法性背景下,制度身份与新乡贤在乡土社会的声望等因素共同影响了乡土社会对于新乡贤的接纳"①。这诚然是一种促进新型乡贤返乡实现制

---

① 丰宝宾:《制度整合、新乡贤与乡村治理——基于 S 县的案例分析》,《社会政策研究》2020 年第 3 期。

度内部接纳的一种方式,有利于创制一个新乡贤的制度化身份,进而便于其参与乡村社会治理,也是新乡贤参与乡村治理的平台型机制创制的一种思路。但是,这样的思路也有其自身的内在缺陷:一是原有的行政村存在凋敝丧失活力,甚至是长期的萎缩发展状态,这种输入新乡贤新鲜血液的做法是否具有普遍意义与预期功能的实现? 二是现有的行政村村支委、村委会在某种情况下的行政化倾向严重,自治性不足的状态下,甚至有些地区村委会与村民之间行政关系严重隔阂,在这样的情况下新乡贤的加入并不能必然地解决乡村治理的村行政组织作为国家在乡村准行政组织的僵硬性。进而无法解决作为基层乡村社会治理的灵活性,实现乡村社会的普遍和谐氛围,这令人担忧。三是通过现有的在村支部挂职第一书记或者在村民委员会任命为荣誉村主任等方式,解决制度化身份以及提供治理体制机制平台,这种路径并不能够有效容纳来自各种返乡新乡贤们的制度化身份的全部需求。很显然,我们不可能为返乡的新乡贤来乡村创业、参与乡村治理、振兴乡村文化者全部提供一个体制性或者类体制性身份,这也不是解决问题根本之道,因而,不具备普遍的适用性。四是新乡贤通过体制性融入到原有的村"两委"组织中,并不能从根本上改变原有组织的行政性有余自治性不足的现实,反而有可能僵化了新乡贤的活动能力与参与乡村治理的自由,最终限制了新乡贤的乡村治理作用的全面发挥。如张春华(2018)认为,村委员会在法律上来说是农村选举出来的村民自治组织,是在村民自治法这个法治框架下来运行并行使有关职能的。不过在运行实践过程中,从村委会的产生到实际运行过程,其行政色彩越来越浓,在此背景下现代乡贤的加入将是一个非常大的补充,能够解决很多实质性的问题。①新乡贤通过制度化交流进入村委会任职是实现新乡贤乡村社会治理的重要路径,但不是最佳路径。由于村委会在事实上确实要承担来自乡镇的各类行政事务或者授权性事务,加之村委会在物质经费、人员构成等方面对乡政党委政府的强烈依赖,在实践中并不具有完全的独立性。因而,新乡贤进入村委会体制性框架之后,虽然扩大了原有村"两委"组织治理的社会基础,但可能会在某种意义上削弱了新乡贤自身原先的灵活的活动意志与活动能力,反而不利

---

① 张春华:《缺位与补位:乡村治理中的现代乡贤》,《重庆社会科学》2018 年第 3 期。

于其充分地参与乡村社会公共事务的治理。

第二种观点认为,新乡贤组织是村委会、村支委的辅助性组织,在乡村治理中的作用是补位与辅助作用。代表性观点如张春华(2018)认为,合理区分党组织、村民委员会、乡贤理事会、乡贤参事会的职责定位。乡贤理事会、乡贤参事会是村"两委"的有益补充,它们润滑了基层社会关系、提升了基层工作针对性、增强了村民自治意识。要发挥它们补位和辅助的作用,必须在村"两委"村务决策中充分征求乡贤理事会和参事会意见,村级会议必须邀请乡贤代表列席,乡贤代表所提意见必须定期研究解决。① 又如张兴宇、季中扬(2020)在论及新乡贤参与基层协商民主的主体关系时指出,就其两者之间的互通关系来看,新乡贤参与的基层协商民主实践工作与村"两委"组织属于一种辅助治理关系,所以新乡贤面对基层协商民主实践工作时应当有所为有所不为,不能随意协商越位。② 并举例指出,江苏省扬中市新胜社区的做法,该区在协商制定乡贤会章程时,坚持的参政原则是"参政不干政,补台不拆台,帮忙不添乱,奉献不索取"的办会原则。③ 徐学庆(2021)指出,一要处理好新乡贤及其组织与村"两委"的关系。在实践过程中,新乡贤组织与村"两委"之间容易产生张力。村党支部是农村一切组织和全部工作的领导核心,担负组织制定本村经济和社会发展规划、对本村重大事项和重要问题作出决策建议、审议村委会及其他村级组织提交的重要事项和村集体较大支出请示等职责。村民委员会是依据《中华人民共和国村民委员会组织法》由村民选举产生的群众性自治组织。村"两委"与新乡贤组织之间的关系是主辅关系。对于新乡贤组织而言,一定要定位好自己的角色,做到既不越位,又不缺位。在新乡贤组织和村"两委"的关系中,村"两委"是农村基层治理的主要力量,新乡贤组织是治理的辅助力量。因此,既要规避只重视村"两委"而忽略新乡贤意见的倾向,也要防止新乡贤取代村"两委"的倾向。④ 杨帅、郭彩霞、刘淑兰

---

① 参见张春华:《缺位与补位:乡村治理中的现代乡贤》,《重庆社会科学》2018 年第 3 期。

② 参见张兴宇、季中扬:《新乡贤:基层协商民主的实践主体与身份界定》,《江苏社会科学》2020 年第 2 期。

③ 参见张兴宇、季中扬:《新乡贤:基层协商民主的实践主体与身份界定》,《江苏社会科学》2020 年第 2 期。

④ 参见徐学庆:《新乡贤的特征及其在乡村振兴中的作用》,《中州学刊》2021 年第 6 期。

（2021）认为，保障乡村治理实践沿着正确轨道前进，必须坚持村"两委"在乡村治理中的核心地位，新乡贤组织是乡村协同共治的重要组成部分，新乡贤组织是政府以及村"两委"的有意培植，在乡村治理中扮演着辅位角色，为村"两委"提供决策咨询和进行民情反馈的新型社会组织，二者是谋与断和掌舵与划桨的关系。云浮乡贤理事会职能定位是辅助与补位作用，划分与村组职能的区别，明确乡贤理事会是在基层政府与村党支部的领导下培育的，要接受村委以及自然村的业务指导。①

目前这种观点在学界处于主流地位，是绝大部分学者的主要观点，乡村治理实践中这种情形比较多。它的主要核心观点在于：新乡贤组织在与村委会之间的关系上是主辅关系，村委员会是乡村的主要组织，新乡贤组织是次要组织、辅助组织；村委会作为乡村地区的自治组织在乡村治理中起到主要作用，新乡贤组织的治理只能是补位、补充，不占主导地位更不能替代。因而，在法律关系上表现为，新乡贤组织是村委会的下属组织或者内设组织，服从村委会的领导与指挥。也有表现为对新乡贤组织的地位冷热不均、五味杂陈的心理状态，在实际工作中难免有时出现内耗或张力。长远来说，既不利于村委会有效行使职权，更不利于新乡贤主体独立自主地开展乡村治理与服务，侵蚀了新乡贤主体的独立社会团体法律地位主体资格。正如潘立峰、余彩龙、杨琴（2021）指出，作为乡贤参与乡村治理的社会组织——乡贤参事会的成立给乡村治理带来了新的挑战和问题。比如村"两委"对乡贤参事会的理事成员有把关权、个别村干部还在理事成员中等，通过这些举措确保乡贤参事会在村党组织的领导下开展活动。但新乡贤在乡村治理中的力量不容忽视，如果运用和引导监督不当，也会产生一定的弊端，甚至会动摇村"两委"的地位。如调研中发现乡贤参事会在当地村民中有很高的威望，甚至超过村"两委"；而村"两委"对乡贤的态度也冷热不均，既希望他们能出钱建设公共事业，又不希望他们过多地干预村级管理，怕影响自己在村里的权威。② 又如王国炜

---

① 参见杨帅、郭彩霞、刘淑兰：《新乡贤组织参与乡村治理的制度设计基于广东云浮乡贤理事会的考察》，《云南农业大学学报》（社会科学版）2021年第6期。

② 参见潘立峰、余彩龙、杨琴：《发挥好新乡贤文化的积极作用——以浙江省绍兴市上虞区为例》，《中国乡村发现》2021年第3期。

(2020)指出,新乡贤与乡村治理主体之间关系尴尬。我国目前的体制下,农村社区治理的主体是村支"两委"的基层干部。新乡贤参与农村社区治理,算不上"正规部队",充其量是"杂牌军"。这种身份的尴尬导致了新乡贤在乡村治理方面的实际效用相对有限,不具备普遍的权威性。同时,村民对新乡贤行为的认可度主要侧重于直接利益,当面临矛盾及困难时,乡民首选仍是现任村干部。而新乡贤一旦越权,很容易与村干部发生矛盾。①

　　由此看来,将新乡贤组织仅仅作为村委会组织的辅助组织,将新乡贤组织内嵌于村民委员会或者将新乡贤组织看作是村委会组织的下属组织都是值得商榷的。在理论上,新乡贤组织是一个独立的乡村社会组织,与其他乡村社会组织间的关系处于平等的法律地位,不存在从属或者隶属关系。乡村实践中,在行政村一级,新乡贤组织符合社团法人条件的,直接可以依法进行法人社团登记,取得社会团体法人资格。其与村委会之间相互处于法律上的平等主体资格地位,不存在谁领导谁的问题,新乡贤组织在人事、财务、组织上保持独立性。新乡贤组织与村委会共同处于村支部委员会的领导之下协同开展乡村工作,二者之间的相互支持与合作、监督关系,共同致力于党的基层乡村治理政策与发展政策的落实与执行。在乡村治理的作用上,新乡贤乡村治理与服务在某种意义上弥补村委会治理的缺陷与不足,在乡村自治与公共服务、社会文化传承等方面起到重要的补充作用、拓展作用,甚至某些情况下的主导作用。因而,笔者的主张是新乡贤组织与村委会之间的主体关系上没有主次之分,是并行关系、平等法律关系。新乡贤组织作为独立的社团法人在乡镇党委与村支委的领导之下,在新乡贤的章程范围内,独立自主、自负其责地开展乡村治理活动。

　　在法律关系上,既然二者之间是平等的法律关系主体,就应通过法治化、制度化、规范化的路径构建好新乡贤组织与村委会之间的法律关系机制,协调二者在乡村事务中的合作协同、互助互补、监督制约关系。正如学者刘馥琳(2021)指出完善新乡贤参与纠纷解决体制机制,首先要明确新乡贤参与矛盾

---

① 参见王国炜:《国家治理现代化视域下新乡贤参与农村社区治理的创新路径》,《安徽农学通报》2020 年第 18 期。

纠纷解决的身份定位,协调好新乡贤与村"两委"的关系,形成多元主体化解纠纷的联动与互补。① 实际上我们所需要的不仅仅是在纠纷解决体制机制方面,新乡贤与村委会需要构建起联动与互补的关系机制,而且在村庄经济发展、政治社会稳定、法律治理、乡村文化传承与创新、乡村精神文明建设、乡村生态环境保护等各个方面均需要建立起一般的与具体的法制化机制,以便于二者之间的合作、协同,互补互助优势的充分发挥而不是相互龃龉,同时又能够起到很好的监督制约作用。新乡贤组织与村委会组织在乡镇党委村支委的法治化领导之下,相互之间可能形成竞争性与合作性的乡村治理体系,二者之间既竞争又合作的法律机制的构建是有利于乡村民主与乡村自治的实践模式,他们统一于乡镇党委村支委的领导之下,共同发挥作用。杜何琪(2020)指出,从乡村政治制度空间中所处的结构来看,目前实践中的新乡贤组织可以概括为两种运行方式:平行式新乡贤组织和内嵌式新乡贤组织。这两种运行方式各自契合不同生态的乡村,各有特点、各有所长。所谓平行式新乡贤组织,乃意味着新乡贤组织与村民自治制度平行,共同运作共同发挥作用。另外一种新乡贤组织结构可以称之为内嵌式。这意味着在既有乡村政治制度运行的基础上,将新乡贤组织有机嵌入到既有治理机制当中,使得两者互为嵌套、相互融合,并在实际的村庄日常运行中发挥出治理的功能。② 由于这两种关于新乡贤组织与村"两委"关系实践模式在乡村治理中的运行时间都不是很长,他们的各自优势与弊端尚未充分显现,因而在理论上现在就给出定论也许并不科学,对此还需要进一步的长期观察。

概言之,新乡贤组织与现行的村委会组织一个属于乡村社会的社会性、公益性组织,一个属于法律上的自治组织,实质上的乡村准行政组织。它们之间在客观上存在互补互促作用,应该充分发挥它们的各自的优点,协同

---

① 参见刘馥琳:《关于充分发挥新乡贤化解矛盾纠纷作用的路径研究——基于 H 省六地的实证考察》,《智启雄安——第九届公共政策智库论坛暨乡村振兴与"一带一路"国际研讨会论文集》2021 年版,第 559—566 页。

② 参见杜何琪:《"代理人"的代理人:新乡贤的兴起、组织与功能——基于国家政权建设的视角》,《复旦政治学评论》2020 年第 1 期。

于乡村治理实践。谁来协同？乡镇党委与村支委,通过党的乡村领导体系来予以协同,在他们之间构建起法治化、规范化、制度化的协调行动机制。

四、新乡贤法治主体与工青妇等其他法治组织之间的法律关系构建

新乡贤主体与乡村工青妇以及其他各类乡村组织之间在法律关系上处于平等地位。依据《中华人民共和国工会法》(2009 修正)(以下简称《工会法》)第二条规定,工会是职工自愿结合的工人阶级的群众组织。依据《中国共产主义青年团章程》(2018 修正)(以下简称《共青团章程》)规定,中国共产主义青年团是中国共产党领导的先进青年的群团组织,依据《共青团章程》(2018修正)第二十二条①、第二十四条规定,乡村应该建有共青团基层组织,负责乡村青年的各项工作。依据《妇联章程》(2018 修正)第二十五条、第二十六条及第一章一至九条规定,乡村普遍成立妇联组织,其名称为妇女联合会,是党委领导下的群团组织。目前来看,工会组织主要在一些乡镇企业较为集中的村庄存在并发挥作用,乡村的共青团组织主要在乡村中小学发挥作用,妇女联合会简称妇联,作为党委领导下的群团组织在乡村存在并发挥作用。如上所述,近些年来,由于各种原因,这些组织在乡村发挥作用的表现有所不足,有些地方乡村纯属摆设,没有真正地形成沉入乡村的基层治理力量。新时代需要整合资源,将乡村的工会组织、妇联组织、共青团组织与新乡贤组织进行有效对接,逐步形成在基层党委领导下的各负其责、相互合作协同的治理主体性力量,共同致力于乡村社会治理,共同促进乡村的经济社会发展。这就要求,进一步在基层党委的领导与协同之下,形成新乡贤组织与这些组织之间的法治化、规范化的运作机制,形成良好的健康的乡村法律治理共同体。

---

① 《共青团章程》(2018 修正)第二十二条规定:企业、农村、机关、学校、科研院所、街道社区、社会团体、社会中介组织、人民解放军连队、人民武装警察部队中队和其他基层单位,凡是有团员三人以上的,都应当建立团的基层组织。

第四节　构建党委领导下的新乡贤主体与乡村各类法治主体的融合性治理

一、新乡贤参与农村治理及其法治化运行必须坚持党的领导

（一）新乡贤参与农村法律治理坚持党的领导的必要性

坚持党对农村工作的领导是我们中国共产党的历史传统。十九届四中全会提出，"中国共产党领导是中国特色社会主义最本质的特征，是中国特色社会主义制度的最大优势，党是最高政治领导力量。必须坚持党政军民学、东西南北中，党是领导一切的，坚决维护党中央权威，健全总揽全局、协调各方的党的领导制度体系，把党的领导落实到国家治理各领域各方面各环节"①。"完善党领导人大、政府、政协、监察机关、审判机关、检察机关、武装力量、人民团体、企事业单位、基层群众自治组织、社会组织等制度，健全各级党委（党组）工作制度，确保党在各种组织中发挥领导作用。"党对农村工作的领导贯穿在革命、建设、改革的全过程，这是基本事实。历年中央一号文件都充分体现了党中央对于农业农村农民工作的重视，党的章程、党的农村工作条例，以及不同时期针对乡村发展的党的政策、国家政策，都是在党的领导之下所做出的。新时代乡村建设中，党提出了社会主义新农村建设、乡村振兴战略，要建设"产业兴旺、生态宜居、乡风文明、治理有效、生活富裕"②的社会主义新农村，这是新时代党对乡村建设与发展的长远规划。正如何锡辉、陈平其（2020）指出，"三农"问题历来是党和国家工作的重中之重。在新时代，村级党组织在引领乡村振兴的实现、推进全面从严治党向纵深发展以及提高乡村治理水平

---

① 《中共中央关于坚持和完善中国特色社会主义制度　推进国家治理体系和治理能力现代化若干重大问题的决定》（2019年10月31日中国共产党第十九届中央委员会第四次全体会议通过），见 https://baijiahao.baidu.com/s? id=1649356270872775720&wfr=spider&for=pc，2021年5月24日访问。

② 参见《中共中央国务院关于实施乡村振兴战略的意见》（2018年1月2日），见http://m.law-lib.com/law/law_view.asp? id=610637&page=1，2021年12月8日访问。

等方面,承担着新的历史使命。① 这个新的历史使命体现在乡村政治、经济、社会、文化、生态、精神文明建设等各个方面,尤其是要抓住乡村发展的关键少数。党的基层组织富有有效领导整合乡村各类组织,动员乡村民众广泛参与到乡村建设发展的重要使命与担当。

　　法治是党执政方式的基本路径,是治国理政的基本方略。新时期党的执政方式的重大转变就在于推进依法执政。依法执政贯穿在党和国家、社会治理事业的各个方面,一方面表现在党要管党,依法治党;另一方面,党要领导全国各族人民依法治国,唯有如此,才能在实践中保证党和国家的长治久安。2013 年 11 月,十八届三中全会提出"国家治理体系和治理能力现代化"的重大命题,2019 年 10 月,十九届四中全会审议通过《中共中央关于坚持和完善中国特色社会主义制度　推进国家治理体系和治理能力现代化若干重大问题的决定》,指出法治是推进国家治理体系和治理能力现代化的基础,国家治理体系和治理能力现代化必须在法治的轨道上运行。基层社会治理,是整个国家治理的有机组成部分,乡村治理体系与治理能力的现代化是整个国家治理体系和治理能力现代化的基础性环节。因而,如何实现在法治的轨道上对乡村治理体系与治理能力现代化予以稳步推进,很显然是对基层党委的一项重大考验。

　　基层社会治理中,特别是乡镇一级的乡村社会治理,是农村社会治理的"最后一公里"。新时代的乡村治理需要把握住新时代的乡村治理的客观实际与特点,乡村社会的人口状况、经济结构状态、交通状况、民族构成、年龄结构、性别结构、宗教宗族状况等均需要统筹兼顾。特别是对行政村范围内的各类乡村社会组织包括村民委员会组织、工青妇组织、新乡贤组织、各类乡村的专业合作社组织等进行全面有效领导,抓住关键少数,带动绝大多数乡村百姓参与进乡村治理与乡村经济社会发展。

　　基层党委对新乡贤组织的领导必要性体现在以下几个方面:一是加强基层党委对新乡贤组织的领导是巩固与扩大党在基层社会治理中执政基础的必

---

　　① 参见何锡辉、陈平其:《村级党组织标准化建设探析——基于 L 县的考察》,《长白学刊》2020 年第 6 期。

然要求。党的政治优势在于善于统揽全局、协调各方,在乡村治理中,需要基层党委的战斗堡垒作用,充分发挥团结带领乡村各类组织致力于党在农村的事业的积极性与使命担当。基层党委通过加强对新乡贤组织的领导,有效地调集新乡贤力量投身乡村建设发展,实际上是巩固了党在乡村社会的执政的政治基础与社会基础。二是加强党在乡村治理中的对新乡贤组织的领导是乡村社会稳定发展的政治保证。基层党委领导确保乡村各类组织沿着党在乡村的路线方针政策上健康发展,不致偏离乡村振兴的基本方向。基层党委对于新乡贤组织在政治方向、组织建设、思想引领等方面能够起到把方向、稳大局的作用。通过法治化的、制度化的、规范化的运作机制,形成对新乡贤在类的各类组织的有效领导,确保各类组织的行动目标与党和国家在乡村社会政策目标相一致,更好地体现乡村民众的利益诉求。三是加强党对新乡贤组织的领导是在乡村社会推行有序治理,加强乡村法治建设,构建乡村治理体系与治理能力现代化的必由之路。乡村治理体系与治理能力的现代化需要在法治的轨道上循序渐进式进行,乡村社会治理的有序推进,需要基层党委协调统筹,构建法治化的乡村运行体系与协调机制,使得各类组织能够有条不紊地将各类优质资源,包括人力的、物力的、财力的、智力的等各方面的资源贡献于乡村的政治、经济、社会、文化、生态以及其他各项事业中去,推动乡村的蓬勃发展,实现城乡人民共同富裕。

(二)党的领导在新乡贤参与农村治理法治化创新实践与制度形成中的具体实现路径

党在我国农村新乡贤社会治理法治化创新实践与制度形成中的具体实现路径主要包括:一个基础,三个环节。一个基础是指加强党的自身的建设,打铁还需自身硬,加强党的自我建设是根本,尤其是法治建设和制度建设。一方面要通过党规党法,加强自我规范化法制化建设,另一方面要有序领导人民推进法治国家、法治政府、法治社会不断全面提升发展。在改革开放的实践中持续性改善党的执政方式,在治国理政的道路上自觉地运用法治思维、法治方式处理改革、发展、稳定中遇到的各种挑战、各种问题。这是新时代实现党的意志的创新性思路与路径。依法执政是对党新时代领导方式的重大考验,依法执政贯穿于国家与社会治理的全过程,体现在城市与农村发展的全过程。尤其是乡村治理与乡村振兴事业中,如何创新党对乡村治理体系与治理能力完善提高,是一项基础性法治与社会治理工程。加强基层党委的领导力建设已经成为当务之急,这需要进一步夯实党的基层组织的建设特别是党的支部制度建设与制度落实,不断提高党的基层党委与支部支委会的领导力、协调力、统筹力、战斗力。陈立栋(2020)指出,农村党支部的配置完备,但农村党支部在参与乡村治理的过程中还存在支部建设活力不足,创造性开展乡村治理的主动性不强,广大普通党员在乡村建设中很少发挥独特作用,农村党支部的凝聚力和号召力不足等问题。为更好地发挥农村党支部参与乡村治理的功能,务必在加大对农村党支部培训提升的基础上,深入推进党建阵地建设,不断提升党建平台的服务水平,不断挖掘普通党员的政治使命感,激活普通党员参与乡村治理的热情,更重要的是还要通过各种措施不断提升农村党支部书记的责任心和担当精神。① 不断推进党的基层党委、党的支部委员会、党支部等党的组织建设、制度建设、文化建设、能力建设已经成为构建乡村党建的核心问题。在此基础上,不断形成党的基层组织所领导的各类乡村组织协同共进的乡村治理新格局是乡村党的治理事业的核心抓手。

新时代乡村治理,如何推进并有效实现基层党委对新乡贤组织的制度化创新与实践的引领,主要体现在三个环节:一是党的思想理论引领。党的思想引领,是指不断推进理论创新,用党的创新理论武装头脑、统一思想、指导实践、推进工作、抵御错误思潮干扰。② 这就要求必须用马列主义、毛泽东思想、邓小平理论、"三个代表"重要思想、科学发展观以及习近平新时代中国特色社会主义思想武装全党,武装全体人民。在新时代社会主义新农村建设征程中,在乡村振兴的前进过程中,我们必须更加自觉地运用党的新思想新理念来实现对乡村各类社会组织的思想引领,形成对乡村治理过程中各类主体的常态化宣讲机制,制度化思想理论融入机制,常态化评价考核机制,使得党的思想与理论真正进入乡村各类组织与群众的头脑,自觉的践行党提出的理论主张。二是党的政治方向引领。党的政治方向引领是解决走什么道路的问题,

---

① 参见陈立栋:《农村党支部在促进乡村治理中的功能研究》,《学校党建与思想教育》2020年第12期。
② 参见艾医卫:《科学理解和提升党的思想引领力》,《中国领导科学》2018年第2期。

新时期推进乡村振兴,就是要走城乡融合发展道路,实现城乡民众的共图富裕,这是党在乡村发展上的基本道路。农村基层党组织是农村政治领导核心,是农村经济社会发展的领航人,其政治把控力状况对农业、农村、农民的发展至关重要。农村基层党组织要坚定政治方向,充分发挥政治效能,加强对农村经济社会发展的政治引领。在涉及农村各类组织建设问题上,在新乡贤组织的构建与乡村治理实践中,始终把握新乡贤等各类组织的政治方向是基层党委基层党组织的重要任务。正是在这个意义上,构建一个基层党委、基层党支部、支部委员会对于新乡贤组织发展政治方向的法治化监督制约机制与系列化制度成为引领其发展的基本举措。三是党的组织协调引领。基层党委在组织上有力是至关重要的,组织协调能力、统筹能力是基层党委的一项重要能力指标。如何将新乡贤组织、村委会组织以及乡村各类组织有效的集中协调组织起来,形成乡村经济社会发展的共建共治共享新格局,是乡村党的领导的新课题。

二、构建基层党委领导、新乡贤等社会组织协同、乡民广泛参与的法律治理新机制

党的十八大报告中指出,必须坚持党的领导、人民当家作主、依法治国有机统一,以保证人民当家作主为根本,以增强党和国家活力、调动人民积极性为目标,扩大社会主义民主,加快建设社会主义法治国家,发展社会主义政治文明。要更加注重改进党的领导方式和执政方式,保证党领导人民有效治理国家;①要健全基层党组织领导的充满活力的基层群众自治机制,以扩大有序参与、推进信息公开、加强议事协商、强化权力监督为重点,拓宽范围和途径,丰富内容和形式,保障人民享有更多更切实的民主权利。② 党的十九届四中全会决定指出,社会治理是国家治理的重要方面。必须加强和创新社会治理,

---

① 胡锦涛:《坚定不移沿着中国特色社会主义道路前进　为全面建成小康社会而奋斗——在中国共产党第十八次全国代表大会上的报告》,见 http://dx.njupt.edu.cn/2012/1124/c3410a52388/page.htm,2021 年 5 月 16 日访问。

② 胡锦涛:《坚定不移沿着中国特色社会主义道路前进　为全面建成小康社会而奋斗——在中国共产党第十八次全国代表大会上的报告》,见 http://dx.njupt.edu.cn/2012/1124/c3410a52388/page.htm,2021 年 5 月 16 日访问。

完善党委领导、政府负责、民主协商、社会协同、公众参与、法治保障、科技支撑的社会治理体系,建设人人有责、人人尽责、人人享有的社会治理共同体……完善群众参与基层社会治理的制度化渠道,健全党组织领导的自治、法治、德治相结合的城乡基层治理体系,健全社区管理和服务机制,推行网格化管理和服务,发挥群团组织、社会组织作用,发挥行业协会商会自律功能,实现政府治理和社会调节、居民自治良性互动,夯实基层社会治理基础。① 2018 年中央一号文件指出,乡村振兴,治理有效是基础。必须把夯实基层基础作为固本之策,建立健全党委领导、政府负责、社会协同、公众参与、法治保障的现代乡村社会治理体制,坚持自治、法治、德治相结合,确保乡村社会充满活力、和谐有序。② 从党和国家最近几年的对于社会治理的关注以及相关政策来看,对于构建一个怎样的乡村社会治理体系已经有了初步的顶层制度化的设计。那就是在乡村地区基层治理中,构建一个基层党委领导、政府负责、社会协同、公众参与、法治保障、科技支撑的乡村社会治理体系与运行机制。对于在基层党委领导下成长起来的新乡贤组织,当然自不例外,需要与乡村其他组织一起协同于党组织的领导之下。

在乡村治理实践中,如何构建一个由基层党委领导的乡村各类组织协同的治理体系,是一个重要挑战。正如笔者前面所阐述的,乡村治理体系与治理能力的现代化的实现必须走法治化、制度化、规范化道路,在法治的轨道上推进整个乡村治理体系与治理能力的现代化是构建乡村基层党委领导下的乡村治理体系与运行机制的核心与关键。依法执政对于乡村党组织来说就是依法领导乡村各类组织协调一致地参与乡村各项建设与发展。这就需要有创新型法治思维,形成制度化协调机制,制度化工作内容,在基层党组织与新乡贤、村委会以及乡村工青妇之间形成相互配合、民主协商、多方协同的治理体系,以乡村自治、法治、德治"三位一体"的内容体系,以共谋共建共治共享为行动指

---

① 《中共中央关于坚持和完善中国特色社会主义制度　推进国家治理体系和治理能力现代化若干重大问题的决定》,2019 年 10 月 31 日中国共产党第十九届中央委员会第四次全体会议通过。

② 《中共中央国务院关于实施乡村振兴战略的意见》,由中共中央、国务院发布,自 2018 年 1 月 2 日起实施。

南的法治化运行机制。通过基层党组织的自我创新性实践机制,不断推进基层党组织自身的法治化建设,以党组织的法治化、制度化建设,实现其与乡村其他乡村治理主体之间的法律治理机制的构建与创新。

只有通过不断优化乡村基层党组织为引领的,以村委会、新乡贤参与下的多方治理主体的协同共进法治机制,才能在此基础上实现带动乡村民众的广泛参与乡村建设过程的示范效应。概言之,构建以基层党组织引领机制为主导的,新乡贤组织、村委会组织以及乡村各类组织协同参与的法治化治理机制是乡村治理的长效机制,辅之以法治保障与现代科技支撑体系,应该成为乡村治理的基本治理模式。

三、新乡贤参与农村治理与法治运行需融入整个国家治理体系与治理能力现代化全过程

新乡贤治理实践需要融入进中国整体性推进的现代化治理的整个过程体系之中,是国家治理体系和治理能力现代化的必要的基层组成部分。走城乡融合性治理,运用现代化、信息化、工业化、城市化、法治化的最新成果融合于乡村的现代化发展,走乡村振兴的共同富裕道路是我们乡村治理的基本道路,这个道路就是乡村治理体系与治理能力现代化的过程。新乡贤组织作为乡村地区的新兴组织,其参与乡村治理过程之中,是在现代化背景之下,新时代基层党组织的引领之下所形成的现代化治理体系之中而形成的一种乡村法律化治理机制,其成长发展伴随着现代化的进程得以精进。

（一）新乡贤参与下的农村治理是国家治理体系和治理能力现代化的重要组成部分

王永成(2006)认为,作为过程,现代化是指人类从传统社会向现代社会的转变。现代社会是一个相对概念,指社会发展阶段上人类的理想与现实条件和能力的一种耦合,即在某一历史时段人类向理想社会迈进所能达到的最佳状态。① 罗荣渠(2009)认为,广义的现代化主要是指自工业革命以来现代生产力导致社会生产方式的大变革,引起世界经济加速发展和社会适应性变

---

① 参见王永成:《经济全球化与中国政府能力现代化》,人民出版社 2006 年版,第 75 页。

化的大趋势,具体地说,就是以现代工业、科学和技术革命为推动力,实现传统的农业社会向工业社会的大转变,使工业主义渗透到经济、政治、文化、思想各个领域并引起社会组织与社会行为深刻变革的过程。① 徐勇(2003)认为,现代化伴随着工业化和城市化。但现代化不可能抛弃农业,也不可能使所有人口都进入城市。对于一个国家来说,只有农业和农村都能达到现代化,才能是真正的完整意义上的现代化国家。因此,在现代化进程中,乡村治理的一个重要目的是促进经济发展,推进农业和农村的现代化。② 这里均提到了一个重要命题,那就是现代化的进程不能缺少农业农村农民的现代化,没有"三农"的现代化就不是真正意义上的现代化。同时,"三农"的现代化在更为深层次的问题上是实现农村社会治理、农村政治民主、经济发达、法治昌盛、精神焕发、农村文化、农村生产生活的现代化等在内的全面现代化。本质上不仅仅是物质技术的现代化,而更应该是人的现代化,制度现代化、治理与法治的现代化、精神现代化。冯留建、王宇凤(2020)指出,乡村治理是国家治理的有机组成部分。乡村治理现代化既是国家治理现代化的重要内容,又是实施乡村振兴战略的重要抓手。新时代乡村治理现代化,必须以价值体系为引领,以能力体系为支撑,以制度体系为保障。新时代乡村治理现代化实践既要坚持理念创新,重构乡村治理现代化的价值体系;又要强化党建引领,完善乡村治理现代化的能力体系;还要实施"三治"融合,构建乡村治理现代化的制度体系。③ 正是在这个意义上,可以认为乡村治理的现代化是价值体系现代化、党建引领能力现代化与制度体系创新现代化的有机统一体。其中,价值体系现代化是文化现代化的核心内容,文化现代化核心关键在于形成现代化的价值体系,社会主义核心价值观就是这一体系在现阶段高度概括,并随着社会主义现代化国家与社会发展不断丰富发展。党引领能力现代化就是党时刻站在时代的前头,引领国家社会朝着人们的梦想前进,沿着社会主义共产主义的道路前

---

① 参见罗荣渠:《现代化新论——世界与中国的现代化进程》,商务印书馆2009年版,第5页。

② 参见徐勇、徐增阳:《流动中的乡村治理——对农民流动的政治社会学分析》,中国社会科学出版社2003年版,第33页。

③ 参见冯留建、王宇凤:《新时代乡村治理现代化的实践逻辑》,《齐鲁学刊》2020年第4期。

进。目前在乡村治理的阶段性目标就是实现城乡人民共同富裕,全面建成小康社会,实现美丽乡村、富饶乡村、法治乡村、生态乡村、文明乡村的乡村建设目标。而这一切均需要制度化治理体系作为支撑,没有一个制度化的治理体系作为支撑,一切现代化都难以实现,因而,制度化的保障体系显得尤为重要。制度化的保障体系是乡村社会实现现代化的重要支撑点,新乡贤参与下的乡村治理必须依赖于现代化的价值体系、现代化的乡村领导运行体系机制以及现代化的乡村制度体系,只有三者有机结合、协调运行,才能保障乡村治理现代化的顺利进行。《中华人民共和国国民经济和社会发展第十四个五年规划和 2035 年远景目标纲要》提出,展望 2035 年,我国将基本实现社会主义现代化。经济实力、科技实力……经济总量和城乡居民人均收入将再迈上新的大台阶,关键核心技术实现重大突破,进入创新型国家前列。基本实现新型工业化、信息化、城镇化、农业现代化……基本实现国家治理体系和治理能力现代化……人才强国、体育强国、健康中国,国民素质和社会文明程度达到新高度,国家文化软实力显著增强。这其中农业现代化以及农村现代化、农民现代化所构成的"三农"现代化是整个中国整体推进全方位现代化的基础组成部分,实现国家的现代化关键在农村,根基在农村,任重而道远。推进以基层党组织为核心的、新乡贤等多主体协同、乡民广泛参与的法治化乡村治理体系与运行机制,是实现现代乡村发展的制度性保障。

（二）新乡贤主体农村协同治理与法治运行需融入整个国家治理体系和治理能力现代化全过程

一般意义上的协同治理（Collaborative Governance）理论,既是对传统公共行政的替代,也是对新公共管理理论的替代。从 20 世纪 90 年代开始,在全球化、信息化的冲击下,在西方发达国家,随着人们对政府失败和市场失灵的认识不断深化,公民社会的不断发育和众多社会组织集团的迅速成长,公共协同治理理论普遍受到西方学界的重视。"作为一种新型的公共管理理论,该理论对老的公共行政理论进行更加彻底的反思和批判,同时对新公共管理理论和新公共服务理论之合理内核进行整合,其核心观点是主张通过合作、协商、伙伴关系,确定共同的目标等途径,实现对公共事

务的管理。"①治理理念的兴起,使公共管理理论实现了从管理(Management)
到治理(Governance)的跨越,而这一跨越被称为公共管理领域最重要的发展
之一。我国从计划经济体制走向现代市场经济体制,背负了传统行政管理体
制的沉重负担,进行现代化公共治理转型是迫切的社会需求,但在指导理论上
绝没有必要照搬西方的观点与路径。从传统公共行政管理,到新公共管理理
论,再到协同治理理论,这些理论有其特定的制度与文化背景、现实实践基础,
不能不加区别地直接套用。而是应该基于中国的制度优势与现实国情背景的
需要,适时构建中国特色的完全符合中国现代化发展的历史进程、体现中国社
会历史发展规律的、对中国社会经济发展有前瞻性指导意义的、现代化社会协
同治理理论框架和制度体系,形成中国特色的有效协同治理理论体系与协同
治理的能力的理论与制度体系、实践范本体系。

1. 新乡贤主体参与乡村协同治理展示了乡村党组织领导的多元协同
治理主体结构整体提升的现实路径

事实上,中国共产党对国家和社会事务的全面领导和长期执政地位、人民
主体地位、中国特色的协商民主制度、基层社会自治制度等根本或基本制度设
计,既具有追求协同治理的内在强大动力,也具有自身的制度优势。因此,伴
随着新时代的到来,以执政党重大决策的方式,在社会治理方面形成了构建中
国特色协同治理理论的共识:加强社会治理制度建设,完善党委领导、政府负
责、社会协同、公众参与、法治保障、科技支撑的社会治理体制,提高社会治理
社会化、法治化、智能化、专业化水平。② 它明确了中国社会治理是执政党组
织、人民政府、各类社会组织包括民主党派、群团组织、社会组织、企事业单位、
行业协会商会和广大民众的高水平协同共治,即基于中国特色的国家和社会

① 曹鲲:《公共管理学科规范发展的基本路径:学科定位与教学模式革新》,《内蒙古财经
学院学报》(综合版)2012 年第 3 期。

② 参见习近平:《决胜全面建成小康社会　夺取新时代中国特色社会主义伟大胜利——
在中国共产党第十九次全国代表大会上的报告》。党的十九届四中全会《中共中央关于坚持和
完善中国特色社会主义制度　推进国家治理体系和治理能力现代化若干重大问题的决定》的表
述是,"社会治理是国家治理的重要方面。必须加强和创新社会治理,完善党委领导、政府负责、
民主协商、社会协同、公众参与、法治保障、科技支撑的社会治理体系,建设人人有责、人人尽责、
人人享有的社会治理共同体,确保人民安居乐业、社会安定有序,建设更高水平的平安中国"。

的特定结构性关系,形成中国特色的合作共治的协同治理体系,构建中国特色的社会治理共同体。对中国广大乡村协同治理体系的加强和创新而言,就是要构建乡村党组织引领、政府负责、社会组织协同、村民群众广大参与的乡村社会治理主体结构体系,形成以村民自治为基础、法治为保障、德治为引领的"三治合一"基层治理制度体系,并获得信息网络、大数据、云计算、区块链等现代科技的有效支撑,形成共建、共治、共享的社会治理格局和制度化治理共同体。这种乡村治理体系的主体结构、制度体系、治理格局和共同体建设,在基本路径上要求:要进一步强化乡村基层党组织对政府和社会全面领导与协调能力,基层政府要健全社区管理和服务机制,推行网格化治理与服务,"使社会治理和服务重心向乡村基层下移,把更多资源下沉到乡村基层,更好提供精准化、精细化公共服务"①;基层党组织和政府要高度重视"发挥群团组织、社会组织作用,发挥行业协会、商会自律功能,实现政府治理和社会调节、居民自治良性互动,夯实基层社会治理基础;还要注重发挥家庭、家教、家风在乡村基层社会治理中的重要作用"②。这种理论,彻底超越了那种认为国家体系含执政党的领导和执政权力体系和社会自治空间大小是零和博弈性分配的狭隘视野范畴,强调的是执政党引领组织协调能力、政府主责能力与执行力、民主协商博弈能力、社会协同合作能力、民众民主自治能力和政治参与能力在人民主体地位原则基础上的共同增强和良性互动。

作为新乡贤主体的新乡贤组织,其基本属性是村民志愿者组织和村民自治组织的扩展性组织或乡村社会的补充性社会公益性组织。作为社会组织,其主要在于乡村社会治理体系中要发挥社会治理的协同作用。但需要指出,"社会协同"这一中国社会治理体系的特定结构性属性,意义并不仅仅在于明确了各类社会组织对党组织领导、政府负责、民主协商、民众参与的协调、合作、同步的配合支持地位,还在于同时明确了所有社会治理主体,不管其在社

① 顾元:《市域社会治理的传统中国经验与启示》,《中共中央党校(国家行政学院)学报》2020 年第 4 期。

② 《中共中央关于坚持和完善中国特色社会主义制度 推进国家治理体系和治理能力现代化若干重大问题的决定》(2019 年 10 月 31 日中国共产党第十九届中央委员会第四次全体会议通过),见 http://www.nmgjjjc.gov.cn/single/2019/11/06/19110609542471418364-18050210073909710005.html,2022 年 1 月访问。

会治理体系中的基本结构性定位如何,都毫无例外地对其他主体同样具有协同地位、发生协同关系、承担协同责任。因为所谓协同,就是指协调两个或者两个以上的不同资源、元素或者主体(可统称为要素),形成体系或系统,协同一致地完成某一目标的过程或能力。它强调的是体系内各要素相互之间的、多层面的、复杂的主动与受动的交互作用。协同是指整个目标体系中要素对要素的一种相互关系构成相辅相成、相互融合与相互支持、相互协作及配合能力,表现为各个不同具体的要素在体系整体发展运行过程中相互之间的某种协调与合作一致的属性。作为整体的体系内各个结构要素各自之间的整合、融通、协调、配合、支持、协作形成聚合效应、整体效应、拉动效应,从而共同产生内在矛盾动力体系推动事物向前发展。对事物的变化与发展而言,协同的作用与效果是增强了个体活力、提升个体能力、使个体获益,而与此同时增强了整体效能、整体加强,整体提升创新,进而实现共同发展、向前发展,促使事物内部不同要素之间的属性与活力以及食物的整体性质属性显著增强并互相增强、向积极方向发展的这种要素之间的相干性即为我们所说的协同性。因此,通过明确社会治理体系中的社会协同这一特定结构性问题,也就等于明确了其他所有结构性主体协同地位和责任。因此新乡贤作为协同性社会组织在乡村治理体系的出场,不仅体现了社会组织协同治理能力的提升,还意味着通过这种协同,强化了其他社会治理主体相应治理能力的有效提升,而这种能力无疑都包括其与其他社会治理主体的相互协同能力互相同步增强,从而在一定意义上可以引发整个治理体系和治理能力的蝶变效应。因此,新乡贤组织及其成员作为协同性社会治理主体,其制度性出场和有效发挥作用,对我国现代乡村治理体系各主体结构性治理能力和协同能力的提升,是全方位的。同样,也可以说,其他结构性社会主体的治理能力的完善或提升,新的协同性结构要素的加入,也会产生同样的效应,尽管可能存在程度上的差异性。广大乡村的新乡贤组织及其人员参与乡村社会治理的实践,具有整体提升乡村党组织领导的多元协同治理主体架构的明显实效,有效证明中国特色的乡村党组织领导下多元主体协同共治理论的科学性,值得认真分析总结。

第一,乡村基层党组织领导核心地位、领导表现力及其协同能力显著提升。从乡村治理的实践观察来看,基层党委的领导能力与综合协调能力各方面由于新乡贤的加入而得到了有效增强与提升。正如笔者在梁寨镇新乡贤治理实践中所观察到的,梁寨镇新乡贤组织的成立就是源于梁寨镇乡镇党委与政府在乡村治理实践中践行党的群众路线、密切党群干群关系的具体工作过程中予以发掘并得以诞生的。梁寨镇党委政府在领导实践中通过干部挂村,密切与群众关系千方百计解决群众问题过程中发现,仅仅依靠乡镇上的几个干部以及村委上的几个党员来面对乡村治理中的千头万绪的琐碎事务很显然是力所不逮的,而且效果有限,正是在这样的背景下,想到了进一步组织群众发动群众需要改进工作的思路与方法。与此同时,在梁寨的各个村落上,一直有一些先进的村民、热心的村民在对周围村民进行帮扶、在对公共事务出力,乡村上助人为乐帮助他人的、帮助社会做好事做善事的贤达人士不在个别,而是有一个潜在群体。这一群体的特征是:一些退休的老干部、老党员、老教师、老支书、老村长、老退伍军人以及乡村中的各类经济法治文化能人等等。这让乡镇党委政府看到了乡村治理的内在生机与活力,因而,通过有效的进一步引领组织协调,使得这支地下游击队从散兵游勇变成正规军。新乡贤组织在这一背景下始得正式形成,通过几年的循序实践与推行,梁寨镇新乡贤治理的社会效果有显著改善。这一实践从根本上进一步加强了乡村治理中村民的社会主体地位的提升与村民乡村主人翁感的加强;同时,这一实践也是对乡村自治组织自治能力的又一次检验与拓展以及对村民参与能力的有效提升;这一实践的政治社会效果是增强了基层党委政府的领导服务能力的改进与发展创新;有效地破除了长期以来困扰乡村治理乡镇干部人少事多,忙于应付焦头烂额的窘境。这一实践是乡村党组织主动联系群众发动群众创新乡村社会治理的新举措新机制,通过构建新乡贤相关治理组织的平台,使得乡村各类热心公益、社会上心系乡村怀有桑梓情怀的贤德人士得以加入,扩大了乡村党组织的政治基础与社会基础,进一步强化了乡镇党组织的领导力、组织力、协调力、号召力、引领力,进一步扩大了基层党委在乡村的组织平台、治理平台、领导平台,进一步加强了乡镇党委政府、乡村组织与一般村民的鱼水关系情,进一步优化了党群干群关系。这也充分地体现了基层党组织对乡镇政府、村民委员会组织、新乡贤组织等其他社会组织、广大村民参与的民主协商的全面统合能力得到了全面彰显,是新时代的乡村治理创新型实践。

第二,乡镇政府履行管理服务的社会治理主责能力及其协同能力,因新乡贤这一社会组织的协同治理而强化、提升。新乡贤组织从一开始就得到乡镇政府的支持和指导,将自身定位于政府的好帮手。其从事的社会治理事务,如法律政策宣传、村民之间或干群之间矛盾纠纷化解、社会治安巡防协助、移风易俗的倡导、公共空间和公共设施的维护、环境卫生的维护、扶贫和公益设施的建设等等,也都是乡镇政府管理和服务村民的责任性事务或相关事务。因有新乡贤人员汇集民情民意,上下沟通,消除误解,化解矛盾,带头或推动进行扶贫和公益捐助等行为,有效减少了乡镇机关及其干部在履行职责的盲目性、简单化做法及其引发矛盾纠纷可能性,增强了广大村民对政府管理和服务工作的配合、支持力度,形成上下共治的合力。这为乡镇政府落实服务管理职责提供了有力的"落地"渠道和组织性协助力量。它不仅促进了乡镇政府有效落实党的乡村振兴战略、扶贫惠民政策,充分承担和落实自身的服务管理职责,促进了其对村民自治组织和空间壮大的认同和支持,还促进了广大村民对乡镇政府治理行为的认同、支持和配合。简言之,新乡贤组织的出现,有效促进了乡村政府主责治理的能力及其与其他治理主体的协同能力。

第三,村民自治委员会的落实村民自治和协同社会治理能力,因新乡贤组织及其人员的协同治理而提升和强化。依据我国《村民委员会组织法》第二条的规定,村民自治委员会是村民自我管理、自我教育、自我服务的基层群众性自治组织,实行民主选举、民主决策、民主管理、民主监督。村民委员会办理本村的公共事务和公益事业,调解民间纠纷,协助维护社会治安,向人民政府反映村民的意见、要求和提出建议。① 但长期以来,在许多乡村,因为以行政村为单位设置村支部委员会、村民委员会等自治组织,从而导致所治理的对象人口与地域范围规模过大。村民委员会在法律制度上应经过村民会议选举产生,接受村民及其代表会议、监督机构监督等组织运行机制,并没有有效建立起来,因此自治能力并没有完全发挥。一些乡村的公共事务和公益事业长期发展不力;一些应由村里解决的矛盾纠纷被直接上交给乡镇政府机关或司法机关处理;地下教会等非法组织形成影响力;一些乡村陋习和不良现象如赌

---

① 参见《村民委员会组织法》第二条规定。

博、铺张浪费等时有发生;村民的合理要求、建议通过村委会直接反映到上级党委和政府存在一定障碍。新乡贤及组织的出现,很大程度上改变了这种乡村自治的被动局面。如前所述,其在村民自治方面发挥的协同治理作用,首先是对村"两委"尤其是村民委员会的协同。新乡贤组织成为村民委员会宣传国家法律政策、化解社会矛盾、汇聚民意、发起公益活动、建设和维护公共空间和公共设施、改变乡村不良习气、建立文明村风家风的重要帮手。它确实体现为对村民委员会职责的一定程度的替代,因此产生了人们对其取代村民委员会职责和权威的担忧。但事实上,这种替代具有合理性和必然性,相关担忧则完全是由不接乡村地气的主观想象造成的。首先,新乡贤工作室通常都设置在村"两委"办公场所,被作为村支委直接领导和管理下的组织,被定为它们的好帮手,是法定的村民自治组织——村民自治委员的辅助性组织,而不是另起村民自治的炉灶,村民委员会的基本组织架构和地位没有任何改变,也不会受到冲击和削弱。其次,需要村民委员会承担和落实的村民自治事务,并不意味着村民委员会有限的几个成员亲力亲为。事实上,因为事务众多和村委会成员本身的生产经营活动、家庭生活负担,他们也不可能独立地亲力亲为承担这些事务的处理,而正因为过去缺乏必要的社会组织和成员作为帮手和协助者,落实村民自治、为村民服务的工作处于被动应付局面。再次,一些乡村的重要事务,如村民红白喜事一种整体处在村民自行办理的状态,长期以来就是乡村"大老支"和事主说了算,村委会并无干预权力,也多无力干预,导致铺张浪费、相互攀比之风盛行。将优秀的"大老支"纳入乡贤组织,反而可以将之纳入由基层党组织主导的村民事务,并通过乡规民约和乡贤组成的红白喜事理事会,有效推行了移风易俗、俭省节约的新做法、新习俗。要言之,新乡贤组织的出现及其对村民自治委员协同治理作为,在某种意义上增强了村民委员会在广大村民中的存在感,强化了其落实村民自治的能力,增加了其与他社会组织协同处理村民自治的经验和能力,更增强了其与乡村党组织、乡镇政府的协同能力。而在那些村党支部领导之下与村委会并行的新乡贤组织,通过它们的乡村治理活动,形成了与村委会的竞争性法律地位,让自治力不足的村委会组织在乡村中有一定的危机感,从而更好地为乡村服务,这也未曾不是一件好事。

第四，广大村民作为乡镇治理体系中的根本主体，其有效参与社会治理能力及其协同能力，因新乡贤组织的协同治理作用而得以整合与提升。村民是村民自治的根本与最终主体，也是乡村社会治理的根本主体、原始主体，是乡村有效社会治理的根本受益者、最终受益者。因此，中国的乡村治理离不开广大村民的有效参与。全国多地乡镇新乡贤组织建设和运行，凸显了村民有效参与乡村社会治理的重要性，更是促进广大村民参与社会治理的有效组织动员和强化路径。首先，新乡贤的主体部分就是村民，而且是优秀村民，尽管其同时具有其他一些身份如老党员、退休乡村干部，但多具有返回乡村或一直在乡村生活的现状。新乡贤是新时代乡村中的精英，其权威主要来自村民的认同和信任，主要职能有的是分担村"两委"的工作，并起着辅助和补充作用，有的是起到整合新农村各类散发人力、物力资源的新优势。这本身就意味着扩大了村民对乡村治理事务和村民自治事务的制度性参与。而新乡贤组织作为村民利益与政府管理的桥梁和纽带，既可以配合基层党组织落实国家政策，又可以作为村民民意的代表直接接轨政府，使更多的民意进入到政策设计过程中，从而更好地实现老百姓的美好愿望，优化政策体系设计，更好地协同参与乡村治理。① 其次，新乡贤致力于宣传党和国家的政策法律，倡导道德规范、文明乡风、民主参与协商，带头并推动村民参与乡村扶贫、公益设施的建设，强化了村民作为乡村治理社会主体的权利意识、责任意识和见贤思齐争做好人意识，这有助于广大村民摆脱作为乡村治理消极对象、消费者、旁观者的主体缺位意识，既强化了自我管理约束、自我相互包容服务，又积极参与乡村公益事务，甚至慷慨解囊，捐助公益事业和公共设施。如梁寨镇淹子湖中的"百姓亭"等设施和湖畔的"百姓林"、传统孝文化雕像群、法治文化广场，都是广大村民在新乡贤的带领和动员下捐助建设的。再次，新乡贤组织这一整体上属于村民中介组织，一直有效对接乡镇党委政府和村"两委"，化解了大量干群矛盾，进一步拉近了干群的距离，弱化了隔阂，强化了广大村民对乡村党政组织和领导干部的认同，也因此强化了广大村民对乡村党政组织、村委会和新乡

---

① 参见陈琳:《新型社会组织推进村级治理现代化的实践性探索——以耿集乡贤工作协会为例》,《农业经济与科技》2019 年第 15 期。

贤组织的协同能力。

　　总之,协同治理强调政府与社会组织的优势互补与合作,以主体间共同的利益和目标为基础,在处理公共事件中保持一致性。事实证明,由"五老一能"人员以及其他各类乡村贤达人士组成的新乡贤组织,既是村民志愿者组织和村民自治的扩展辅助组织,又充当了乡村党组织、政府的领导、服务和管理广大村民的中介组织,其成员素质优秀,守法守正,具有良好威信和权威,热心公益,便于组织,并具有人熟、地熟、事熟的优势和较为充足的从事公益事业的时间保证。将其作为乡村社会治理体系中的重要协同主体予以建设,引导、支持和帮助其发挥重要的协同治理作用,可谓是抓住了中国现代乡村协同治理体系理论精髓及其实践创新的有效支点,并以良好的乡村社会治理效果证明这一理论科学性。总之,有新乡贤主体所参与的,有乡村基层党组织所引领的多主体协同治理的结构体系,以"自治、法治、德治三治合一"相有机结合的治理内容体系作为架构的现代治理组织体系与制度体系、机制体系,是乡村现代化的现实路径,是被目前乡村治理实践证明了的比较可行的治理模式与发展形式。

　　2. 新乡贤参与下的农村治理呈现了新时代"三治融合"乡村治理制度体系一体运行的重要机理

　　基层党组织领导下的多元主体协同共治的有效构建,不仅表明在治理主体上是多元主体协同共治的乡村基层治理结构体系,还表明在治理方式上构建乡村党组织领导的自治法治德治相结合的基层治理制度体系。新乡贤对这种乡村基层党组织领导的"三治融合"制度体系的推助作用也是显而易见的。

　　第一,新乡贤组织及其成员推助了新时代村民自治制度的有效提升。新乡贤组织及其成员通过自身组织功能的有效发挥和角色胜任,有效协同了村民自治委员落实村民自治的能力,强化了广大村民自我管理、自我约束、自我服务的意识和能力。首先,其扩张了村民自治的组织形式,它是优秀村民协同乡村党组织和政府和村委会治理的平台和中介组织,也是优秀村民自愿为乡村治理多做贡献的平台,还是动员、组织村民提升自身思想政治觉悟、法律政策知识和意识、道德水准、公共参与意识和公益精神的社会助推平台。其次,它推动了村民作为自治主体的基本素质的提升,增强了村民对自治的归属感。

新乡贤及其组织提升了乡村社会的精神风景。一方面,他们向广大村民弘扬传统文化、道德修养、与人为善;另一方面,进行党的历史、形势政策、法治意识、公民意识、先进文化等方面的宣传教育,增强思想政治工作的针对性和时代感,积极改善乡村社会风气和人际关系,为农村社会发展营造良好的人文环境。如耿集乡贤将"凝聚小家、发展大家"作为核心理念,确保公共管理和服务真正面向每一位村民。新乡贤是"在村里能说上话儿的人","用老百姓的法儿,平老百姓的事儿"。他们既有知名度,也掌握着丰富的社会资源,有着很强的带动力和影响力,给村民一种强烈的归属感。新乡贤协会的文化艺术团还利用乡贤文化广场,定期开展活动。每次开展活动可吸引村民2000多人,常年参与乡贤文化活动的达6万人次。优秀和先进文化宣传对村民产生了极大的正能量,耿集镇梁寨镇两乡镇的民风村风乡风大变,就是最好的说明。再次,它推助了村民自治事务落实的有效提升。大量矛盾纠纷的解决不再出村;上访事件几乎零发生;红白喜事相互攀比浪费严重的情况得到根本遏制;多年的废坑塘和村庄卫生环境得到根本整治;多年搁置的村边杨树林退林还耕终于得到有效落实;公共空间和设施的建设得到村民有效配合和财物捐赠的支持,乱干预阻拦甚至敲诈钱款的行为不再发生;尊老爱幼、济困救助的善举成为一种社会风气。凡此种种,都体现了两乡镇村民自治水平的大幅度提升,通过调研也发现全国各地乡村面貌在新乡贤的参与治理下均有不同程度的改观。

第二,新乡贤组织及其成员的诸多言行,强化了乡村法治文化要素,推助了乡村法治的发展。如前所述,新乡贤以助推德治文化、法治文化为最大优势,新乡贤在乡村治理实践中广泛运用法治知识、德治伦理等实现对村民潜移默化的教育。新乡贤及其人员的诸多言行,也是直接推助法治、德治的。这包括,他们认同法治,带头遵守法律,宣传国家法律和法治文化,有的还常年坚持高付出的普法活动;他们调解矛盾纠纷时,坚守法律原则,依法调解,以理服人,以情动人,反对"倚老卖老,仗势欺人,吓诈糊撸愚(苏北方言)",是素质较高的尊法用法主体,也具有学习和掌握一些法律知识的强烈愿望;他们是与基层行政司法机关、执法机关和法律服务中心对接和协同较多的社会主体;他们具有规则意识,在村规民约的制定和执行上发挥重要作用。已多处阐述,此不赘。

　　第三,也是最重要的,新乡贤组织及其成员,具有将自治、法治和德治融合为一体的天然优势。就新乡贤组织的属性而言,其具有自治的基本属性;就新乡贤组织的基本构成及其成员的基本素质而言,其具有天然的德治优势和协同法治取向;就新乡贤组织的基本功能定位而言,其践行和协同村民自治、有效协同法治、力行德治;就新乡贤成员的基本角色定位而言,其以协同和提升自治、支持和协同法治、倡导和厉行德治为基本追求。这就决定了新乡贤具有将自治、法治和德治融为一体的天然优势。那种认为新乡贤只能有助于德治的见解,是与新乡贤组织的基本属性和实际功能不尽相符的。新乡贤组织及其人员具有推助德治的根本优势。他们推助乡村德治的言行主要包括:本身言行的道德示范;对优秀传统道德文化和准则的宣传;对社会主义核心价值观和道德体系的宣传教育;对不道德、不文明行为的规劝;对扶危济困、捐资助学、捐助公益带头和倡导行为;对乡规民约的制定和执行。凡此种种,前文也多有论述和事例列举。

　　简言之,新时代乡村基层党组织领导下的自治、德治、法治"三治融合"治理制度构建,需要真正重视高层次的内生性社会主体的有效参与,让他们发挥应有的助推或协同作用。他们应扎根于乡土、乡情,具有丰富的地方知识,具备良好的道德素养和社会威信,有志愿服务乡村社会热情和较为充足的时间保证。新乡贤的制度性出场和运行表明,新乡贤就是这种可有效参与社会治理的有效内生性主体,发挥着对相关制度的不可替代的主推或协同作用,从而有效推助了"三治合一"的乡村治理制度的发展和完善。在基层党组织引领下,新乡贤与乡村多重治理主体协同,发挥以自治为根基,以法治与德治为主要内容治理实践,广泛调动乡村民众乡村治理的积极性,以网格化、大数据、区块链等现代科技为支撑凭借,体现的就是现代乡村社会治理的基本图景。

　　3. 新乡贤主体参与农村治理提供了构建"共建共治共享"的乡村社会治理共同体的重要内生动力

　　构建多元主体协同共治的治理主体结构化体系,建设"三治融合"治理制度体系与治理能力体系,都是以实现共建共治共享治理格局,形成良善社会治理公共体为根本追求。新乡贤组织的出现,既促进了乡村党组织领导的多元协同治理主体结构的整体提升,也有效助推新时代"三治融合"乡村治理制度体系的一体运行,其必然会在整体上提升新时代乡村基层社会治理的总体效果,形成共建共治共享的乡村社会治理格局和社会治理共同体。这主要是因为,新乡贤组织的出现,增强了乡村社会治理的内在活力。一方面,这一新增的内在活力,是基层党组织密切联系的有效载体与舞台,是乡村治理中老党员干部和优秀村民发挥模范带头和引领作用的好天地、好机制、好模式,协同政府治理和村民委员会自治的好帮手、好助理,汇集民意、带动民气、提升民风、优化民俗的内生权威,振兴乡村、文明乡风的强正能志愿力量,大大理顺了乡村党组织领导下的多元治理主体协同共治机制,提升了他们协同治理的能力;另一方面,其作为内生的村民自治的辅助性组织,具有天然的德治优势和协同法治取向,不仅践行和协同自治,力行德治,还有效支持和协同法治,其成员的基本角色定位以落实和提升自治、支持和协同法治、倡导和厉行德治为基本追求,有效推助了"三治合一"制度体系的内在地一体运行、相互提升。与此相伴随的,是乡村社会治理效果明显良善化。在梁寨和耿集两乡镇,目前多元主体共建共治共享治理格局总体形成,人人有责、人人尽责、人人享有的社会治理共同体建设堪称卓有成效。

第一,在政府治理方面,多元主体共建共治共享的格局整体呈现,政府、干部和村民多方有责、多方尽责、多方尽力、多方尽心、多方共建、多方共治、多方享有的社会治理共同体意识整体形成。在新乡贤等社会力量的相助下,乡镇政府积极履行服务和管理职责,实施乡村振兴、利民惠民战略,有效汇集民意、科学决策、认真实施,有效推进社会治安维护体系建设、网格化社会治理体系建设、公共基础设施建设、经济资源整合和优化、公共景观和风景区建设、现代农业产业园建设、卫生环境整治、公共空间维护和治理等社会治理事项,广大村民从过去的质疑、不解、观望,变为积极拥护、支持,甚至慷慨解囊相助。那种过去常有的动不动就要高价赔偿、干扰阻拦的情况大为减少,并都在新乡贤的调解动员下很快化解。最能说明问题的是,梁寨镇作为一个农业乡镇,从2013年以来,每年都靠村民募捐1000万元以上资金和财物,将梁寨淹子打造成了一个省级湿地公园,成为苏北大地上的一颗亮丽明珠,成为周边数万村民常来休闲娱乐、感受法律和道德文化、陶冶情操、享受发展成果的公共家园,也使梁寨镇党员干部和村民体会到了上下一心谋发展,共享共治共建文明成果的巨大好处。而耿集也形成了"管理无盲区、服务零距离、资源共分享"格局。

第二,在村民自治方面,村"两委"与其他社会组织、广大村民共建共治共享程度也得到明显强化,村民社会治理共同体意识也空前强化。原作为不够有力的村"两委",在新乡贤等社会组织的协同下,地位和作用明显增加。过去因村民的质疑、不配合而搁置的村庄公共事务,如村庄环境卫生和废坑塘的整治,红白喜事的相互攀比、铺张浪费,村民之间经年无解的矛盾纠纷化解等问题,现在却可以在新乡贤的倡导动员下得到村民的有效配合支持而顺利推进。这既强化了村干部服务村民的信心和荣誉感,也强化了他们的威信,同时也改变了村民认为他们"光吃闲饭不干事"的看法。村民的公共意识、照顾左邻右舍意识、尊重公共空间和公共利益意识、荣辱与共意识、相互包容意识、扶危济困意识都得到明显提高,"出风头""压人一头""得理不饶人""无理强三分"等现象大为减少。如在梁寨,一些兄弟较多、在外工作人员较多、经济条件较好的家庭,以前通常抱着"报答相邻、显摆自己"的复杂心情,习惯于大操大办,现在却在新乡贤的动员下,俭省节约,将剩下的开支捐助给乡村公益事业,事情办得既风光,又真正惠及相邻。再如在耿集,不少村民认为,因大量社会矛盾不出村就被乡贤化解,村民和谐,村风庄体变好,老百姓满意,上级满意,干部在乡里也有面子,上级好多惠民政策就能及时到位落实。

(三)推进新乡贤主体参与农村治理法治化持续发展与时俱进,夯实国家治理的乡村基础

新乡贤治理法治化是符合中国推进基层民主与社会法治化的现实需要的,是推进整个国家治理体系和治理能力现代化的重要组成部分。在中国法治背景与乡村自治制度变迁与创新的框架内取得兼容性健康发展,走出自身可持续发展道路是基层民主特别是中国农村民主化进程的当然选择。改革开放以来,中国农村村民自治特别是以村委会、村民代表大会、村民监督委员会为核心表现的"村民自治实践探索取得了一定的成绩,但是因为实施自治的经验不足"①,现行法制在推进立法与发展过程中未充分考虑村民自治的现实

---

① 邓大才:《村民自治有效实现的条件研究——从村民自治的社会基础视角来考察》,《政治学研究》2014 年第 6 期。

条件,未对这些现实条件进行充分的调查与现实评估,因而,并未完全实现预期的乡村民主法治实施效果。邓大才等通过调查研究后认为,群众自愿性、利益条件、文化条件、地域条件、规模条件是充分实现中国农村民主自治的基本条件,对这些基本条件应进行充分的评估。认为"以行政村为单位的自治单元规模太大、地域太广、文化差异大、相关利益较小,未充分考虑群众意愿。这些不足最根本的是没考虑到中国农村土地以村民小组、自然村或者村落为单位所有、分配,即产权单元与自治单元不一致,从而导致利益相关性、主体自愿性不强的现实状况。因而,目前来看大部分以村庄为单元的自治都无法真正有效实现,自治形式化、治理精英化现象比较普遍"①。由此认为,下一步村民自治应打破以行政村为统一单位的村庄自治,"根据利益相关、文化相连、地域相近、规模适宜、群众自愿等条件,寻找可以实施直接民主的自治单元,大力推进村民小组自治、湾冲自治、屯自治及各种活动自治、载体自治,寻找多种类型、多样化的村民自治实现形式,建构多元化、多层次、多样化的中国农村村民自治体系,真实有效地实现村民自治"②。笔者基本同意这个意见,正如笔者在前述所主张的,中国的农村民主自治不仅不应该限定一种形式的自治,相反应该把乡村民主法治完全放开搞活。中国的民主法治化进程取得实质性胜利必须依赖中国的农村的民主法治化是否在实质上取得成功。如果没有农村的民主自治的普遍性、实质意义上取得成功,就不可能有整个中国民主法治化的全面成功,正是在这个意义上,推进以新乡贤为特色的乡村民主自治与法律治理是顺应了我国乡村发展的时代潮流。新乡贤治理及其法治化组织体系与运作机制的构建将为乡村民主治理提供更多更灵活的适合中国农村特色的乡土民主治理模式。

---

① 邓大才:《中国乡村治理——从自治到善治》,中国社会科学出版社2019年版,第57页。
② 邓大才:《中国乡村治理——从自治到善治》,中国社会科学出版社2019年版,第57页。

余   论

通过较为系统的学术梳理,以及对全国各地的新乡贤治理实践进行直接或间接的调研,我们得出的基本结论是,新乡贤及其制度性出场是中国乡村社会的特有景象,是中华优秀传统文化的继承性创新与创造性发展。我们充分注意到了新乡贤治理实践对于乡村经济社会发展的积极价值与意义,注意到了新乡贤实践对于社会主义新农村建设,对于有效地实现乡村振兴,推进乡村社会的法律治理实践,促进乡村社会的有效转型,助推城乡的融合性发展,对于乡村社会的现代化进程的滚滚向前,均是有较大的助益的。

特别是构建以基层党组织为引领核心的、新乡贤等多元乡村治理主体协同的、乡村民众广泛参与的、以民主自治为根基、以法治与德治为支撑、以现代科技为助推的乡村治理体系与运作机制是实现乡村振兴的杰出制度化举措。这一制度举措是来自党的基层组织与乡村民众的共同创造,是自上而下与自下而上的党和人民智慧的又一次融合的光辉典范,是新时代推进乡村现代化进程的协力之举。

新乡贤参与乡村治理的实践,从长远来说必须走法治化、制度化、规范化的道路,从而保障能够最大限度地发掘乡村的人力资源、治理资源、经济资源、社会资源等各类资源以贡献于乡村,实现乡村治理的长效机制。新乡贤参与乡村治理实践的制度化发展道路在各地乡村应该注意因时、因地、因事而制宜,注意适应本地的乡情与村情,不可千篇一律,注意灵活性,才能确保新乡贤治理法治化而不僵化、不教条,走出适应本地本乡本村的、符合当地乡民利益与愿望的特色法治化治理道路,充分尊重乡村民众的首创精神。

后　　记

经过近五年的资料消化与思考，以及不连续的调查走访，这本著作终于得以面世，可以暂时松口气。

本课题成果提交的字数在六十三万字左右，主要是想对当前乡村治理研究做尽量翔实的梳理与评论，也是对前辈研究的应有尊重。由于出版的需要，在保存本书原意的情况下，做了最大限度的压缩，最后保持在三十五万字左右。因而，如有不周之处，敬请海涵！

废话不多说。我想在此表达的意思是，感谢近五年来支持课题完成以及协助本书付梓出版的所有领导、师长、同事与朋友，以及朝夕相伴的家人。

特别需要指出的是，本书的出版得到了国家社科基金的资助，感谢国家社科基金办公室为本人提供如此宝贵的机会。在本书的完成过程中，学校提供了较为充分的物质技术支持，在此感谢单位的大力支持。

在本书的出版过程中，得到了我的博士导师江必新先生的悉心指导，江老师在百忙之中一直关注、关心我的成长，在此谨表最诚挚的谢意！

龚廷泰先生在我课题的申报以及课题完成过程中，给予了很大的指导，同时对后辈的进步与成长给予了很大的支持，在此谨表最诚挚的感谢！

当然，在本书的完成过程中离不开本单位领导与同事们的支持与鼓励，尤其是菅从进教授、张明新教授、张波教授、张峰振教授、唐其宝教授、张春艳教授、隆英强教授、徐晓光教授等师长与同人们的鼓励与支持。校领导刘广登教授也给予了很大的支持，在此对各位的关爱谨表衷心感谢！

此外，本书完成过程中，我亲爱的仁兄李文亚教授、袁庆东教授在文献资料提供以及书稿撰写等方面给予了极大的支持，对两位仁兄的支持谨表感谢！

　　本书的出版以及局部调整,得到了人民出版社编辑的极大支持。

　　最后我想说的是,之所以能够顺利完成书稿的创作,还得益于夫人钟世艳女士的朝夕陪伴,没有她的鼓舞与勉励,一定不会那么顺畅地完成任务。

责任编辑：邓创业

封面设计：汪　莹

图书在版编目（CIP）数据

新乡贤与中国农村社会治理法治化创新研究/张兆成 著. —北京：
　人民出版社,2024.5
　ISBN 978－7－01－026470－7

　Ⅰ.①新…　Ⅱ.①张…　Ⅲ.①农村-社会管理-法治研究-中国
　Ⅳ.①D920.0

中国国家版本馆 CIP 数据核字（2024）第 070981 号

新乡贤与中国农村社会治理法治化创新研究

XIN XIANGXIAN YU ZHONGGUO NONGCUN SHEHUI ZHILI FAZHIHUA CHUANGXIN YANJIU

张兆成　著

人民出版社 出版发行

（100706　北京市东城区隆福寺街 99 号）

北京新华印刷有限公司印刷　新华书店经销

2024 年 5 月第 1 版　2024 年 5 月北京第 1 次印刷
开本:710 毫米×1000 毫米 1/16　印张:23.5
字数:340 千字

ISBN 978－7－01－026470－7　定价:68.00 元

邮购地址 100706　北京市东城区隆福寺街 99 号
人民东方图书销售中心　电话（010)65250042　65289539